Sábato Magaldi e as Heresias do Teatro

COLEÇÃO PERSPECTIVAS
dirigida por J. Guinsburg

Supervisão editorial: J. Guinsburg
Preparação de texto: Márcia Abreu
Revisão: Iracema A. Oliveira
Capa: Sergio Kon
Produção: Ricardo W. Neves, Luiz Henrique Soares,
    Sergio Kon e Raquel Fernandes Abranches

maria de fátima da silva assunção

Sábato Magaldi
e as heresias do teatro

PERSPECTIVA

CIP-Brasil. Catalogação-na-Fonte
Sindicato Nacional dos Editores de Livros, RJ

A873s

Assunção, Maria de Fátima da Silva
    Sábato Magaldi e as heresias do teatro / Maria de Fátima da Silva
Assunção. – São Paulo: Perspectiva, 2012.
    14 il. (Perspectivas)

    Anexos
    Inclui bibliografia
    ISBN 978-85-273-0932-5

    1. Magaldi, Sábato, 1927- – Crítica e interpretação. 2.Teatro brasi-
leiro – História e crítica. I. Título. II. Série.

11-5725.   CDD: 792.0981
            CDU: 792(81)

05.09.11 13.09.11   029472

Direitos reservados à
EDITORA PERSPECTIVA S. A.
Av. Brigadeiro Luís Antônio, 3025
01401-000 São Paulo SP Brasil
Telefax: (11) 3885-8388
www. editoraperspectiva. com. br

2012

Aos meus pais,
Nilza e José (*in memorian*)

agradecimentos

Ao final desta tarefa cheia de surpresas, imprevistos e alegrias, tenho muito a agradecer e a reconhecer. Reconhecer, por exemplo, que na solidão do meu percurso muitos amigos estiveram a meu lado. Contei com muitos amigos, antigos e recentes, que solidários souberam me apoiar.

Agradeço à Beatriz Resende, professora de longa data. Quando uma pedra interrompeu meu caminho, foi a Bea quem, confiando, me tomou pela mão, trazendo-me até aqui. À Maria Helena Werneck e a Luiz Camillo Osório, leitores atentos e generosos, que na qualificação acenderam para mim um caminho. À Tania Brandão sou grata pelo amor à história do teatro brasileiro em mim acionado. À Renato Cordeiro, Sérgio Carvalho e Tatiana Motta Lima agradeço por terem aceitado participar de minha Banca. Aos colegas e professores da Uni-Rio agradeço a companhia; aos meus alunos, por me darem a oportunidade de aprender; à Cinthya, Lalá, Vini, Mônica, Ana Clara, Ilai, ao Bruno e às minhas irmãs, Zezé, Glória e Nilza, agradeço por formarem a minha família, sendo todos a minha estrutura. À Márcia Cláudia, à Valéria e à Glória da biblioteca da Cedoc-Funarte e à Malu pela paciência e amor com que trataram a mim e à minha pesquisa; ao Jorge da Biblioteca Nacional; à Aline, ao Roberto e ao Marcus do PPGA também o meu muito obrigada, e, em especial, aos amigos Antônio Karnewale, Márcia Watzl e Cissa Wellish.

Por fim, agradeço à Faperj pelo apoio, à Edla van Steen pela paciência e atenção, e ao nosso crítico Sábato Magaldi, sempre muito generoso, pela alegria em todas as entrevistas.

sumário

Prefácio [por Mariângela Alves de Lima]	21
Apresentação	25

1. Do Crítico e da Crítica — 33

Um Lapso de Memória	33
Ao Brasil Aporta Outra Linguagem	35
Jornalismo Cultural	40
O *Diário Carioca*	43
Da Tradição Oitocentista e da Volúpia Autoral	47
Da Crônica Crítica e da Crítica Crônica: Um Gênero Carioca	48
A Crítica como Documento	49
A Crítica como Crítica	55
Crítica Adjacente ou a Crítica Teatral Carioca do Início dos Anos de 1950	59
De Caçula a Decano: Sábato Magaldi	62
A Crítica de Magaldi	69

2. A Biblioteca de Sábato Magaldi	73
3. Fala-nos de Teatro...	85

Lúcio Cardoso 87
Silveira Sampaio 92
Guilherme Figueiredo 97
Henrique Pongetti 99
Rosário Fusco 103
Geysa Bôscoli 105

4. Crônicas da Cena Carioca 109

5. O Gosto do Crítico 133

Jayme Costa 134
Os Espetáculos de Jayme 136
Bibi Ferreira 155
Os Espetáculos de Bibi 156
Silveira Sampaio 162
Os Espetáculos de Sampaio 163
Nelson Rodrigues 173
Os Espetáculos de Nelson Rodrigues 177

6. As Heresias do Teatro 189

A Essência do Teatro 189
As Heresias do Teatro 193

7. O Vício do Teatro 207

8. Bibliografia 213

Anexos

1. Textos de Sábato Magaldi Publicados no *Diário Carioca*,
   1950-1952   219

1. A Biblioteca de Sábato Magaldi

    Ligados   219

    Entre Quatro Paredes   220

    As Bocas Inúteis   223

    Nota à Margem de *Clavigo*   226

    Sobre *Estela*   228

    Os Justos I   230

    Os Justos II   231

    Os Justos III   233

2. Fala-nos de Teatro…

    Lúcio Cardoso Fala-nos de Teatro   235

    Silveira Sampaio Fala-nos de Teatro   236

    Guilherme Figueiredo Fala-nos de Teatro   238

    Henrique Pongetti Fala-nos de Teatro   241

    Rosário Fusco Fala-nos de Teatro   242

    Geysa Bôscoli Fala-nos de Teatro de Revista   244

3. Crônicas da Cena Carioca

    Inicial   246

    Apontamentos Banais   247

    Considerações Melancólicas   249

Explicação	250
Pelo Teatro Nacional	252
O Público de Teatro	253
Morreu Louis Jouvet	254
O Teatro no Brasil: Conferência de Paschoal Carlos Magno	256
Acontecimento Teatral	259
Ziembinski	261

4. O Gosto do Crítico

Jayme Costa

Introdução à *Rainha Carlota*	263
Intérpretes e Encenação da *Rainha Carlota*	264
O Texto de *Rainha Carlota*	266
Jayme Costa, Hoje, no Glória	267
A Sorte Vem de Cima I	268
A Sorte Vem de Cima II	270
Falta um Zero Nesta História	271
Tenório	273
A Morte do Caixeiro-Viajante, Hoje, no Glória	274
A Morte do Caixeiro-Viajante I	275
A Morte do Caixeiro-Viajante II	277
Papá Lebonard I	279
Papá Lebonard II	280
O Chifre de Ouro I	281
O Chifre de Ouro II	283
Comentários Avulsos	284

Bibi Ferreira

A Herdeira I	285
A Interpretação de *A Herdeira*	286
O Texto de *A Herdeira*	288
Ninon é um Amor I	290
Ninon é um Amor II	291
Diabinho de Saias	292
A Pequena Catarina	294
Madame Bovary, no Regina I	295
Madame Bovary II	296
No Carlos Gomes	297

Silveira Sampaio

O Impacto I	298
O Impacto II	300
A Forma Literária de Silveira Sampaio	301
Os Cineastas	303
Só o Faraó Tem Alma I	305
A Apresentação de *Só o Faraó Tem Alma* II	306
Problemas de *Só o Faraó Tem Alma*	308
Flagrantes do Rio, Hoje, no Alvorada	310
Flagrantes do Rio I	311
Flagrantes do Rio II	312
Flagrantes do Rio III	314
Os Cineastas	316
Revendo *Flagrantes do Rio*, Silveira Sampaio Instalará um Circo	317
O Professor de Astúcia	319
O Estilo Silveira Sampaio: *O Professor de Astúcia* II	320

Nelson Rodrigues

A Mulher sem Pecado — 322

Liberada *Senhoras dos Afogados* — 325

Debate com Nelson Rodrigues — 326

Vestido de Noiva I — 327

Vestido de Noiva II — 329

Vestido de Noiva III — 331

Nova Peça de Nelson Rodrigues — 334

Valsa nº 6 Estreou Ontem: Diálogo com Nelson Rodrigues — 335

Valsa nº 6 — 337

Heresias do Teatro

Miss França — 339

Café Concerto n. 2 — 341

A Estreia do Jardel — 342

Ó de Penacho — 343

Chiruca — 345

Toma que o Filho é Teu — 346

Nota Inicial de *Madame Sans Gene* — 347

Madame Sans Gene, no Rival — 348

A Apresentação de *Madame Sans Gene* — 350

2. Outros Textos

Texto de Brício de Abreu — 353

Despacho do Processo de Nelson Rodrigues, Peça *Senhora dos Afogados* — 354

A Última Publicação da Sbat — 357

Resposta de Jota Efegê 358

Relato, Certo e Preciso, de um Crítico que Foi Ver
e Estudar o Teatro na França 359

3. Listagem Completa das Críticas de Sábato Magaldi Publicadas no *Diário Carioca*

(Acervo da Seção de Periódicos da Biblioteca Nacional/RJ) 361

É preciso, portanto, para fazer a boa história,
para ensiná-la, para fazê-la ser amada, não esquecer
que, ao lado de suas "necessárias austeridades", a história
tem seus "gozos estéticos próprios". Do mesmo modo,
ao lado do necessário rigor da erudição e da investigação
dos mecanismos históricos, existe "a volúpia de apreender
coisas singulares"; daí esse conselho, que me parece
também muito bem-vindo ainda hoje: "Evitemos retirar
de nossa ciência sua parte de poesia".

Jacques Le Goff, 1997

prefácio

De junho de 1950 a setembro de 1952, Sábato Magaldi testemunhou o dia a dia da cena carioca e opinou sobre essa vivência como colunista de jornal. Contabilizada por Maria de Fátima da Silva Assunção, sabemos agora que há a impressionante cifra de 641 textos estampados em cadernos do *Diário Carioca*. Esta edição reproduz parte desse conjunto acrescido de comentários da autora que é também responsável pela seleção.

Na metade do século passado o jovem advogado mineiro, seguindo o exemplo de outros moços do seu estado de origem, migrava para o Rio de Janeiro. Para gente moça e talentosa eram então mais atraentes as ofertas culturais e as chances profissionais da capital federal. De modo específico, a cidade aparentava ser o lugar certo para entrar em contato com os melhores espetáculos teatrais do país. Não foi esse, contudo, o posto de observação que consagraria Sábato Magaldi como uma das vozes críticas mais influentes da modernidade teatral. Atraído pela vitalidade do movimento paulista e tendo como motivo um convite para lecionar a disciplina de Teatro Brasileiro na Escola de Arte Dramática dirigida por Alfredo Mesquita, o novo comentarista teatral dos cariocas mudou-se para São Paulo em 1953.

Em breve, somava essa atividade às tarefas de redator do noticiário teatral do jornal *O Estado de S.Paulo* e, desde o final dos anos de 1960, à de crítico de espetáculos no *Jornal de Tarde*, e de professor na Escola de Comunicação e Artes da Universidade de São Paulo. Este volume, aliás, perpassa de modo conciso uma vida intelectual enraizada no teatro brasileiro, mas igualmente ativa no trato das questões institucionais de cultura e nas relações com a cena internacional. Lembremos, de passagem, que a sua mais recente atividade didática foi a de professor em duas das mais prestigiadas universidades francesas.

Parte dessa carreira em progresso tornou-se conhecida, antes de tudo, pela influência decisiva sobre alguns dos mais relevantes movimentos de vanguarda do teatro brasileiro, que Sábato Magaldi ajudou a conceituar, divulgar e consolidar na estima das plateias. Contribuíram para a ressonância nacional e internacional dessas iniciativas trabalhos de sua autoria publicados em livros e revistas especializadas. No campo da historiografia aliou à percepção crítica um rigor metodológico que alterou de modo conclusivo os parâmetros de reflexão sobre o nosso teatro.

Essas décadas de sua atuação em São Paulo ainda não foram inteiramente documentadas e ponderadas, mas já têm fortuna crítica própria, uma vez que é impossível pensar e escrever sobre o teatro brasileiro sem recorrer às observações e conceitos elaborados por ele, ao analisar a formalização peculiar da arte que testemunhou por mais de meio século.

Foi também nesse meio século que o Rio de Janeiro deixou de ser o centro do poder político. Os jornais da cidade maravilhosa foram se extinguindo melancolicamente, e, entre outras perdas, ficaram sepultados nas hemerotecas os textos do período de formação do crítico, e seus escritos na imprensa carioca tiveram o destino fugaz das matérias jornalísticas. Sediado entre os paulistas, o articulista e estudioso não era mais o aprendiz, a um só tempo severo e emotivo, que avaliou o panorama teatral carioca. Estudara mais, aprendera mais da teoria e muito da prática do ofício, e tinha diante de si o teatro paulistano em um momento de renovação.

Por meio do trabalho de recuperação de fontes realizado para este livro, ficamos sabendo que, visto sob a ótica do jovem crítico, sobejava o entretenimento na cena carioca, enquanto se diluía a memória recente do imenso esforço de qualificação representado por quixotes como Paschoal Carlos Magno ou *ensembles* como Os Comediantes. No período relativamente breve de militância no jornalismo carioca, Sábato Magaldi confrontou a acanhada pretensão estética do bulevar requentado e obrigou-se à revisão de alguns preconceitos sobre o teatro

PREFÁCIO

musicado, o mais tradicional e, talvez por esse motivo, o mais conservador entre gêneros e vigentes.

Sobre esse período em que parecem acumpliciados artistas e público no gosto pela mediocridade – espécie de calmaria quando o vento da vanguarda sopra em outro centro da produção artística – há até hoje controvérsias. Também por essa razão, evitando repetir o já sabido, o livro de Maria de Fátima da Silva Assunção prefere elucidar as circunstâncias em que emerge uma personalidade crítica singular. Não importa muito, neste estudo, a caracterização do movimento teatral carioca nos anos de 1950, e tampouco interessa à autora repisar os dilemas que o crítico enfrenta com clareza ímpar nos seus textos. Os comentários sobre os textos e o esclarecimento necessário das circunstâncias em que foram escritos visam sempre ao repertório estético e aos procedimentos, que Sábato Magaldi define e refina no embate entre o teatro real e o teatro possível.

Comprovando a acuidade da autora, os artigos selecionados para figurar em *Sábato Magaldi e as Heresias do Teatro* evidenciam a filiação do crítico às correntes estéticas e filosóficas não idealistas. Bem informado sobre os programas estéticos europeus e norte-americanos, sintonizado com os experimentos inovadores do domínio do texto, o crítico iniciante não recusa os espetáculos que contrariam a excelência dessas poéticas mais ambiciosas. Guia-se ao mesmo tempo pelo conhecimento teórico e pela experiência e não exclui inteiramente dos seus escritos, embora o faça com muita compostura, as reações de adesão ou repulsa. Procura identificar – e muitas vezes consegue – fagulhas de inteligência e elaboração estética em espetáculos despretensiosos. Dialoga com gêneros tradicionais que não têm o menor apreço pela literatura e sua abertura a correntes estéticas internacionais, por dever de ofício, amplia a sensibilidade crítica para a absorção de teorias cênicas que, anos mais tarde, contemplariam com o mesmo interesse o texto dramático e outros elementos de composição de cena.

Um dos textos reproduzidos neste livro abre-se com a frase: "Desconfio de afirmações peremptórias". Também este livro molda-se sobre o objeto de estudo, ao tornar acessível para os leitores de hoje os anos de formação em que o crítico confronta o arsenal teórico com a prática do teatro profissional e extrai dessa experiência, por vezes dilacerante, o substrato ético para considerar nas manifestações teatrais, conforme observa a autora, "seus momentos de inspiração, sua realidade concreta, sua condição de possibilidade".

MARIÂNGELA ALVES DE LIMA

apresentação

No teatro, para quem encontra o sucesso ou para quem experimenta as desditas da carreira, há uma diversidade de papéis inevitáveis. Sou antes de tudo uma atriz, todavia, sou professora de teatro, e espectadora também. De cada lugar, a todo tempo, meu olhar parte do interior da realização teatral. A atriz, a professora, a espectadora, todas, falam do interior de um teatro descoberto por acaso, quando ainda cursava o quinto período da faculdade de jornalismo. Foi a partir desse lugar, do lugar da atriz, que um dia esbarrei, também casualmente, com um texto de Sábato Magaldi, no qual o crítico declarava encarar o seu papel como o de parceiro do artista criador, irmanados um e outro na permanente construção do teatro, e o fazia até mesmo por deleite pessoal; e dizia que para se ter uma compreensão do nosso teatro é preciso a constatação de que ninguém nos ensinou a amá-lo[1]. A afirmação, feita daquele modo, em tom amoroso e solidário, manifestou em mim forte admiração e identificação com o crítico, que transmitia ser plenamente "um homem envolvido na realidade do teatro". A consciência de ter encontrado o objeto de minhas pesquisas veio um tempo depois.

Ao iniciar os estudos para a minha dissertação – intitulada *Sábato Magaldi, Um Mineiro no Rio de Janeiro* – sob a orientação de Tania Brandão, no árduo cotidiano da seção de periódicos da Biblioteca Nacional, ao ler nas velhas máquinas de microfilmagem os textos pouco

---

1 O Teatro e a Função da Crítica, *Percevejo*, n. 3, p. 31-33. Texto apresentado no I Seminário de Crítica Teatral, de 1987, publicado no *Jornal da Tarde*, 22 set. 1987, e em *Depois do Espetáculo*, p. 21-27.

conhecidos de Magaldi, aos poucos notei algo mais interessante: o empenho isolado de um jovem crítico mineiro, enfrentando o desafio de escrever sobre o teatro de 1950, no Rio de Janeiro; um teatro marcado por produções frágeis em contraste com o momento efervescente vivido, na mesma ocasião, pelo teatro paulista. Se no início as críticas de Magaldi foram bastante severas, principalmente com os espetáculos do teatro de revista, aos poucos se esforçou para entendê-los, ainda que estivessem longe do rigor permeado pelas expectativas do autor em relação à dramaturgia fixada em seu imaginário. Constatei nesses textos – os primeiros escritos por Sábato Magaldi na função de crítico teatral – um modo próprio de criticar, em processo, desenvolvendo-se a partir da contingência de ter de escrever sobre um teatro que lhe fora dado a observar e a analisar. O trabalho diário fez surgir uma crítica mais dialógica que judicatória; mais testemunhal que sentenciadora; uma maneira singular de criticar e de entender o teatro perpetuado até 1988, quando se aposentou da função.

Foi na banca de qualificação do mestrado, que Flora Sussekind me sugeriu continuar a pesquisa sobre Sábato Magaldi, realizando uma edição comentada a partir dos textos do crítico. Adorei a ideia e assumi o projeto como assunto para o meu doutoramento sob a orientação de Beatriz Resende. Portanto, este é o resultado dessa pesquisa, no qual poderemos apreciar, pela reunião das críticas, das crônicas, dos ensaios e das entrevistas, a revelação do professor nato – função por ele exercida, posteriormente, em São Paulo – preocupado em educar a plateia, em construir um teatro novo. Sábato Magaldi, crítico tão apaixonado por teatro, a ponto de afirmar: "sou tão viciado [em teatro] que me agrada até ver um mau espetáculo"[2], gosta de textos e de atores e escreve com atenção sobre simultaneidades, mesmo tendo vivido em uma época de rupturas do teatro brasileiro.

Essa edição comentada anuncia o amante de teatro motivado pela encenação, pela recepção do público e pelos modos de produção teatral. Os textos de Sábato Magaldi escritos para o *Diário Carioca*, em um período pouco registrado pela historiografia, nos ajudam tanto a desvendar a gênese de sua forma própria de criticar, como entender

---

2 *Bravo*, n. 8, p. 44.

APRESENTAÇÃO

um pouco da nossa história teatral, oferecendo aos pesquisadores, pelo seu caráter compilatório, preciosas informações. Revela-nos o caminho da gênese de um crítico por meio de seus próprios textos; neles o crítico abandona uma posição reativa e se oferece como um comparsa para juntos construírem um novo teatro, ao levar em consideração, por exemplo, heresias ou deslizes relativos ao dogma segundo o qual a literatura dramática é a base da análise teatral. Aceitando as heresias, Sábato sanciona a liberdade criativa, a verve, principalmente dos atores.

No início da década de 1950, em São Paulo, o TBC e a Companhia Maria Della Costa, ambos no auge, assumiram na história do teatro brasileiro, o papel de responsáveis pelo amadurecimento do moderno teatro – "precisamente quando o Rio de Janeiro some do mapa nos livros de História, causando a impressão de que, depois do término do grupo Os Comediantes, o teatro carioca fechou suas portas e tornou-se plateia do teatro paulista"[3].

No livro *Panorama do Teatro Brasileiro*, escrito pelo próprio Magaldi, nota-se um salto de acontecimentos, da montagem de *Vestido de Noiva*, no Rio, para o Teatro Brasileiro de Comédia, em São Paulo. Em *O Teatro Brasileiro Moderno*, Décio de Almeida Prado privilegia alguns autores e atores, mas deixa de mencionar o que ocorreu na cena carioca dos anos de 1950. Um aspecto complementar nunca resolvido na historiografia é a própria continuidade da história do teatro no Rio de Janeiro. Tania Brandão chegou a escrever, a propósito do nascimento do teatro moderno no Rio de Janeiro, que "nos livros, é um pouco como se o Rio tivesse perdido o direito de figurar na história, dissociado do nascimento da figura dos diretores"[4].

Na maior parte das vezes, os registros dos espetáculos do teatro nacional são, justamente, as críticas jornalísticas, pois, mesmo as fotografias de espetáculos, até o início do século XX, eram utilizadas em raríssimas ocasiões e, quando eram publicadas, serviam exclusivamente à publicidade das peças. No final dos anos de 1940 e início dos 50, os jornais cariocas publicavam – quando muito – fotos de rosto dos atores. Dessa forma, a crítica é uma das poucas fontes de resgate e de estudo das encenações desse período. A memória desses momentos tão específicos,

---

3   T. Brandão, *Peripécias Modernas*, p. 41.
4   *A Máquina de Repetir e a Fábrica de Estrelas*, p. 2.

de uma arte realizada por repetições, renovada pela eventualidade do instante presente, só pode ser retida, observada, por esse tipo de crônica diária da vida teatral. A esse respeito, Décio de Almeida Prado escreve:

> as críticas teatrais, pela sua própria origem, portanto, não deveriam viver mais do que vivem as folhas de um jornal – o espaço de uma manhã. Mas no caso particular do teatro, há motivos, além dos pessoais, para se desejar juntá-las permanentemente num livro. É que existe todo um processo da vida teatral, referente à apresentação, aos atores, que não costuma subsistir, a não ser através dessas anotações diárias, apressadas, imperfeitas, fragmentárias[5].

Os textos ora reunidos nos revelam um crítico angustiado diante do teatro carioca do qual era testemunha. Esta antologia revelará as preocupações e o envolvimento do jovem Sábato Magaldi com os problemas, inclusive os de produção, pelos quais o teatro do Rio de Janeiro passava, na época em que as encenações eram ditadas pelo gosto do público. Por vezes a angústia, anteriormente referida, se transformava em otimismo, como no texto "Acontecimento Teatral", de 29 de setembro de 1951, no qual Magaldi se mostra bastante entusiasmado com a qualidade artística de quatro montagens – o que era uma raridade – de gêneros e atributos diversos que, naquele momento, estavam em cartaz.

Na opinião do crítico, *A Morte do Caixeiro-Viajante*, com a Companhia Jayme Costa, *Valsa nº 6*, com Dulce Rodrigues, *Flagrantes do Rio*, de Silveira Sampaio, e *Massacre*, de Graça Melo "são testemunhos de uma vitalidade espantosa que só um inequívoco valor permite sustentar", e apostam num destino promissor para a cena carioca: "Em momentos de desânimo e ceticismo, costumamos duvidar da realidade do palco brasileiro. Se refletirmos, contudo, que há atualmente no Rio quatro espetáculos de indiscutível mérito, concluiremos que o destino da cena é o mais promissor", acredita o crítico.

Esta proposta "quase arqueológica" dos textos de Magaldi nos proporciona duas possibilidades de investigação historiográfica, sendo a primeira delas lançada às críticas. Digo da possibilidade de a crítica teatral

---

5　Introdução, *Apresentação do Teatro Brasileiro*, p. XVII. .

APRESENTAÇÃO

constituir-se em um documento para a historiografia do teatro e, assim, esta edição crítica dos escritos de Sábato Magaldi contribuírem para a pesquisa da crítica teatral no Brasil. A outra possibilidade de investigação diz respeito ao modo como o crítico se posicionava na lida diária da escrita para um jornal. De que maneira se situava diante de um teatro desconectado do que vinha sendo feito no resto do mundo, o teatro moderno, instaurado recentemente – sete anos apenas o separavam da montagem de *Vestido de Noiva*, e dois anos do surgimento do Teatro Brasileiro de Comédia – quando o teatro ligeiro lotava as salas de espetáculos. De como, nas primeiras críticas, em vez de ser algoz – ele é rígido em suas análises – transforma-se em uma testemunha do teatro carioca, mais que um crítico, interlocutor da cena. Característica sua, como já disse, conservada até o final em 1988, ao deixar de escrever críticas jornalísticas.

O critério de escolha para compor esta edição comentada se deu a partir dos textos que debatem as dificuldades e as controvérsias para a implantação do teatro moderno. O conceito de moderno pautado na encenação arriscava, modestamente, no Rio de Janeiro do início dos anos de 1950, seus primeiros passos. É preciso, no entanto, ressaltar que os parâmetros definidores do advento da modernidade, no teatro brasileiro, é motivo ainda hoje de controvérsias. Segundo Edélcio Mostaço, existem diversas correntes sobre as quais seria o marco a balisar, no Brasil, o teatro moderno[6].

Dos 641 textos produzidos por Magaldi, entre junho de 1950 e setembro de 1952, foram selecionados 83 textos, divididos em cinco blocos pelo estilo de escrita e pela forma de abordagem. O primeiro bloco, escrito nas primeiras semanas como crítico, é composto de oito pequenos ensaios sobre a dramaturgia de textos não encenados, mas eleitos por Magaldi para ser partilhados com seus leitores, intitulando-se o capítulo, por isso "A Biblioteca de Sábato Magaldi".

No segundo bloco foram inseridas as entrevistas da coluna Fala-nos de Teatro..., coluna criada pelo próprio crítico para dar voz aos autores dentro do espaço diário do jornal. As entrevistas com Lúcio Cardoso, Silveira Sampaio, Henrique Pongetti, Rosário Fusco, Guilherme Figueiredo, Geysa Bôscoli foram selecionadas para compor esta edição, dando,

6 Cf. Moderno, em J. Guinsburg et al. (coords.), *Dicionário do Teatro Brasileiro*, p. 203-204.

também aqui, voz a esses autores, pela potência de retratar a cena naquela época por meio dos "olhares" de tão importantes figuras.

"O Gosto do Crítico" é composto por cinquenta textos sobre quatro artistas selecionados por um critério do próprio Magaldi, na medida em que neles enxergou algum potencial de mudança de mentalidade em relação à cena, ou vislumbrou, em certo momento, em um ou outro trabalho específico, a possibilidade de vir a expressar o que se poderia entender por "teatro moderno", dedicando-lhes, desse modo, especial atenção. Os artistas considerados são: Jayme Costa, Silveira Sampaio, Nelson Rodrigues e Bibi Ferreira. Por esse motivo, não foram selecionadas críticas sobre companhias, atores e atrizes como Dulcina de Morais, Henriette Morrineau, Olga Navarro, Procópio Ferreira, entre outros; haja vista que esses artistas não receberam atenção especial durante o período do exercício crítico de Magaldi no *Diário Carioca*.

Em "Crônicas da Cena Carioca", Magaldi revela-se um cronista de teatro. São dez crônicas reflexivas sobre o gênero em geral, nas quais ele disserta, principalmente, sobre suas angústias em relação ao gosto do público e à realização da dramaturgia.

Por último, "As Heresias do Teatro", cujo título foi aproveitado do livro *L'Essence du théâtre*, de Henri Gouhier (1898-1994), autor pouco conhecido no Brasil e apresentado a mim no ensaio do próprio Magaldi, "Apontamentos Banais". Para o crítico, quem dá o suporte para as heresias do teatro é o espectador, porque a situação do público no teatro é de participador efetivo, assim ele mesmo se coloca como espectador ao admitir as heresias.

Gouhier produziu uma extensa obra na qual dissertou sobre diversos temas, obra tão longeva quanto sua vida. Aos 94 anos, publicou *Trois essais sur Étienne Gilson*, em 1992. Lecionou em diversas universidades europeias, onde escreveu inúmeros títulos, tendo dedicado cinco deles ao teatro: *A Essência do Teatro* (1943), *O Teatro e a Existência* (1952), *A Obra Teatral* (1958), *Antonin Artaud e a Essência do Teatro* (1974) e *O Teatro e as Artes em Duas Fases* (1987). Nenhum desses livros foi traduzido em língua portuguesa.

A descoberta desse historiador, filósofo e crítico literário francês foi determinante para o desenvolvimento deste trabalho, haja vista que as questões levantadas por Gouhier estão totalmente desconectadas, se

APRESENTAÇÃO

comparadas aos princípios *textocêntricos* expostos por seus contemporâneos franceses, Jacques Copeau (1879-1949), Louis Jouvet (1887-1951), Charles Dullin (1885-1949) e Gaston Baty (1885-1952).

A partir de "Apontamentos Banais", questões como "atores salva-textos" e "a presença como a essência do teatro" e o "gosto do público" passaram a frequentar a coluna ao lado de discussões sobre a importância dos autores teatrais, questões essas muitas vezes divergentes. Suponho que tais contradições enriqueçam ainda mais a postura crítica de Magaldi, quase sempre associada não só ao valor artístico da cena, mas também às dificuldades de produção dos espetáculos. São críticas nas quais ele abre mão de sua análise rigorosa dos textos dramáticos e examina os espetáculos por um viés contrário às suas aspirações.

Nas críticas selecionadas em "As Heresias do Teatro", ao invés de rejeitar o produto final do espetáculo, ora tenta entender o seu procedimento, ora deleita-se com a verve das atrizes. São dez críticas com montagens levadas em consideração por Magaldi, apesar de seus textos serem fracos, com traduções ou adaptações ruins. Nelas o crítico destaca o talento de duas atrizes comediantes e suas performances: Dercy Gonçalves e Alda Garrido. Até o *caco*, a maior heresia da cena moderna, é por ele considerado, elogiado, como resultado da capacidade criativa dos atores, que Gouhier chama de "salva-textos".

Os capítulos dedicados aos textos de Magaldi que compõem esta edição – reproduzidos na íntegra em anexo – são introdutórios aos textos originais de Magaldi, contêm notas e comentários referentes a eles. Quatro entrevistas foram realizadas – em 2003, 2005, 2007 e 2008, na residência de Magaldi, no Rio de Janeiro – sendo aproveitados trechos das entrevistas realizadas para o mestrado. O mesmo aproveitamento ocorreu em relação à entrevista de Wilson Figueiredo, amigo e contemporâneo de Magaldi, realizada em 2004.

Finalmente e, para tanto, gosto de visualizar a imagem de um jovem instalando-se na baía cultural do Rio de Janeiro e abrindo gradualmente os braços, acolhendo a realização de um teatro diluído, produzido no período de 1950 a 1952, no Rio de Janeiro; levando em consideração, por um lado, as limitações, as lacunas, as insuficiências desses trabalhos e, por outro, seus momentos de inspiração, sua realidade concreta, sua condição de possibilidade.

Sábato Magaldi, conforme ampliou sua intimidade com o teatro carioca, aparentemente se deixou infiltrar por esse sentimento apaixonado. Esse gesto marca para mim um encontro, porque abriu igualmente os meus braços para acolher o crítico e historiador Sábato Magaldi durante os meus dois anos de pesquisa de mestrado, somados aos quatro anos de doutoramento, durante os quais preparei esta edição comentada de textos publicados por ele, objetivando documentar, de maneira simples, a riqueza e a relevância de seu arquivo de textos sobre teatro em pouco mais de dois anos de atuação como crítico no jornal *Diário Carioca*.

Um Lapso de Memória

Até o final dos anos de 1940, o Rio de Janeiro foi o centro hegemônico do teatro brasileiro. Como ponto de convergência, concentrou as atividades das revistas e das companhias dos grandes atores. O vigor da atividade teatral carioca está particularmente documentado em romances, crônicas, contos, novelas, poemas de grandes nomes da literatura, demonstrando o quanto esse gênero se mantinha introjetado nos hábitos da vida fluminense. Entretanto, pouco se tem escrito e divulgado sobre o teatro carioca da década de 1950. O pesquisador que inicia um trabalho, recorrendo aos principais autores e títulos indispensáveis aos estudos sobre a história do teatro brasileiro, notará o franco lapso de nossa memória sobre os fatos e os eventos relacionados ao teatro do Rio de Janeiro dessa época, que ficou, digamos, em segundo plano, produzindo genericamente um teatro fácil, comercial, de senso comum, o que afastou sobremaneira historiadores e estudiosos interessados em registrar o panorama geral do nosso teatro.

Tania Brandão observa que a continuidade da história do teatro no Rio de Janeiro, no início da década de 1950, vem a ser um aspecto mal resolvido na historiografia do teatro, ressalta que:

> Ninguém explica o que acontece no Rio de Janeiro, do aparecimento do TBC, em 1948, até os anos 60. Ou mais: nos livros, é um pouco como se o Rio tivesse perdido o direito de figurar na História, dissociado do nascimento da figura dos diretores[1].

---

1 *A Máquina de Repetir e a Fábrica de Estrelas*, p. 46.

Precisa ser revisto o histórico da produção do teatro no Rio de Janeiro para se ter uma dimensão do caminho por ele percorrido, das influências sucedidas no decorrer de seu desenvolvimento. Berço de importantes grupos amadores preocupados com a reforma do teatro, o Rio de Janeiro possui um passado de bons exemplos, como o do Teatro dos Estudantes, cujas atividades foram iniciadas em 1938 com *Romeu e Julieta*, de Shakespeare, dirigido por Itália Fausta.

Paschoal Carlos Magno (1906-1980) foi figura incansável à frente de seu grupo, organizador da montagem de *Hamlet* (1948), de Shakespeare, dirigida por Hoffmann Harnish, momento em que revela o jovem ator Sérgio Cardoso, com apenas 22 anos. Outra demonstração do desempenho do teatro carioca à época foi a carreira do grupo Os Comediantes, responsável pela montagem de *Vestido de Noiva*, de Nelson Rodrigues, antológica direção de Ziembinski, em 1943, marcando para alguns historiadores o nascimento do moderno teatro brasileiro.

Tania Brandão, por convenção, considera a montagem "como símbolo para o encerramento da longa fase de predomínio do teatro ligeiro no palco nacional"[2]. Para Magaldi, "de súbito, o palco sentiu-se irmanado à poesia, ao romance, à pintura e à arquitetura brasileira, com os quais não mantinha contato"[3]. Assim, *Vestido de Noiva* costuma datar "o começo da moderna dramaturgia nacional pela feliz união de múltiplos fatores, ausentes antes em nossas peças"[4]. Segundo D. A. Prado, foi a primeira vez que se viu no palco brasileiro "em todo o seu esplendor" a *mise-en-scène* tão falada na Europa: "O choque estético, pelo qual se costuma medir o grau de modernidade de uma obra, foi imenso, elevando o teatro à dignidade dos outros gêneros literários"[5].

As companhias Procópio Ferreira e Jayme Costa, naquela época as duas mais antigas e experientes companhias de teatro do Rio de Janeiro, mantinham repertório e métodos tradicionais de representação, logo, a elas foi imputada a fama de empresas artísticas ultrapassadas. Vimos terem, assim mesmo, se empenhado em levar à cena textos montados na Europa, demonstrando singular esforço em se manterem animadas

2 Idem, p. 28.
3 *Panorama do Teatro Brasileiro*, p. 208.
4 Idem, ibidem.
5 *O Teatro Brasileiro Moderno*, p. 40.

na atividade teatral. Mais determinante do que qualquer necessidade de mudança a ser professada quanto ao conceito do teatro havia, intrínseca, a questão da sobrevivência.

No Rio, o gênero de teatro mais produzido era o "teatro ligeiro" – de conteúdo fácil e assimilável – que lotava as salas de espetáculo e fazia uma média de quinze apresentações por semana. Cada peça ficava em cartaz em média de quatro a dezesseis semanas. Companhias "estáveis", como Os Artistas Unidos, Dulcina-Odilon, Aimeé, Eva e Seus Artistas, bem como a Companhia Bibi Ferreira, abriam o pano com montagens edificadas sem a sistematização peculiar de um encenador, o que contrariava a pretensão de uma experiência marcadamente moderna.

Existiam, do mesmo modo, grupos preocupados com a transformação da linguagem teatral, ora aparecendo, ora sumindo sem deixar vestígios – a não ser quando registrados em algum espaço diário, como no do crítico Sábato Magaldi, assim como grupos pouco conhecidos e pouco estudados, a exemplo de Os Cineastas, de Silveira Sampaio, ou do Teatro de Equipe, de Graça Melo, ambos ocupados com montagens de qualidade e que, em contrapartida, figuravam em um panorama comercial – tendo em vista a recepção do público – nada propício às suas realizações. Fatos paralelos contribuíram para acender os refletores sobre o movimento do teatro paulista, ficando o teatro carioca iluminado por uma luz de ensaio, luz geral.

Ao Brasil Aporta Outra linguagem

A partir da década de 1940, diretores estrangeiros de teatro chegam ao Brasil, e grandes transformações passam ao correr na cena brasileira. Em 1941, dois nomes foram especialmente importantes para as transformações iniciais sucedidas em nossos palcos: o alemão Hoffmann Harnish e o polonês Zbigniew Marian Ziembinski, o Zimba, como ficou aqui conhecido, foram os primeiros a chegar ao Brasil. Aportam no Rio de Janeiro para somarem suas experiências às nossas e assim permitirem que, a partir deles, edificássemos o que veio a ser o moderno teatro brasileiro.

Sete anos depois, em 1948, com a inauguração do Teatro Brasileiro de Comédia – TBC, o destino dos diretores estrangeiros foi São Paulo. O italiano Ruggero Jacobbi, que chegou ao Rio de Janeiro em 1946 e estreou em 1948, no Teatro Fenix, a peça *Estrada do Tabaco*, transferiu-se para São Paulo em 1949, contratado pelo TBC. Vieram depois os diretores Adolfo Celi e Gianni Ratto, também italianos influentes na formação do teatro moderno brasileiro. Nossa modernidade vinha do outro lado Atlântico: os estrangeiros traziam com eles a figura do encenador.

O francês Louis Jouvet (1887-1951) foi, contudo, o primeiro estrangeiro a influenciar os nossos palcos, mesmo não tendo atuado por aqui como diretor. Fugindo da Segunda Guerra Mundial, veio Jouvet com sua companhia para o Brasil, em junho de 1941, fazer a primeira turnê na América do Sul. Heloísa Pontes, em seu estudo, conta:

> Recusando-se a cumprir o programa cultural estabelecido pelos alemães durante a ocupação francesa, Jouvet deixou a Europa. De Lisboa, embarcou com mais 25 pessoas (entre atores e técnicos) e 34 toneladas de material. Vinte dias depois chegariam ao Rio de Janeiro para a estreia da temporada. A guerra, a política francesa, a acolhida entusiástica que a companhia receberia por aqui, a intempestiva e apaixonada relação de Jouvet com Madeleine Ozeray, tudo isso contribuiu para a longevidade dessa turnê que, programada inicialmente para três meses, durou quase quatro anos[6].

Jouvet, ator e diretor de grande renome, com passagem pela Comédie-Française e pelo Vieux-Colombier, estava na ocasião com 54 anos. Berenice Raulino refere-se à importância da presença de Jouvet no Brasil, ao apresentar seu repertório à plateia brasileira; ao final, presenteada com a oportunidade de "apreciar uma das mais significativas experimentações de linguagem teatral desenvolvidas no mundo naquele momento"[7]. No dia 7 de julho, Jouvet estreou no Rio de Janeiro *L'École des femmes*, de Molière. Segundo Pontes, "o silêncio da plateia, erroneamente confundido pelos atores como sinal de indiferença, logo seria

---

6   Louis Jouvet e o Nascimento da Crítica e do Teatro Brasileiro Modernos, *Anais do XXIV Encontro Anual da Anpocs*, p. 13.

7   *Ruggero Jacobbi*, p. 63.

DO CRÍTICO E DA CRÍTICA

desfeito por uma avalanche de aplausos, repetidos ao término de cada uma das sete apresentações que o grupo faria ao longo do mês de julho de 1941"[8].

Segundo o pesquisador Walter Lima Torres, o grande diferencial de Jouvet "em relação aos seus predecessores foi a preparação técnica e a organização artística propriamente dita da turnê"[9]. As companhias que o antecederam geralmente eram organizadas "às pressas", não estavam preocupadas em manter a qualidade dos espetáculos que eram encenados nas turnês realizadas na Europa. Torres explica que Jouvet viajou "com todo o material necessário para representar na íntegra e fazendo corresponder na mais alta fidelidade o espetáculo em turnê com o espetáculo apresentado em Paris"[10].

Na opinião de Torres, a presença de Louis Jouvet e sua equipe "deve ser entendida como uma companhia de transição devido às suas características éticas, econômicas e estéticas em relação às turnês das companhias que lhe precederam e das companhias que lhe sucederam"[11]. Sem dúvida, sua presença foi marcante no teatro carioca e no teatro paulista no início dos anos de 1940 por nos inspirar e alterar o sentido de práticas de trabalho há muito tempo estacionadas em um modelo superado na Europa. De fato, foi o que ocorreu com os integrantes dos grupos amadores da época, empenhados na renovação do teatro brasileiro.

Gustavo Dória, em um relato sobre a presença de Jouvet e de sua companhia no Brasil, explica que esse veio a ser, então, um acontecimento inesperado, principalmente para o grupo Os Comediantes, recompensado com exemplos que os levaram a refletir mais ponderadamente sobre o seu repertório. Dória conta que todos eles conheciam a importância de Jouvet, sua posição no teatro francês, sua descendência direta do movimento de Copeau. Entretanto, nunca poderiam imaginar "que o espetáculo teatral pudesse atingir aquele grau de elaboração artística. Jamais tínhamos visto uma conjunção tão perfeita entre texto, interpretação e montagem"[12].

---

8 Op. cit., p. 13.
9 A Turnê do Teatro Louis Jouvet no Rio de Janeiro e São Paulo, *O Percevejo*, n. 10/11, p. 126
10 Idem, ibidem.
11 Idem, ibidem.
12 *Dionysos*, p. 15.

Duas noções-chave caracterizam as concepções e as contribuições efetivas de Jouvet: valorização do texto e soberania absoluta do autor. Quanto à soberania do autor, era de se esperar daquela época que atribuísse poder a tal figura, afinal de contas a tradição arrastava a experiência de trabalhar, basicamente, por indicações cênicas modelares. Havia, por exemplo, o primeiro ator, a prima-dona (primeira atriz) e os atores secundários. Cada qual ocupava um ponto fixo no palco, do qual não se poderia deslocar, em favor de uma hierarquia estabelecida pelo grau de importância deste ou daquele ator, ou por tipo físico relacionado a determinado personagem. As peças serviam mais como roteiros que como textos a serem expressos, interpretados. Eram modelos a serem desenvolvidos por atores experientes, treinados conforme a especificidade de seus papéis. Em vista de tal realidade, não se poderia esperar outra mudança senão esta, segundo uma lógica em que o texto voltasse a assumir prestígio e a ser estudado, esmiuçado por um encenador que – como veremos adiante – fizesse a correspondência do texto com os demais elementos do espetáculo.

Jouvet, ao lado de Dullin, foi ator do Vieux-Colombier, fundado pelo crítico literário Jacques Copeau (1879-1949) que, desde 1910, lutara pela libertação do teatro francês das velhas convenções, sobretudo dos habituais modelos de *boulevard*, teatro bem-sucedido comercialmente em função do repertório familiar à ideologia e à estética burguesas, espelhadas tanto em sua elegância material, como na atualização de princípios morais, isto é, o *boulevard* caricaturava o modo de vida de um público ansioso por se ver.

A luta de libertação contra as convenções do teatro de *boulevard* empreende uma nova realidade estética e estrutural às montagens, situando o momento exato em que a figura do encenador assume a responsabilidade ideológica e estética pela produção cênica. Trata-se de uma mudança radical, que veio a afetar a rotina das produções teatrais por impor um trabalho paciente e demorado aos atores e ao encenador diante do texto. As atuações dos atores, até então fixadas em clichês, foram reconduzidas à manobra do diretor, novo mentor do ideário do espetáculo. Louis Jouvet, Charles Dullin, George Pitoëff e Gaston Baty, mesmo na França, foram os principais responsáveis por essa redefinição da prática teatral ao longo nos anos de 1920 e 30.

DO CRÍTICO E DA CRÍTICA   39

Embora sem deixar marcas transformadoras no teatro brasileiro no início dos anos de 1950, outras companhias francesas visitaram o Rio de Janeiro. Nada foi tão marcante quanto a influência da equipe de Jouvet, mas essas companhias agitaram a crítica e a seleta e privilegiada plateia pronta a pagar caros ingressos para assisti-las no Teatro Municipal ou no Teatro Copacabana, as salas de espetáculos mais prestigiadas do Rio de Janeiro daquele tempo. Sábato Magaldi deixou um registro curioso sobre a passagem de uma dessas companhias, em crítica sobre a peça *A Construção de Bobosse IV*, publicada em 11 de agosto de 1950:

> O valor de *Bobosse* reside, principalmente, na sua construção teatral [...] incontestável obra-prima da comédia ligeira [...] é uma das peças jovens mais significativas que têm ocupado ultimamente os palcos. [...] *Bobosse*, em síntese, apresenta uma construção admirável. Tão bem representada por François Perrier e seu grupo, que merece o sacrifício dos pesados ingressos para ser vista no Teatro Copacabana.

Outras companhias estrangeiras fizeram turnê no Brasil e nas Américas, fugindo da crise financeira imposta pelo pós-guerra na Europa. Dentre elas estão a Companhia Michodière, dirigida por François Périer, e a Companhia Claude Dauphin, ambas de *boulevard*; e a Companhia Les Theophiliens. Vieram também, na mesma época, as famosas Comédie-Française, que já havia feito turnê no Rio de Janeiro em 1939, e a companhia de Jean Louis Barrault; da Itália, I Piccoli di Podrecca e a companhia de Vittorio Gassman.

Sobre a passagem da equipe de Vittorio Gassman (1922-2000), em 1951, Magaldi registrou, na verdade, uma série de ressalvas sobre a apresentação. Na crítica "Voltará a Companhia Italiana?", de 26 de julho de 1951, o crítico aponta as falhas do espetáculo que, para ele, eram: contingências da curta temporada, em dias sucessivos, com a representação de peças de caráter mais variado e sem o ensaio de toda a equipe, prejudicando o rendimento total dos efeitos. Ressalta, porém, que o conjunto não girava em torno do primeiro ator, Vittorio Gassmann: "O sentido da equipe nunca se sacrificou à oportunidade maior concedida a um intérprete, esforçando-se todos, ao contrário, para que não se percebesse a menor dissonância, quer pela excessiva projeção de uns, quer pelo trabalho apagado de outros".

Jornalismo Cultural

O jornalista mineiro Wilson Figueiredo (1924-), amigo e contemporâneo de Magaldi desde os tempos em que ambos, ainda muito jovens, moravam em Belo Horizonte, em depoimento dado à autora, em janeiro de 2004, na sede do *Jornal do Brasil* – lugar em que trabalhou de 1957 a 2005 – falou que quando surgiu a ideia de jornalismo cultural, "surgiu também na crítica uma visão da cultura mais atualizada, uma escola europeia, porque até ali você só tinha a escola francesa; a cultura americana foi também introduzida no pós-guerra". Mas Figueiredo considera como contribuições mais importantes no campo literário, aquelas de brasileiros que partiram e regressaram do exterior trazendo na bagagem novas informações e experiências, como no caso do crítico Wilson Martins, que até hoje exerce papel de destaque no círculo intelectual brasileiro.

No final dos anos de 1930 e início dos anos 40, período em que os maiores escritores brasileiros começaram a escrever com regularidade para os jornais do país, vimos surgir o jornalismo cultural no Brasil. Flora Sussekind adverte que nos anos 40 iniciaram-se os sinais de transformação no pensamento historiográfico sobre o teatro no Brasil, principalmente no discurso do crítico Décio de Almeida Prado. Esses sinais estavam em sintonia com o surgimento de uma geração de críticos ligada às recentes Faculdades de Filosofia e de Ciências Humanas, "mas sob forte vigilância de um jornalismo cultural norteado por um ideário oitocentista ainda dominante – e não só no campo da crítica de espetáculos – à época"[13].

Segundo Wilson Figueiredo, o movimento modernista foi responsável por aposentar várias gerações, diversos conceitos, e porcriar espaço para novas tendências. Para Antonio Candido, a Semana de Arte Moderna de 1922, em São Paulo, "foi realmente o catalisador da nova literatura, coordenando, graças ao seu dinamismo e à ousadia de alguns protagonistas, as tendências mais vivas, mais capazes de renovação, na poesia, nos ensaios, na música, nas artes plásticas"[14].

---

13 *Papéis Colados*, p. 88.
14 *Literatura e Sociedade*, p. 108.

DO CRÍTICO E DA CRÍTICA

Um exemplo importante foi o que ocorreu no setor editorial de livros, como explica Figueiredo em seu depoimento: "A editora mais importante daquele tempo, a José Olympio, teve um papel capital, porque pegou os valores surgidos no movimento. O movimento modernista determinou um novo ambiente literário". Inclusive, segundo Figueiredo, a criação do Ministério da Educação e Saúde Pública no governo provisório de Getúlio Vargas, em 1930, que engrenou um novo estado de espírito na cultura do país, foi insuflada pelos modernistas: "Tínhamos uma tradição de crítica literária boa, tínhamos bons críticos literários. Podemos até discordar do método usado por eles, mas todos foram importantes, como José Veríssimo, Sílvio Romero". E continua:

> Toda essa gente foi importante à beça. Com a abertura deste espírito cultural, com a abertura das janelas e portas pelo modernismo, o Brasil começou a se resolver e o romance moderno também, com o surgimento do ciclo do nordeste, com José Lins do Rego, depois Jorge Amado, Graciliano Ramos. Ocorreu uma ampliação do romance brasileiro sem antecedentes. A escola do nordeste foi importante como marco do modernismo e, com tudo isso, foi acontecendo e se criou uma crítica literária. Nos anos 30, surge um Tristão de Athayde, um homem importante, um pensador importante [...] pode-se até não gostar da linha dele, mas foi um homem importante. Teve a crítica literária de Álvaro Lins, que também foi importantíssimo... o Rosário Fusco... tinha gente também que escrevia de forma avulsa, não eram críticos de rodapé sistemático, mas existia a instituição do rodapé... E o Antonio Candido, que largou a crítica do dia a dia da semana, para se dedicar a coisas mais profundas.

Apesar de existirem as críticas de música e de artes plásticas, infelizmente essas fizeram parte de alguns setores da cultura que não acompanharam o ritmo da crítica literária. No teatro – ainda na avaliação de Figueiredo – ocorreu a maior carência, porque "o modernismo não o atingiu diretamente, o que só aconteceu posteriormente, nos anos de 1940 [...], com Nelson Rodrigues, que rompeu com o academicismo existente na época". Para Magaldi, o teatro não foi abarcado pelo movimento porque, "realizando-se como sínteses de várias artes, o espetáculo supõe o trabalho preliminar de renovação de cada uma delas, para afirmar-se na sua organicidade"[15]. Assim se compreende o fato de que *Vestido de Noiva*, de Nelson Rodrigues, surgisse vinte anos depois, "como eco remoto dos postulados modernistas"[16].

Na década de 1950 o país toma como meta essencial a industrialização, num período em que o regime democrático, após anos de ditadura, volta a funcionar. A livre expressão das ideias, suprimida no Estado Novo regido por uma Constituição autoritária, retorna e faz desabrochar a criatividade em todas as áreas do conhecimento. Essa é a década em que surgem os suplementos literários nos jornais brasileiros e, conforme avalia Alzira Alves Abreu, "é a década de concretização de muitas ideias e projetos elaborados durante ou após a guerra, de realizações nos campos político, econômico, social e cultural"[17].

É também o momento da chegada dos intelectuais estrangeiros e dos encenadores ao Brasil, como já foi dito anteriormente, depois de terem atravessado o Atlântico, fugindo dos estragos e das misérias da Segunda Guerra Mundial. Esses artistas compreendem o Brasil como um "país novo", mas já com o estigma de país subdesenvolvido. O termo "subdesenvolvimento" é cunhado no pós-guerra, como explica Antonio Candido:

> Mário Vieira de Mello, um dos poucos que abordaram o problema das relações entre subdesenvolvimento e cultura, estabelece para o caso brasileiro uma distinção que também é válida para toda a América Latina. Diz ele que houve alteração marcada de perspectivas, pois até mais ou menos o decênio de 1930 predominava entre nós a noção de *país novo*, que ainda não pudera realizar-se, mas que atribuía a si mesmo grandes possibilidades de progresso futuro. Sem ter havido modificação essencial na distância que nos separa dos países ricos, o que predomina agora é a noção de *país subdesenvolvido*[18].

A partir dos anos de 1950, principalmente, observa Abreu, ocorrem mudanças significativas na estrutura produtiva do país. A substituição de

---

15 *Teatro Sempre*, p. 135.
16 Idem, ibidem
17 *A Imprensa em Transição*, p. 16.
18 Literatura e Subdesenvolvimento, *A Educação pela Noite e Outros Ensaios*, p. 140.

importações determinou uma diversificação maior da atividade produtiva, em especial da indústria, o que levantou o problema do suprimento de bens intermediários e de bens de capital. E com o fim da Segunda Guerra Mundial, de acordo com Nelson Werneck Sodré, "abria-se amplo horizonte à liberdade de pensamento; cada vez mais se verificava, na prática, que tal liberdade é meramente teórica: só grandes capitais poderiam montar grandes empresas"[19].

No início dos anos de 1950, segundo dados da Unesco, de 1951, circulavam dezoito jornais diários – entre matutinos e vespertinos – na capital brasileira, com uma tiragem global de 1. 245. 335 exemplares, para termos uma noção do volume desses dados, em todo o Brasil existiam 230 jornais com uma tiragem de 5. 750. 000 exemplares[20].

O *Diário Carioca*

Até maio de 1950, o jornal *Diário Carioca* não oferecia aos leitores uma diagramação satisfatória, o seu esquema de *layout*, bastante confuso, continha na página seis um campo dedicado às artes. Somente aos domingos, no terceiro caderno, as colunas eram assinadas, acrescidas de reportagens e de alguns depoimentos de artistas.

No dia 28 de maio de 1950, domingo – dia de maior circulação do jornal – a primeira página anunciou em destaque: "Iniciando a sua nova fase, o DC se dirige aos seus leitores. Estamos tentando adaptar o nosso jornal a uma fórmula técnica que corresponda ao padrão técnico dos mais modernos órgãos da imprensa mundial". E na mesma data lançaram o Caderno de Letras e Artes, com textos de Sérgio Buarque de Holanda, Antonio Candido, Carlos Drummond de Andrade, Gilberto Freire, Manuel Bandeira, Otto Maria Carpeaux e Clarice Lispector. Nas edições seguintes, os escritores revezaram-se, mantendo-se fixos no caderno, apenas, Sérgio Buarque de Holanda e Otto Maria Carpeaux. A partir dessa mudança, a coluna de teatro recebe assinatura do escritor

---

19 *História da Imprensa no Brasil*, p. 395.
20 Cf. M. Barbosa, *História Cultural da Imprensa*, p. 154.

Paulo Mendes Campos, circunstancialmente instalado na posição de crítico de teatro.

O *Diário Carioca* era um jornal ocupado com assuntos da rotina política. Fundado em 1928, circulou no Rio de Janeiro até 1965. Em 1951, segundo Sodré, o periódico chegou a vender 45 mil exemplares nos dias úteis e 70 mil aos domingos[21]. As edições dominicais do jornal *Diário Carioca*, lá pelo fim da década de 1940, já possuíam uma terceira seção reservada a textos de intelectuais de expressão, que escreviam ensaios e crônicas sobre diversos assuntos. Aconteceu, em certo domingo[22], que a coluna intitulada Opinião dispôs do privilégio de publicar, na primeira página dessa terceira seção, um texto de Manuel Bandeira e outro de Santa Rosa sobre a peça *Doroteia*, de Nelson Rodrigues. Esse terceiro caderno tinha o curioso título de Literária, Feminina e Infantil, porque publicava, além dos textos sobre literatura, outros relacionados à saúde e à beleza da mulher, além daqueles dedicados à educação infantil.

Diariamente, a coluna de teatro – não assinada – apresentava um noticiário, sempre em igual formato, tecendo comentários irônicos,e ocupados exclusivamente em expor as futilidades da cena carioca e da vida teatral, como o que se segue:

> A mentira teatral: Todas as temporadas vão de vento em popa. Você sabia? [...] que a peça do Phenix foi tão sabida que o ponto também representa? Coisas que incomodam: A turma dos que ainda duvidam do êxito da Bibi na revista. O filme de hoje: *Tarde Demais Para Esquecer*. O comentário da noite: Qual é o maior escândalo?, perguntou ontem, em plena Cinelândia, o ator Olavo Barros ao Gustavo Dória. Na minha opinião, comentou o autor de *Helena*, é a empresa Paschoal Segreto ceder o *High Life* à Bibi[23].

No início dos anos de 1950, a imprensa brasileira começa a abandonar uma de suas mais importantes tradições, a do jornalismo de combate, de crítica, de doutrina e de opinião: "Essa forma de jornalismo convivia com o jornal popular, que tinha como características o grande espaço

---

21 Op. cit., p. 394-395.
22 *Diário Carioca*, 1 fev. 1950, p. 5.
23 *Diário Carioca*, 24 fev. 1950, p. 5.

DO CRÍTICO E DA CRÍTICA

para o *fait divers*, para a crônica e para a publicação de boletins. A política da atualidade não estava ausente, mas era apresentada com uma linguagem pouco objetiva", como afirmou Alzira A. Abreu[24]. Esse jornalismo de opinião, ainda de acordo com Abreu, possuía forte influência francesa e foi dominante desde os primórdios da imprensa brasileira até a década de 1960, sendo aos poucos substituído pelo modelo norte-americano de jornalismo com inclinação a privilegiar a informação, a notícia, a descartar o comentário pessoal da transmissão objetiva e o comentário impessoal da informação[25].

Nessa época, um grupo de jornalistas altamente qualificado do *Diário Carioca* começou a desempenhar papel formador de novos quadros para a imprensa. Destaque-se que o *Diário Carioca* foi um jornal inovador no uso do *lead* e o primeiro a empregar equipe de *copy desk* em sua redação[26]. As mudanças levadas por Pompeu de Souza ao *Diário Carioca* não agradaram a Nelson Rodrigues:

> O Pompeu trouxe para cá o que se fazia nos Estados Unidos – o *copy desk*. Começava a nova imprensa. Primeiro, foi só o *Diário Carioca*; pouco depois, os outros, por imitação o acompanharam. Rapidamente, os nossos jornais foram atacados por uma doença grave: a objetividade. Daí para o idiota da objetividade seria um passo[27].

Na opinião de Marialva Barbosa, pesquisadora de história dos meios de comunicação, a crítica cáustica dirigida por Nelson Rodrigues ao novo estilo de jornalismo aplicado pelo *Diário Carioca*, de um discurso objetivo e neutro, pretendia, na verdade, encobrir seu verdadeiro caráter de "estratégia de poder"[28].

Tal observação é de singular importância. A história da imprensa confirma que, desde o final da Primeira Guerra Mundial, os Estados Unidos iniciaram seu sucesso econômico inaugurando o *consumo de massa*, logo transformado em um sistema modelar a invadir e a afetar tudo, dominando os mecanismos de comunicação, os estilos de vida e

24 Op. cit., p. 15.
25 Idem, ibidem.
26 Idem, ibidem.
27 *O Reacionário. Memórias e Confissões*, p. 65.
28 Op. cit., p. 150.

a cultura. A partir desse episódio, os meios de comunicação vieram a absorver os interesses econômicos capitalistas, assumindo a concorrência comercial que transformou as regras tradicionais de organização e elaboração do jornal, dentre elas o espaço editorial e o estilo da escrita de opinião. Interesses econômicos à parte, a imprensa é a formadora de opinião por excelência. Stálin chegou a dizer que ela era a mais poderosa arma de seu partido, principalmente por ser um "organizador coletivo"[29]. Manipulada pela ideologia de esquerda ou pela ideologia de direita, o seu poder de penetração é o mesmo. Assim sendo, os esquemas de controle atuarão silenciosamente sobre sua produção, fazendo transparecer, por exemplo, a "neutralidade". Na opinião de Michel de Certeau, "a 'neutralidade' remete à metamorfose das convicções e ideologias, numa sociedade tecnocrática e produtivista, anônima, que não sabe mais designar suas escolhas nem indicar seus poderes [para ratificá-los ou confessá-lo]"[30].

Em suas memórias, Nelson, que fez parte de uma imprensa anterior ao *copy desk*, diz que "a redação era uma cova de delícias":

> O sujeito ganhava mal ou simplesmente não ganhava. [...] Mas tinha a compensação da glória. Quem redigia um atropelamento julgava-se um estilista. E a própria vaidade o remunerava. Cada qual era um pavão enfático. Escrevia na véspera e no dia seguinte via-se impresso, sem o retoque de uma vírgula. Havia uma volúpia autoral inenarrável. E nenhum estilo era profanado, por uma emenda, jamais. Durante várias gerações foi assim e sempre assim, De repente explodiu o *copy desk*[31].

Na opinião de Barbosa, a mítica da objetividade – objetividade atacada por Nelson – imposta pelos padrões redacionais e editoriais "é fundamental para dar ao campo lugar autônomo e reconhecido, construindo o jornalismo como a única atividade capaz de decifrar o mundo para o leitor"[32].

---

29 M. McLuhan, *Os Meios de Comunicação como Extensões do Homem*, p. 43.
30 *A Escrita da História*, p. 36.
31 Op. cit., p. 65.
32 Op. cit., p. 150.

DO CRÍTICO E DA CRÍTICA

Da Tradição Oitocentista e da Volúpia Autoral

Para entendermos a ameaça do *copy desk* à "volúpia autoral", mencionada anteriormente por Nelson Rodrigues, e o significado da objetividade trazida pela modernidade, devemos aqui abrir parêntese e nos debruçarmos, em primeiro lugar, sobre a crônica teatral brasileira da virada do século XIX. Flora Sussekind identifica como uma das principais características do exercício jornalístico oitocentista o duelo: "o que aumentava a confiabilidade de um crítico era sua capacidade retórica nas muitas polêmicas que se sucediam, sob quaisquer pretextos, na imprensa"[33]. No século XIX, explica Sussekind, não era problemático se um crítico acumulasse as funções de autor e promotor de espetáculos: "Sequer se cogitava numa diferenciação radical de funções. O que preocupava, de fato, como se pode perceber nas crônicas de Artur Azevedo, era definir o próprio ofício como o de um cronista e não de um crítico"[34].

O início da crítica moderna no Brasil surgiu, segundo Sussekind, "em sintonia com as primeiras gerações de formandos das faculdades de filosofia criadas nos anos 30"[35]. Segundo a autora, em meados dos anos de 1940 a imprensa brasileira vivia uma tensão entre dois modelos de críticos:

> entre um modelo de crítico pautado na imagem do homem de letras, do bacharel, e cuja reflexão, sob forma de resenhas, tinha como veículo privilegiado o jornal e um outro modelo, ligado à "especialização acadêmica", o crítico universitário, cujas formas de expressão dominantes seriam o livro e a cátedra [36].

Segundo Sussekind, os períodos dos anos de 1940 e 50 "estão marcados no Brasil pelo triunfo da crítica de rodapé. O que significa dizer: por uma crítica ligada fundamentalmente à não especialização da maior parte dos que se dedicam a ela, na sua quase totalidade 'bacharéis'"[37]. Esse estilo de crítica exercido pelos jornais, explica Sussekind, oscilava entre a crônica e o noticiário; e ora cultivava a eloquência, ora estava

33 Op. cit., p. 58.
34 Idem, p. 62.
35 Idem, p. 15.
36 Idem, ibidem.
37 Idem, p. 17.

ligado diretamente à publicidade. É nesse momento também que, como coloca a autora, novas exigências nascem na crítica moderna que desponta; transformações processadas, principalmente, na crítica literária. Sussekind diz ser importante observar o fato de a figura do "crítico especializado" aparecer, no Brasil, simultaneamente à do encenador: "É possível afirmar, inclusive, que o teatro brasileiro moderno se articula apenas na década de 40, quando já se acham em atividade um dramaturgo como Nelson Rodrigues, um encenador como Ziembinski e um crítico como Décio de Almeida Prado"[38].

Da Crônica Crítica e da Crítica Crônica:
Um Gênero Carioca

A historiadora Margarida de Souza Neves pensa que a crônica, tanto "na forma como no conteúdo, na seleção que efetua como na linguagem que emprega, é sempre, e de formas muito distintas, um texto que tematiza o tempo e, simultaneamente, o mimetiza. Tal como a história, aliás"[39]. Partindo desta premissa, podemos considerar traços de um aspecto historiográfico nas crônicas de Magaldi, tanto pela característica temporal da publicação semanal das críticas, como pelo traço diferencial de sua escrita a tematizar o tempo.

Beatriz Resende, ao escrever sobre o gênero da crônica, observa que há nela uma modalidade de literatura urbana, possuindo, no Brasil, uma peculiaridade: "é no Rio de Janeiro que o gênero nasceu, cresceu, se fixou"[40]. Ainda acompanhando o raciocínio da autora, "há entre o Rio de Janeiro e a crônica uma tal afinidade que chega a ser difícil fazer a história da cidade sem se evocar [...] um dos numerosos cronistas que, tendo ou não nascido aqui, dela falaram"[41].

O crítico mineiro Sábato Magaldi apropriou-se do gênero para chamar a atenção dos leitores para determinadas reflexões sobre o teatro

---

38 Idem, p. 62.
39 História da Crônica. Crônica da História, em B. Resende (org.), *Cronistas do Rio*, p. 17.
40 O Rio de Janeiro e a Crônica, em B. Resende (org.), op. cit., p. 35.
41 Idem, p. 11.

DO CRÍTICO E DA CRÍTICA

carioca, deixando-nos assim um rico material historiográfico. Na opinião de Souza Neves, "a crônica moderna, assumidamente comentário subjetivo sobre o real vivido, é talvez uma excelente ocasião para que a história reconheça em si o lugar da subjetividade, nas análises que o historiador elabora como na documentação que utiliza"[42]. Para ela, "o conjunto das crônicas de um determinado escritor é produzido ao modo de um mosaico, cujo autor não tivesse a ideia exata de seu produto final"[43]. Ao escrever, Magaldi certamente não supunha legar documentos à posteridade. Quem encontra a potencialidade historiográfica contida em um conjunto de textos é o pesquisador, ou o historiador atento que "encontra na crônica não apenas a personalíssima escrita do cronista, mas o espírito do tempo, num sentido quase hegeliano"[44]. As crônicas do atento Magaldi são ricas em informações sobre o espírito do teatro de seu tempo, e se prestam à historiografia do teatro quando atentamente lidas. Diz Souza Neves:

> A crônica pode ser para o historiador, em primeiro lugar, a ocasião de aprender, na evidência da seleção operada pelo cronista, sobre a matéria do cotidiano que interpreta para si mesmo e para seus leitores, algo essencial em seu próprio ofício: a construção que faz sobre qualquer dimensão ou duração da temporalidade – seja ela o cotidiano ou um longo processo histórico – é sempre igualmente uma leitura do real e não real redivivo como pretendia o nobre sonho dos positivistas. É sempre seleção e é sempre, essencialmente, interpretação[45].

A Crítica como Documento

Grande parte da historiografia do teatro brasileiro é constituída pela história da dramaturgia. Em alguns casos, feita a partir dos seus momentos

---

42 Op. cit., p. 23.
43 Idem, p. 20.
44 Idem, p. 23.
45 Idem, p. 22-23.

de ruptura ou de algum acontecimento invulgar. O texto dramático conseguiu atravessar gerações, ultrapassar fronteiras temporais, espaciais, e foi utilizado, na maioria das vezes, na escrita da história do teatro. Isso, contudo, não é uma especificidade nossa, uma vez que os padrões seguidos por essa escrita são os mesmos da historiografia do teatro ocidental. Conforme Tania Brandão, até os anos de 1940,

> o teatro brasileiro não possui densidade diferenciada o bastante frente ao palco europeu. Se a colonização portuguesa fez com que a cena nacional persistisse portuguesa até boa parte do século xx, o século xx europeu, em particular o francês, constitui referência obrigatória para a compreensão da arte e da cultura da mesma centúria no Brasil, em particular para a compreensão da cena e para a reflexão da sua historiografia[46].

Mesmo não sendo o objetivo principal deste trabalho historiografar o teatro carioca a partir das críticas de Magaldi, o material apresentado nesta edição – sobre os autores, os atores, os diretores, a cena e o gosto do público – analisado com rigor, demonstra seu potencial colaborador para a construção de "uma historiografia" do teatro daquele período, no Rio de Janeiro.

Fazer uso de documentos jornalísticos produzidos por Magaldi, como crônicas, críticas e entrevistas – material de que é feita esta edição – nos fornece, por seu aspecto criterioso, reflexivo e didático, elementos para um estudo em que a dramaturgia figura como coparticipante, ao contrário do que se viu até então, sempre privilegiada pelas produções da historiografia teatral.

Para Henri Gouhier, a historiografia do teatro a partir da obra dramática é problemática, visto que o texto não cumpre a sua existência enquanto não é posto em cena: "Síntese das artes, o teatro não é, por conseguinte, um gênero literário. De sua natureza derivam duas consequências, uma relativa à sua história e outra à sua encenação"[47]. Quer dizer, a história dos textos de teatro, ou da dramaturgia, não são

---

46 Ora, Direis, Ouvir Estrelas, *Sala Preta*, n. 1, p. 203.
47 *La Essencia del Teatro*, p. 64.

DO CRÍTICO E DA CRÍTICA   51

suficientes para dar conta da história do teatro, porque é necessário levar
em consideração as encenações e a recepção dos espetáculos.

Na opinião de Gouhier, por não refletir sobre a experiência da encenação é que a historiografia teatral apresenta lacunas ainda a serem
preenchidas, para que se efetivem modelos variados de escrita. Gouhier
lembra que, na França, o livro do crítico literário Gustave Lanson (1857-
1934), intitulado A *História da Literatura na França*, de 1923, dedica
várias páginas aos autores, abrindo apenas um parêntese para a obra do
diretor e ator André Antoine e uma nota para Jacques Copeau[48], isto
porque Lanson constrói uma historiografia em que os quadros da literatura determinam sua ordem, uma história estritamente literária que
ignora o feito fundamental para a vida do teatro nesses primeiros anos
do século XX, que são as escolas, as doutrinas e os sistemas que surgem
não sob a influência dos autores, mas sim dos diretores, ou seja, há uma
historiografia desconectada das mudanças da cena.

O desafio para uma nova historiografia teatral, descolada da história
da literatura, está em buscar uma metodologia que dê conta de sua
efemeridade e que saiba lidar com as fontes "extradramatúrgicas", como
fotos, depoimentos, programas, entrevistas, crônicas, ensaios e críticas
sobre o espetáculo.

Na opinião de Henri Gouhier, a história literária do teatro limita-se
aos autores, o que não é suficiente para, sozinha, fazer a história do
teatro. Assim, "um capítulo da história da literatura é nada mais que um
capítulo da história do teatro"[49]. O reinado do texto ocasionou, então,
uma historiografia do texto dramático.

Se a proposta for entrar no terreno da análise do espetáculo, devemos,
como indica o semiólogo Patrice Pavis, avançar com muito cuidado,
porque é um "campo minado pelas mais contraditórias tendências e as
suspeitas metodológicas mais insidiosas, terreno baldio que ainda não
viu se desenvolver um método satisfatório e universal"[50], o que dificulta,
no caso do teatro, uma análise e uma historiografia fora do texto. Para
Pavis, a estética da representação exige uma comunidade de temas
ou de interesses, isto é, segue o passo de uma estética da recepção e

---

48 Idem, p. 66.
49 Idem, p. 64-65.
50 A *Análise dos Espetáculos*, p. XVII.

da percepção individual. Desse modo, o receptor torna-se a instância principal, que faz um julgamento em função de seus gostos, sentidos, percepções adquiridas pela vida, por experiência pessoal. No caso de Magaldi, quando ele começou a fazer crítica em 1950, sua experiência era literária e fora adquirida em Belo Horizonte, quando escrevia na revista *Edifício*. Em Minas Gerais, o teatro era quase inexistente e sua experiência como espectador era ainda incipiente.

O professor de história do teatro e do espetáculo Marco De Marinis sugere aos estudiosos do teatro que escrevam sobre o que ele chama de uma Nova Teatrologia, visto que a história do teatro está quase sempre identificada com os estudos teatrais, segundo ele, uma disciplina ainda por se fazer. Para De Marinis, "um livro que queira oferecer ferramentas para o estudo e a compreensão do feito teatral não pode deixar de realizar uma tarefa epistemológica"[51]. Esse autor atesta que, depois da hegemonia do texto, temos agora a era do *Theaterwissenschaft* (Ciência do teatro), que divide o teatro por setores, ou seja, fragmenta e "tende a decompor o feito teatral em seus diversos e heterogêneos elementos (texto escrito, espaço, ator, público) sem o recompor, realizando, consequentemente, análises parciais e separadas"[52]. Na opinião de De Marinis, "é necessário começar a trabalhar em uma nova perspectiva teatrológica não parcial, mas orgânica e integradora: uma perspectiva baseada nos elementos primários que o fundam: o ator e o espectador"[53]. Segundo Brandão, "a definição de história adequada ao trabalho em história do Teatro só pode ser aquela proposta em sintonia com o conceito de *moderno*, condição que privilegia o reconhecimento da encenação como dinâmica poética fundante do fato teatral"[54].

Na visão do historiado Jacques Le Goff, desde o nascimento das sociedades ocidentais, "a ciência histórica define-se em relação a uma realidade que não é nem construída, nem observada como nas matemáticas, nas ciências da natureza e nas ciências da vida, mas sobre a qual se indaga, se testemunha"[55]. Para o crítico de arte Luiz Camillo Osório, seria possível um tipo de crítica testemunhal, uma escrita com a obra,

51 *Comprender el Teatro*, p. 7.
52 Idem, ibidem.
53 Idem, ibidem.
54 Ora, Direis Ouvir Estrelas, op. cit., p. 203.
55 *História e Memória*, p. 10.

DO CRÍTICO E DA CRÍTICA

ou seja, criativa, e não sobre a obra, reprodutiva: "A escrita com a obra te coloca sempre como testemunha"[56]. Para Le Goff, a história começou como relato daquele que pôde afirmar eu vi, eu ouvi.

> Este aspecto da história-relato, da história-testemunho, nunca deixou de existir no desenvolvimento da ciência histórica. Paradoxalmente, assiste-se hoje à crítica deste tipo de história pela vontade de substituir a narrativa pela explicação, mas também, e ao mesmo tempo, ao renascimento da história-testemunho mercê do "regresso do acontecimento" (Nora) ligado aos novos *media*, ao aparecimento de jornalistas entre os historiadores e ao desenvolvimento da história imediata[57].

De acordo com De Marinis – em relação a uma historiografia e a uma análise do espetáculo – uma semiótica redefinida em seus termos pode, legitimamente, aspirar a plantar-se como uma epistemologia para uma nova teatrologia. No entanto, ele admite que o estado atual é totalmente insatisfatório para as investigações da recepção teatral.

O diretor teatral e professor Sérgio Carvalho em seu artigo sobre a crítica teatral disserta sobre o processo de esvaziamento da crítica teatral brasileira nas últimas duas décadas, quando a falta de sensibilidade dos críticos afetou o teatro brasileiro, que é e foi "tão pouco respeitado em sua curta história" pela falta de percepção dos críticos, e que, a partir dos últimos anos, "será registrado com ainda maior ignorância". Seu lamento é a ausência de uma crítica em diálogo com o que ele denomina "escolhas técnicas" e "as leis de mercado". Ao clamar por uma discussão, seu desejo é o de que o crítico e a crítica dialoguem com a crise do teatro e com a crise do próprio discurso crítico, como ele explica:

> Com o fim do discurso crítico, não serão extintas as valorações. De manifestas, elas vão se tornar ocultas. Sem autoria. E, sem que se apresente o sujeito de opiniões não anunciadas como tal, não haverá o que debater. Não se discute com as "escolhas técnicas", assim como

---

56 *Razões da Crítica*, p. 170.
57 Op. cit., p. 10.

não se discute com "as leis do mercado". O juízo de valor se exercerá de forma cada vez mais baixa, sem nenhuma raiz na argumentação. O valor de tal obra será lançado de cima, de insondáveis alturas, sem construção lógica no caminho da verdade, e sem desejo de, por meio do argumento, estabelecer uma relação crítica com o leitor[58].

Carvalho lamenta ainda o fato de "o que prevalece nunca [ser] a discussão sobre a experiência coletiva proporcionada por um trabalho teatral em seu momento histórico"[59].

Magaldi, ao introduzir em seus questionamentos, quase diários, a questão da produção e do gosto – muitas vezes, como poderemos observar em seus textos, questionando a sua própria função de crítico e a função da crítica em si – deixa-nos mais que um legado estético do teatro carioca nos de 1950; ficam os rastros de uma crise. Ao relatar o esvaziamento da crítica contemporânea em seu artigo, Carvalho comunga com a ideia da crítica ser um documento historiográfico capaz de deixar, se escrita por um cronista atento, rastros. Na opinião de Carvalho,

> os últimos críticos, exauridos pela mercantilização, os críticos que restam não percebem o que há de positivo no país. Sem um vislumbre de um futuro, entregam-se à rotina e ao conformismo do presente. Enquanto isso, a história do teatro brasileiro neste fim de século não está sendo escrita[60].

É possível concluir até aqui que as críticas, efetivamente, podem ser analisadas com cautela e rigor, e contribuir para a construção de um capítulo da história do teatro. No caso de Magaldi, ao analisar o que assistia, produziu um testemunho da cena. Até meados do século XX, a maioria dos registros utilizados para essa escrita vinha de fontes jornalísticas. No caso da crítica, que traduz uma reflexão autoral, Tania Brandão nos recomenda bastante atenção: "é interessante localizar os autores dos textos, saber de sua formação e ideário"[61]. Assim sendo, para utilizar uma crítica de teatro como um documento a fornecer indícios

---

58 O Fim Anunciado, *Bravo*, p. 22-24.
59 Idem, ibidem.
60 Idem, ibidem.
61 Ora, Direis, Ouvir Estrelas, op. cit, p. 200.

DO CRÍTICO E DA CRÍTICA

de um espetáculo teatral ou da atuação de um determinado ator ou diretor, é importante conhecer quem é o autor dessa crítica, qual a sua formação e a que tipo de crítica ele se propõe.

Vale lembrar que essa proposição também é incerta. A crítica teatral é um documento de recepção do espetáculo, um registro deixado à posteridade, muitas vezes o único documento de que dispomos para a reconstituição de uma cena. Ainda segundo Brandão, "com relação aos textos de jornais – tantas vezes desqualificados por pesquisadores em função de sua condição de redação apressada – o historiador do teatro necessita superar todo e qualquer juízo de valor eventual, seja positivo, seja negativo"[62].

A Crítica como Crítica

Gerd Bornhein explica que a palavra crítica vem do verbo grego *krino*, "escolher". Crítica, crise e critério possuem a mesma etimologia. Para Bornheim, o nascimento da crítica dá-se "quando Deus deixa de ser o criador definitivo e a arte passa então por um processo, ao que tudo indica radical, de dessacralização; e o crítico instala-se justamente nesse modo de ver aquilo que no passado nem precisava ser dito"[63]. É quando, por exemplo, passa-se a interpretar a *Poética* de Aristóteles como um repositório de normas. Mas, segundo o autor, "quando foi escrita, não faria nenhum sentido, por exemplo, pretender que a *Poética* de Aristóteles constituísse uma crítica da tragédia grega"[64]. O pressuposto fundamental da crítica situa-se, de certo modo, para Bornheim, no âmago da própria cultura ocidental: "trata-se nada menos que da invenção do espírito crítico inerente ao nosso mundo em decorrência do surgimento da filosofia e do espírito científico de modo geral – isso de perscrutar racionalmente os processos reais e os cometimentos humanos"[65].

Reinhart Kosselleck considera que "a sociedade burguesa que se desenvolveu no século XVIII entendia-se como um mundo novo: reclamava

---

62 Ora, Direis Ouvir Estrelas, op. cit., p. 214.
63 As Dimensões da Crítica, em M. H. Martins (orgs.), *Rumos da Crítica*, p. 42.
64 Idem, ibidem.
65 Idem, ibidem.

intelectualmente o mundo inteiro e negava o mundo antigo"[66]. Segundo o autor, a consciência histórica e filosófica dos iluministas "só adquire sentido político como uma resposta à política absolutista"[67]. Para ele, "o absolutismo condiciona a gênese do Iluminismo, e o Iluminismo condiciona a gênese da Revolução Francesa"[68]. Sua tese é a de que "a crítica praticada pela inteligência burguesa determinou o papel da burguesia ascendente e englobou o novo mundo"[69], e isso nos interessa para analisar o nascimento da crítica. Ainda na opinião do autor, até o século XVIII, "a delimitação entre a moral e a política revelou-se como o pressuposto e a expressão de uma tomada indireta do poder, a partir de agora mostra-se que a crítica, superior e aparentemente apolítica, funda-se justamente nessa delimitação"[70].

Na medida em que o teatro se consolidava como jurisdição própria e se opunha às leis temporais, ele "exercia sua crítica ao Estado de maneira mais contundente e original que nos juízos particulares que pronunciava"[71]. Por seu significado geral, no século XVIII, a crítica, como pensa Kosselleck, "enquanto arte de julgar e, portanto, de distinguir – estabelece uma conexão essencial com a concepção de mundo dualista então vigente"[72]. O autor explica que

> apenas a crítica atravessa a fronteira que ela mesma havia traçado entre república das letras e o Estado. Sendo apolítica, a crítica separa-se do Estado, mas não deixa de submetê-lo ao seu juízo. Aqui nasce a ambivalência da crítica, que se tornaria a sua característica histórica desde Voltaire: aparentemente apolítica e acima da política, ela era, de fato, política[73].

Terry Eagleton concorda com Kosselleck quando afirma que "a moderna crítica europeia nasceu de uma luta contra o Estado absolutista. Dentro desse regime repressivo [...] a burguesia europeia começa a

---

66 *Crítica e Crise*, p. 9.
67 Idem, p. 11.
68 Idem, p. 13.
69 Idem, p. 14.
70 Idem, p. 28.
71 Idem, p. 92.
72 Idem, p. 93.
73 Idem, p. 34.

DO CRÍTICO E DA CRÍTICA

criar, para si própria, um espaço discursivo específico"[74]. A conclusão de Eagleton, que disserta sobre a função tradicional da crítica – no caso a literária – é a de que "a menos que seu futuro se defina agora como uma luta contra o Estado burguês, é possível que não lhe seja reservado futuro algum"[75].

Ao tentarmos situar o nascimento da crítica burguesa europeia, ressaltamos a tese de Kosselleck para se pensar o modo de criticar que prevalece ainda hoje. Para ele, "a crítica da arte e a crítica da literatura foram as primeiras a articular, na república das letras, a oposição entre antigos e modernos e a elaborar uma concepção de tempo que separa o futuro e o passado"[76]. E essa oposição entre antigos e modernos é uma questão perene para a crítica.

A crítica traduz uma reflexão autoral, uma vez que o crítico nunca terá uma escrita totalmente isenta. Segundo Luiz Camillo Osório, existe a questão do gosto e do ajuizamento, mas também a necessidade de se tratar das obras como fenômenos singulares, que nos obrigam a buscar compartilhamento junto ao juízo dos outros:

> nesse exercício judicativo colocamos o nosso gosto (ou normas morais) à prova, explicitamos maneiras de compreender, de sentir e de pensar que nos põem também à prova. Na medida em que nos abrimos e nos confrontamos com a diferença e, a partir disso, buscamos sentidos comuns, evidenciamos o quanto há de político no ajuizamento[77].

Já Anne Ubersfeld eleva o metadiscurso sobre arte à categoria de arte. Segundo a autora, o discurso crítico no teatro "se beneficia de uma margem de jogo estreita e estreitamente submetida a dois imperativos: rigor no conhecimento (teórico e prático, cultural e técnico) e liberdade criadora na escritura. Se o teatro é uma arte, o metadiscurso crítico também o é"[78]. Na opinião de Ubersfeld, o metadiscurso da crítica teatral é particularmente "falacioso" na medida em que, na maioria das vezes, não

---

74 A Função da Crítica, p. 3.
75 Idem, ibidem.
76 Op. cit.,p. 116.
77 Op. cit., p. 46.
78 Notas Teóricas sobre o Metadiscurso da Crítica Teatral, Revista de Teatro, n. 488.

explica nem seus condicionamentos, nem suas condições de enunciação. "Apresenta-se, hipocritamente, como discurso reflexivo, e aparenta um distanciamento natural e espontâneo do espetáculo, como se fosse de um apreciador esclarecido – o que não é de maneira alguma"[79], ou seja, para a autora, há na crítica mais de uma escolha. Há uma criação. Segundo Gerd Bornheim, existe um tipo de crítica que também se quer como obra de arte – concorrer de certo modo com a criatividade da própria arte. Ele dá como exemplo Baudelaire, Lukács e Benjamin,

> e tantos outros da crítica de um tipo de obra de arte, espécie de gênero paralelo à realidade que ela mesma comenta. Essa tendência, bastante disseminada, vê pois no ato de escrever sobre uma obra um sucedâneo que repete à sua maneira a gênese geradora da obra. Seria como que uma criação em grau outro, teimosa em persistir em sua autonomia, em coadunar-se com a especificidade de sua linguagem. Assim é que se podem ler certos ensaios sobre arte e literatura, em Sartre por exemplo, que são sem dúvida capítulos da crítica, mas que ostentam em verdade uma autonomia que os torna em certo sentido autossuficientes[80].

Ao detectar, na atualidade, uma crise na crítica jornalística, Osório lembra que "não se pode perder de vista a necessidade do discernimento, a responsabilidade do diálogo e da negociação de sentidos associados ao exercício crítico, independentemente de onde e como ele se realiza"[81]. Ainda na sua avaliação, de certo modo podemos dizer que a crítica, ao correr atrás das palavras capazes de traduzir uma experiência não verbal, procura criar um vocabulário que possa balizar nossos modos de ver não só a arte, mas o próprio mundo. E "o juízo que acompanha a experiência estética é um juízo reflexivo e não determinante, ou seja, é um juízo que toma o fenômeno na sua particularidade e busca uma significação universal, que não é dada *a priori*, mas forjada e inventada pelos usos da razão e da linguagem"[82]. Mesmo que esta análise recaia sobre a crítica

---

79 Idem, ibidem.
80 Op. cit., p. 44.
81 Op. cit., p. 11.
82 Idem, ibidem

das artes visuais, o seu modo de conceituar o ato de criticar pode perfeitamente se transpor para o teatro. Se criticar é julgar, é bom que se diga, explica Osório, esse julgamento nunca será objetivo e irrefutável, pois não se pode provar o bom fundamento dos juízos estéticos, não obstante o fato de que argumentos são construídos para justificar determinadas posições. "E é a isto que a crítica se propõe: produzir argumentos que sejam uma extensão do saber e da ação específica das obras"[83].

Segundo o filósofo Renato Janine Ribeiro, criticar não é aplicar mecanicamente um critério pronto a uma obra ou ação. "É entrar na crise. É propor critérios que antes não existiam. É inventar o novo"[84]. Diante da cena carioca, Magaldi precisou, mais que procurar critérios para análise ou julgamento, reinventar-se como espectador para poder, efetivamente, atuar como crítico.

Crítica Adjacente ou a Crítica Teatral Carioca do Início dos Anos de 1950

Quando Sábato Magaldi começou a escrever críticas de teatro, múltiplas eram as formas de escrever sobre o gênero, variando de acordo com o profissional e com jornal, por motivos alternados, passando do econômico ao político; do político ao estético, e assim sucessivamente. O teatro moderno ainda não se consolidara no Rio de Janeiro, como já havia ocorrido em São Paulo, onde Décio de Almeida Prado já incluíra o conceito de teatro moderno em suas críticas. Nos palcos cariocas a encenação ainda não estava fixada, nem a figura do diretor, nem a importância do texto teatral. Ainda existia a figura do ponto; na atuação, mantinha-se a supremacia dos grandes atores; a crítica inclinava-se a um "estilo de salão", voltada mais aos interesses sociais e publicitários. As divergentes visões faziam da crítica carioca um caldeirão cheio de opiniões desencontradas.

No jornal *Diário de Notícias*, cujos colaboradores permanentes eram Afrânio Coutinho, Gilberto Freyre, Tristão de Athayde e Raquel de

---

83 Idem, ibidem.
84 Apresentação de Gerd Bornheim, em M. H. Martins (org.). *Rumos da Crítica*, p. 32.

Queiroz, a coluna de teatro era diária e composta sempre por noticiários. No periódico, além de Raymundo Magalhães, um outro crítico assinava a coluna de teatro com as iniciais R. L. que, mesmo não escrevendo diariamente, quando o fazia costumava desenvolver até três textos sobre a mesma montagem. A visão de R. L. sobre as encenações cariocas demonstravam certo conhecimento teatral. Ao analisar o espetáculo *Deixa que Eu Chuto*, por exemplo, R. L. explicou: "a decadência do gênero revista está marcada pela assiduidade do recurso à simples apresentação de shows de rádio com acompanhamento de uma pálida *féerie*, se não há contradição em dizer-se assim"[85]. Sobre *Le Procés*, texto de Franz Kafka dirigido por Barrault, apresentado no Rio de Janeiro em sua temporada no Teatro Municipal, disse que "a representação lembrou a muitos o *Vestido de Noiva*, de Nelson Rodrigues, sob a direção de Ziembinski, legítimo sucesso artístico de alguns anos atrás"[86].

No jornal *Tribuna da Imprensa*, os artigos da inglesa Claude Vincent concorreram como registros do moderno teatro em emergência. Análises de Vincent vinham acompanhadas de fotos legendadas ilustrando os noticiários; sua coluna, que não era diária, tinha um estilo um pouco parecido com o de Magaldi: muitas crônicas sobre diversos assuntos e também um noticiário. Sobre o espetáculo *O Impacto*, de Silveira Sampaio, que também atuou na peça e a dirigiu, Vincent escreveu uma crítica de poucas linhas. Deu enfoque ao texto e principalmente ao autor. As suas palavras sobre Sampaio foram: "é um escritor tão valioso que não chego a compreender por que deixa transparecer em *O Impacto* essa sua procura angustiada da originalidade. A sua veia cômica é de uma riqueza natural, que seria rara [em] qualquer país, qualquer língua"[87].

Crítico, escritor, professor, tradutor, Gustavo Dória, um dos fundadores de Os Comediantes, em 1938, escrevia diariamente críticas, crônicas e noticiários no jornal *O Globo*, além de fazer entrevistas publicadas na coluna O Globo nos Teatros, que não possuía uma página fixa e raramente publicava fotos. Outro que possuía coluna diária era Renato Vieira de Melo, em *O Jornal*, sob o nome Artes e Espetáculos, em que escrevia poucas críticas e mais frequentemente crônicas e noticiários,

85   3 jan. 1950.
86   7 jun. 1950.
87   10 jun. 1950.

DO CRÍTICO E DA CRÍTICA

com fotos eventuais. O formato era, pois, diferente do da coluna de Sábato Magaldi no *Diário Carioca*, sem fotos, mas tendo abaixo do título da crítica um desenho feito à mão, ilustrando o tema.

No *Correio da Manhã*, Agnello Macedo assinava, naquele momento, a coluna de teatro do jornal carioca, cujo titular era Paschoal Carlos Magno. Macedo também escrevia críticas em formato de crônicas, nos mesmos moldes personalísticos de Paschoal. O *Correio da Manhã* era o jornal que dava maior espaço para o teatro: meia página diária composta de noticiário – na maioria das vezes, material de divulgação – cujos comentários se prendiam muito a elogios, com pouca base crítica. Além de inúmeras fotos de rosto dos artistas, publicava fotos de cena dos espetáculos; algumas raras entrevistas compunham a coluna. Vale assinalar os títulos, no mínimo inusitados, como no caso da reportagem feita com Fernando de Barros, produtor de espetáculos teatrais: "Fernando de Barros Mora em Apartamento Barato e Não Tem Automóvel, Por Isso Pode Fazer Teatro – e Não Ganhar Dinheiro". Os textos críticos de Macedo, publicados, eram apenas sobre as estreias. Se por um lado Macedo demonstrava ser pouco analítico em relação aos espetáculos, fazendo muito mais comentários sobre as personalidades e o ambiente de estreias, por outro, fazia um amplo noticiário e, como Sábato Magaldi, vez por outra, escrevia matérias jornalísticas. Além disso possuía, além do espaço diário – assinado ora por Paschoal, ora por Macedo – uma coluna semanal chamada Os Críticos Novos, com textos de críticos de teatro recém-saídos do forno. O jornal tinha também um repórter exclusivo, que noticiava sobre o movimento teatral nas diversas partes do Brasil e do mundo.

No *Jornal do Brasil*, Mário Nunes escrevia diariamente. A página da sua coluna não era fixa e exibia, com frequência, fotos dos atores. Os Teatros Apresentam era a coluna do crítico Brício de Abreu para o jornal *Diário da Noite*. Havia na coluna uma chamada, na qual divulgava os espetáculos em cartaz na temporada.

O jornal *O Estado de S.Paulo* possuía uma coluna diária com fotos, chamada Artes e Artistas – Cinema – Rádio – Palcos e Circos, na qual o crítico Décio de Almeida Prado escrevia desde 1946. No jornal paulista, a maior curiosidade é a de que todos os textos eram assinados[88], exceto

---

88 As outras matérias eram assinadas por Paulo Emílio Sales Gomes, Mário Pedrosa, Lêdo Ivo, Roger Bastide, Raymond Jarry e Muriel Nissen.

os de teatro. Prado produzia em média um ou dois textos por semana, além do noticiário que trazia um resumo, espécie de sinopse das peças. Nessa época, na cidade de São Paulo, ficavam em cartaz de três a quatro peças por temporada. Em entrevista a Sérgio Carvalho, Prado explica não saber quem era o crítico de teatro que antes dele escrevia no jornal. Aliás, segundo Prado, no jornal ninguém sabia:

> Eu fui verificar e descobri que, quando Os Comediantes vieram para cá, saiu publicado um texto com três iniciais. Era de quem, em *O Estado de S.Paulo*, cobria principalmente o turismo. E ele foi escolhido para fazer a crítica porque era um espetáculo diferente. Não era um especialista em teatro, mas tinha uma certa cultura. Ele antes cobria uma coisa que desapareceu, as primeiras excursões de automóvel. Por exemplo, de São Paulo a Santos já era uma aventura; de São Paulo ao Rio de Janeiro, uma aventura maior. E contam também que, quando vinha uma companhia estrangeira, eles perguntavam no jornal; "Quem tem smoking?" E quem tivesse faria a crítica da companhia francesa. Acho que é exagero, mas dá a ideia da coisa[89].

De Caçula a Decano:
Sábato Magaldi

Antes de falarmos da crítica de Magaldi é necessário falar de Sábato Magaldi. Falar do jovem mineiro que, aos 23 anos, encarou com ousadia escrever em um dos mais importantes periódicos da capital da República. Uma boa apresentação do nosso crítico é a que Lêdo Ivo fez, logo no início do discurso de saudação, em 25 de julho de 1995, ao novo membro da Academia Brasileira de Letras, quinto ocupante da Cadeira nº 24, eleito em 8 de dezembro de 1994, na sucessão do também mineiro Ciro dos Anjos (1906-1994). Palavras que retratam a postura do homem e do crítico: "Senhor Sábato Magaldi, o tempo costuma transformar caçulas em decanos, e meninos prodígio em medalhões mandarins. No

---

89 Em S. Carvalho et al., *Atuação Crítica: Entrevistas da Vintém e Outras Conversas*, p. 144.

DO CRÍTICO E DA CRÍTICA

vosso caso, essa metamorfose transcorreu como a escalada harmoniosa de uma paixão juvenil"[90]. Ivo declara que uma antiga amizade os une:

> Quando vos conheci, éreis o caçula de uma buliçosa e ambiciosa geração mineira que haveria de mitificar-se na promessa de uma genialidade coletiva. Naqueles dias, a vossa precocidade, tanto à literária como à política, era quase motivo de espanto. Menino prodígio, aspiráveis a reformar o Brasil, a literatura brasileira e o mundo[91].

Sábato Antônio Magaldi nasceu em Belo Horizonte, Minas Gerais, em 9 de maio de 1927. Filho de imigrantes italianos, pelo lado paterno, da rural e arcaica Lucânia e, pelo lado materno, segundo Ivo, "já antecipava misteriosamente o vosso amor ao teatro, pois vinde da família Pazzini, da shakesperiana Verona [...]. Era, pois, com o vosso nome completo – ou incompleto, já que vos chamais Sábato Antônio Magaldi"[92]. Primo de Hélio Pellegrino, amigo de Paulo Mendes Campos, Otto Lara Resende, Wilson Figueiredo, Autran Dourado e Fernando Sabino, fundou com o grupo, em Belo Horizonte, em janeiro de 1946, a revista *Edifício*[93], cuja plataforma ele fazia. A edição da revista, que teve apenas quatro números, encerrou-se em julho de 1946 pela razão de sempre, falta de dinheiro,

> embora Sábato Magaldi tenha uma explicação bem mais prosaica: uma briga entre ele e Wilson Figueiredo, os dois de quem a revista mais dependia para sair, porque durante as férias o amigo tentou surrupiar-lhe a namorada. Wilson tem outra versão: "a revista acabou porque ele, tendo ido ao Rio para um congresso da UNE, por lá ficou, fazendo 'bicos' na imprensa, até o final do ano"[94].

Apesar de ser o caçula dos seis, tinha já ali uma função extremamente antipática, pois decidia o que seria ou não publicado: "Se eu

90 Em S. Magaldi; L. Ivo, *As Luzes da Ilusão*, p. 67.
91 Idem, p. 68.
92 Idem, p. 70.
93 H. Werneck, *O Desatino da Rapaziada*, p. 116.
94 Idem, ibidem.

não achasse bom, eu vetava. Era de uma crueldade terrível"[95]. Foi assim que começou a exercer a função de crítico literário. Ainda segundo Ivo, Magaldi vivia cercado por seus autores prediletos: Dostoiévski, Gide, Malraux, Amiel e Jacob Wassermann[96]. Magaldi era um leitor apaixonado de Sartre. Conhecedor de toda a obra literária do escritor francês, sua primeira crítica teatral, ainda em Belo Horizonte, foi uma análise de um texto de Sartre, *A Prostituta Respeitosa*. Para HumbertoWerneck, o engate dos mais jovens "com o grupo mais velho – os quatro grandes (Pellegrino, Sabino, Otto e Paulo), como os vintanistas ironicamente se autointitulavam – foi facilitado pela circunstância de Magaldi e Pellegrino serem primos"[97].

Em Minas Gerais, antes de se transferir para o Rio de Janeiro, Magaldi estudou direito. A escola de direito, naquela época, como ele mesmo explica, era o local das pessoas que não tinham vocação para a medicina ou para a engenharia. "Eu estava começando a faculdade de filosofia que, naquele tempo, era dirigida pelo meu tio, pai do Hélio Pellegrino, que me desaconselhou a entrar, porque a escola estava muito no começo, senão teria entrado para a faculdade de filosofia e feito o curso de letras"[98]. Ainda segundo Werneck, quando a revista *Edifício* acabou, Magaldi já estava apaixonado pelo teatro, e ainda nem como historiador ou como crítico. Na sua opinião, "o jovem Magaldi queria ser dramaturgo e chegou a escrever uma peça, *Os Solitários*, cujos originais, emprestados a Paulo Mendes Campos, sumiram da cena para todo o sempre"[99].

Em 1948, Magaldi veio morar no Rio de Janeiro. Segundo Francisco Iglésias, um dos integrantes da *Edifício*, o destino inelutável, por muitos anos, foi essa cidade, por força da atávica atração pelo mar[100]. O curso de direito, iniciado em Belo Horizonte, terminou na então capital brasileira: "Na minha adolescência literária, todo mineiro queria deixar a província para se realizar no Rio de Janeiro"[101], relembra

---

95 Depoimento dado ao Serviço Nacional de Teatro (SNT) em 16.10.1978. Texto datilografado, Cedoc-Funarte, p. 11.
96 Op. cit., p. 70.
97 Op. cit., p. 115.
98 Idem, ibidem.
99 Idem, p. 116.
100 Idem, p. 187.
101 Idem, ibidem.

DO CRÍTICO E DA CRÍTICA

Magaldi, ratificando o que o amigo mineiro dissera. Na bagagem, além de sonhos, trazia consigo uma imensa vontade de assistir ao que conhecia apenas através dos livros, porque em Belo Horizonte praticamente não existia teatro.

No discurso de posse na Academia Brasileira de Letras, Magaldi, ao homenagear seu antecessor na cadeira que iria ocupar, lembrou que foi iniciado na administração pública em 1948, no Rio de Janeiro, quando chefiou o gabinete do Departamento de Assistência do Instituto de Previdência e Assistência dos Servidores do Estado, então dirigido pelo também mineiro Cyro dos Anjos.

> Gratidão é o sentimento que me domina quando penso em Cyro dos Anjos. Apenas chegado ao Rio, com 21 anos de idade, vindo da Belo Horizonte natal, recebi de sua mão generosa um apoio que, até hoje, me permite manter o equilíbrio orçamentário. Trabalhar sob suas ordens, no primeiro emprego estável, representou para mim uma completa lição de vida[102].

Morando finalmente no Rio de Janeiro, pôde assistir a todas as peças. Foi quando pela primeira vez assistiu à atuação do ator Sérgio Cardoso no papel de *Hamlet*. Para o crítico aquilo constituiu uma grande revelação. Aliás, uma revelação para todos os de sua geração. O público ficou completamente encantado, pois era realmente um belíssimo espetáculo. "Algumas pessoas criticavam, diziam que o Sérgio gesticulava demais e ele passou a fazer um *Hamlet* mais contido. Mas eu confesso: gostava mais do primeiro, do exagerado, que era ótimo, uma coisa muito apaixonada mesmo", admitiu em depoimento dado à autora em 2005.

Esse período de sua vida coincide também com o momento em que conheceu Nelson Rodrigues, a quem Magaldi sempre admirou e ressaltou a genialidade como dramaturgo. Iniciaram então uma grande amizade. Magaldi explicou à autora, em 2007, que Nelson ficou muito triste com a transferência do amigo para São Paulo, em 1953, pois, segundo ele, era o único crítico que o compreendia.

---

102 *As Luzes da Ilusão*, p. 9.

O convite para escrever sobre teatro no jornal *Diário Carioca* aconteceu de forma bastante inusitada, dois anos depois de estar residindo no Rio, período em que trabalhou como servidor público. Quem escrevia na recém-inaugurada coluna de teatro do jornal era Paulo Mendes Campos. A partir do dia 30 de maio de 1950 – o jornal não circulava nas segundas-feiras – a página 6, que já publicava os noticiários relacionados à arte, passou a ter colunas fixas de Rádio, Cinema, Artes e Teatro. Paulo Mendes Campos inaugura a coluna teatral escrevendo um ensaio sobre *Hamlet*, da Companhia de Jean Louis Barrault, em uma de suas montagens, apresentada no Teatro Municipal do Rio de Janeiro. Mas a despedida do crítico como titular da coluna de teatro do *Diário Carioca* se deu voluntariamente menos de um mês depois, no dia 20 de junho de 1950. Em depoimento ao Serviço Nacional de Teatro, no Rio de Janeiro, em 16 de outubro de 1978, Magaldi contou que para Paulo era muito complicado assistir todas as noites aos espetáculos. "Um dia, ele me perguntou: 'Você quer escrever no meu lugar?'"[103]. Sábato relata não ter titubeado, e aceitou de imediato. "Eu aceitei porque nesses dois anos morando no Rio eu acompanhei todas as temporadas e o Paulo sabia que eu queria ter essa experiência"[104].

O secretário do jornal – o cearense Pompeu de Souza – aceitou a indicação de Paulo Mendes Campos. Magaldi recorda a conversa que, a seu ver, foi bastante engraçada. Diante da pergunta sobre sua experiência anterior, o crítico respondeu que não possuía experiência jornalística, embora tivesse escrito alguns artigos aqui e ali. Foi quando Pompeu de Souza lhe fez a decisiva pergunta: "De onde você é?" Diante da constatação de que Magaldi era de Belo Horizonte, o secretário não titubeou: "Se é mineiro, sabe escrever. Pode começar a escrever agora mesmo, senta já naquela máquina e me dá a primeira colaboração"[105].

Interessante acrescentar – mesmo em se tratando, no caso, de um crítico de teatro – a colocação de Alzira Abreu sobre os suplementos literários que, nos anos 1950, eram a forma de inserção dos jovens no mundo literário: "Para a publicação dos primeiros textos, o iniciante buscava uma

103 Cedoc-Funarte, p. 11.
104 Idem, ibidem.
105 Idem, ibidem.

DO CRÍTICO E DA CRÍTICA   67

indicação de amigo, parente ou conhecido que o pusesse em contato com escritores conceituados, colaboradores de algum suplemento"[106].

Magaldi permaneceu no Rio de Janeiro até o final de 1952, ano em que ganhou uma bolsa de estudos concedida pelo governo francês e foi estudar na mítica Sorbonne, com o professor Étienne Souriau, obtendo ali o certificado de Estética, em 1953. Durante o período em que permaneceu em Paris – assistiu, no Théâtre Babylone, numa sala quase vazia, a *Enattendant Godot*, de Beckett, e ainda a diversas montagens de Pirandello, Merimée, Giraudoux, Genet, Tchékov, Molière, Racine e Corneille – enviou diversos textos sobre o teatro francês que presenciara, e que eram publicados esporadicamente no *Diário Carioca*.

Ao regressar da França, em 1953, munido do prestigioso certificado de Esthétique et Science de l'Arte, quando estava prestes a retomar o ofício de crítico teatral no Rio de Janeiro, e o de "banhista assíduo das praias cariocas"[107], transferiu-se para São Paulo a convite de Alfredo Mesquita. Segundo Ivo, que nessa época também estudava em Paris, "a experiência parisiense, ou europeia, foi decisiva para nós, e decerto contribuiu para nutrir e fortalecer a nossa condição nativa. Ela nos tornou mais brasileiros"[108]. A premissa de Ivo torna-se verdadeira, "era o início de uma atividade pedagógica pioneira"[109].

Na Escola de Arte Dramática (EAD), passou a lecionar história do teatro, e ali criou, em 1962, a disciplina de história do teatro brasileiro. Ainda segundo Ivo, o convite para lecionar na EAD o "transformou no mineiro que mora em São Paulo e vive sonhando com a praia de Ipanema"[110]. Em depoimento dado à autora em 2009, sua esposa, a escritora e dramaturga Edla Van Steen, contou que ainda hoje, todas as manhãs, Magaldi acorda, olha para o mar e diz: "Que deslumbramento!"[111]

Em 1970 Magaldi assumiu o posto de professor da Escola de Comunicações e Artes da Universidade de São Paulo. Em 1972, doutorou-se pela Faculdade de Filosofia, Letras e Ciências Humanas, com uma tese sobre o

---

106 Op. cit., p. 25.
107 *As Luzes da Ilusão*, p. 74.
108 Idem, p. 73.
109 Idem, p. 74.
110 Idem, ibidem.
111 Depoimento dado por e-mail, em 11 jan. 2009.

teatro de Oswald de Andrade. Em 1983, fez livre-docência na ECA-USP, defendendo a tese *Nelson Rodrigues: Dramaturgia e Encenações*. Na opinião de Lêdo Ivo, foi Magaldi quem validou a obra e talento do dramaturgo:

> Sois, senhor Sábato Magaldi, um dos inventores de Nelson Rodrigues. Com isso quero dizer que, se a vossa atenção e uma reflexão crítica avizinhada do fervor não tivessem convergido, de modo tão avassalador, para a criação teatral de Nelson Rodrigues, outro teria sido o destino do autor de *Vestido deNoiva*. Vós transformastes um autor maldito em um clássico. A vossa vigilância abriu caminhos e iluminou escuridões, assegurando ao grande dramaturgo obsessional e escatológico uma posteridade fulgurante, que provoca os mais entrechocantes estilos interpretativos e sacia a sede que os encenadores ambiciosos têm de sua própria criatividade e imaginação[112].

Segundo Iná Camargo, a tomada de posição como "dramaturgo maior" não se deve ao trabalho de Magaldi: "quando o Sábato escreveu a sua livre-docência o culto já estava completamente estabelecido, com raízes profundas. Ele estava falando de um dramaturgo consagrado"[113]. Camargo, certamente, não pôde ler as críticas de Magaldi no *Diário Carioca*. Ocorre que nessas críticas, escritas ainda nos anos de 1950, encontramos farta documentação, nas quais está manifestada a admiração de Magaldi pelo autor, vinda de longa data, muito antes de ele escrever a sua tese de livre-docência, em 1983.

Na capital paulista, foi redator do jornal *O Estado de S. Paulo* de 1953 a 1972. Em 1956, tornou-se titular da coluna de teatro do Suplemento Literário, quando trabalhou ao lado do crítico Décio de Almeida Prado. Exerceu a função de crítico teatral do *Jornal da Tarde* desde sua fundação, em 1966, aposentando-se do cargo em fins de 1988. Nos anos letivos de 1985 e 1986 lecionou como professor associado no Instituto de Estudos Portugueses e Brasileiros da Universidade de Paris III e, nos anos letivos de 1989-1990, também como professor associado, na Universidade de Provence em Aix-en-Provence[114].

---

112 *As Luzes da Ilusão*, p. 78.
113 Em S. Carvalho et al., op. cit., p. 95.
114 Cf. *As Luzes da Ilusão*, p. 85-86.

DO CRÍTICO E DA CRÍTICA

Durante todos esses anos de atividade exerceu cargos públicos e participou de diversas comissões de teatro, ganhou muitos prêmios, escreveu inúmeros livros, textos e ensaios sobre o teatro brasileiro, paixão nascida em Minas Gerais e que acompanhou seu exercício crítico iniciado no Rio de Janeiro, cidade dentre as quais Magaldi se divide desde os anos 1980 – passando quinze dias no Rio e quinze dias em São Paulo, todos os meses – por conta da Academia Brasileira de Letras.

A Crítica de Magaldi

Ao falar sobre a função do crítico, Gilda de Mello e Souza lembra um comentário de Mário de Andrade: "quem conhece uma técnica é irresistivelmente levado a reprovar, repudiar mesmo, tudo quanto contradiz a tradição dessa técnica [...]. Porque nós somos conservadores daquilo que conhecemos"[115]. Souza confessa ter perseguido o objetivo de Mário: "no exercício da crítica, em vez de um conhecimento técnico, é preferível ter um conhecimento mais itinerante e analítico"[116]. O texto de Gilda de Mello e Souza pode ser usado para tentar definir o que teria sido o exercício crítico de Magaldi no Rio de Janeiro.

> Para mim, a função do crítico é definida pelo termo desentranhar. Crítico é aquele que procura desentranhar o sentido que o artista encarnou na obra. Criticar é, em larga medida, *des-cobrir*: procurar os indícios, examiná-los, agrupá-los com método, levantar hipóteses, tirar conclusões. Mas sempre atento ao recado da obra. Desconfio do crítico que, muito sabido em teorias, procura antes *re-conhecer*. Isto é, encontrar um saber que já possuía, projetar na obra a sua própria informação[117].

Sábato Magaldi, diante de um teatro ainda desconectado com a modernidade, tinha no exercício cotidiano da escrita duas opções, ou melhor,

115 Nelson Aguiar, Entrevista com Gilda de Melo e Souza, em S. Miceli; F. Mattos (orgs.), *Gilda: A Paixão pela Forma*, p. 203.
116 Idem, ibidem.
117 Idem, ibidem.

três. Ou criticava o que assistia com seus parâmetros adquiridos através dos livros, ou tentava entender os procedimentos da cena, ou desistia da função. Como não desistiu, nos primeiros meses seguiu uma tendência judicatória, principalmente em relação às revistas que, a partir dos anos de 1950, começaram a agonizar. Mas logo percebeu que seria necessário abrir mão de seus conceitos e tentar desentranhar os sentidos.

Nos primeiros momentos do seu exercício crítico, o olhar de Magaldi sobre a realidade dos palcos cariocas – olhar esse influenciado naquela ocasião por suas leituras, algumas inclusive citadas em seus próprios textos escritos, não somente de Henri Gouhier como também de Jean Hytier – assemelha-se, guardadas é claro as devidas proporções, ao do atento crítico e ensaísta teatral Antônio de Alcântara Machado (1901-1935) que, nos anos 1920, analisava o não engajamento do teatro ao movimento modernista. Segundo Décio de Almeida Prado, Machado "empreendeu uma vigorosa e inteligente campanha contra a inércia do nosso teatro, acusando-o de não ser, paradoxalmente, nem nacional nem universal"[118].

Na realidade, o que se apresentava diante de Magaldi não era o seu projeto de teatro. Naquele momento, o crítico estava ávido por um teatro em que o texto fosse o impulsor da cena. Por esse motivo, nas primeiras semanas na lida, distanciou-se da cena. Foi nesse período que disponibilizou a sua "biblioteca" aos leitores e analisou alguns textos dramáticos que não estavam em cartaz. O que assistia então nos palcos cariocas estava muito longe de ser o seu ideal de teatro moderno, e ele sabia de sua responsabilidade – o jornal *Diário Carioca* ocupava um lugar de destaque na imprensa carioca – porque Pompeu de Souza, que assinava com o pseudônimo de Roberto Brandão, também era crítico do jornal. Segundo Magaldi, ele foi de uma generosidade imensa e depositou no jovem crítico uma absoluta confiança. Em depoimento dado à autora em outubro de 2003, explica que após a publicação de suas primeiras críticas, várias vezes o jornal recebeu reclamações a seu respeito, dizendo que elas eram muito severas. "Então, eu me colocava à disposição dele, pois estava atrapalhando o jornal". As companhias ameaçavam tirar os anúncios; diziam que as críticas de Magaldi estavam

118 *O Teatro Brasileiro Moderno*, p. 27.

DO CRÍTICO E DA CRÍTICA

afugentando o público das casas de espetáculos. "Mas eu só sabia escrever daquele jeito e era uma crítica tranquila, eu não esbravejava contra ninguém, eu apenas dizia que não gostava daquilo por isso, ou por isto, ou por aquilo, mas uma coisa pacífica", ameniza.

Um exemplo de crítica severa foi sobre a revista *Botas e Bombachas*, apresentada no Teatro Follies, pela Companhia Zig-Zag, em que ele começa dizendo que houve um pequeno progresso na nova programação do Follies. *Botas e Bombachas*, em relação a *Folias de Bagdá* – cartaz anterior do grupo Os Amigos da Comédia – correspondia, na hierarquia de valores, à passagem do péssimo para o muito ruim, e dizia que só se admitiria uma possibilidade de melhoria no Follies se fossem tomadas as seguintes providências: "a substituição de A. C. Lopes na autoria das revistas; a utilização de Elvira Pagã para o fim único de dar passinhos, sem cantar ou pronunciar palavra"[119]. Sugeriu também "um ensaio exaustivo das *Follies girls*, ou, medida mais simples, contrato de novas bailarinas"[120].

Como o seu desejo não era destruir, como ele mesmo explicou no seu primeiro texto, "Inicial"[121], publicado no jornal, logo criou alternativas para preencher a sua coluna diária escrevendo crônicas, realizando entrevistas. Com o passar dos dias, foi compreendendo a cena carioca e instaurando outras formas de criticar, sendo ora didático (e aqui já podemos notar um projeto que se realizará em São Paulo, o de professor), ora testemunha (de acordo com outro projeto, que também se concretizará anos mais tarde, o de historiador). É disso que iremos tratar nos próximos capítulos desta edição comentada.

A crítica teatral de Magaldi, feita por um crítico que assume, com a mesma naturalidade e paixão, o duplo papel de professor e de simples espectador, deixa para nós como legado um delicado material para a reconstituição dos acontecimentos teatrais.

Ao reabilitar, nesta edição comentada, os textos de um crítico que gosta de teatro, de textos e de atores, e que escreve com bastante atenção sobre simultaneidades, mesmo tendo vivido em uma época de rupturas do teatro brasileiro, encontro nas palavras do historiador Jacques Le Goff: "É preciso, portanto, para fazer a boa história, para ensiná-la,

---

119 *Botas e Bombachas. Diário Carioca*, 29 ago. 1950, p. 6.
120 Idem, ibidem.
121 *Diário Carioca*, 22 jun. 1950, p. 6.

para fazê-la ser amada, não esquecer que, ao lado de suas 'necessárias austeridades', a história 'tem seus gozos estéticos próprios'"[122], um arrimo para a minha construção.

Este capítulo que ora se encerra funciona como um mosaico, um esforço para circunscrever um território de reflexão.

---

[122] Prefácio, em M. Bloch, *Apologia da História ou o Ofício do Historiador* p. 17.

2

a biblioteca de sábato magaldi

Sábato Magaldi, aos dezenove anos, em Belo Horizonte, deu os primeiros passos na carreira de crítico teatral, na *Edifício* (1946). Desde menino foi leitor compulsivo. Suas leituras iniciais giravam em torno, primeiro, de Sartre, do qual leu toda a obra e por quem manteve profunda admiração ao longo de toda a vida; Camus; Goethe; Gide; Jacques Copeau, teórico e crítico de teatro a quem Magaldi deveu os alicerces de seu discurso acerca da edificação teatral; Simone de Beauvoir, cujo histórico teatral se restringiu a uma única peça escrita, intitulada *Bocas Inúteis* – todos esses foram nomes reunidos em sua lista de referências. As leituras, a convivência com artistas e intelectuais (mencionada no capítulo anterior), bem como a formação acadêmica de Sábato, influenciaram diretamente, como se poderia imaginar, a sua crítica.

Em 1950, Sábato Magaldi entrou para o *Diário Carioca*, iniciando propriamente a carreira de crítico teatral. Magaldi, na primeira série de publicações, utilizou o espaço periódico do jornal para dividir com os leitores, tanto quanto possível, estudos selecionados de sua biblioteca particular, composta de livros, jornais e revistas. Tal como Walter Benjamin falava a respeito de si mesmo:

> Estou desempacotando minha biblioteca. Sim, estou. Os livros, portanto, ainda não estão nas estantes; o suave tédio da ordem ainda não os envolve. Tampouco posso passar ao longo de suas fileiras para, na presença de ouvintes amigos, revistá-los. Nada disso vocês têm que temer. Ao contrário, devo pedir-lhes que se transfiram

comigo para a desordem de caixotes abertos à força, para o ar cheio de pó de madeira, para o chão coberto de papéis rasgados, por entre as pilhas de volumes trazidos de novo à luz do dia após uma escuridão de dois anos, justamente, a fim de, desde o início, compartilhar comigo um pouco da disposição de espírito – certamente não elegíaca, mas, antes, tensa – que estes livros despertam no autêntico colecionador. Pois quem lhes fala é um deles, e no fundo está falando de si[1].

Em depoimento dado à autora em 2007, Magaldi declarou ter publicado no *Diário Carioca* pequenos textos sobre peças teatrais, baseados em leituras das obras de Camus, Goethe, Simone de Beauvoir e Sartre. Os livros eram comprados na Livraria Francesa, no Rio de Janeiro, e lidos ora em francês, ora em tradução espanhola, porque Magaldi não lia em alemão. Com certeza, o jovem crítico não tinha consciência de que, ao disponibilizar a sua biblioteca, estava já exercendo a função de professor.

Quanto ao fato de sempre estar bem informado sobre o que se encenava naquele momento na Europa, principalmente na França, Magaldi explicou que comprava regularmente jornais e revistas francesas de teatro e literatura. Dispunha dessas leituras em forma de ensaios, especialmente nos primeiros meses em que assumiu a função de crítico no *Diário Carioca*.

A influência teórica sobre Sábato Magaldi do crítico literário e fundador da *Nouvelle Revue Française*, Jacques Copeau, foi iniciada com suas primeiras leituras sobre teatro, ainda jovem, em Belo Horizonte. Segundo Copeau, para quem o texto é soberano e reina absoluto, a encenação equivale à valorização do objeto literário. Quando diretor, Copeau dava grande ênfase à formação moral de seus intérpretes, criando para eles uma atmosfera propícia ao seu desenvolvimento como homem e artista. Para ele, o texto era a parte essencial do teatro.

A sacralização do texto, sabidamente, se perpetuou na história do teatro ocidental como uma maneira de interiorização de valores, somente questionada, a partir do final do século XIX e início do século XX,

---

1   Desempacotando Minha biblioteca, *Obras Escolhidas II*, p. 227.

por formas teatrais das vanguardas históricas, experiência assinalada na Europa e nos Estados Unidos.

Copeau tinha a convicção de que o espetáculo advinha da literatura dramática, na qual o texto "reina soberano"; segundo J.-J. Roubine: "Para Copeau, a encenação deveria ser a arte, mais leve e sutil, de fazer faiscar todas as facetas de um belo texto, de explorar todos os seus recursos intelectuais (o sentido...) e emocionais (a música, a poesia...)"[2]. Esse espírito, conforme afirma Roubine, prosseguiria até a década de 1950, quando Sábato Magaldi ingressa no *Diário Carioca*.

Ideias como as de Copeau, ou ainda, o vínculo com a ideologia de que o texto, como literatura, ocupa posição dominante e é a própria arte do teatro, justificam a extrema preocupação de Sábato com a trama das peças, fato que, no seu entender, não se tratava de uma atenção exclusivamente voltada para a trama, mas para o texto em geral, determinado por sua origem de crítico literário (depoimento dado à autora em outubro de 2003).

Nessa confessa particularidade está marcado sobretudo o ponto nevrálgico da crítica de Magaldi: sua expectativa dirigia-se a uma história bem compreendida em qualquer gênero textual. Por isso, assumiu um tom de severidade entre o calor da resistência juvenil e a rigorosidade crítica ao analisar os primeiros espetáculos cariocas, na sua maioria montagens de peças insignificantes da dramaturgia nacional; pelo mesmo motivo fez com que, muitas vezes, sua coluna fosse preenchida com análises de textos escolhidos em sua biblioteca, por considerá-los de alta literatura dramática e, assim, se prestarem como exemplo do que vinha a ser um bom texto para a encenação. A sua coluna podia abordar qualquer autor que julgasse merecedor de uma crônica. Na mencionada entrevista dada à autora, explicou:

> Até hoje eu acho importante conhecer previamente o texto de um espetáculo. Costumo aconselhar as pessoas que, antes de irem assistir a um espetáculo, leiam o texto e, se puderem, depois de assisti-lo, também. Acho que isso ajuda a pessoa a perceber melhor as coisas. Porque se o espetáculo não valoriza bem o texto, ele acaba

---

2   *A Linguagem da Encenação Teatral 1880-1980*, p. 50.

se desvalorizando, esta é a verdade. Se a pessoa não conhece a trama, acaba sendo levada um pouco pela imagem do espetáculo, da encenação, e pode cometer uma injustiça com o texto.

Foi, pois, a revelação do ideário do jovem Magaldi – claramente movido por uma orientação analítica de apreço ao texto – que desencadeou a presença deste capítulo. Composto por uma reunião de pequenos ensaios sobre seus autores de cabeceira, Sábato Magaldi, na juventude, produz um grupo de escritos com rico fluxo comunicativo entre ideias lidas e escritas na forma de diálogo, provocando a interação dos leitores, para os quais pretendia uma formação teatral.

A ideia de formação é uma expectativa muito forte no discurso de Magaldi em muitos âmbitos de interesse, como na edificação de uma história do nosso teatro que, a seu ver, apenas poderia se dar com o "levantamento e a publicação dos textos". Afinal, "sem que se disponha dos documentos, será vã qualquer tentativa de elaboração de uma história do nosso teatro"[3]. Tal preocupação é revelada a seguir:

> Parece-nos que, se uma companhia oficial se dispuser a reviver metodicamente o repertório do passado, em montagens de alto nível, em breve diversas obras deixarão de pertencer ao frio museu das raridades bibliográficas. Tornando-se, quando menos, alimento para os estudantes, criarão o gosto pela nossa literatura dramática, e formarão um acervo histórico vivo, sem o qual não se enraízam as revoluções literárias[4].

Os textos de Sábato Magaldi, a seguir comentados, foram publicados no ano de 1950, no *Diário Carioca*. São pequenos ensaios sobre produções dramáticas, analisados a partir da expressão escrita, não de encenações, evidenciando as reflexões do crítico sobre os textos que atendem às particularidades do teatro, com qualidades para vencer a palavra escrita e alcançar a ação, a manifestação da cena. Eles foram escritos, vale reiterar, por Sábato Magaldi aos 23 anos, antes da sua

3   *Panorama do Teatro Brasileiro*, p. 12.
4   Idem, ibidem.

permanência na França, de 1952 a 1953, quando estudou estética na Sorbonne com Étienne Souriau.

Alguns pontos sobressaem nos ensaios que para aqui escolhemos. Levando em consideração a formação de crítico literário (como o próprio ressalta), Magaldi preocupou-se em descrever em detalhes a ação dramática das peças; destacou a qualidade e a originalidade dos conflitos formulados pelos autores; assinalou os traços humanos e psicológicos dos personagens, a partir dos quais os conflitos decorrem, com a propriedade particular dos diálogos. O jovem crítico ocupou-se com a análise dos temas, refletindo sobre a sua atualidade. Referiu-se a valores simbólicos embutidos nas tramas e procurou, sempre que possível, fazer ressalvas sobre questões que julgasse falhas ou incoerentes, instituindo aos poucos um estilo particular a seus escritos.

A principal constante na reunião dos ensaios aqui comentados concentra-se no interesse do jovem crítico sobre a qualidade literária do texto teatral. Notam-se também ora elogios, ora ressalvas no tocante à dosagem, proporcional ou desproporcional, da veiculação de interesses ideológicos dos autores pelos textos de teatro, quer para o caso de personagens ricos em experiências de interesse maior, quer para as construções com tendência à sustentação de teses e de defesas ideológicas, afastando-se, por conseguinte, da finalidade estética da arte. Para Magaldi, o papel do artista, por exemplo, não seria diretamente o da formação política do público, mas o de, "pelo esclarecimento, influir na constituição das personalidades [...] O necessário – proposição demais repetida – é educar o povo em conhecimentos estéticos. Ainda neste ponto vejo oportunidade de trabalho para o artista"[5].

Sobressai, na citação acima, a consideração dada pelo crítico desde muito cedo aos interesses didáticos de formação do público, nos sentidos estético e humanista. Logo, ao assumir o posto de crítico da coluna de teatro do *Diário Carioca*, ocupado anteriormente pelo escritor Paulo Mendes Campos, Sábato Magaldi – em parte por deparar-se no Rio de Janeiro com um repertório de teatro pouco estimulante, embaraçoso a ponto de a ele, crítico, ser imputado o papel de juiz severo e, por vezes, intransigente – encontrou como caminho proveitoso para a coluna diária,

---

5 *Edifício*, n. 2, p. 9-13.

a apresentação de análises de peças, por ele selecionadas, tendo como critério o valor de suas estruturas narrativas ou a categoria que haviam conquistado no panorama da dramaturgia universal. Do interior dessas crônicas ressaltam as preocupações do autor em instruir o leitor sobre as características específicas de narrativas estabelecidas para o palco, propósito que se perpetuará ao longo de sua carreira como crítico e historiador. Prova disso surge na apresentação feita pelo escritor para um livro de sua própria autoria, quando explica que sua "intenção era fazer um preâmbulo didático a espetáculos que reclamavam preparo do público"[6].

O conjunto dos artigos publicados por Sábato Magaldi a respeito de autores ou de peças registradas no cânone do teatro traduz-se no propósito de se inserir no princípio reflexo de comunicação estabelecido entre público, autor e crítico, relação recíproca da qual resulta algum efeito, alguma reação. O leitor minucioso, ao ler as crônicas de Magaldi anexas, poderá constatar no fundo de cada discurso um sujeito que não dissocia da palavra teatro a ideia de montagem, de realização cênica. Para Magaldi, desde o início de sua carreira de crítico, "ler teatro, ou melhor, literatura dramática, não abarca todo o fenômeno compreendido por essa arte. É nele indispensável que o público veja algo, no caso o ator, que define a especificidade do teatro"[7]. Ainda fazendo uso de suas próprias palavras:

> Sem dúvida, os amantes de teatro não podem prescindir da leitura: as representações, até nos centros artísticos mais desenvolvidos, cobrem apenas uma parcela da dramaturgia, e aqueles que se contentarem com elas deixarão de usufruir um imenso acervo literário. A leitura traz um enriquecimento artístico e cultural, mas não chega a constituir o fenômeno do teatro[8].

O primeiro texto publicado foi sobre a peça *Ligados*, de Eugene O'Neill, no qual o crítico se refere destacadamente à capacidade de O'Neill em desenvolver uma tese e expô-la teatralmente:

---

6   *O Texto no Teatro*, p. XIII.
7   *Iniciação ao Teatro*, p. 8-9.
8   Idem, ibidem.

a realização literária da peça é tão autêntica que os personagens não foram prejudicados, não se tornaram reagentes na mão *moralista* que visava à solução ética. Por isso *Ligados*, sem contar a importância do problema que situa, é uma peça acabada, de primorosa feitura teatral.

Está desse modo explicitada, já na primeira crônica, a visão de Sábato Magaldi sobre o lugar fundamental do texto no alicerce do teatro, demonstrando interesse por uma dramaturgia de qualidade literária, sobretudo tomada de verve teatral. Magaldi demonstra, sem dúvida, a asseveração de que ao autor cabe a responsabilidade de ser o primeiro a abrir chances à índole de uma boa montagem, e marca simultaneamente a importância de uma linguagem autoral específica, exclusiva do teatro, considerando-a, por inferência, como instância precedente à qual o autor deve dirigir toda a sua habilidade técnica peculiar.

Anos depois, ao tratar do tema, Sábato Magaldi cita o seguinte texto de Gaston Baty, retirado do livro *Rideau Baissé*, usando assim as palavras de um dos seus autores de cabeceira da juventude para explicar o valor do elemento literário no teatro:

> O texto é a parte essencial do drama. Ele é para o drama o que o caroço é para o fruto, o centro sólido em torno do qual vêm ordenar-se os outros elementos. E do mesmo modo que, saboreado o fruto, o caroço fica para assegurar o crescimento de outros frutos semelhantes, o texto, quando desapareceram os prestígios da representação, espera numa biblioteca ressuscitá-los algum dia[9].

Apesar de atribuir uma hierarquia aos elementos do teatro, dignificando o texto, é notória aqui, como na maioria das críticas selecionadas, a consciência do jovem crítico a respeito do que distingue o teatro das demais artes. A questão de explicitar para seus leitores a diferença entre uma peça teatral e uma peça literária, confinando o problema, como já dissemos, no perigoso uso do espaço do teatro para ostentação de teses desprovidas de carpintaria teatral, será sempre, de um modo ou de

9   *Iniciação ao Teatro*, p. 15.

outro, recorrente nas análises selecionadas. Lendo os textos de Sábato Magaldi, confrontamos um leitor estritamente concentrado no estudo da estrutura narrativa.

Além do interesse pela transposição da escrita literária em arquitetura teatral, vale destacar a menção feita pelo crítico acerca da estrutura dramática do Amor, arquétipo recorrente na literatura, sugerido pelo duplo que, partido pela ira de Zeus, procura desesperadamente sua metade "desligada". Trata-se do mito da unidade a ser alcançada, por assim dizer, a felicidade. A referência é clara ao discurso de Aristófanes em *O Banquete*, de Platão. Magaldi, no entanto, não chega a citar a passagem do comediógrafo, no famoso diálogo de Platão sobre o Amor. Outra observação de Magaldi está na alusão ao emprego da metalinguagem por O'Neill. Assim, descreve Magaldi: "Miguel, o marido escritor, volta do lugar repousante em que fora concluir a última obra. A mulher que encarna no palco suas criações não o espera naquela hora". Concluindo a análise, Magaldi declara que *Ligados* não é uma das melhores peças de O'Neill, mas "é uma peça da melhor linhagem teatral".

Para o ensaio da peça *Entre Quatro Paredes* (*Huis Clos*), de Jean Paul Sartre, publicado em 16 de julho de 1950, Magaldi diz que, ao lado de *As Moscas*, *Entre Quatro Paredes* representa a criação literária mais importante da dramaturgia sartriana porque é a obra teatral que melhor sintetiza certos problemas fundamentais do filósofo existencialista. Em sua opinião, composta em um ato e com uma construção dramática sem erros,

> afirma-se com insuportável vigor uma literatura poderosa, rica de personagens fortes, numa forma que acentua as grandes expressões dos caracteres. A par da realização artística, alicerça-se um sistema em que se expõe um dos ângulos mais sedutores de Sartre.
>
> [...] Com diálogos vivos, associações rápidas, estabelece-se imediatamente a paisagem em que se deverão movimentar os personagens, até a violenta cena final, que encerra as perspectivas de luta e conclui apenas que é preciso continuar.

Acrescenta que episódios distintos e cenas retalhadas favorecem a composição teatral e a força das situações dramáticas que, fixadas no inferno, representam um "achado literário".

O aspecto literário em *Entre Quatro Paredes* é expresso repetidamente: "No ato único de que se compõe a peça, afirma-se com insuperável vigor uma literatura poderosa, rica de personagens fortes, numa forma que acentua as grandes expressões dos caracteres"; "[...] A construção literária não apresenta erros"; "Qualquer que seja a intenção de Sartre, a realização deixa margem a dúvidas, subtrai o vigor da prova. Invalidez para a concepção doutrinária. Melhor para a sugestão da literatura".

É de extrema importância a escolha de Magaldi da peça de Sartre, afinal, demonstra o seu esclarecimento sobre autores contemporâneos à época. O filósofo Sartre desenvolveu questões importantes sobre a liberdade. Para ele, estamos condenados à liberdade, porque somos agentes de todas as decisões, tanto quando nos submetemos ou quando controlamos as situações. Magaldi explica que em *Entre Quatro Paredes* está o problema do determinismo e da liberdade: "A liberdade está confinada ali, pela existência do outro. O indivíduo não se define apenas pelo que é na própria ideia. Essa ideia está condicionada, determinada pela ideia que faz dele outro indivíduo".

Ao analisar a única peça escrita por Simone de Beauvoir, *As Bocas Inúteis* – peça escrita e encenada em Paris, em 1941 que, por sinal, foi um grande fracasso, tendo saído de cartaz depois de cinquenta apresentações[10], Magaldi afirma: "Único trabalho teatral de Simone de Beauvoir – *As Bocas Inúteis* se coloca, também, entre as produções marcantes do teatro contemporâneo". E acrescenta: "O teatro existencialista tem revelado obras excelentes". Em seguida, observa as inúmeras sugestões da peça: "Escrita no estilo característico da literatura existencialista, em que uma forma primorosa é veículo de ideias filosóficas que se humanizam (sem prejuízo, na maioria das vezes, dos valores propriamente estéticos, que são o objeto primordial da obra artística)". Faz referência à ação dramática, dizendo que foi muito bem lançada e, no desenvolvimento dos conflitos, "Simone de Beauvoir situa episódios magistrais". Elogia muito a construção dos diálogos, caracterizando-os como vivos, nervosos e cortantes; critica porém o uso excessivo de expressões padronizadas do universo de criação existencialista, ultrapassadas, com aspecto de *slogans*.

---

10 Disponível em <http://www. simonebeauvoir. kit. net/crono_1941_50. htm>.

O ponto alto da crítica de Magaldi assenta-se na passagem em que ressalta o fato de Simone de Beauvoir oferecer:

> a primeira definição literária que se contraria à dissolução do pensamento existencialista. [...] *As Bocas Inúteis*, porém, restaura consequentemente a dignidade da condição humana. Reabilita os valores éticos de vez que, despindo-se dos aspectos enganosos, fundamenta-os em sólida estrutura: a própria manifestação vital originária, o instinto biológico, que se defende da morte quando ela não é escolhida, mas infringida exteriormente .

Os textos publicados sobre duas peças de Goethe são justificados pelo crítico em "Nota à Margem de Clavigo": "Sinto-me à vontade para tocar no assunto porque desejo simplesmente fazer um registro da edição brasileira, com que a Melhoramentos associou-se às comemorações do segundo centenário do nascimento de Goethe". No ano de 1949, a editora homenageou a data com o lançamento de três estudos sobre a figura do criador de *Fausto*, além de duas peças: *Estela* e *Egmont*.

A primeira peça analisada foi a tragédia romântica *Clavigo* que, segundo Magaldi, "como tragédia, *Clavigo* possui todos os requisitos da conceituação aristotélica". Podemos aqui ressaltar, e ao mesmo tempo questionar, a citação de Aristóteles. Dá-nos a impressão de o crítico dirigir-se a um leitor esclarecido, conhecedor das regras aristotélicas. Magaldi se justifica ainda dizendo que "seria, assim, ridículo e leviano, se pretendesse trazer para os limites de uma crônica o estudo de *Clavigo*", uma das peças mais representativas do autor. Antes ainda afirmara: "Goethe pertence à categoria dos autores inesgotáveis. As sucessivas gerações, que o transmitiram intacto até os nossos dias, só fizeram reafirmar os elementos de perenidade que compõem a sua obra". E finaliza a sua crônica com a constatação de que o texto perdera a vocação para a cena, contudo, permanece vivo enquanto literatura: "Escrita numa linguagem que não possui mais para os nossos ouvidos a música antiga, numa forma teatral superada em muitos elementos de sua composição, *Clavigo* permanece como uma tragédia de atualidade sempre renovada, pois é imensa a sugestão do gênio de Goethe". É notável perceber a liberdade do crítico em denominar *Clavigo*, de Goethe,

A BIBLIOTECA DE SÁBATO MAGALDI

como crônica e obra de referência, demonstrando personalidade e firme opinião crítica.

Sobre *Estela*, Magaldi reitera o respeito pela obra de Goethe, afirmando mais uma vez que não pretende se atrever a fazer um ensaio sobre a peça, pois o espaço destinado ao desenvolvimento de suas ideias no jornal não daria conta da complexidade do assunto: "a nota sobre *Estela* nenhuma intenção crítica possui. Tive apenas em mente informar o leitor que não a conhece dos problemas que compõem sua trama".

Sobre a peça *Os Justos* (*Les Justes*), de Albert Camus, encenada pela primeira vez em Paris no Théâtre Hébertot, em 5 de dezembro de 1949, Magaldi escreveu três ensaios consecutivos publicados em outubro de 1950, o que demonstra o desinteresse do crítico pelas peças em cartaz ou a míngua das encenações no Rio de Janeiro da época.

Os textos apresentam longas descrições em torno da ação, e a crítica de Magaldi restringe-se a questões relacionadas à narrativa. Vale observar em "*Os Justos* I" alguns comentários: "se coloca como obra de teatro, feito em diálogos de intenso vigor dramático e síntese poética nunca rompida"; e propondo uma discussão sobre o teatral em um texto dramatúrgico: "A dúvida permanente se uma peça é teatral ou literária assume hoje antipatia acadêmica, e constitui desculpa desagradável para maus textos de teatro que se defendem com a literatura, e má literatura que se abriga na carpintaria do teatro".

Na ironia desse comentário torna-se aparente a origem de crítico literário confessada por Magaldi quando da entrevista para este trabalho, ponderando sobre o conjunto de suas críticas no início dos anos de 1950. E simultaneamente a sua crença pessoal no texto como estrutura basilar da arquitetura teatral. Em "*Os Justos* II", explica a maneira com que Camus desenvolve a principal temática do texto: a revolução na Rússia e a questão da ética dos personagens.

No último texto da trilogia, "*Os Justos* III", Magaldi disserta sobre a feitura dos cinco atos da peça que, segundo ele, "é de alta qualidade literária". A matéria foi muito bem lançada nos cinco atos". Em sua opinião, "Camus delineia com muito acerto as fronteiras de cada personagem". Magaldi faz inúmeras perguntas sobre o que seriam as conclusões do autor sobre a temática desenvolvida em todo o texto de Camus: "A síntese final traduz a repercussão do sacrifício do prisioneiro nos outros membros do grupo, para concluir numa ética que predomina sobre as atitudes individuais. Serão as conclusões do autor?". E finaliza:

> *Os Justos* não chega à conclusão definitiva. Expõe um processo metafísico de encarar o assunto. Se pode ser discutida como tese de consequências sociais, não se lhe poderá negar, ao menos, o testemunho vigoroso e profundo de uma civilização que se interroga dentro do desconhecido.

Os textos de Sábato Magaldi anexados ao presente livro, demonstram resquícios do crítico literário nascido, anos antes, em Minas Gerais e indícios do futuro pedagogo que surgirá em São Paulo anos depois; e constituem material saboroso ao gosto do pesquisador de teatro. Assim, deleitem-se.

fala-nos de teatro...

3

Um mês depois de iniciar como crítico no *Diário Carioca*, Sábato Magaldi inaugura a coluna Fala-nos de Teatro... O espaço é criado dentro da sua prória coluna diária para dar voz aos autores que naquele momento escreviam para os palcos. A seleção de reportagens reunidas neste capítulo caíram no esquecimento do próprio crítico, como ficaram igualmente esquecidos alguns entrevistados.

Magaldi entrevistou todos os autores sem distinções regidas por gosto particular, estivessem os textos em cartaz ou não, como ele mesmo explicou ao inaugurar o espaço com a entrevista de "Lúcio Cardoso Fala-nos de Teatro", em 29 de julho de 1950: "A ordem dos depoimentos não obedecerá a qualquer critério seletivo, estabelecendo-se, simplesmente, pela facilidade que encontramos em colhê-los". Nota-se a falta de um diálogo com Nelson Rodrigues, mas como o crítico explicou em entrevista por ocasião da elaboração do presente estudo, em 2005, e já havia explicado aos seus leitores em 1950, as reportagens eram feitas de acordo com as oportunidades.

Magaldi observa na primeira entrevista que, em verdade, a sua iniciativa "visa a transmitir para o leitor as mais diferentes opiniões sobre a arte cênica, a fim de que ele possa à sua acrescentar a dos que cuidam do *métier*". Explica também que estará exercendo a função de repórter, ou seja, seu objetivo é dar realmente voz ao autor: "O cronista se reservará apenas à função de repórter, deixando para a lida cotidiana o comentário aos assuntos expostos". Fica evidente pelas perguntas formuladas aos entrevistados sua busca por respostas que satisfizessem questões recorrentes que tanto o crítico como o cronista faziam a si mesmos, busca de argumentos para dialogar com a cena carioca, que ora assiste e analisa.

Magaldi foi um dos primeiros críticos a fazer reportagem jornalística sobre teatro de uma forma mais sistemática. Segundo Márcia Da Rin:

> esse procedimento já havia sido realizado por críticos da antiga geração como Mário Nunes e Augusto Maurício do *Jornal do Brasil*, que faziam respectivamente crítica e cobertura jornalística. Entretanto, nessa época, não havia reportagem viva. Recebia-se o material de fora e montava-se uma matéria com as informações selecionadas desse material[1].

Vale destacar que o crítico, ao voltar da França em 1953, foi lecionar em São Paulo a convite de Alfredo Mesquita, na Escola de Arte Dramática. Segundo depoimento dado à autora, em 2003, explicou que, a partir de 1953, passou a conviver com Décio de Almeida Prado. Juntos trabalharam no jornal *O Estado de S.Paulo*, no qual Prado era crítico desde 1946. Magaldi trabalhou, a princípio, com reportagens de teatro, passando, a seguir, a escrever, aos sábados, ensaios sobre teatro no Suplemento Literário *d'O Estado de S.Paulo*.

No Rio de Janeiro a crise instaurada no teatro carioca, seja de produção, de repertório, seja de público, foi por ele testemunhada diariamente em sua coluna, o que fez surgir o crítico na pele de repórter, interessado em indagar sobre aquele teatro, e narrá-lo. Se nos textos da "Bilblioteca" conseguimos ter acesso à sua formação e ao seu ideário, aqui o conjunto de reportagens tem a potência de nos revelar quem eram os dramaturgos naquela época em cena no Rio de Janeiro; significa mostrar involuntariamente a cena carioca e o que Magaldi testemunhou nos palcos.

Suas reportangens possuem vocação de documento historiográfico, porque nos revelam mais que as falas dos dramaturgos: expõem um passado do nosso teatro cheio de dificuldades, sejam artísticas, sejam de produção. Por isso foram selecionadas para este capítulo, pois, ainda que expressem pouco sobre Magaldi, são pequenas biografias e relatos de quem escrevia para o teatro e, assim, representavam dentro dele um

---

1 Crítica: A Memória do Teatro Brasileiro, *O Percevejo*, n. 3, p. 39.

FALA-NOS DE TEATRO... 87

objeto de estudo. O bloco com seis textos destaca-se como registros de um pensamento e de uma forma de produção teatral em um período específico. Falam por si só, e nos revelam um pouco da constituição da dramaturgia carioca e, por que não dizer, brasileira, pois muitos dos autores dispunham de textos encenados em outras praças.

As questões aqui levantadas sobre o gosto do público ou sobre a qualidade da dramaturgia, por sua cor local, demonstram algumas dificuldades de produção até hoje não resolvidas. Finalmente, a reunião dessas reportagens poderá servir de fonte a historiadores e a curiosos interessados no teatro como assunto de pesquisa.

Lúcio Cardoso

O primeiro entrevistado foi Lúcio Cardoso (1912-1968). Mineiro, nascido na cidade de Curvelo, dramaturgo e escritor de vários romances[2] importantes, Cardoso tem O Escravo como sua terceira peça montada pelo grupo carioca Os Comediantes, em 1943, meses antes da antológica montagem de Vestido de Noiva, de Nelson Rodrigues. Apesar de ser uma tragédia, na opinião de Celso Kelly, que na ocasião escreveu sobre a montagem, a apresentação da peça obteve boa aceitação da plateia:

> a estranha peça de Lúcio Cardoso foi ainda um teste para a plateia. Observei a atenção que esta lhe dispensou, os momentos em que ficou suspensa, diante de lances culminantes do drama, o calor dos aplausos. A mesma plateia que já havia definido seu gosto nas duas primeiras representações. A mesma plateia que desmente, de modo cabal, a balela de que o público gosta apenas do teatro ligeiro; de que o público não se interessa somente pelo humorismo e pela

---

2 São de autoria de Lúcio Cardoso os romances *Maleita* (1934); *Salgueiro* (1935); *A Luz no Subsolo* (1936); *Mãos Vazias* (1938); *O Desconhecido* (1940); *Poesias* (1941); *Dias Perdidos* (1943); *Novas Poesias* (1944); *O Anfiteatro* (1946); *Crônica da Casa Assassinada* (1959); *Diário Completo* (1961) e o *Viajante* (inacabado). A sua mais famosa obra – *Crônica da Casa Assassinada* – foi filmada em 1971 pelo cineasta Paulo César Saraceni. Disponível em: <http://www. releituras. com/luciocardoso_menu. asp>.

força; de que o público não quer pensar; de que o público não
acredita no teatro dos amadores[3].

Sobre a recepção de O Escravo, "o auditório vive horas penosas, de
profunda angústia"; segundo o crítico Mário Nunes, a peça deixa o
público

> a desejar que uma janela se abra e por ela jorre o sol que lá fora
> brilha e do qual não se apercebem aquelas almas obstinadamente
> fechadas ou presas, todas elas de uma execrável neurose que as traz
> submetidas ao fantasma de odiosa criatura morta há mais de meia
> década. Não vale, por isso, a peça do sr. Lúcio Cardoso como um
> documento humano, refletindo a vida como qualquer dos seus
> múltiplos e diferentes aspectos; é em substância uma história de
> exceção, para um teatro de exceção[4].

Lúcio Cardoso foi um autor literário bastante respeitado e querido.
Um ano após a sua morte, em 1969, Clarice Lispector escreveu: "Lúcio
e eu sempre nos admitimos: ele com sua vida misteriosa e secreta, eu
com o que ele chamava de vida apaixonante. Em tantas coisas éramos
tão fantásticos que, se não houvesse a impossibilidade, quem sabe teríamos nos casado"[5]. Para Ruth Silviano Brandão, professora de literatura
da Universidade Federal de Minas Gerais, Lúcio Cardoso é um escritor
único, singular na literatura brasileira:

> Durante muito tempo foi deixado no limbo por uma crítica ideo-
> lógica, marcada por pressupostos e preconceitos que reduzem o
> texto a estritos limites políticos e culturais, deixando em segundo

3 Dionysos, n. 22, p. 68.
4 Idem, p. 61.(Reproduzindo matéria do Jornal do Brasil, de 12.12.1943).
5 Continua: "Helena Cardoso, você que é uma escritora fina e que sabe pegar numa asa de
   borboleta sem quebrá-la, você que é irmã de Lúcio para todo o sempre, por que não escreve
   um livro sobre Lúcio? Você contaria de seus anseios e alegrias, de suas angústias profundas,
   de sua luta com Deus, de suas fugas para o humano, para os caminhos do Bem e do Mal.
   Você, Helena, sofreu com Lúcio e por isso mesmo mais o amou. // Enquanto escrevo levanto
   de vez em quando os olhos e contemplo a caixinha de música antiga que Lúcio me deu de
   presente: tocava como em cravo a Pour Élise. Tanto ouvi que a mola partiu. A caixinha de
   música está muda? Não. Assim como Lúcio não está morto dentro de mim", C. Lispector,
   A Descoberta do Mundo, p. 171.

plano o trabalho com a escrita, essencial à literatura. Como outros de sua geração, Lúcio foi considerado um escritor intimista, dono de um texto predominantemente subjetivista, o que facilmente o colocou na categoria de alienante ou restrito em termos de seu olhar sobre o mundo[6].

A previsão de Magaldi em relação a Lúcio Cardoso feita em sua primeira crônica como crítico do *Diário Carioca*, intitulada "Inicial", e publicada em 22 de junho de 1950, estava correta; afinal, quem ficou para a posteridade foi o romancista, não o dramaturgo, apesar de Cardoso ter escrito textos para o teatro. Uma de suas peças mais conhecidas, *O Filho Pródigo*, escrita especialmente para o Teatro Experimental do Negro – TEN, estreou no Teatro Ginástico no dia 5 de dezembro de 1947. Nessa época, Sábato Magaldi ainda morava em Minas Gerais. Como não assistiu à montagem, não se pronunciou sobre a peça, produzida pelo próprio TEN, sob a direção de Abdias do Nascimento e de Thomás Santa Rosa, também autor dos cenários e dos figurinos. No elenco: Abdias do Nascimento, Aguinaldo Camargo, José Maria Monteiro, Marina Gonçalves, Roney da Silva, Ruth de Sousa, Haroldo Costa e Ana Maria[7].

Três anos mais tarde, quando a peça *O Filho Pródigo* foi encenada em São Paulo, em 1953, Décio de Almeida Prado criticou a quantidade de poetas e romancistas aventurando-se também nos palcos. Considerou a peça de Cardoso um "monumento de literatice":

> De cada dez manuscritos inéditos de algum valor, podemos estar certos de encontrar pelo menos sete ou oito de cunho poético. Não há, hoje em, dia meio-termo na nossa literatura dramática, não há Lilian Helmans ou Terence Rattingan, artesões honestos, conscienciosos, porventura não inteiramente geniais, mas conhecedores do seu ofício. Admitamos apenas os extremos: os nossos autores ou são humildes fabricantes de "chanchadas" ou pretendem ser a última edição, revista e melhorada, de Claudel, Giraudoux e Christopher Fry.

---

6   Introdução, em E. M. Ribeiro, *O Riso Escuro ou o Pavão de Luto*, p. 13.
7   A. do Nascimento, *Drama para Negros e Prólogo para Brancos*, p. 30.

> *O Filho Pródigo* é bem um sinal dos tempos. Como pode um homem inteligente, sensível, escrever uma peça que é um monumento de literatice, em que não há um sentimento, uma ideia que não venha revestida de uma crosta espessa e impenetrável de literatura?[8]

Em "Lúcio Cardoso Fala-nos de Teatro", o dramaturgo levanta questões interessantes, como aquela relacionada à fundação do Teatro de Câmera, por ele em parceria com Gustavo Dória e Agostinho Olavo, em 1947. Essa fundação, segundo ele, "marcou a primeira reação contra o gênero 'grande espetáculo' que Os Comediantes vinham impondo como gênero absoluto e que deu nascimento a essa série de teatrinhos íntimos e espetáculos mais ou menos fechados, atualmente tão em voga".

Lúcio critica montagens, autores, produtores e atores que, naquele momento, estavam em cartaz: considera o teatro de Silveira Sampaio pseudointelectual; censura Fernando de Barros pelo tipo de produção permissiva às "delícias de um público ocioso e fútil" e grandes artistas como Morineau, Dulcina, Alma Flora, Fregolente, Olga Navarro que "representam papéis medíocres em peças para agradar o público".

Para Lúcio Cardoso: "Haverá uma revolução e todos esses falsos deuses serão apeados do trono E este será entregue a seu legítimo dono: a poesia". No seu entedimento: "Teatro é poesia, queiram ou não queiram os cozinheiros que enchem a boca com 'carpintaria teatral'. Toda a ação dramática é uma ação poética. Todo espaço cênico é uma tentativa de criar uma atmosfera – atmosfera poética".

A espectativa de uma atmosfera poética, como quer Lúcio Cardoso para o texto teatral, decorre de experiência muito remota, com nascedouro na Antiguidade, que valorizava o "monumento literário" de tecelagem verbal, conformada por normas de uma poética seguida através dos tempos, como é a *Poética* de Aristóteles. Sabemos que a ideia de julgar a validade de uma peça com vistas à representação, primeiramente por sua leitura, é a base do princípio de hierarquia do dramático; "segundo a *Poética* de Aristóteles, ou pelo menos segundo alguns de seus comentadores, uma tragédia não deve ser julgada por

---

8 *Apresentação do Teatro Brasileiro Moderno*, p. 85-86.

FALA-NOS DE TEATRO...

meio de sua representação, mas de sua leitura, que dá a medida de sua conformidade com as normas"[9].

Sábato Magaldi considerou a importância do texto, pensava a animação poética, tendo sempre em vista a encenação, como fundamental, constantemente em destaque através dos tempos, sempre regulada por conflitos entre os eruditos e os próprios autores, cientes de que uma peça não deve ser julgada pelo texto, mas pelo efeito do espetáculo em contato com o espectador. De acordo com R. Chartier: "A oposição entre regras e representação como critério fundamental para a avaliação de peças de teatro serviu de base para argumentos polêmicos evocados nas *querelles* literárias do século XVII, como as que surgiram em torno das peças de Lope de Vega ou de Cornelle"[10].

Em pleno acordo com Lúcio Cardoso, quando diz que o legítimo dono do teatro é a poesia, Magaldi encontra em Nelson Rodrigues a poesia desejada para o texto de teatro, com a condição de encenação.

Cito um trecho de Sábato sobre Nelson, no qual o crítico menciona a presença da poesia no texto do autor e a necessidade de algumas mudanças para melhorar a qualidade da encenação:

> *Valsa nº 6* realiza, no sentido autêntico, a poesia no teatro. Não é o que se chama comumente teatro poético, em que a intenção de poesia sobreleva o conteúdo de dramaticidade. Natureza dramática e inspiração poética se confundem, materializando-se num monólogo que é um poema feito teatro. [...] Como no poema, procurou atingir beleza emocional pela associação das palavras, num esforço – consoante expõe – de levar ao espectador um sentimento, uma presença que supere ou dispense a necessidade de compreender e explicar – e permaneça como um instante de poesia de que se goste sem mesmo saber por quê.
>
> Auguramos que Nelson Rodrigues decida depressa os problemas para a representação. E que o público corresponda ao trabalho tão sério, tão honesto, do dramaturgo.

---

9 R. Chartier, *Do Palco à Página*, p. 21.
10 Idem, ibidem.

A questão suscitada por Lúcio Cardoso não é nova para o que tratamos com constância neste trabalho, entretanto, é fecunda para reiterarmos questões evidentemente em pauta para Sábato Magaldi e para o pensamento vivo da história do teatro.

Silveira Sampaio

O entrevistado seguinte foi o ator, diretor e dramaturgo Silveira Sampaio (1914-1964). Amigo de Pedro Bloch, Sampaio exercia carreira sólida de médico pediatra até 1948, quando estreou no Teatro Íntimo, Rio de Janeiro, como autor e diretor da peça *Da Inconveniência de Ser Esposa*. Sampaio demonstrava preocupações sociais na medicina, tendo atendido a mais de quatro mil crianças por sua conta, sem cobrar sequer um tostão. Nos treze anos em que trabalhou no Ministério da Saúde, deixou para a literatura médica três obras: *Noções de Higiene Infantil*, *Problemas Médicos Gerais da Infância* e *Tuberculose da Infância*. Aos dezesseis anos escreveu sua primeira peça, *Rei das Bananas*, e não conseguiu mais deixar de pensar em teatro. A segunda, *Futebol em Família*, foi premiada no Concurso de Autores Novos, do *Jornal do Brasil*. Aos trinta anos deixou de clinicar para dedicar-se apenas ao teatro e ao cinema, fundando a companhia Os Cineastas, com Flávio Cordeiro.

A partir de 1948, Silveira Sampaio incrementou a sua produção artística, passando a estrear uma peça após a outra, sempre com o olhar crítico e bem-humorado, características de sua personalidade. Nesse período vieram *Da Inconveniência de Ser Esposa*, *Garçonière de Meu Marido*, *Sua Excelência em Duas Poses* e *Deu Freud Contra*. Do palco para as telas e para os shows em boates foi um passo, assim como o foi ingressar na incipiente televisão brasileira. Teve importante participação em revistas musicais, nas quais apresentou vários espetáculos: *No País dos Cadillacs* (pelo qual recebeu prêmio de melhor ator do teatro de revista de 1956), *Brasil de Pedro a Pedro*, e *Um Americano em Recife* (em Montecarlo). Foi ainda colaborador do *Diário de Notícias* e da *Folha de S.Paulo*. Faleceu, aos cinquenta anos, em novembro de 1964, em consequência de um tumor no cérebro, às vésperas do casamento de sua única filha. Sampaio aguardava a estreia da sua peça *Da Necessidade de Ser Polígamo*, na Broadway, numa versão do então ministro Roberto Campos que, na ocasião do falecimento do amigo, assim se pronunciou:

> O Brasil perdeu um humorista capaz de penetrar fundo na essência de tudo que é seriamente engraçado, solenemente ridículo, austeramente subversivo. Silveira Sampaio foi o escritor das contradições, e soube registrar em sua obra uma mescla de mordacidade e humor nunca igualada na história da comédia brasileira (Cedoc-Funarte).

A questão cênica de Silveira Sampaio não estava vinculada exclusivamente ao texto que, para ele, era muitas vezes um pretexto. A escritura da cena se dava na ocasião do seu acontecimento. Não se tratava de um roteiro, era, contudo, um teatro feito com base em um texto dramático a todo tempo superado ou, como dirá Magaldi, "descarnado", em favor de necessidades teatrais, que iam desde a verve do ator às necessidades cênicas de adaptação – uma discussão ainda hoje atual, muito distante da cena brasileira dos anos de 1950. Na opinião de Magaldi,

> Silveira Sampaio era – além de um autor moderno e muito original – um excelente ator: um ator plenamente moderno. Observo, no entanto, que ele não desenvolvia bem as tramas, escrevia de uma forma muito sintética e, às vezes, embora preenchesse tudo com muito talento – era um ótimo mímico – o texto ficava meio descarnado em cena; faltava nele um pouco mais de elaboração literária em sua obra teatral. Se ele tivesse queimado um pouco mais a pestana... mas ele achava que aquilo era demais e que o teatro tinha que ser assim mesmo[11].

As primeiras linhas de "Silveira Sampaio Fala-nos de Teatro" são usadas por Magaldi para definir o entrevistado: "inteligente, esperto, não quer se comprometer [...] fez blague com o repórter e com ele mesmo". Admite que ao fazer determinadas considerações não quer criticar a postura de Sampaio, mas sim entrevistá-lo. Entretanto, confessa:

---

11 Depoimento concedido à autora em outubro de 2003.

Direi apenas que Sampaio não é o tipo ideal de entrevistado, disposto a lançar uma opinião sensacional que a tornará discutida e marcará uma vitória do repórter. Ao contrário, se eu não me defendesse de suas sutilezas faria, certamente, o papel de tolo, ficando da longa conversa apenas a lembrança de momentos agradáveis. Porque a conversa de Silveira Sampaio é, sem dúvida, deliciosa, com os mesmos imprevistos e improvisações que tanta graça conferem ao seu texto.

A entrevista revela um tom de ironia de Sampaio, que se esquiva das perguntas. Indagado sobre Nelson Rodrigues, responde: "O Nelson é muito bom. O que falta para o teatro dele é bula. E se teatro de vanguarda é teatro do Nelson, nós podemos estabelecer a definição: teatro de vanguarda é teatro em que falta bula". As peças de Nelson colocadas em questão pelo entrevistado são *Anjo Negro* e *Doroteia*.

Em janeiro de 1948, *Anjo Negro* foi interditada pela censura. Sua estreia só foi ocorrer três meses depois, no Teatro Fênix, Rio de Janeiro, em 2 de abril de 1948. No elenco, as atrizes Itália Fausta, Nicette Bruno e Maria Della Costa. Com produção e cenários de Sandro Polônio, a montagem teve a direção de Ziembinski. Na opinião de Menotti Del Picchia, nunca o teatro da América subiu tão altos coturnos: "Nelson Rodrigues com *Vestido de Noiva* e, agora, com *Anjo Negro* coloca-se na galeria dos Strindberg, dos Pirandello, dos O'Neill. O Brasil pode orgulhar-se de dar ao mundo contemporâneo um dos seus maiores dramaturgos"[12].

A outra peça lembrada na entrevista por Sampaio foi *Doroteia*, que estreou no ano seguinte da montagem de *Anjo Negro*, em 7 de março de 1949, no mesmo Teatro Fênix. Dessa vez com cenários e figurinos de Santa Rosa, tendo no elenco as atrizes Luíza Barreto Leite, Maria Fernanda e Dulce Rodrigues (irmã caçula de Nelson). Anos mais tarde Magaldi classificaria *Doroteia*, juntamente com *Anjo Negro*, *Álbum de Família* e *Senhora dos Afogados*, como peças míticas:

Uns consideram o teatro mítico, os textos poéticos, a fase mais ambiciosa e superior de Nelson. Não se pode esquecer, também,

---

12   Em N. Rodrigues, *Tearo Completo*, p. 145.

que ela foi responsável pelo decréscimo de sua popularidade junto ao público. Nelson citava, não sem ironia, o conselho do amigo Manuel Bandeira, para que escrevesse sobre pessoas normais, com o propósito de retornar o diálogo perdido com a plateia. Ou porque esgotou a fonte dos mitos para si, ou porque decidiu tratá-los sob a capa aparentemente mais amena da realidade, misturando-os com a linguagem cotidiana, o certo é que o dramaturgo preferiu ingressar, nas novas peças, no mundo da tragédia carioca[13].

Na entrevista, Sampaio não se dispõe a falar do teatro de seu tempo, mas revela os seus planos: nos próximos anos pretende montar textos de outros autores estreantes. Um desses textos é A *Porta*, da autora paulista Clotilde Pereira Prado – conhecida como Clô Prado[14], encenada no ano seguinte ao da entrevista, em 1951. Segundo matéria assinada por Lemoine, publicada no jornal carioca *Última Hora*, em 12 de junho de 1951, quando A *Porta* foi apresentada em São Paulo, deu o que falar. "O argumento que sintetiza o drama da solidão afetiva em moldes psicanalíticos é forte, humano, excitante e perigoso. Duas mulheres lutam com uma força que as envolve e arrasta para o fim irremediável" (Cedoc-Funarte).

A outra peça citada como futura montagem da companhia teatral de Silveira foi o texto O *Professor de Astúcia*, de Vicente Catalano, montagem que ocorreria em 1952. Catalano escreveu outros textos. É o autor do musical *Sexy*, montado em 1959 no Teatro Bela Vista, em São Paulo, com direção geral de Sérgio Cardoso. Sobre Catalano, Magaldi escreveu na ocasião da montagem de *Sexy*:

> Apesar da influência que realmente recebeu de Silveira Sampaio, Vicente Catalano surge em nossa dramaturgia com uma personalidade marcada e original. As expressões mais curiosas da comédia brasileira, mesmo quando escapam para a fantasia livre da burleta, guardam uma referência tácita à realidade, vista através da sátira ou da farsa. O próprio Silveira Sampaio, em suas lucubrações mímico-

---

13 *Teatro da Obsessão*, p. 87.
14 Clô Prado escreveu ainda as seguintes peças: *Diálogos de Surdos* (1952), montada pelo TBC, e *Virtude e Circunstância* (1960), montada pela Companhia Cacilda Becker (Cedoc-Funarte).

-expressionistas, parte de dados comuns da comédia de costumes. Tanto em *Professor de Astúcia* como em *Sexy*, agora enfeixadas em volume, Vicente Catalano encara com muito maior liberdade a relação da obra de arte com os estímulos do mundo real[15].

Em 1950, quando Sábato Magaldi realizou a entrevista com Silveira Sampaio, o autor estava em cartaz com a peça *O Impacto*, junto com seu grupo Os Cineastas, no Teatro de Bolso, na praça General Osório, em Ipanema. Com este mesmo grupo, criado há quatro anos, produziu o melhor filme de 1947, *Uma Aventura aos Quarenta*.

Na crítica feita para o espetáculo *O Impacto*, em 7 de julho de 1950, sob o título "Os Cineastas", Magaldi destaca a multiplicidade de talentos do autor, chegando a participar igualmente como diretor e ator: "E não tenho dúvidas em afirmar que aí Silveira Sampaio atinge sua plenitude. Como diretor, ele sabe animar suas apresentações de uma graça e de um ritmo peculiares".

Esse conjunto de textos reforça a sensibilidade visionária de Magaldi que, no caso de Nelson Rodrigues e Silveira Sampaio, demonstra aguda percepção ao elevar os trabalhos de Nelson Rodrigues à categoria de obra de arte, em um momento em que o autor ainda era pouco compreendido; e ao apostar no potencial do Silveira Sampaio, oferecendo-lhe sempre uma atenção especial durante o tempo em que escreveu no *Diário Carioca*. O artigo de 1994, intitulado "Dramaturgia Brasileira Moderna", comprova que o visionário Magaldi, passados mais de quarenta anos, manteve – como mantém até hoje – os elogios creditados a Sampaio, e considera uma injustiça o autor ter caído no esquecimento:

> Hoje, assisto com grande melancolia ao desinteresse a que foi relegada a obra de Silveira Sampaio, explicável talvez porque seu êxito estivesse associado, em grande parte, ao estilo interpretativo por ele desenvolvido [...]. Intérprete brilhante de suas comédias sobre adultério, ele precisaria ter um continuador à altura, para que as sutilezas de seu diálogo não se perdessem. Se mencionarmos que Shakespeare sofreu ostracismo de dois séculos até ser consagrado,

---

15 *Moderna Dramaturgia Brasileira*, p. 79.

FALA-NOS DE TEATRO...

em definitivo, como o maior autor da história do teatro, não se deve estranhar que Silveira Sampaio, depois de gozar de imensa popularidade, não frequente agora nenhum palco. Espero que o tempo se incumba de desfazer essa injustiça[16].

Guilherme Figueiredo

O dramaturgo, tradutor e professor Guilherme de Figueiredo (1915-1997) foi o terceiro entrevistado da coluna Fala-nos de Teatro.... Quando ocorreu a conversa com Figueiredo, o autor já havia escrito inúmeras peças e alcançado grande êxito de bilheteria. Suas peças teatrais *Um Deus Dormiu lá em Casa* (1949) e, anos mais tarde, *A Raposa e as Uvas* (1953) obtiveram sucesso no Brasil e foram encenadas também no exterior.

Um Deus Dormiu lá em Casa estreara um ano antes, em dezembro de 1949, com a Companhia Fernando de Barros, no Teatro Copacabana, direção de Silveira Sampaio. No elenco os estreantes Tônia Carrero, Paulo Autran, Vera Nunes e Armando Couto. Encenada em São Paulo, na opinião de Décio de Almeida Prado, *Um Deus Dormiu lá em Casa* é a tradução de um clássico para linguagem tropical de irreverente comicidade carioca, "o enredo de *Anfitrião*, nascido na Grécia e rejuvenescido em termos franceses por Jean Giraudoux nas vésperas da guerra. Tanto bastou para que a crítica saudasse com entusiasmo o seu autor como o Giraudoux brasileiro"[17].

Foi nessa montagem que Paulo Autran e Tônia Carrero, em 1949, iniciaram suas carreiras de atores profissionais. Anos mais tarde, em 1956, os dois atores, já atuando em São Paulo com a Companhia Tônia-Celi-Autran, remontaram a mesma peça com grande sucesso de público, dessa vez com direção de Adolfo Celi, no Teatro Santana, em São Paulo.

Outro grande êxito de bilheteria de Figueiredo foi a peça *Lisístrata*, montada com o nome de *Greve Geral*, que estreou em 1948 em Porto Alegre, no Teatro São Pedro, pela Compania Procópio Ferreira, com direção do próprio ator que, vez por outra se autodirigia em seus espetáculos.

16 *Teatro Sempre*, p. 120.
17 *O Teatro Brasileiro Moderno*, p. 50.

No elenco, além de Procópio, Alma Flora e Rodolfo Arena. No Rio de Janeiro, *Greve Geral* foi apresentada em 1949, no Teatro Serrador, com Almerinda Silva, Hamilta Rodrigues, Fernando Vilar e Wanda Pinheiro no elenco. Também em 1949, a peça *Lady Godiva*, escrita em 1948, foi apresentada pela Companhia Procópio Ferreira sob a direção do italiano Ruggero Jacobbi. No elenco, além de Procópio, Alma Flora e Rodolfo Arena (Cedoc-Funarte).

A Companhia Ruggero Jacobbi remonta o mesmo texto no ano seguinte, em São Paulo, no Teatro Royal, com os atores Sérgio Britto, Zilah Maria e Luiz Linhares[18].

Nascido em Campinas, Figueiredo também foi tradutor de inúmeros textos, dentre eles *Pais e Filhos*, de Bernard Shaw, peça apresentada em 1949 no Teatro Santa Isabel, em Recife, com o grupo Teatro de Amadores de Pernambuco, direção de Ziembinki[19]. Adido Cultural da Embaixada brasileira em Paris nos anos de 1964 a 1968, Figueiredo doutorou-se em letras e deu aulas no curso prático da Universidade Federal do Estado do Rio de Janeiro, Uni-Rio. Foi o primeiro reitor dessa universidade, exercendo dois mandatos, de 1979 a 1988 (Cedoc-Funarte).

Tradudor de diversos textos encenados nos anos de 1940 e 50, sua mais famosa tradução é a de *Tartufo*. Segundo o crítico literário Wilson Martins, a tradução de *Tartufo*, de Molière, feita por Guilherme Figueiredo – na qual ele trabalhou durante trinta anos – é a melhor da língua portuguesa[20]. Guilherme Figueiredo, então reitor da Uni-Rio, recebeu o título de doutor em letras pela UFRJ, em 1980, defendendo a tese intitulada *Tartufo, 79: Para uma Poética de Tradução do Teatro em Verso de Molière*. Segundo o reitor da UFRJ, Luiz Renato Caldas, ele cometeu uma atitude inédita: "Nunca o reitor de uma universidade defendeu tese em outra"[21].

A entrevista intitulada "Guilherme Figueiredo Fala-nos de Teatro" transcorreu, segundo o próprio Magaldi, tranquilamente, de maneira bem diferente da anterior, realizada com Silveira Sampaio. Reportagem que dá voz a um autor brasileiro que nos anos de 1940 e 50 obteve expressivos sucessos de bilheteria.

---

18 *A Gazeta de São Paulo*, 6 out. 1950.
19 Y. Michalski, *Ziembinski e o Teatro Brasileiro*, p. 488.
20 *Jornal do Brasil*, 12 fev. 1981.
21 *Jornal do Brasil*, 19 set. 1980.

Henrique Pongetti

Prosseguindo a série de entrevistas, Magaldi ouviu outro mineiro, nascido em Juiz de Fora, Henrique Pongetti (1898-1979). Jornalista e autor, Pongetti passou parte da sua infância em Petrópolis, outra parte na Itália. Ao completar 21 anos, mudou-se definitivamente com a família para o Rio de Janeiro. São de sua autoria várias peças, dentre elas *Nossa Vida é uma Fita*; *Sem Coração*; *Uma Loura Oxigenada*; *Baile de Máscaras*; *Amanhã, se não Chover* e *Manequim*.

Pela recepção do espetáculo *Amanhã, se não Chover*, durante a temporada no Rio de Janeiro, e pelo sucesso feito em São Paulo, o crítico julga dispensável a sua apresentação aos leitores e passa a palavra ao entrevistado, reclamando que "o diminuto espaço desta coluna nem permitiu perguntas mais numerosas". Magaldi deixa o autor à vontade.

O crítico expõe no seu texto de apresentação que estava tentando realizar semanalmente entrevistas "com os nossos homens de teatro", feito que nem sempre conseguia pôr em prática: Magaldi perdeu a oportunidade de registrar na coluna Fala-nos de Teatro…, uma entrevista com Nelson Rodrigues.

Ele nos contou ter se deslocado até a redação da revista *Rio* para ouvir o dramaturgo Henrique Pongetti que, naquele momento, estava em uma atividade incessante na imprensa, com a projeção intelectual de seu nome e, também, "pelo sucesso popular que obteve, recentemente, a peça *Amanhã, se não Chover*", espetáculo estreado em 22 de março de 1950, no Teatro Copacabana, no Rio de Janeiro, com produção de Fernando de Barros e direção de Ziembinski. No elenco Armando Couto, Paulo Autran e Tônia Carrero[22].

Em São Paulo, *Amanhã, se não Chover* estreou no Teatro Cultura Artística, no dia 6 de outubro de 1950. Na opinião do crítico Décio de Almeida Prado, faltava ao texto apresentado técnica teatral, qualidade presente em qualquer "peçazinha francesa". Segundo Prado, o texto

> possui o que poucas comédias possuem, uma personagem de real
> originalidade e força cômica – foi o que procuramos mostrar em

---

22 Y. Michalski, op. cit., p. 489.

nossa crítica. Mas, apesar disso, mentiríamos se disséssemos que colocamos a peça de Henrique Pongetti à altura das boas comédias estrangeiras, acreditando que possa ser traduzida e representada com êxito em outros países. É que, a nosso ver, falta-lhe ainda aquela qualidade que qualquer peçazinha francesa contém em abundância – técnica teatral[23].

Yan Michalski, ao comentar a produção do autor nos anos de 1950, observa que Pongetti era um comediógrafo conhecido através de várias obras comercialmente bem-sucedidas e um cronista muito popular. Michalski credita ao ótimo desempenho do ator Paulo Autran o fato de a crítica não conseguir avaliar com agudeza o texto dramático de Pongetti em *Amanhã, se não Chover*. Temos aqui uma questão semelhante àquela levantada por Sábato Magaldi, quando, apesar das ressalvas aos textos escolhidos por Dercy Gonçalves e Alda Garrido, o crítico, em detrimento a uma avaliação mais rígida à fraca dramaturgia, destaca o valor artístico das duas atrizes. Sobre a recepção da peça de Pongetti, escreveu Michalski, avaliando a recepção ocorrida nos anos de 1950:

> Hoje, essa estapafúrdia é caricata – mas sem dúvida muito divertida – farsa sobre implausíveis terroristas que atuavam num país imaginário da Europa por volta de 1913 nos parece caduca, insuportavelmente ingênua e repleta de falhas de estrutura dramatúrgica [...] Mas o entusiasmo com que os críticos cariocas de 1950 a receberam parece desproporcional aos seus méritos. [...] E tudo indica que a feliz direção de Ziembinski, aliada a uma exibição de histrionismo cômico de Paulo Autran, deve ter dificultado aos críticos um diagnóstico preciso do valor da matéria-prima dramatúrgica[24].

Ainda segundo Michalski, *Amanhã, se não Chover* valeu a Pongetti a consagração definitiva e uma das bilheterias recordistas do teatro brasileiro[25]. Temos que ressaltar a contribuição do ator Paulo Autran, destacada no texto de Michalski e no de Pongetti, para o grande su-

---

23 *Apresentação do Teatro Brasileiro Moderno*, p. 63.
24 Op. cit., p. 174.
25 Idem, ibidem.

cesso de *Amanhã, se não Chover*. Autran estreara em 1949, no Rio de Janeiro, com o texto de Guilherme Figueiredo, *O Anfitrião*, e logo após tranferiu-se para São Paulo, onde integrou de 1951 a 1955 a companhia do Teatro Brasileiro de Comédia. De lá saiu, no final de 1955, para fundar a sua própria companhia, com Tônia Carreiro e Adolfo Celli.

Sobre o trabalho do ator Paulo Autran na peça e de sua contribuição para o sucesso do espetáculo, escreveu o próprio Henrique Pongetti, texto que transcrevo abaixo na íntegra:

> Como comediógrafo devo a Paulo Autran incomparável emoção: a de ver realmente humanizado, vivo e verdadeiro, um personagem do meu despretencioso e tantas vezes sacrificado teatro. Trata-se do anarquista Bolabanoff por ele criado em *Amanhã, se não Chover*. Sou um autor veterano, muito aprendi por minha conta e risco e sob influência do intérprete no destino de um personagem e de toda uma peça. O talento de Paulo Autran ultrapassou aquela soma de contribuições previstas por mim como indispensável ao sucesso do espetáculo. Bolabanoff é um personagem que me segue. Outros personagens meus, mal vivificados, pobres de sangue e de alma, desmancharam-se no palco ao baixar o pano sobre a última récita. Bolabanoff me segue: seria hipocrisia negar que me orgulha. Daquele ano de *Amanhã, se não Chover*. E dos seus primeiros passos no ainda indefinido Teatro Brasileiro de Comédia, foi longo o caminho percorrido por Paulo Autran. Hoje ele é indiscutivelmente o mais eclético e bem-dotado intérprete dos nossos palcos. Passa da comédia ligeira à alta comédia. Do drama à tragédia com a mesma eficácia e a mesma autoridade sobre um invejável público. Tem cultura, presença, voz, predestinação – e esse desejo de superar-se em cada papel, que nos desautoriza fixar limites aos seus sucessos em nossos prognósticos sobre o desenvolvimento da sua carreira. Além de tudo, é moço. Tem a sorte de participar do movimento de renovação do nosso teatro, certo de alcançar dias muito gratos aos seus ideais de ator. É, em suma, um triunfador com quem todos os autores, maiores ou menores por ele interpretados, gostaram de repetir os aplausos[26].

---

26 Recorte de jornal, Cedoc-Funarte, [s.d.].

Manequim foi outro grande sucesso de Pongetti. Sua estreia, em junho de 1951, no Teatro Copacabana, sob a direção de Willy Keller, tinha no elenco Beatriz de Toledo (Segall) e Jardel (Jércolis) Filho. Em 1952, a Companhia Teatro Popular de Arte, em São Paulo, montou *Manequim*, dessa vez com a atriz Maria Della Costa no principal papel feminino e, novamente, com a participação do ator Jardel Filho e a direção de Eugênio Kusnet, no Teatro São Paulo, conforme programa da peça.

Muito discutida e discutível, enquanto qualidade artística, a peça *Manequim*, na explicação de Tania Brandão, foi um dos cavalos-de-batalha da empresa por alguns anos, sendo remontada várias vezes pela companhia[27]. Sandro Polônio observa que, como empresário, era obrigado a considerar o aspecto econômico das montagens, "pois uma companhia, diz a experiência, não vive apenas de seu arrojo intelectual"[28].

Ao escrever a sua última crônica no jornal *O Globo*, em 1968, Henrique Pongetti assim definiu sua carreira no teatro:

> Para viver bem e dignamente como vivo, escrevi vinte peças para teatro, sketches para televisão, sete histórias filmadas, dez livros com a minha assinatura, dois com a assinatura alheia, dirigi revistas de tudo, de macacas-de-auditório, de grã-finas, não parei um dia sem escrever em quarenta anos de ofício[29].

Indagado sobre aquilo que caracteriza o teatro contemporâneo, curiosamente Pongetti levanta a questão sobre o gosto do público, questão no Rio de Janeiro ligada diretamente às produções. O autor admite "confiança permanente na inteligência e no bom gosto do público. Uma humildade permanente diante do seu desagrado. [...] O público não é burro quando não gosta. Também não é genial quando gosta".

Magaldi finaliza a entrevista lembrando da recente montagem de *Amanhã, se não Chover*, realizada em São Paulo. Segundo o crítico, "seria curioso, pois, conhecer a sua impressão sobre o movimento teatral que se realiza ali com extraordinária seriedade". A pergunta feita a Pongetti demonstra que Magaldi ainda não conhecia o teatro paulistano

---

27 *Peripécias Modernas*, p. 230-231.
28 Idem, ibidem.
29 Cedoc-Funarte.

presencialmente, apesar de o elogio ter sido feito à sua realização – "extraordinária seriedade" – nos primeiros meses de lida como crítico no Rio de Janeiro. Pongetti conta que, no TBC, assistiu a *Anjo de Pedra*, de Tennessee Williams, na sua opinião o melhor espetáculo que lhe foi dado assistir em língua portuguesa, e lamenta a transferência de nossos artistas para São Paulo: "São Paulo tem um grande público certo para os bons espetáculos de comédia. Lá os milionários constroem teatros pelo prazer de sentar, depois, na plateia. Dentro em breve haverá emigração teatral do Rio para São Paulo. Como a Colômbia com os jogadores de futebol".

Rosário Fusco

Em "Rosário Fusco Fala-nos de Teatro", logo nas primeiras linhas da entrevista, Magaldi assim diz do autor:

> um dos poucos escritores vindos de outros gêneros literários que entre nós se dedicam ao teatro. Romancista pertencente à primeira linha da nossa ficção, ensaísta arguto, informado por um conhecimento sólido das diferentes manifestações intelectuais, o autor de *O Livro do João* (1944) publicou em edição fora do comércio *O Viúvo* e o *Anel de Saturno* (1949), peças ainda não levadas à cena.

O também mineiro Rosário Fusco (1910-1977) fundou, aos dezessete anos, a revista *Verde* (1927-1929), um marco do movimento modernista em Cataguases, Minas Gerais, que surgiu no rastro do movimento estético paulista de 1922. "O nosso Kafka", como Antônio Olinto o denominava, "ainda não mereceu lugar entre os mestres". Ele foi um dos maiores do século XX, ressaltou o crítico Sábato Magaldi, quando em 2003 deu um depoimento para a matéria de lançamento do livro de Rosário Fusco, *A. S. A. – Associação dos Solitários Anônimos*: "Fico feliz que sua obra esteja sendo redimida"[30].

---

30 *Época*, n. 280, de 29. set. 2003.

Fusco publicou vários livros de poesia, entre eles *Fruta de Conde* (1928); *O Agressor* (1943), reeditado depois, em 1968, na Itália, pela editora Mandadori e, no Brasil, em 1976, pela Francisco Alves; de ensaios, *Amiel* (1940) e *Introdução à Experiência Estética* (1961); os romances *Carta à Noiva* (1954) e *O Livro do João* (1944); a farsa *Auto da Noiva* (1949). Deixou, sem publicação, dezenas de correspondências com expoentes da literatura brasileira, especialmente Mário de Andrade, dezenas de "diários", dois romances, um livro de poesia erótica e de viagens. Em fins dos anos 1960, Fusco volta a Cataguases, onde viria a morrer em 1977[31].

A admiração de Magaldi por Rosário Fusco, que começara tempos atrás, nos anos de 1940, quando o crítico morava em Belo Horizonte, perpetua-se até os dias de hoje. Fusco é o autor que escreveu, em 1940, o conhecido ensaio sobre Henri-Frédéric Amiel (1821-1881). Autor suíço, lembrado ainda hoje não por seu talento como professor de estética e filosofia, em sua cidade natal, mas sim pela obra-prima de introspecção e autoanálise que foi o seu diário pessoal. Cabe aqui informar que Magaldi conheceu a obra de Amiel e André Gide ainda muito jovem, aos treze anos, em Minas Gerais[32]. Herdou Magaldi dos dois autores provalmente o hábito de escrever diários. Ele conserva inéditos dezenas de cadernos em que armazena a sua memória teatral desde os anos de 1960.

Como Fusco não tinha nenhum espetáculo em cartaz por ocasião da longa entrevista concedida, Sábato disponibilizou aos seus leitores uma síntese sobre a obra do autor. Destacamos já no primeiro parágrafo a proposição feita por Magaldi a Fusco: versar "sobre o lugar do teatro entre as artes de literatura". Ao ser perguntado como pensava ter o teatro evoluído, "historicamente ao lado dos demais gêneros[...] assim se exprimiu o ensaísta de *Amiel*":

> Na ordem histórica e em data, o drama é a última conquista da arte oral. E na sociologia o estágio derradeiro das civilizações antigas. Só a necessidade de perpetuar o mito leva uma sociedade à

---

31 Ascânio Lopes, Cataguases: Um Olhar da Modernidade. Disponível em: <http://www. asminasgerais. com. br/zona%20da%20mata/uniVlerCidades/modernismo/Literatura/ index. htm>.

32 *Edifício*, n. 2, p. 9-13.

produção e ao consumo da cena. A afirmativa merece, sem dúvida, maiores esclarecimentos que não posso, assim numa rápida conversa, fornecer. De qualquer maneira, porém, não quero dizer com tal coisa que o teatro seja arte de imitação, como queria Aristóteles, mas de superação da vida, como escreveu Nietzsche. Complicado para explicar e de entender? Confuso: sobretudo confuso.

Fusco levanta uma questão anacrônica e intrigante, relacionada ao leitor de teatro ao indagar:

> Note isto: encarado como gênero literário, o teatro não possui o número de leitores do ensaio, da novela, da poesia. E o fenômeno só serve para acentuar a sua exigência de certo temperamento. Leitor de teatro e não praticante de espetáculos, estarei no caminho devido?

Diante de tais proposições, Fusco é um convite à pesquisa.

Geysa Bôscoli

O autor de teatro de revista, Geysa Bôscoli, que aos dezoito anos de idade começou suas atividades no teatro como administrador, propagandista e secretário da Companhia de Revista Tro-lo-ló, foi entrevistado para a coluna Fala-nos de Teatro…, e fecha o grupo de comentários sobre entrevistas de tal coluna, selecionadas aqui.

Sabemos que a estreia de Bôscoli como autor foi em 1927 com a peça *Pó de Arroz*, em homenagem ao Fluminense. Escreveu ao todo 140 peças – contadas e anotadas por ele como eram também contados e anotados todos os seus amigos – entre as quais *Banana Nanica, Deixa Falar, Canta Brasil, O Petróleo é Nosso, Escândalos 1951, Eu Quero é Rosetar, Arca de Noé, Na Terra do Samba, Vovó de Bonde de Burro não Pega Avião a Jato* e *Miss França*.

Geysa Bôscoli foi também o introdutor do teatro de bolso no Brasil. Na década de 1940, inaugurou no Rio de Janeiro, na avenida Nossa Senhora de Copacabana, o Teatrinho Jardel, ato que na época foi considerado uma loucura, uma homenagem ao seu irmão Jardel Jercolis. Fundou também o Teatro Dulcina.

Segundo Pernambuco de Oliveira, com quem Bôscoli trabalhou, o palco do Teatrinho Jardel era tão pequeno "que Mara Rúbia, Renata Fronzi e as outras vedetes tinham que passar pela marquise do prédio para voltar ao camarim. Nos primeiros dias, logo que o teatro foi inaugurado, aquele festival de plumas era uma verdadeira atração pública"[33].

Em 1971 publicou, em livro, a biografia de sua tia, *A Pioneira Chiquinha Gonzaga, Vida e Luta da Primeira Compositora Popular Brasileira*. Sobre a artista, disse Bôscoli na ocasião: "Ela pertenceu à juventude 'prafrentex' do século passado". O sobrinho de Chiquinha Gonzaga considerava-se fascinado pela maneira como a tia enfrentou e superou as dificuldades para afirmar-se como artista diante dos familiares e da sociedade escandalizados[34].

Em 1976, dois anos antes de falecer, desistiu de morar no Rio e mudou-se para Caxambu, deixando uma carta de despedida em que enumerava dezoito razões que o levaram a abandonar a cidade onde nascera e que tanto amava. O carioca Geysa Bôscoli (1901-1978) foi jornalista, escritor e teatrólogo.

Pernambuco de Oliveira era apenas um dos cinco mil amigos de Geysa dentre aqueles que tinha anotados em fichas, cuidadosamente reunidas ao longo dos anos. Foi um dos sócios fundadores do Sindicato dos Jornalistas Profissionais do Estado da Guanabara e conselheiro da Sbat e do extinto Serviço Nacional do Teatro, atual Funarte. Foi o autor das duas primeiras revistas radiofônicas: *Adão e Eva* e *Carioca da Gema*, transmitidas pela Rádio Nacional.

Geysa Bôscoli trabalhou em diversos jornais cariocas. Como crítico do *Gazeta de Notícias*, foi responsável por uma das maiores "barrigas"[35] publicadas na imprensa carioca. Alda Garrido estreava no Teatro Rival e, como Geysa conhecia o autor, o texto e o elenco, escreveu a crítica sem assistir ao espetáculo. No dia seguinte a crítica foi publicada, mas o problema é que a estreia da peça havia sido adiada. Anos mais tarde, o sempre

---

33 *Jornal do Brasil*, 9 nov. 1978.
34 Recorte de jornal, Cedoc-Funarte, [s.d.].
35 No jornalismo a expressão correta é "comer barriga", nome que se dá à divulgação de uma falsa notícia.

FALA-NOS DE TEATRO...

bem-humorado Geysa Bôscoli comentou o acontecido: "Essa antecipação da crítica, que aliás saiu certíssima, deu-me o cartaz de espírita"[36].

Foi no escritório do Teatrinho Jardel na Avenida Copacabana, enquanto transcorria com pleno êxito, segundo o crítico, a segunda sessão da revista *Miss França*, que Magaldi entrevistou Bôscoli. A entrevista abordou principalmente o problema de empresariar o teatro, uma questão importante tanto para o autor como para o crítico.

Em 1971, trinta anos passados da entrevista dada a Magaldi, Bôscoli sucedeu Maria Clara Machado no cargo que ocupava na Divisão de Teatro do Departamento de Cultura da Secretaria de Educação da Guanabara que, segundo ele, aceitou o convite por acreditar no entrosamento entre o teatro amador e profissonal, e na vocação do teatro para a educação das massas – sua palavra de ordem em torno da união, do trabalho, para que autores, diretores, atores e empresários, juntamente com o governo, evitassem a diminuição do público teatral na mesma proporção em que crescia a população carioca[37].

Ainda em 1950, indagado sobre o valor artístico das nossas revistas, Bôscoli declarou a Magaldi que, na sua opinião, estão no nível idêntico às estrangeiras, e finalizou a entrevista explicando:

> Além da função de divertir o público, o teatro de revista constitui excelente campo para educação das massas e, a meu ver, não tem sido explorado nesse sentido. Podem abrigar-se nele ensinamentos históricos, orientação política, sendo veículo adequado até para a alfabetização. Espero que os poderes públicos compreendam o valor dessa tarefa e a prestigiem como merece.

O conjunto de entrevistas realizadas por Magaldi explicitam sua vocação como pesquisador, repórter e pedagogo. Formula perguntas, como poderemos observar na íntegra das críticas reunidas nesta edição, de interesse amplo, além da necessidade de oferecer voz aos autores da época, como declarou na inauguração da coluna Fala-nos de Teatro..., título, por sinal, sugestivo, indicativo de um discurso do teatro carioca do início da década de 1950, que virá a falar em seu próprio nome.

---

36 *Jornal do Brasil*, 9 nov. 1978
37 *Última Hora*, 3 jun. 1971.

crônicas da cena carioca

A etimologia da palavra crônica, conforme o *Dicionário Houaiss*, do latim *chronica, orum* "relato de fatos em ordem temporal, narração de histórias segundo a ordem em que se sucedem no tempo", possui em uma de suas acepções a definição de "texto literário breve, em geral narrativo, de trama quase sempre pouco definida e motivos, na maior parte, extraídos do cotidiano imediato". A crônica moderna, possui a característica de apreciação crítica em que a subjetividade é alternada com relatos dos fatos.

Curiosamente em "Inicial", texto de estreia como crítico de teatro do jornal *Diário Carioca*, publicado em 22 de junho de 1950, no primeiro parágrafo Sábato Magaldi se designa cronista e não crítico. Faz-nos atentar para o fato de que escreverá sob a égide do efêmero, uma vez possuir a crônica essa característica, mas também por colocá-lo sob o desarrimo de sua própria subjetividade. Ao tentar atribuir a si mesmo importância diante dos leitores, mesmo temendo cair no supérfluo, declara a intenção literária de sua plataforma de trabalho e, logo no artigo inaugural, expõe o que será sua eterna doutrina, a saber, a importância da construção de uma dramaturgia brasileira: "A falta de definição, aliás, é o mal do teatro brasileiro. Sei que parece simplificadora e arbitrária essa afirmativa. Argumentar-se-ia que é tanto esse mal como a falta de autores de tradição teatral", explicou.

Em 1958, oito anos mais tarde, Magaldi contribuirá efetivamente com sua tão sonhada dramaturgia nacional. Será um dos maiores incentivadores da montagem de *Eles não Usam Black-tie*, de Gianfrancesco Guarnieri, grande sucesso do grupo de teatro Arena. O crítico

Décio de Almeida Prado, ao viajar para o exterior, deixara Magaldi como substituto, na ocasião, sendo o responsável pela seção de teatro do Suplemento Literário de *O Estado de S.Paulo* e pela coluna de notícias especializada do jornal.

Para melhor comentar a estreia, Magaldi solicitou uma cópia do texto ao diretor do espetáculo José Renato. O entusiasmo do crítico após ler o texto foi tão grande que comunicou ao diretor, antes mesmo de ver a encenação, ter a certeza de que a peça iria revolucionar a dramaturgia brasileira. Em função disso, "alterando os procedimentos habituais do jornal, o crítico Delmiro Gonçalves, que dirigia então a página de arte, publicou com grande relevo meus dois comentários, ilustrados por fotos do elenco", escreveu Magaldi[1]. A montagem foi realmente um sucesso.

Junto com o grupo de teatro Arena, depois do êxito de *Eles não Usam Black-tie*, conseguiu realizar um Seminário de Dramaturgia com o objetivo de formar novos autores brasileiros, ideia que partiu de Augusto Boal e alguns amigos, entre eles Oduvaldo Vianna Filho, Roberto Freire, Gianfrancesco Guarnieri, Maria Tereza Vargas e o próprio Sábato Magaldi[2]. Segundo o crítico, "julgava-se importante estimular o aparecimento de novas obras, que alicerçariam um teatro fundamentalmente nosso e alimentariam, também, o cartaz do Arena e de outros grupos que se irmanassem nos mesmos ideais"[3].

Em sua primeira crítica já aparece a reclamação sobre a falta de uma dramaturgia nacional e a indefinição dos repertórios das companhias. A mesma problemática será um tema constante em seus textos no *Diário Carioca* e durante toda a sua carreira de crítico.

Quando, no início dos anos de 1940, Louis Jouvet esteve no Brasil refugiado da guerra para uma temporada com a sua companhia pela América do Sul, este foi o seu conselho ao grupo Os Comediantes:

---

1   *Um Palco Brasileiro: O Arena de São Paulo*, p. 26-28.
2   Idem, p. 33. E mais: Barbosa Lessa, Beatriz Segall, Flávio Migliaccio, Francisco de Assis, José Renato, Manoel Carlos, Miguel Fabregas, Milton Gonçalves, Nelson Xavier, Raymundo Victor Duprat, Roberto Santos e Zulmira Ribeiro Tavares. .
3   Idem, ibidem. Seminário, aberto em abril de 1958, dois meses após a estreia da peça de Guarnieri, abarcava os seguintes itens: 1. Parte Teórica – A Técnica de Dramaturgia e Análise e Debate de Peças; 2. Parte Teórica – Problemas Estéticos do Teatro, Características e Tendências do Teatro Moderno Brasileiro, Estudo da Realidade Artística e Social Brasileira, Entrevistas, Debates e Conferências com Personalidades do Teatro Brasileiro.

CRÔNICAS DA CENA CARIOCA

"Qualquer iniciativa que pretendesse fixar no Brasil um teatro de qualidade, um teatro que atingisse verdadeiramente uma plateia, não estaria realmente realizando nada enquanto não prestigiasse e incrementasse a literatura nacional"[4]. Esse é também o lema defendido por Magaldi em "Inicial". Em sua opinião, se não há autor, se não há texto, não há teatro no Brasil: "o teatro nacional não é. Não existe. Ou melhor, ainda está indefinido, nesse início em que têm lugar as experiências mais discutidas e controversas".

Notamos nessa crônica que o crítico não está se referindo somente ao teatro carioca, mas também ao teatro brasileiro. No Brasil, como já foi dito, o teatro moderno estava em fase inicial. Em junho de 1950, quando estreia como crítico, a montagem de *Vestido de Noiva* encenada pelo grupo Os Comediantes, em dezembro de 1943, no Rio de Janeiro, não havia sequer completado sete anos.

O jovem crítico demonstra personalidade ao fazer algumas declarações, como a de preferir Nelson Rodrigues que, "embora possa ser discutida a qualidade literária de sua peças, é fundamentalmente um dramaturgo, um teatrólogo", a Lúcio Cardoso, dizendo que "embora seja enorme o talento do novelista de *Inácio* (1944), não está plenamente realizada sua noção teatral". Essa declaração é dada em um momento em que, nem de longe, Nelson sonhava ser, um dia, a grande expressão do teatro brasileiro moderno e uma "unanimidade".

De acordo com Magaldi, há sobretudo um grande desejo de inserção quando, "ao preterir o nome de Lúcio Cardoso pelo de Nelson Rodrigues, sacrifiquei uma preferência de temperamento e afinidade, para tentar uma visão objetiva, independente do próprio caminho e da própria concessão do fenômeno literário".

Lúcio Cardoso "que se exprime no romance, na novela, no conto, na poesia, e no teatro não adquiriu ainda, sua feição particular em que a palavra é um veículo distinto da palavra narrativa". Assim era considerado o autor, por Sábato Magaldi, um escritor de faces múltiplas. Em entrevista concedida à autora em 2007, Sábato Magaldi reafirmou o que dissera: "Eu gostava muito da ficção de Lúcio Cardoso, mas, no teatro, preferia Nelson Rodrigues. Creio não ter errado no juízo".

---

4   *Dionysos*, n. 22, p. 16.

Outra audaciosa declaração para um jovem crítico iniciante foi em relação à cena carioca: "Foge ao âmbito da primeira crônica analisar as causas da mediocridade do nosso teatro". Em junho de 1950, estavam em cartaz no Rio de Janeiro os seguintes espetáculos, em sua maioria comédias ligeiras, como *Helena Fechou a Porta; Seleções Folies; Geremias e as Mulheres; A Vida Tem Três Andares; Catuca por Baixo; As Árvores Morrem de Pé; Se Guilherme Fosse Vivo; Ai Teresa; O Impacto;* e *Olhos de Veludo.*

Ao finalizar a crônica de estreia, ajuramenta um código de ética que se transformará em sua marca como crítico de teatro, não só no Rio como em São Paulo. Pede aos leitores para não confundirem o seu texto inaugural com o fácil impulso de destruir, e declara a sua paixão pelo teatro:

> O rigor da crítica pretenderá apenas dar a justa medida das diversas manifestações teatrais, sem concessões ou interesses secundários. Parece-me a esse respeito que a ausência de qualquer ilusão é o primeiro passo para um empreendimento sério. O cronista encontrará verdadeira recompensa se, no correr deste diálogo cotidiano, puder modificar, ou mesmo destruir, os conceitos ora acreditados.
>
> Nosso propósito único, na tarefa de orientar o público sobre os espetáculos que lhe são oferecidos, é o de colaborar com esforço honesto e apaixonado para a formação do teatro brasileiro.

Na crônica "Apontamentos Banais", de 6 de outubro de 1950, o crítico se mostra, em contrapartida, bastante original. Demonstra ironia ao intitular o texto que comenta o quinto capítulo do livro *A Essência do Teatro,* de Henri Gouhier. Em "Apontamentos Banais", ele começa afirmando o que para ele é a trilogia do teatro: "Primeiro assente na estética teatral é o de que o fenômeno do teatro se constitui de três elementos: o texto, a representação e o público".

Magaldi levanta um tema muito singular no livro de Gouhier: a questão das heresias do teatro – que será percebida e avaliada quando abordarmos as suas críticas em relação aos atores de comédia. O que pode parecer contraditória em relação ao ideário literário do crítico, nos meses seguintes à publicação de "Apontamentos Banais", será uma

CRÔNICAS DA CENA CARIOCA

questão constante em seus textos, visto que, em suas análises, as heresias dominam a cena carioca, quando, no Rio de Janeiro, as companhias dos grandes atores ainda reinavam absolutas.

A partir de um determinado momento, como crítico do *Diário Carioca*, Magaldi começará a dialogar com essas heresias – em que o texto é colocado de lado – que permeiam a cena. Passará a torcer pelo sucesso e pela aceitação do público de cada montagem que vislumbre ao menos um pequeno sinal da cena moderna. Por causa da fragilidade dos textos encenados e diante dos tais "velhos atores", passará a ver com olhos menos judicatórios a cena carioca. Aqui a questão crítica de Magaldi se torna ímpar e essencial para este trabalho intitulado *Sábato Magaldi e as Heresias do Teatro*.

No início de sua atuação como crítico, no Rio de Janeiro, Sábato Magaldi, enquanto se adaptava à nova função, disponibilizava sua biblioteca, dividindo-a com os leitores: apresentou-se, então, como um didata. No decorrer do tempo, passou a fazer entrevistas com autores nacionais, buscando compreender a cena carioca por meio dos dramaturgos: tornou-se repórter investigativo. Em "Apontamentos Banais", o crítico retoma o diálogo inaugurado em "Inicial": diálogo entre o que ele lê e o que vê (e não vê dentro de cena), ou seja, na sua opinião, o teatro carioca estava longe de possuir um bom texto e muito perto do virtuosismo do ator:

> A hipertrofia do texto, que torna impraticável a presença do ator, ou da interpretação, que improvisa sobre a fragilidade do texto, forma, ao lado de fatores menores, o que Henri Gouhier chama as heresias do teatro. O prejuízo da desarmonia dos diferentes aspectos do espetáculo se debita ao próprio teatro, gênero de síntese por excelência.

Sobre o assunto, Gouhier explica que o teatro é harmonia, é síntese das artes. Segundo o autor, um princípio de luta está inscrito, por conseguinte, em sua natureza, e sua vida é um contínuo problema de equilíbrio: "cada arte tem de vir a ser soberana e a subordinar a participação dos demais aos efeitos que deve produzir; tal supremacia é a negação do teatro onde a única supremacia reconhecida é a do todo sobre as partes e esta conduz, logicamente, à sua destruição"[5]. Em seu livro, Gouhier explica que a história de suas heresias revela a essência do teatro: "O teatro é uma arte associada a uma empresa. Só pode viver fazendo viver artistas e artesãos. Portanto, não há tempo para esperar obras-primas"[6].

Sábato Magaldi pergunta em "Apontamentos Banais": "qual o exemplo ideal do bom teatro?", e observa que "o que se pode assinalar é uma pobreza de autores em toda a literatura universal, incapaz, também, de valer como argumento da decadência do gênero, pois não se exige que gênios apareçam para preencher lacunas no tempo". Nessa constatação, ele está fazendo uma alusão à opinião de Gouhier quando este diz que "bendita são as heresias que de uma medíocre obra literária fazem uma obra-prima de outro gênero! Benditas sejam porque se há 365 sessões ao ano, sem contar as matinês, não há nem sequer um Shakespeare ou um Molière por século"[7].

Para o crítico, quem dá o suporte para as heresias do teatro é o espectador, porque "a situação do público no teatro é a de participador efetivo, membro integrante do conjunto a que se denomina comunhão do espetáculo. A plateia não tem a mesma função de um leitor de romance. Se ela não colabora na realização do teatro, a peça está fadada a não ter vida". E dá uma singular declaração em relação a alguns dramaturgos então em voga: "No teatro, além de não serem representadas obras de grande mérito, o fenômeno trouxe a concentração de dramaturgos medíocres como, por exemplo, Anouilh e Salacrou, na França, e no Rio, Alexandre Casona, o teórico da literatura açucarada"[8].

---

5 *La Essencia del Teatro*, p. 93.
6 Idem, p. 111.
7 Idem, p. 110.
8 Em entrevista concedida à autora em 2007, Magaldi confirmou, de maneira sucinta, os conceitos ora creditados a esses três autores que, nos anos de 1940 e 50, eram presenças constantes em nossos palcos, principalmente os franceses Jean Anouilh (1910-1987) e Armand Salacrou (1899-1989). Anouilh, autor que conviveu com Louis Jouvet quando trabalhava como seu secretário, ao iniciar a sua carreira como advogado, que logo abandona, passa a trabalhar no campo da publicidade até 1932, quando inicia a sua carreira teatral com *O Arminho*. Dessa época inicial faz parte uma série de obras que obtêm bom acolhimento por parte do público: *O Viajante sem Bagagem*, *A Selvagem*, *O Baile dos Ladrões*, *Eurídice* e *Antígona*, as duas últimas recriações modernas de temas clássicos. Na sua obra é patente a herança de certos elementos da tradição romântica, presentes tanto nas comédias como nos melodramas. Houve dois textos de Anouilh dirigidos por Gianni Ratto, com Fernanda Montenegro no elenco: *O Canto da Cotovia*, em 1945, e *Eurídice*,

CRÔNICAS DA CENA CARIOCA

Muitas perguntas de Magaldi – a maioria provocada pela leitura de Gouhier – ficam sem resposta em "Apontamentos Banais", dentre elas, uma pergunta proferida por Jean Hytier (1889-1983), que se repetirá inúmeras vezes a partir deste texto: "Será o sucesso a medida de valor de uma peça?" Magaldi ressalva a trilogia texto, representação e público: "sem os espectadores, não existe como é o complexo fenômeno teatral. O texto fica preso no livro. Não se conhece o valor cênico de uma peça".

O instigante "Apontamentos Banais" traz à luz o ideário de Magaldi confrontado ao de Gouhier. Interessante observar que na crônica são postos os questionamentos do crítico, como a "decadência da cultura" e "a mediocridade da cena", visivelmente contaminados pelas provocações de Gouhier.

Em "Considerações Melancólicas", verdadeiro desabafo, Magaldi, desanimado, diz que seria preciso um longo estudo das causas responsáveis pela fraqueza do movimento cênico a fim de combatê-la com rigor: "Não é essa, hoje, minha tarefa. Tenho o direito, também, de debruçar--me com desânimo sobre o trabalho, e lamentar simplesmente os fatos, queixar-me da missão árdua de assistir a todas as estreias, reconhecer--lhes as poucas qualidades, apontar-lhes os defeitos nunca ausentes.

O desestímulo do crítico é tamanho que nos condiciona à pergunta: por que ele prosseguiu, por que não desistiu da função? Dentre as demais motivações, avalio o estilo crítico de Magaldi com um espírito marcadamente passional, no sentido de que, para além do comprometimento crítico, de modo não passivo, envolveu-se de modo apaixonado, sim, e como todo ser cingido, amou e odiou, animou-se e desanimou-se. Trataremos desse caso de forma específica mais adiante.

Segundo Sábato Magaldi, o seu desestímulo acendeu porque o bom teatro no Rio de Janeiro era exceção muito rara, só ocorria duas vezes em

no ano de 1956. Salacrou foi durante algum tempo colaborador de Charles Dullin no Théâtre de l'Atelier. Seus textos foram encenados pelas mais importantes companhias, como Renaud-Barrault, Strehler e Comédie-Française. Por causa de sua habilidade cênica e na construção dos diálogos, é considerado por muitos um dos melhores dramaturgos franceses contemporâneos. Em relação ao dramaturgo espanhol Alejandro Casona (1903-1965), sabemos que viveu grande parte da vida na Argentina, tendo vindo para o Brasil em 1950, quando a Companhia Dulcina-Odilon montou o seu texto, *As Árvores Morrem de Pé* (1949), no Teatro Regina. No mesmo ano, a companhia Os Artistas Unidos, com Henriette Morrineau, montou desse autor a peça *Barco sem Pescador* (1945) (Cedoc-Funarte).

um ano. Ele explica nunca ter esperado obras-primas: "Pede-se, apenas, um pouco de bom gosto, o que já seria a fuga à mediocridade, desejo de encarar o teatro como obra de arte e não passatempo digestivo".

Magaldi lastima – voltando ao tema de "Apontamentos Banais" – o fato de nos palcos cariocas predominarem as traduções e as adaptações de peças estrangeiras, e escolhidas por empresas e tradutores que, segundo o crítico, é o que há de pior na literatura teatral.

> Obras sem nenhum mérito, sem possibilidade de resistir a qualquer análise menos benevolente – eis o panorama do subteatro europeu impingido ao nosso público. Fico realmente surpreso quando a peça é apenas inexpressiva, o que no caso, passa a ser qualidade. Mas me esquecia das adaptações: não considerando o problema de, por si, demonstrarem um desrespeito aos autores, apresentam o agravante de deturpar-lhes o sentido e prejudicar-lhes ainda mais a feitura literária.

Magaldi declara examinar com critério cada espetáculo, mas se assim não o fizesse, seria baixa a sua margem de erro, dada a mesmice da cena carioca, constituída de espetáculos de revista, com "mau texto destituído de imaginação e eivado de matéria pornográfica; a apresentação razoável, com alguns atores de grande talento e mediocridade nos demais, incluindo a parte coreográfica", em sua opinião, assim se compunha o teatro carioca.

Sobre o teatro "declamado", como ele designa, sua observação é de que "vivemos de peças digestivas, feitas sob medida para não envolver um só assunto que inquiete o espectador". A discussão aberta por Magaldi em relação ao público perpassará todos os seus textos. Segundo ele, é uma das principais causas da imaturidade da cena. Na opinião de Magaldi, os melodramas e os dramalhões satisfazem o gosto do público, assim como as comédias, que fazem rir a plateia: "Pobre público imaginado por cada um à semelhança da própria burrice e incapacidade".

Em "Explicação", Magaldi esclarece aos seus leitores por que sua coluna não oferece noticiário teatral: "um dos papéis do cronista é incentivar o movimento teatral, estabelecer um clima de crédito para com

CRÔNICAS DA CENA CARIOCA

a cena, pois, do contrário, seria melhor cuidar de outra profissão". O problema fundamental, na opinião do crítico, é evidentemente o espaço editorial. Magaldi justifica-se por não querer abdicar de instruir o leitor acerca do que se passa na cena, em prol de uma linha noticiosa, e ainda por preferir a crônica, pois se casa melhor com seu temperamento, além de julgá-la mais útil do que o noticiário: "A defesa desse raciocínio não me cabe fazer, ainda que seria eu levado a examinar o valor da crítica que, honestamente, considero muito pequena".

Se tomarmos como guia o texto "Explicação", constataremos que Magaldi está escrevendo verdadeiramente um manual para os leitores, explicando como elabora os seus textos diários, como na prática organiza seu cotidiano de crítico de teatro: "Na crônica diária, porém, vários inconvenientes se apresentam. Muitos acontecimentos não recebem mais que um registro. Outros, dada a significação de que se revestem, são desdobrados em crônicas sucessivas, o que deve ser incômodo para o leitor". Revela a dificuldade de resguardar hierarquias, empregar adjetivos em meio a uma programação tão diversificada.

Curiosamente, declara sentir-se afetado na ordem psicológica e que nem sempre consegue obter um resultado satisfatório. Nessa confissão, Magaldi dá a dimensão dos seus conflitos de crítico em ter de fazer escolhas, opinar, expor suas afinidades, gosto particular e dificuldades de isenção. O crítico discute o ato da escrita a partir de si mesmo, do seu ponto de vista: a discussão sai do teatro como objeto, para o qual a crítica se dirige, ao autor da escrita, o que é, sem dúvida, uma questão contemporânea. Explica também o motivo de repartir a sua biblioteca com os leitores: "Sendo fiel à minha orientação, costumo comentar, quando não há estreias, peças lidas". E confessa suas dificuldades em analisar determinados espetáculos:

> Ao vermos repetidamente espetáculos fracos, o primeiro interessante que surge é acolhido com entusiasmo, às vezes, superior à justa medida. Da mesma forma a inevitável referência ao sentimento mais próximo nos leva à dureza excessiva com uma peça, que em outra circunstância mereceria palavras menos restritivas. Alinharam-se, pois, ao acaso, certos motivos que, num desejado absoluto, fazem precária a tarefa da crítica.

Magaldi, em "Explicação", ainda se diz cronista, assume-se como incentivador do movimento teatral. Todavia, define-se como um "incentivador criterioso". Marca seu posicionamento crítico imparcial e distingue a função do cronista da afetividade, do incentivador. Considera-se um crítico conciliatório, sem encobrir as dificuldades por ele enfrentadas em assistir a espetáculos em cartaz tão díspares.

Em dezembro de 1950, o Ministério da Educação, por meio do extinto Serviço Nacional de Teatro-SNT, anunciou a cessão de subvenções a empresas dispostas a incluir em sua programação no mínimo 50% de textos de autores nacionais, originais, a partir do ano de 1951. Em "Pelo Teatro Nacional", Magaldi publica sua opinião sobre a medida tomada pelo Ministério da Educação, considerando-a positiva para o teatro naquele momento: "Os originais levados pelas nossas empresas refletem o caminho tateante do teatro nacional. A produção dos autores brasileiros encontra um mercado restrito em face da concorrência dos textos europeus".

Tal medida visava incentivar o surgimento de novos autores nacionais e tinha "o propósito de combater o colonialismo em face do subtexto estrangeiro". O que Magaldi salienta na crônica – justificando não ser *vã patriotada* – é que as peças nacionais, em cena no ano de 1950 e início de 1951, têm, em sua quase totalidade, mais valor do que as adaptações oferecidas ao público. Esclarece não pretender supervalorizar as produções nacionais, mas sim demonstrar em que grau o teatro se entregou a uma subliteratura estrangeira.

Pode-se notar nessa crônica, passados seis meses de atuação como crítico, uma maior intimidade de Magaldi com a problemática por ele levantada desde sua primeira crônica, pois constata a existência daquilo que denomina subliteratura e a dificuldade de empresariar outros textos dramáticos. Em "Pelo Teatro Nacional", enumera os autores brasileiros com textos encenados durante sua jornada de crítico, e denuncia a permanência de muitos textos nacionais ainda engavetados por falta de interesse dos empresários, sem consciência do significado e da importância de um tipo de investimento que vislumbre um futuro vigoroso do teatro brasileiro.

Magaldi assume ter consciência de que a quantidade de textos é insuficiente para alimentar todas as companhias, mas não encontra

CRÔNICAS DA CENA CARIOCA

justificativa para a montagem de dramaturgia tão fraca, de sucesso duvidoso nos palcos estrangeiros: "Ao contrário de vermos o teatro que se tornou patrimônio da cultura de todos os povos, assistimos a peças de exportação, arranjadas para o gosto digestivo de um público cheio de vícios". Constatamos nesse trecho uma questão repetitiva: não há desenvolvimento da dramaturgia nacional porque sua encenação está atrelada ao gosto do público, determinante das escolhas de montagens por empresários interessados em casas de espetáculo lotadas, com o fim de divulgarem suas marcas, círculo vicioso que dificulta o surgimento de novos autores brasileiros. Magaldi sabe da complexidade do problema: "Não se trata de assunto possível de ser solucionado com medidas isoladas, se considerarmos que diz respeito à cultura e à melhoria em todos os sentidos da cena brasileira". O crítico acredita que o público é um dos culpados da programação dos teatros, principalmente no caso do teatro carioca, submetido à transformação de acordo "com o amadurecimento dos anos, quando as condições do meio se fizerem mais propícias à plena formação da literatura dramática nacional".

Em pleno sábado de Carnaval de 1951, ao invés de tratar das aproximações entre o teatro e o Carnaval, uma vez que não havia nenhuma empresa oferecendo espetáculos, Magaldi resolveu fazer um "esboço ligeiro" sobre o significado do público de teatro. Mesmo conhecendo os riscos envolvidos na abordagem do tema, visto que, "nessa época, ou se participa do carnaval ou se cuida de outros afazeres. O exame do espectador (embora somente do aspecto teórico) torna-se, sem dúvida, antipático". Magaldi não só irá desenvolver o tema, como se mostrará conservador e bastante categórico ao afirmar na crônica, cujo tema é o público do teatro: "Venho aqui somente para dizer que a existência de público no fenômeno teatral é um dos entraves mais sérios para a evolução da arte cênica".

A crônica de Magaldi apresenta uma discussão a respeito de um capítulo do livro *Les Arts de literature*, de Jean Hytier (1899-1983). Hytier, doutor em literatura francesa pela Sorbonne, lecionou nas Universidades do Irã e da Argélia, onde conheceu André Gide, de quem se tornou amigo. Nascido em Paris, transferiu-se para os Estados Unidos em 1947, onde lecionou durante muitos anos nas universidades de Colúmbia,

Califórnia e Massachusetts, é autor da biografia de Gide editada em 1962, nos Estados Unidos e publicou diversos livros sobre estética, poesia e literatura francesa[9].

No capítulo dedicado ao público de teatro, Hytier comenta que "se pararmos de considerar o teatro como uma cerimônia e se admitirmos um público sabendo ler tão bem quanto escutar, o ator não parecerá mais indispensável". E continua a levantar questões em relação à recepção do público:

> Como a poesia o fez, o teatro por seu lado fugiria da eloquência e não nos falaria mais em um megafone. A lista das obras-primas dramáticas irrepresentáveis aumentaria talvez em algumas unidades. E é o destino das obras-primas dramáticas se tornarem cedo ou tarde irrepresentáveis. É então somente aí que elas se desvencilham da impureza dos aplausos para entrarem na memória, definitivamente menos profana que as cerimônias do culto[10].

A inquietação carnavalesca de Magaldi provocada pela leitura do textocêntrico Hytier – que é totalmente antagônico às colocações de Gouhier – se traduz na seguinte pergunta:

> Já se doutrinou suficientemente que o público é parte essencial do teatro. Não só o texto e o intérprete fazem viver o espetáculo, mas a massa presente que reage às emoções transmitidas. Se o público não aceita uma peça, cenicamente ela se acha morta. Mas a acolhida da plateia será a medida de valor de uma obra?.

Aí está a questão principal do teatro carioca no início dos anos de 1950; essa é a questão principal do crítico que se iniciou na literatura antes de se aventurar no teatro. O texto e o público. O riso e o gosto. A ausência de bons textos e a presença de bons e velhos comediantes, o que o fazia muitas vezes se esquecer de certas regras do bom gosto e do bom teatro: eis o dilema de Magaldi. Conforme Hytier,

9 Cf. Arquivo do *The New York Times*. Disponível em <http://www. nytimes. com/1983/03/13/obituaries/dr-jean-hytier-is-dead-at-84-expert-on-french-literature.html.

10 *Les Arts de literature*, p. 100-103.

o público no teatro foi se individualizando cada vez mais: as impressões dos espectadores se tornaram cada vez mais pessoais, sublinhando interesses os mais diversos e são partilhadas em grupos cada vez menos homogêneos e familiares; enfim, a *comunidade* de espectadores desapareceu – e, por conseguinte, a do espetáculo, do interesse principal que reunia a multidão: religião ou patriotismo. Menos forte, porém mais sutil, o assunto pôde se diversificar e, mais inteligente, o espectador pôde se ligar a muitas coisas mais originais, tocando-o menos diretamente, mas, também, menos grosseiramente – enfim, o teatro ganhou em virtualidades de simpatias: é um fenômeno propriamente moderno essa extensão da inteligência (que ainda é, na maioria das vezes, mais um objetivo que um fato). Se devido a essa capacidade de simpatia esclarecida o teatro conseguir um dia reunir uma comunidade de espectadores, ela será bem diferente da primeira, não mais *massiva*, mas diferenciada; fundada não mais sobre a identidade de um sentimento político, mas sobre a concordância de uma multiplicidade de admirações particulares[11].

Se para Hytier "não seria mau passar do público uniforme ao espectador original"[12], na opinião de Magaldi "a incultura subtrai à plateia capacidade de julgamento [...]. Na verdade, o divórcio entre o artista e o público se explica pelo deficiente preparo deste, incapaz de assimilar uma obra de valores menos superficiais". Justifica-se assim para o crítico, considerando a análise de Hytier, o gosto do público e o atraso da cena carioca:

O fenômeno provoca no teatro consequências desastrosas, pois uma peça exigente se choca numa plateia insensível. Quanto mais se aproximar da novela de rádio, do riso fácil, do dramalhão suculento, a obra terá sucesso garantido. Haverá futuro para o teatro dentro dessa perspectiva tão desalentadora?

11 Op. cit., p. 100.
12 Idem, ibidem.

Em agosto de 1951 Magaldi anuncia: "Morreu Louis Jouvet". Para o crítico, "Jouvet não é apenas uma das maiores figuras da cena moderna. Seu nome está ligado à permanência do teatro como realidade autêntica – a realidade do texto, a submissão ao texto, a certeza de que o texto sustenta o espetáculo". Na crônica póstuma dedicada a Jouvet, Magaldi relaciona a grande parte dos teóricos, diretores, autores e atores que formam o ideário de crítico, com quem ele trava diariamente conversas através de suas crônicas. Foi na França que a escola de Copeau produziu o cartel, formado por Dullin, Jouvet, Baty e Pitoëff. Na crônica, Magaldi explica que junto com Jean-Louis Barrault formam a "linha magistral dos *animateurs* contemporâneos, talvez até superior aos dramaturgos de agora, e responsável por que o espetáculo não mergulhasse irremediavelmente na rotina das comédias ligeiras". É desse ideário que nascem as crônicas de Magaldi, e também tantas perguntas constantemente lançadas aos leitores.

"O Teatro no Brasil: Conferência de Paschoal Carlos Magno" é uma crônica sobre uma palestra proferida por Paschoal Carlos Magno (1906-1980) no curso para a formação estética dos espectadores, promovida pela Liga Universitária Católica.

Paschoal será uma personalidade sempre homenageada por Magaldi, mesmo que sobre ele recaiam algumas críticas. Na apresentação de um de seus livros, Magaldi explica que selecionou alguns textos relacionados com problemas gerais do teatro, "de nomes estrangeiros e brasileiros que, em determinado momento [...] estiveram associados à realidade do nosso palco"[13].

Um dos textos escolhidos, de 1959, intitula-se "O Animador Paschoal Carlos Magno"[14], artigo que anuncia o II Festival Nacional de Teatro de Estudantes a ser realizado em Santos, no qual Magaldi afirma ter a certeza de que a cidade paulista, "como Recife no ano passado (1958) durante duas semanas, viverá à volta de teatro. Essa extraordinária promoção pública da arte cênica só é possível graças às grandes asas acolhedoras e generosas de Paschoal"[15]. Sabe-se que o festival foi realizado com representações, encontros de grupos e julgamentos de personagens, como Maria Stuart, com Cacilda Becker, e Elizabeth da Inglaterra, com Henriette Morineau,

13 *Depois do Espetáculo*, p. XI.
14 Idem, p. 197.
15 Idem, ibidem.

e que o grupo Oficina alcançou grande sucesso no festival, apresentando a peça A *Incubadeira*, de José Celso Martinez Corrêa. Magaldi faz o que ele considera uma assertiva peremptória ao declarar que "Paschoal Carlos Magno é, sem dúvida, a primeira figura do teatro brasileiro"[16]. Segundo o crítico, além da criação do Teatro do Estudante, Paschoal construiu no Rio de Janeiro o Teatro Duse, que Magaldi considera: "talvez sua obra mais meritória, no programa de apresentar numerosos artistas novos, desde os autores aos mais modestos obreiros do espetáculo. Todos os que se iniciaram como promessa encontraram ali oportunidade e incentivo"[17].

Na conferência, Paschoal examina o problema do nosso teatro pelo aspecto do público: "Temos autores, intérpretes, cenógrafos [...] falta formar o espectador que é escasso e minguado". Apesar de considerar a ideia do conferencista muito boa, por ser um tema recorrente em seus textos, Magaldi discorda do seu otimismo excessivo e não crê que as deficiências da cena sejam causadas apenas pelo espectador, porque, segundo ele, "não temos público, nem aquele público que costuma ir a uma casa de espetáculos, depois de jantar, como diversão. Mas não temos também a literatura dramática. Talvez a existência de autores esteja subordinada à existência de plateia para recebê-los". Mesmo considerando o despreparo de formação de nossos intérpretes, o crítico ressalta o seu talento como fator preponderante na efetiva comunicação realizada em nosso teatro.

A solução sugerida por Paschoal é de que se criem portarias ministe-riais com o intuito de resolver os problemas do teatro brasileiro. Uma dessas portarias seria implantar no pré-escolar o teatro de fantoches, de sombras, e ressuscitar o contador de histórias. No primário, além da existência de apresentações teatrais, criar companhias de autores e ato-res e produzir jogos dramáticos. Na fase secundária tornar-se-ia obriga-tória a formação de um grupo dramático, assim como o aprendizado de um idioma. Paschoal acreditava que essas medidas criariam o hábito de frequentar o teatro.

Magaldi concorda que as medidas sugeridas por Paschoal teriam um grande alcance, e lamenta que o ministro Simões Filho não tenha tomado as providências necessárias para a implantação do esquema

16 Idem, ibidem.
17 Idem, p. 200.

proposto. Pondera que essas medidas necessitariam de uma preparação dos professores, que não dispõem do conhecimento indispensável para orientar os alunos na arte teatral, e faz um alerta: "penso ser preferível não fazer teatro a fazê-lo mal. O espectador viciado é mais pernicioso do que o ignorante", explica categoricamente Magaldi. O crítico discorda de Paschoal quando ele diz que o teatro é um meio de educar as massas. Segundo Magaldi, essa é uma função subsidiária do teatro, porque o teatro é antes de tudo uma obra de arte:

> E a obra de arte tem finalidade estética, a comunicação do prazer estético. O fim educativo, aliás respeitável, deriva do primeiro. Como são educativos, pelo enriquecimento cultural, a audição de um concerto, a contemplação de um quadro e a leitura de um poema.

O texto "O Teatro no Brasil: Conferência de Paschoal Carlos Magno" nos revela um Magaldi bastante seguro ao defender suas opiniões. Pontua uma a uma suas discordâncias com Paschoal em diversas questões sobre o teatro educativo. Magaldi concorda com Paschoal quando ele diz que o teatro não é só literatura: "Há, certamente, outras artes na formação do espetáculo". Porém, se para Paschoal as palavras e os pensamentos são subsidiários, para Magaldi são essenciais: "Essa é a conceituação do teatro declamado, que preside na literatura dramática, desde Ésquilo aos autores de hoje. Do contrário iríamos à pantomima e mesmo à dança. A palavra é um valor específico, numa situação dramática, para a composição do teatro". Aqui o crítico está indo mais uma vez em direção contrária ao pensamento de Paschoal que deseja incluir no tema a permanência de uma peça. Para Magaldi isso é subverter a noção precisa do teatro, porque há temas belíssimos em péssimos textos. O crítico também não concorda que a imaginação do dramaturgo seja menos livre que a do poeta. Em sua opinião:

> Os elementos técnicos, e a plateia, não divergem dos elementos técnicos e dos leitores de um poema. Apenas as leis de uma e de outro são diferentes. No teatro existe a carpintaria. No poema, mesmo o moderno, na aparente liberdade absoluta, há o ritmo que, embora

CRÔNICAS DA CENA CARIOCA

> pessoal, não deixa de envolver exigências técnicas. Haveria no teatro uma limitação comercial do tempo. O'Neill, modernamente, a desconhece, fazendo peças de longa duração. E isso é um aspecto exterior e não fundamental do teatro, incapaz de limitar a imaginação criadora. Se o teatro se dirige à plateia, o poema se dirige ao leitor, e a burrice ou a inteligência de ambos se parece.

O artigo, escrito a partir do mote da conferência de Paschoal, propõe-se a outros debates, por exemplo, que a poesia pura suspende a ação dramática. Magaldi explica que para discutir esse conceito seria necessária uma fundamentação estética, e explicita a diferenciação entre o uso da palavra no poema e no teatro, que não prescinde da corporeidade do comediante. O desejo de refletir a respeito da beleza sensível e do fenômeno artístico, da presença do corpo do ator na arte teatral e, ainda, defender a distinção entre poesia e teatro são provocações originais do nosso jovem crítico aos seus leitores, um convite ao debate sobre assuntos ainda pouco discutidos, naquele momento, no Brasil. Segundo Magaldi, "pode dizer-se que poesia tende à realidade e à vida. Ou que o teatro – criação estética – não tende a coisa nenhuma. O romance, que desconhece a plateia, se compõe de narrativa, elemento muito mais prosaico e limitado que qualquer prisão teatral".

No penúltimo parágrafo do extenso texto, o crítico confessa que, apesar de não compartilhar dos princípios defendidos por Paschoal, adota com prazer suas conclusões em relação à função didática do teatro. Para o crítico: "Se, reciprocamente, o teatro educa, essa é uma função subsidiária de toda obra de arte. Sem assemelhar o conceito de Paschoal às doutrinas totalitárias, lembro que elas usam o teatro como meio de propaganda para as suas ideias".

A matéria termina com o enaltecimento do crítico a Paschoal Carlos Magno pelos serviços por ele prestados ao teatro brasileiro que "dedicou-se, generosamente, à ideia de divulgar o teatro, criar uma mentalidade teatral entre nós. A ideia de dignificar a profissão do teatro através de suas prodigiosas iniciativas. E essa é a grande dívida do Brasil com Paschoal Carlos Magno", finaliza o crítico.

O texto "Acontecimento Teatral" funciona como uma introdução às críticas feitas a seguir por Sábato sobre o espetáculo *Massacre*, realizado pelo grupo Teatro de Equipe, de Graça Melo. O ensaio foi selecionado para esta edição, acrescido dos comentários sobre a peça, por ser um texto representativo da produção crítica de Sábato Magaldi, no Rio de Janeiro. Nele estão contidas questões relevantes para se pensar a crise instaurada no teatro carioca na década de 1950. Magaldi faz em "Acontecimento Teatral" um pequeno ensaio historiográfico, registro do palco carioca naquele período. Interessante observar, logo no primeiro parágrafo, sua nostalgia em relação à montagem de *Vestido de Noiva*, ocorrida apenas oito anos antes. Nota-se aqui o que já foi por mim defendido na minha dissertação sobre o crítico, a peculiar e rara qualidade de Magaldi de perceber os fatos e analisá-los no momento em que estão acontecendo. Não me refiro à montagem da peça, nem aos méritos de diretor de Ziembinski, mas ao reconhecimento dado a Nelson Rodrigues desde o início de sua carreira.

O texto registra que no Rio de Janeiro, apesar das reais dificuldades de produção e das escolhas do público, existia – mesmo que precária – uma vida teatral composta por atores e diretores que conseguiam sobreviver, a duras penas, ao êxodo que foi a mudança da atividade teatral para São Paulo e, ainda assim, produzir montagens de algum valor artístico e profissional, como ocorreu com o Teatro de Equipe, grupo composto pelos órfãos de Os Comediantes. Com tais palavras inicia o ensaio intitulado "Acontecimento Teatral", o primeiro dos seis que escreveu sobre a peça *Massacre*, de Emanuel Robles e dirigida por Graça Melo: "um texto belíssimo, cheio de comovente poesia e denso de dramaticidade".

As montagens das peças *A Herdeira*, pela Companhia de Bibi Ferreira, e *A Morte do Caixeiro-Viajante*, pela Companhia de Jayme Costa, assim como outra de um texto de Nelson Rodrigues, a *Valsa nº 6*, ou os espetáculos do grupo Os Cineastas – as críticas desses espetáculos constam do capítulo "O Gosto do Crítico" – não foram suficientes para dar uma virada no panorama teatral, como era o desejo de Magaldi. O Teatro de Equipe, de Graça Melo, ex-integrante do extinto grupo Os Comediantes, trouxe uma nova esperança ao crítico: "Em momentos de desânimo e ceticismo, costumamos duvidar da realidade do palco brasileiro". Relembrando o acontecimento, em depoimento dado à autora, Magaldi afirma: "Eu não tenho a menor dúvida de que eram tentativas modernas esses espetáculos", e reafirma o que já constatara há cinquenta anos: "Os Comediantes, sobretudo a partir de *Vestido de*

CRÔNICAS DA CENA CARIOCA

Noiva, de Nelson Rodrigues, em 1943, impuseram uma nova estética ao teatro brasileiro, que era impossível desconhecer e não continuar"[18].

No primeiro texto, dos sete dedicados ao espetáculo, Magaldi expõe os problemas e as dificuldades de uma companhia sem subvenção – o que será mais tarde a causa da extinção do Teatro de Equipe – tendo que enfrentar toda espécie de adversidade, inclusive, a falta de público para esse tipo de espetáculo. Ele enumerou os obstáculos: "Contra as cláusulas exorbitantes do aluguel imposto pelos proprietários do teatro, colegas de profissão. Contra a descrença no desempenho de sete estreantes, vivendo na maioria personagens que reclamam técnica e experiência". Assim, o crítico conclama seus leitores a prestarem atenção à companhia estreante, apesar de todos os problemas, até mesmo a indiferença e a distância com que se olha para um teatro de pretensões mais sérias. "*Massacre* trouxe novo sopro ao nosso teatro", anuncia Magaldi bastante entusiasmado, apesar de lamentar não ter assistido ao nascimento de Os Comediantes:

> Creio, porém, que terá sido assim, como o da Companhia Graça Melo, que anteontem estreou no Regina. O sentimento de roubo, de privação, por não ter conhecido o trabalho mais sério que se processou no palco carioca, foi compensado. Com o extraordinário e surpreendente espetáculo, cuja carreira se inicia, traços idênticos os assemelham: uma grande, uma violenta paixão pelo teatro. Sem fanfarras. Graça Melo preparou anos seguidos, o lançamento do seu elenco. Esclareceu, com cuidado, todos os problemas para fixação de uma companhia permanente. Procurou, um a um, os intérpretes que pudessem constituir uma equipe homogênea.

O grupo Teatro de Equipe "tem a denominação mais louvável como propósito"[19], corrobora Magaldi, explicando que o diretor da companhia é o excelente ator Graça Melo:

> É justo que se distinga, pelo amadurecimento do trabalho, o desempenho de Graça Melo. O que já demonstrava suas possibilidades

---

18 Depoimento em outubro de 2003.
19 *Massacre* VI, O Desempenho (Conclusão), *Diário Carioca*, 7 out. 1951.

em, por exemplo, *Uma Rua Chamada Pecado*, concentra aqui todo o seu vigor interpretativo, a potência de voz, a energia psicológica para viver um Isquierdo de completa convicção, desesperado e violento, humano e tremendamente diabólico. Um teste para o ator é a naturalidade da atitude quando deve escutar. Como Graça Melo escuta bem! Absorve, compenetrado, a palavra do interlocutor. Neste ano, apenas Jayme Costa, em *A Morte do Caixeiro-Viajante*, realizou uma interpretação de nível tão grandioso[20].

Magaldi esclarece que os onze atores que integram o elenco – sete estrearam nesse trabalho como profissionais – vieram do próprio grupo Os Comediantes, ou do Teatro do Estudante, ou do Teatro Universitário. "Sem estrelismos, sem nenhuma vaidade satisfeita com o sacrifício do conjunto"[21], declara o crítico admirar a colaboração de todos os atores que contribuem, na medida do seu talento, para a homogeneidade do elenco, libertos de vícios e ingenuidades: "Mesmo os sete estreantes pareciam profissionais"[22], ratifica. O que mais encantou Magaldi foi a marcação das cenas, que visavam não somente à beleza e à plasticidade, mas à fidelidade psicológica ao texto[23]. Na última crítica do espetáculo, ele reafirma todos os elogios, dizendo que Graça Melo deu ao público carioca uma grande peça, destacando a sua excelente direção e convocando os leitores a comparecerem ao Teatro Regina, como uma forma de garantir a continuidade de bons espetáculos:

> *Massacre* deu ao Brasil um grande encenador. Graça Melo havia feito anteriormente outros trabalhos. Mas reservou sua experiência, todo o seu aprendizado, sua capacidade criadora para a estreia da companhia que encabeça e de que é empresário. Entre os diretores brasileiros, Graça Melo surge agora com extraordinário vigor, demonstrando compreensão psicológica muito aguda, senso rítmico do espetáculo e exata valorização dos elementos plásticos. No passado, aplaudimos Bibi Ferreira na admirável apresentação de *A Herdeira*.

20 Idem, ibidem.
21 Idem, ibidem.
22 Idem, ibidem.
23 *Massacre* v, A Encenação. *Diário Carioca*, 6 out. 1951.

Cena de *Massacre*, Companhia Teatro de Equipe.
(Funarte/Centro de Documentoação, fotógrafo não identificado, doação Brício de Abreu.)

Cena de *Massacre*, Companhia Teatro de Equipe.
(Funarte/Centro de Documentoação, fotógrafo não identificado, doação Brício de Abreu.)

>Silveira Sampaio se revela num estilo próprio, adequado às suas criações autorais. Graça Melo, incorporando o que de melhor tem Ziembinski e um Thurkov, realiza *Massacre* com equilíbrio dramático e força viril[24].

No mesmo depoimento dado à autora em outubro de 2003, Magaldi avaliou: "penso que as propostas de Os Comediantes estavam nas preocupações de todos os artistas de qualidade que surgiram depois deles". Mas Sábato já havia percebido que, em algumas produções teatrais do início da década de 1950, no Rio, havia um esforço de transformação:

>Se refletirmos, contudo, que há atualmente no Rio quatro espetáculos de indiscutível mérito, concluiremos que o destino da cena

24 Idem, ibidem.

CRÔNICAS DA CENA CARIOCA

é o mais promissor. Em gêneros e atributos diversos – *A Morte do Caixeiro-Viajante*, no Glória, com a Companhia Jayme Costa; *Valsa n º 6*, no Serrador, com Dulce Rodrigues; *Flagrantes do Rio*, de Silveira Sampaio, no Alvorada, e agora *Massacre*, pela Companhia Graça Melo – são testemunhos de uma vitalidade espantosa que só um inequívoco valor permite sustentar.

Os três espetáculos continuam se firmando. Comparecer, também, ao Regina, é contribuir para que sobreviva o teatro brasileiro.

Em outubro de 1951, Magaldi escreve uma crônica em homenagem a Ziembinski, que naquele mês comemorava o seu jubileu de prata de atividades teatrais e, em novembro, completava seu décimo ano de atividades nos palcos brasileiros, iniciado em 1941 com o grupo Os Comediantes.

Magaldi explica que seria ridículo justificar as comemorações de ambas as datas, visto que todos ligados ao teatro reconheciam a sua importância para o nosso teatro: "Sua personalidade foi decisiva, marcou as encenações mais valiosas, criou, para o meio que usava processos antiquados de representar, uma nova concepção do espetáculo – texto e intérpretes identificados na visão unitária do diretor". Dizendo não ser o propósito da crônica rememorar a vida artística de Ziembisnki, enumera alguns de seus espetáculos. Comenta a transferência do diretor para São Paulo para trabalhar no Teatro Brasileiro de Comédia que, segundo Magaldi, "a maior organização teatral existente no momento no país". Nota-se que nas crônicas escritas a partir de meados de 1951 Magaldi passa a ter mais contato com a cidade. O crítico começa a mencionar São Paulo com mais frequência, assim como a comparar explicitamente o que ocorre nas duas cidades. No texto dedicado a Ziembinski, enumera suas montagens paulistas e explica: "Ao citarmos essas realizações, desejamos associar-nos às merecidas homenagens que lhe serão prestadas em São Paulo".

Silviano Santiago no livro com as correspondências entre Carlos Drummond de Andrade e Mário de Andrade, que "textos literários são legados a nós, leitores, para que deles tomemos posse"[25]. Ao nos apro-

---

25 Prefácio, em L. C. Frota (org.), *Carlos & Mário*, p. 8.

priarmos das crônicas do atento crítico, por seu interesse e envolvimento com a cena teatral carioca, somos presenteados com ricas informações sobre o espírito do teatro de seu tempo que, lidas com atenção, se prestam à historiografia. Como explica Margarida de Souza Neves, apesar de muitas vezes terem sido classificadas como gênero menor dentro da literatura, as crônicas possuem esta vocação[26], mesmo que ao escrevê-las, como já foi dito anteriormente, Magaldi certamente não supusesse legar documentos à posteridade.

---

26 História da Crônica. Crônica da História, em B. Resende (org.), *Cronistas do Rio*, p. 22.

o gosto do crítico

Os artistas que compõem esta seleção impuseram-se pelo gosto de Sábato Magaldi. Demonstram seu pensamento naquele momento e o incentivo dado por ele às tentativas de montagem conectadas com o teatro moderno. Apoio quase incondicional, concedendo perdão aos erros e apostando nos acertos desses profissionais, transformando-se em grande incentivador quando se deparava com algum espetáculo que apresentasse um sinal de modernidade – por menor que fosse – nos palcos cariocas daquela época.

Aqui estão quatro de nossos mais importantes artistas de teatro, em atividade no início da década de 1950, no Rio de Janeiro, que receberam atenção especial do crítico: Jayme Costa, ator conhecido pela alcunha de "velho", fazia a vez de diretor e escrevia sob um pseudônimo; morreu atuando no Opinião, grupo de teatro mais engajado e vanguardista da época nessa mesma cidade; Bibi Ferreira, atriz completa, atuando ininterruptamente dos anos de 1940 até hoje, transita por todos os gêneros teatrais com igual desenvoltura; Silveira Sampaio, escrevia e dirigia seus espetáculos em um estilo muito peculiar; depois de sua morte prematura, também nos anos de 1960, caiu em total esquecimento; e o autor e jornalista Nelson Rodrigues – talvez o maior afeto carioca do crítico que, por ocasião da transferência de Magaldi para São Paulo, em 1953, procurou o amigo para lamentar o fato de que dali para a frente (no Rio de Janeiro) não haveria mais quem o entendesse, explicou Magaldi à autora em 2008.

Jayme[1] Costa

O grupo de críticas dedicadas a Jayme Costa é o mais numeroso. Jayme estreava e reestreava suas peças com muita rapidez – inclusive pela forma com que muitas dessas peças eram encenadas – fornecendo-nos assim um grande material sobre o ator. Salta aos olhos um envolvimento quase paternal do jovem crítico com as escolhas do alcunhado "velho ator", que naquele época tinha pouco mais de cinquenta anos. Jayme também era conhecido como "o rei da bronca" pelos colegas de profissão por causa de seu temperamento "irascível".

Em 1967, Décio de Almeido Prado, por ocasião da morte do ator, assegurou que em tais situações, Jayme não desmerecia a fama: "Ainda o vejo pedindo a palavra, esfogueado, esbravejando, tomado de indignação contra alguma injustiça real ou suposta (a defesa do teatro nacional contra a ação deletéria dos encenadores estrangeiros era por esse tempo o seu cavalo-de-batalha)"[2]. Mas ainda segundo Almeida Prado, o seu furor, embora genuíno, não amentrontava ninguém. Acabada a discussão, Jayme "saía dali, reconciliava-se com o adversário, abraçava-o efusivamente, com o mesmo calor e sinceridade seja na invectiva, seja no congraçamento. Era um emotivo, um sentimental, um homem de reações à flor da pele"[3].

Jayme Costa, ator carioca nascido no subúrbio do Meier, no Rio de Janeiro, no dia 27 de dezembro de 1897, morreu no dia 27 de janeiro de 1967 após sofrer um colapso cardíaco. Estreou como profissional em 1920 na Companhia Brasileira de Operetas, no antigo Teatro São Pedro. Ator polêmico, conhecido como o "rei da bronca" por seu temperamento explosivo, em vida foi rotulado como ator da velha geração mas, se nos debruçarmos com atenção sobre sua carreira, constataremos que Jayme era na realidade, como ele se autointitulou em entrevista ao paulistano *Jornal da Tarde*, publicada em 31 de janeiro de 1967, "um artista de uma época". Uma época que vai dos anos 20 aos 60 do século

---

1   O nome de Jayme é grafado nas críticas e nos jornais da época, inclusive por Magaldi, ora com i, ora com y. Respeitando a própria assinatura do ator em seus documentos e como o seu nome aparecia nos programas de sua companhia, optei grafar o nome com a letra y.
2   *Exercício Findo*, p. 155.
3   Idem, ibidem.

xx, quando, no Rio de Janeiro, a linguagem e a produção teatral passavam por muitas transformações e, mesmo assim, ainda imperavam a vontade e o gosto do público nas escolhas de repertório das companhias. Esse "gosto" do público se traduz em bilheteria e fez com que o ator e empresário Jayme Costa vivenciasse esse conflito nas suas escolhas, como escreveu Henrique Pongetti, em um artigo intitulado "Cara ou Coroa", publicado no jornal *O Globo*, do dia 10 de maio de 1950.

> Em Jayme Costa coexistem um grande ator característico e um empresário desnorteado. Na hora de escolher repertório o grande ator sente a tentação do bom teatro, mas o empresário mostra-lhe uma chanchada, risca o lápis vermelho as bolas infalíveis, torna a jurar-lhe que o público é uma criança boba querendo apenas rir, e o grande ator renuncia aos seus triunfos perduráveis para meter-se na pele de um aborto de palco.

Em 2007, em depoimento dado à autora, Sábato Magaldi comentou o artigo de Henrique Pongetti:

> Penso que Pongetti quis dizer que Jayme Costa, embora tivesse noção do que era bom teatro, preferia o que era mais garantido financeiramente, como a comédia fácil. Mas ele comprovou todo seu enorme talento interpretando, em 1951, *A Morte do Caixeiro-Viajante*, de Arthur Miller.

O Jayme empresário preocupava-se constantemente com a recepção do público. Um exemplo curioso é o texto assinado por ele, publicado no programa da peça *Carlota Joaquina*, sobre a claque: "Este teatro não tem claque. Abolir a claque é moralizar o teatro. Só o aplauso espontâneo tem o valor e conforta o artista. Se gostar do espetáculo, aplauda. Se não gostar, vaie ou silencie. Qualquer manifestação será por nós respeitosamente acatada" (Cedoc-Funarte). Esse texto foi publicado durante anos em diversos programas de suas peças. Em 1955, uma outra ideia bastante surpreendente de Jayme referente à recepção do público, mas que não foi colocada em prática: o espectador pagaria o ingresso, de acordo com a sua satisfação, na saída, e não na entrada do espetáculo.

Onze anos mais tarde, o *Diário do Comércio e Indústria de São Paulo*, de 11 de outubro de 1966, publicava que, na França, o diretor do Louvre levaria a ideia de Jayme à prática.

Um espetáculo encenado por Jayme Costa perfazia, em média, quinze apresentações por semana, o que significa dizer que suas peças eram apresentadas de terça a domingo, com sessões às 20h e às 22h, com vesperais às quintas, sextas e sábados às 16h. Cada peça permanecia em cartaz em média de quatro a dezesseis semanas. "Quando se fizer a história do teatro brasileiro, um capítulo, pelo menos, deve ser dedicado a Jayme Costa: como o maior amigo dos debutantes", dizia a matéria intitulada "Alvorada dos Novos", publicada na *Folha Carioca* de 21 de maio de 1951.

O conjunto de críticas de Sábato Magaldi, composto entre 1950 e 1952, a respeito do trabalho desse ator, não nos concede material suficiente para a escrita deste capítulo sobre ele, mas, com certeza, por meio do testemunho contemporâneo do crítico, nos favorecemos de um material útil e propício para o princípio desta escrita. Podemos observar nos textos de Magaldi a descoberta das sutilezas do intérprete pelo crítico, valorizadas, anos mais tarde, depois de sua morte, pelos estudiosos do teatro. Magaldi nos revela também, para além da importância desse artista, as condições de produção do teatro carioca do início da década de 1950.

Jayme Costa faleceu numa segunda-feira de 1967, no dia de sua única folga, antenado com o que tinha de mais contemporâneo no teatro brasileiro. Estava em cartaz, trabalhando com o Grupo Opinão – um dos mais importantes e representativos grupos de teatro dos anos de 1960 – na peça *Se Correr o Bicho Pega, se Ficar o Bicho Come*, texto de Vianninha, com direção de Gianni Ratto.

Os Espetáculos de Jayme

"Introdução a *Rainha Carlota*" é a primeira crítica escrita por Sábato Magaldi sobre a Companhia de Jayme Costa. A peça *Rainha Carlota* – texto de Leda Maria Albuquerque, Leonor Porto e Elza Pinho Osborne – foi dirigida pelo próprio Jayme Costa, que assinou, igualmente, como podemos constatar no programa da peça (Cedoc-Funarte), a *mise-en-scène* e os *decors*.

O GOSTO DO CRÍTICO

Em 1939, a companhia de Jayme já havia montado, com o mesmo enredo e a mesma personagem-título, a peça *Carlota Joaquina*, de Raymundo de Magalhães Jr. De acordo com Tania Brandão, essa montagem transformou-se no "cavalo-de-batalha" de Jayme Costa, "autêntico ícone do teatro do seu tempo"[4]. Ainda segundo Brandão, no Estado Novo, "o DIP e a censura favoreciam e estimulavam a produção de espetáculos históricos e Jayme Costa tinha uma admiração pessoal forte por Getúlio Vargas"[5]. Em 1956, a companhia de Jayme Costa, colocará mais uma vez em cartaz a peça *Carlota Joaquina* no Teatro Municipal do Rio de Janeiro, dessa vez com a atriz Luíza Barreto Leite interpretando o papel-título.

Jota Efêge, crítico do *Jornal dos Sports*, explica, ao comentar a montagem de *Rainha Carlota*, que a peça foi um grande sucesso em 1939, mas ocorreu um desentendimento entre Jayme e Raymundo:

> De uma desinteligência entre o escritor Raymundo Magalhães Jr. e o ator empresário Jayme Costa surgiu *Rainha Carlota*, uma nova teatralização histórico-biográfica da esposa de D. João VI. É que Jayme Costa, em represália, excluindo do seu repertório peças do conhecido autor, não quis privar da ótima interpretação que tem na figura do rei glutão[6].

Sobre a montagem realizada em 1950 com Heloísa Helena no papel título, Magaldi não se satisfez com o texto, e observou que "os temas incorporados ao patrimônio da história exigem, ao serem tratados, uma aproximação, o quanto possível, fiel da notoriedade que os fixou. A simples crítica de fatos relegados ao escárnio público, se não se alçar à categoria do objeto, parecerá ridícula e, nem de longe, atingirá o fim proposto". Na sua opinião, a peça que trata de um determinado período histórico do Brasil e que possui personagens reais – tanto por pertencerem à nobreza portuguesa, quanto por serem personagens que existiram na vida real – não consegue atingir seus objetivos historiográficos.

No jornal *Folha Carioca*, de 4 de agosto de 1950, ou seja, antes da crítica de Magaldi ser publicada, um texto sem assinatura – fato bastante

---

4   *Peripécias Modernas*, p. 105.
5   Idem, ibidem.
6   *Jornal dos Sports*, Cedoc-Funarte, [s.d.].

comum naquela época – elogia a peça por causa da sua verdade histórica e satiriza: *"Rainha Carlota* trata-se de rigorosa obra com absoluta verdade histórica, à parte de uma teatralidade digna de experimentados autores e, segundo nos conta, com grandes cenas que o 'outro' não soube aproveitar". Conclui-se que esse "outro" aqui citado é Raymundo de Magalhães Jr., autor da peça *Carlota Joaquina*, montada anteriormente pelo próprio Jayme em 1939.

Magaldi frisa que comentará apenas sobre a apresentação cênica – o crítico escreverá mais dois textos sobre o espetáculo de *Rainha Carlota* – mas analisa os trabalhos dos atores Jayme Costa e Heloísa Helena:

> Limitando-nos, hoje, a iniciar o exame da apresentação cênica, diremos que os intérpretes e os acessórios da montagem ficaram, na maioria, como sombras pálidas e desfiguradas dos episódios históricos. Com exceção de Jayme Costa, que revelou segurança, justeza e conhecimento da personalidade a viver, os inúmeros atores não se compenetraram do papel que lhes foi distribuído.

Por conta da interpretação do mesmo personagem D. João VI em *Carlota Joaquina*, Jayme já havia recebido, em 1939, o prêmio de melhor ator, com a medalha de ouro da Associação de Críticos Teatrais. Na opinião de Magaldi, "o ator que merece o maior respeito pela continuada dedicação ao teatro, a longa atividade cumprida no serviço da sua carreira; poucos homens do palco são tão zelosos na defesa do seu trabalho". A única ressalva feita pelo crítico foi em relação à sua deficiente dicção. Para Magaldi, Jayme "realizou um D. João VI convincente, que mantém da discutida figura histórica, os atributos da realeza, as peculiaridades sabidas, motivo de simpatia ou ridículo [...] foi um intérprete que compreendeu os traços do personagem".

Sobre a atriz Heloísa Helena (1917-1999), a protagonista da peça, Magaldi considera a interpretação falha e justifica-se: "Parece um pouco ousado o adjetivo diante dos elogios que Heloísa Helena tem recebido". Heloísa Helena, atriz de teatro, cinema e televisão, iniciou a carreira como cantora, com passagens pelas rádios Roquete Pinto e Mayrink Veiga. Estreou no teatro em 1938, na Companhia Roulien, com a peça *Malibu*, de Henrique Pongetti. Participou de inúmeras novelas e peças

O GOSTO DO CRÍTICO

de teatro. No cinema, tomou parte em mais de trinta filmes entre os anos 1930 e 80. No filme musical *Samba da Vida*, de Luiz de Barros, em 1937, conheceu Jayme Costa, com quem fez diversas peças de sucesso, sendo premiada como melhor atriz, ao lado do ator, nas peças *Filomena, Qual é o Meu?* (1949) e em *Rainha Carlota* (1950) (Cedoc-Funarte).

Segundo Jota Efêge, Heloísa era uma grande atriz. Na peça *Filomena, Qual é o Meu?*, de Eduardo de Filippo, também ao lado de Jayme, a atriz estava magnífica no papel-título da peça. Na crítica sobre o espetáculo *Rainha Carlota*, Efêge louva ainda a atitude de Jayme Costa que, na sua opinião, teve um gesto raríssimo entre os donos de companhia naquela época: dar chance a contratados seus de fazerem papéis dominantes ou papéis-título[7]. Mas segundo Magaldi, a atriz confundiu as características violentas da personagem com vulgaridade: "Suas atitudes, seus gestos, sua fala, eram mais particularmente admissíveis numa plebeia que numa rainha. Heloísa Helena viveu uma castelã espanhola com rasgos de grandeza – nunca a primeira dama de um reino".

O segundo texto sobre a peça é dedicado aos outros intérpretes e à encenação de *Rainha Carlota*. Para Magaldi, o trabalho não possui critérios, considera vulgar a atuação do elenco, os atores "estavam numa corte sem cortesãos. Apreenderam dos personagens os traços grosseiros a fim de realçar-lhes apenas o pitoresco, o quase anedótico", e questiona: "Com um elenco tão distante dos personagens da história, de que outros elementos Jayme Costa disporia para o trabalho da encenação?" Magaldi reprova os figurinos, as simplórias marcações da cena, a fraca interpretação do resto do elenco e a maquiagem dos atores que "nem sempre alcançou o objetivo. As próprias linhas fisionômicas de Jayme Costa foram diversas vezes carregadas com prejuízo da aparência humana". Observa ainda que, apesar das deficiências, tudo no espetáculo demonstra "um grande esforço de Jayme Costa no sentido de oferecer uma adequada apresentação de *Rainha Carlota*". Quanto aos cenários, Magaldi chama a atenção para a preocupação de torná-los semelhantes aos aposentos da família real: "O recurso de um palco dentro de outro, porém, ao contrário de ressaltar a magnificência do ambiente, deixou um pouco acanhada a verdadeira cena em que transcorreram os episódios.

---

7   Cf. *Jornal dos Sports*, 25 set. 1949.

O jogo das cortinas, para mudança de ambiente, inspirou-se no recurso utilizado por Barrault em *Hamlet*". Para o crítico Aldo Calvet: "A *mise-en-scène* e os *decors* do sr. Jayme são excelentes, revelando gosto e apuros merecedores de encômios"[8].

A terceira e última crítica, "O Texto de *Rainha Carlota*", é dedicado ao "problema da realização literária", quando se trata de recriar personagens históricos. Para Magaldi, as autoras Leda Maria de Albuquerque, Leonor Porto e Elza Pinho Osborne "lançaram-se à tarefa de fazer uma nova Carlota Joaquina. Ativeram-se, enquanto lhes foi possível, à realidade histórica. Mas não realizaram o objetivo principal: a realização de uma peça de teatro". Mesmo a montagem não tendo sido muito feliz, o crítico acreditava ainda haver nela algo "aproveitável", passível de se "ajustar". Torna-se claro que o crítico Magaldi, apesar de sua preocupação excessiva com o texto, em suas análises acerca do que é teatral, observa que "os fatos históricos foram mais narrados do que vividos. O texto parecia um comentário à vida que se desenrolava nos bastidores. Poucas vezes *Rainha Carlota* refletiu ação teatral. A vida do palco era um eco dos acontecimentos que se passavam lá fora".

São também três os textos dedicados à montagem de Jayme Costa de *A Sorte Vem de Cima*, de Eduardo De Filippo, sendo o primeiro uma entrevista com o ator.

"Jayme Costa, Hoje, no Glória" é o título da entrevista dada a Magaldi dias antes da estreia do espetáculo. No início da reportagem o crítico frisa a dedicação do ator em organizar um novo repertório, reunir um elenco ajustado ao papéis e ativamente ensaiado. Jayme explicou ter procurado organizar o elenco de modo que "as personagens encontrassem nos atores verdadeiras *carapuças*, como se fala na gíria teatral"[9], e que o cenário seria criado por Sandro Polônio, temporariamente em férias, no Rio de Janeiro. Perguntado sobre a adaptação – do próprio Jayme que assina com o pseudônimo de Paulo Manhães – conta que ela foi feita "de acordo com [Alfredo] Viviani, que conhece bem o dialeto italiano. Sem traição ao autor, a adaptação tornou o texto uma genuína peça brasileira".

8   *Folha Carioca*, 17 ago. 1950.
9   Na gíria teatral, uma verdadeira carapuça é quando o personagem cabe perfeitamente nas características do ator.

O GOSTO DO CRÍTICO

Jayme anuncia ter de adiar *A Morte do Caixeiro-Viajante*, porque a tradução de Luís Jardim não ficou pronta a tempo, e conta que pretende levar uma peça portuguesa, *"Cama, Mesa e Roupa Lavada*, que será, certamente, um grande êxito cômico". Enquanto aguarda a finalização da tradução de Jardim, conta seus planos para o ano de 1951: "Tenho os originais brasileiros dos autores novos: *Doutor Judas*, de Aldo Calvet; *Luz e Sombra*, de Maria Wanderley Menezes e *A Ilha de Brucutu*, de Lúcio Fiuza"[10]. A entrevista termina com uma provocação aos dois novos vereadores eleitos no Rio de Janeiro: Raymundo Magalhães Jr. (1907-1981) e Paschoal Carlos Magno (1906-1980).

Segundo Magaldi, *A Sorte Vem de Cima*, adaptação brasileira da peça *Non ti pago*, do autor napolitano Eduardo De Filippo (1900-1984) – filho do famoso ator e autor Eduardo Scarpetta e Luisa De Filippo – "transportou inteiramente para o caráter nacional o problema da peça". *Non ti pago*, escrita em 1940, é considerada pelos críticos italianos uma comédia muito divertida. A peça foi apresentada pela primeira vez no Teatro de Quirino, em Roma, resultando em enorme sucesso. No elenco estavam o próprio Eduardo De Filippo e seu irmão Peppino De Filippo. Na opinião do crítico, "o texto revela características semelhantes ao da peça anterior", do mesmo autor italiano, *Filomena Marturano*, que recebeu na montagem brasileira o nome *Filomena, Qual é o Meu?*: "o feitio popular, a trama de conflitos domésticos envolvendo sempre situações estranhas ou mesmo absurdas, e o fim moralizante que apazigua os personagens numa solução conciliatória do interesse de todos". Apesar dos problemas que são relacionados na crítica: "No conjunto, *A Sorte*

---

10 Jayme tinha o costume de anunciar nos programas de suas peças as próximas atrações da companhia. Nos arquivos do Cedoc-Funarte encontramos no programa de *Rainha Carlota*, datado de agosto de 1950, o anúncio de três montagens. Em relação a *A Iha de Brucutu*, do jornalista Fiúza, autor com mais de trinta peças de teatro de revista, comédias e peças dramáticas, consta no arquivo apenas um documento em forma de autorização, assinada pelo autor no dia 13.9.1949, para a montagem do texto pela companhia de Jayme. Nada consta nos arquivos sobre *Luz e Sombra*, de Menezes – professora de interpretação da Uni-Rio, que na Sbat ocupou a cadeira de Chiquinha Gonzaga como a segunda mulher a ter assento entre os conselheiros daquela entidade; dela se descobre que escreveu as peças *Madalena e Salomé* (prêmio Artur Azevedo da Academia Brasileira de Letras de 1948), *Valete de Ouros, Mulher sem Rosto* e *Uma Carta na Mesa* (J. Galante de Sousa, *O Teatro no Brasil*, tomo 2, p. 354). Em relação à peça *Dr. Judas*, consta no arquivo uma autorização para a montagem assinada por Calvet, no dia 13.9.1949, endereçada ao Serviço de Censura de Diversões Públicas.

Vem de Cima diverte e, ao que tudo indica, terá destino semelhante ao de *Filomena Marturano*".

Em "A *Sorte Vem de Cima* ii", publicada no dia seguinte, o crítico analisa a montagem do espetáculo que, de maneira geral, atingiu o seu objetivo: "a peça é leve e cômica e o desempenho transmitiu leveza e comicidade. Bom ritmo de interpretação que mantém sempre vivo o espetáculo, a não ser quando o texto insiste em explicações e conversas dispensáveis". Mais uma vez os elogios recaem sobre Jayme Costa que, na opinião do crítico, faz uma de suas melhores interpretações: "fez com muita propriedade o chefe de família. Justo na expressão dos diferentes efeitos aproveitou bem os recursos da máscara e os gestos ora violentos, ora insinuantes. Seu desempenho foi uma garantia do êxito da estreia". Comenta todas as outras atuações e reclama que haveria de se cobrar do ator Felix Bandeira e do próprio Jayme, "o desconhecimento notório do texto, que tornou ambos extremamente agarrados ao ponto".

Patrice Pavis explica que a função do ponto foi criada no século xvii para ajudar os atores em dificuldades com a memorização dos textos. Os projetos dos palcos, anteriormente, previam a presença do ponto, encerrando, na boca de cena, uma pequena caixa com uma face aberta, somente visível para os atores do espetáculo, onde a figura do ponto se escamoteava. O ponto acessava o lugar a ele destinado – a pequena caixa – pelo porão do teatro. Falando em voz baixa, o ponto soprava o texto, sem gritar[11]. No Brasil, observa Eudinyr Fraga, a figura do ponto foi imprescindível para a realização dos espetáculos das companhias de teatro do século xix e primeira metade do século xx: "A necessidade do ponto explica-se pelo fato de as companhias dramáticas terem vasto repertório e grande rotatividade de peças em cartaz"[12]. Na opinião de Fraga, o fato de uma companhia apresentar, muitas vezes, três peças por semana ocasionava nos atores alguns esquecimentos, e lembra que os atores "recebiam apenas o texto que deveriam memorizar e as *deixas* daqueles com quem contracenavam"[13]. Tania Brandão conta que não se encontram vestígios do uso do ponto no grupo Os Comediantes, e chama a atenção para o fato de que "o ponto não é um detalhe isolado, ele ilustra

11 Cf. *Dicionário do Teatro*, p. 297.
12 Cf. Ponto, em J. Guinsburg et al. (coords.), *Dicionário do Teatro Brasileiro*., p. 273.
13 Idem, ibidem.

O GOSTO DO CRÍTICO

a resistência conservadora do teatro carioca, uma fortaleza que não foi liquidada nos [anos] quarenta"[14]. Em São Paulo, o TBC suprimiu o ponto em 1950 e a companhia de Bibi Ferreira eliminou-o em 1955[15]. Ainda, segundo Brandão, era muito comum, no Rio de Janeiro daquele tempo, as companhias profissionais utilizarem o recurso do ponto:

> um indício importante para avaliar o processo de mudança é precisamente o recurso do ponto. A supressão revela um colorido moderno inegável, posto que indica atores a cavaleiro do texto, embebidos por completo por uma ótica de conjunto e de autoa-nulação em prol do efeito poético[16].

Apesar do uso do ponto e de alguns exageros nos desempenhos dos atores, para Magaldi: "Justifica-se, no final das contas, o sucesso que porventura tenha *A Sorte Vem de Cima* na apresentação do Glória".

Um mês após a estreia de *A Sorte Vem de Cima* , Jayme reestreia mais uma peça. Magaldi escreve: "Enquanto prepara *A Morte do Caixeiro--Viajante*, grande peça de Arthur Miller, Jayme Costa apresenta no Teatro Glória, *Falta um Zero Nesta História*". Já no programa da peça Jayme justifica a montagem, o riso: "Numa comédia gozada, onde es-toura a gargalhada, com artistas verdadeiros. Deixe a tristeza de lado, e vá com o seu namorado, num balcão de dez cruzeiros, ver Jayme Costa no Glória, em *Falta um Zero Nesta História*" (Cedoc-Funarte). A peça fora encenada alguns anos antes, em 1924, com o nome de *Os Águias*, também pela Companhia Jayme Costa. Segundo J. Galante Sousa, sabe-se que o autor Correia Varela (1892-1953), codinome João Alegre, havia escrito essa peça[17].

O crítico Décio de Almeida Prado, que assistiu *Falta um Zero Nesta História* em São Paulo, em 1952, comentou na ocasião: "mesmo fazendo rir muitíssimo o público, deixa a impressão de que o que falta principal-mente é uma peça de teatro nessa história que Jayme Costa está represen-tando no Teatro Santana"[18]. Almeida Prado comenta ainda que a peça:

14 *Peripécias Modernas*, p. 111.
15 Idem, p. 110.
16 Idem, ibidem.
17 *O Teatro no Brasil*, p. 553.
18 *Apresentação do Teatro Brasileiro Moderno*, p. 174.

> já foi encenada no Brasil, há muitos anos, sob o título de *Os Águias*,
> e que apesar do nome francês do suposto autor – Nancy Aumont –
> parece-se bem mais com uma farsa inglesa do que com um *vaude-*
> *ville* parisiense, é difícil adiantar alguma coisa com segurança. O
> presente texto resulta provavelmente da adaptação de uma adap-
> tação de uma adaptação, sendo último adaptador, em ordem, um
> tal sr. Paulo Manhães, que outro não é senão o nosso Jayme Costa
> que, como vemos, além de representar e dirigir o espetáculo, ainda
> achou jeito de colaborar na peça e desenhar os cenários[19].

O texto de Magaldi, escrito um ano antes, ratifica em parte a opinião de Almeida Prado: "Não se trata de comédia sutil, ou representação de costumes e caracteres, mas de uma legítima chanchada no sentido pejorativo e melhor da palavra". Após analisar o trabalho de cada ator, como é de costume, ele conclui que: "A direção carregou o caráter de chanchada. Todos os intérpretes se excedem em tiques cômicos para obterem o riso alvar do público. Não havia necessidade da arbitrária composição dos tipos para alcançar-se o objetivo". O crítico chama a atenção para a maquiagem imprópria e a caracterização de Jayme. Notamos que, principalmente nas críticas dedicadas à companhia de Jayme e às companhias dos "velhos atores", Magaldi faz menção ao uso da maquiagem e da caracterização. Segundo T. Brandão, a de-nominação de ator característico tem sido empregada recentemente para designar atores do teatro brasileiro do século XIX e do início do século XX: "Seria a maioria dos atores em atividade, os intérpretes me-nores, devotada ao uso da caracterização, do uso do físico aos adereços, opostos, portanto, aos primeiros atores que trabalhavam explorando o seu carisma e personalidade"[20]. A autora explica que também pode ser sinônimo de ator caricato, termo usado para atores que desempenham papéis de comédias e farsas. "Os atores especializados nesses papéis de-viam dominar a arte da caracterização, com amplo uso da maquiagem, das perucas, dos apliques, tiques e trejeitos corporais e faciais"[21]. Na crítica, Magaldi desaprova o cenário e o figurino; considera "elogiável,

---

19 Idem, ibidem.
20 Cf. Característico, em J. Guinsburg et al. (coord.), op. cit, p. 79.
21 Idem, ibidem.

porém, o ritmo ágil imprimido ao espetáculo, mantendo a cena em permanente movimento".

Jayme Costa utiliza-se desse recurso de remontar espetáculos bem-sucedidos de público enquanto prepara a estreia de *A Morte do Caixeiro-Viajante*, fato que ocorrerá em agosto de 1951. A reprise da peça *O Homem Que Chutou a Consciência*, agora com o nome de *Tenório*, havia sido encenada alguns anos antes, no Teatro Rival. Na crítica que fez sobre o espetáculo, Magaldi o valida: "Com as qualidades e os vícios habituais, Jayme Costa e Aristóteles Pena conseguem provocar o riso, mas repetem velhos recursos e olham, insistentemente, o ponto quando não, a plateia".

Podemos constatar por essas duas últimas críticas a grande rotatividade – levavam ao cartaz uma peça por mês – com que a companhia de Jayme montava os seus espetáculos, na verdade, remontagens. Por isso, a frequente menção do crítico ao ponto, aos descuidos do cenário e do figurino.

É fato a expectativa de Magaldi para a primeira montagem, no Brasil, de um texto de Arthur Miller: *A Morte do Caixeiro-Viajante* é uma das peças mais significativas do século xx. Por esse motivo, o crítico assiste atentamente às remontagens da Companhia Jayme Costa, enquanto uma pergunta não lhe sai da cabeça, como podemos constatar ao final da crítica sobre *Tenório*: "Jayme Costa anuncia, definitivamente, como próximo cartaz, a grande peça *A Morte do Caixeiro-Viajante*, de Arthur Miller. Nada mais elogiável e digno de aplausos do que sair da rotina de comédias dispensáveis. Mas com quem? Lhe perguntamos".

Finalmente, é anunciada a tão esperada estreia da peça. Com o título de "*A Morte do Caixeiro-Viajante*, Hoje, no Glória", Magaldi escreve um texto muito entusiasmado. Incentivo bem parecido dará futuramente, em 1958, ao grupo do Teatro Arena pela montagem de *Eles não Usam Black-tie*, de Gianfrancesco Guarnieri.

Uma característica da sua forma de lidar com a função é, acima de tudo, a de um incentivador do teatro, com muitos traços didáticos. O texto escrito por Magaldi para *A Morte do Caixeiro-Viajante* é, assim, um misto de entusiasmo e incentivo. A peça de Arthur Miller (1915-2005) foi encenada pela primeira vez no Teatro Morosco, no dia 10 de fevereiro de 1949, na Broadway, em Nova York. No mesmo ano, foi também montada em Londres. No Brasil, estreou em 1951 e, somente em 1952, foi encenada pela primeira vez em Paris, por Jean-Louis Barrault[22].

No texto, escrito no dia da estreia, Magaldi anuncia inclusive o preço do ingresso: "Uma nota simpática para o público é que o preço dos balcões se conservará a dez cruzeiros, incluindo os impostos. Por esse aspecto, o espetáculo poderá ser visto, sem sacrifícios". Antes da abertura do pano, desejando votos de uma feliz estreia, Magaldi termina o texto dizendo que "só poderia saudar, dessa forma, a iniciativa de Jayme Costa. Auguro que a encenação corresponda à expectativa daqueles que se preparam para ver um grande espetáculo. A peça o permite, como muito poucas – repito, neste meio século".

São dois os textos críticos dedicados à montagem brasileira de *A Morte do Caixeiro-Viajante*, e os títulos se diferenciam pela numeração em ordem de publicação. Apesar de considerar o espetáculo uma extraordinária surpresa, a primeira crítica se inicia com uma confissão:

> Embora me desagrade a crítica apriorista, confesso que desconfiava da possibilidade de sucesso na apresentação de *A Morte do Caixeiro-Viajante*. Se Jayme Costa, liberto dos processos fáceis da comédia ligeira, estava credenciado a fazer um bom desempenho, certos atores da companhia – pelo que se pode deduzir dos trabalhos anteriores – não indicavam mérito pessoal para atingir a altura exigida pelo original de Arthur Miller.

Distinguindo especialmente a interpretação de Jayme, Sábato Magaldi dá à diretora do espetáculo, Esther Leão, "o mérito de haver conseguido uma performance inesperada do elenco" e confere a Santa Rosa o mérito da construção de "um belíssimo cenário". Abrimos, então, parênteses para falar desses dois artistas brasileiros: Santa Rosa e Esther Leão. Primeiramente, do cenógrafo e artista plástico paraibano Thomás Santa Rosa (1909-1956), criador do cenário de *Vestido de Noiva*, famosa montagem de Ziembinski no Teatro Municipal do Rio de Janeiro, em 1943.

Santa Rosa veio morar no Rio de Janeiro, em 1932. Foi crítico de arte do *Diário de Notícias*, indicado por Alceu Amoroso Lima, ocupando o

---

22 Cf. F. Rangel, Introdução, em T. Williams; A. Miller, *Um Bonde Chamado Desejo; A Morte do Caixeiro-Viajante*, p. 238.

O GOSTO DO CRÍTICO

lugar de Di Cavalcanti. Em meados de 1946, fundou com Jorge Lacerda o jornal A *Manhã*. Na época, trabalhou em diversos jornais e revistas do Rio de Janeiro:

> Mais que um simples introdutor de técnicas cenográficas desconhecidas no país, Santa Rosa foi pioneiro ao dilatar o espaço cênico. O seu cenário para montagem de *Vestido de Noiva* de Nelson Rodrigues, dirigido por Ziembinski, em 1943, entrou para a história do teatro pelo seu arrojo na concepção visual[23].

Santa Rosa relatou a razão de ter se dedicado mais intensamente à arte cênica:

> Teatro é escola. Dirigir-se a um público e expor a esse público as verdades da vida e da arte é cumprir uma ação nobre. E quando se realiza uma ação meritória, é justo que não esperemos a menor retribuição. Sinto-me pago, e com alto preço, por ter vivido do teatro. Amando o teatro e desejando cultivá-lo, resolvi contribuir com minha parcela de trabalho através da cenografia[24].

Quando Santa Rosa faleceu, em 1956, ainda muito jovem, Magaldi escreveu:

> Santa Rosa foi, no teatro, um pioneiro.
> No momento em que procurávamos libertar-nos de um passado pobre, Santa [Rosa] era um dos fundadores do grupo Os Comediantes, ao qual devemos a renovação do espetáculo brasileiro.
> [...] foi um dos artistas mais conscientes do Brasil.
> [...] Perdeu o teatro brasileiro uma das personalidades mais autorizadas e puras[25].

Para a direção de A *Morte do Caixeiro-Viajante*, Jayme convidou a atriz, professora e diretora Esther Leão (1892-1971). Nascida em Portugal,

---

23 Folheto da exposição "25 Anos sem Santa Rosa", em 1981, no extinto SNT, Cedoc-Funarte.
24 Apud Barsante Cássio, 25 Anos sem Santa Rosa, O *Popular*, Goiânia, Cedoc-Funarte, [s.d.].
25 *Depois do Espetáculo*, p. 270, 271 e 272.

Esther participou como atriz principal da peça A *Severa*, de Júlio Dantas – comédia de capa e espada sobre os fidalgos e plebeus de meados do século XIX – quando ainda morava em Lisboa: "Estudara em Paris e aqui se radicou, tornando-se, por sua atuação contínua, a responsável pela formação da primeira geração de atores modernos"[26].

Foi professora de técnicas de interpretação e impostação de voz no Conservatório de Teatro do Rio e, também, deu aulas particulares para diversos atores, como Cacilda Becker, Jayme Costa, Glauce Rocha, Vanda Lacerda, entre outros, além de dirigir vários espetáculos no Teatro do Estudante do Brasil, da Companhia Dulcina-Odilon, Companhia Luiz Eglezias e outras companhias, marcando presença no teatro brasileiro dos anos de 1940 e 50. Como diretora, recebeu o prêmio de melhor direção, em 1951 pela montagem de A *Morte do Caixeiro-Viajante*.

Magaldi analisa o desempenho dos atores com olhos de quem acompanhara atentamente os últimos passos da companhia, ou seja, as três últimas remontagens, por isso, afirma: "Acredito que, na estreia, não se poderia desejar mais. A companhia fez o que estava ao seu alcance". Considera que o elenco atuou compenetrado e com responsabilidade, "mostrando-se sóbrio, sério, emocionado e autêntico. Intérpretes que, no cartaz precedente, incorreriam em erros graves, falando com absoluto desconhecimento dos valores vocais, aprenderam a dicção e fizeram a inflexão corretamente, sem doer os ouvidos".

A crítica carioca recebeu muito bem o espetáculo. Jota Efêge, por exemplo, conta ter criticado várias vezes na sua coluna a displicência com que Jayme Costa nos apresentava muitos dos seus papéis, "arrancando da primeira à última cena todas as falas do ponto. E agora, aqui estamos para louvar a correção com que ele fez a figura de Willy Loman, pondo nela todo o seu vigor de intérprete, tornando-se, verdadeiramente, magistral"[27]. Efêge parabeniza Esther Leão e Santa Rosa, "pois ambos são também fatores importantes do grande êxito do atual cartaz do Glória"[28]. Para a crítica Claude Vincent, "a qualidade da direção é, desta vez, certamente de nível mais alto; cuidou-se da montagem, dos

26 T. Brandão, *Uma Empresa e Seus Segredos*, p. 105.
27 *Jornal dos Sports*, 8 ago. 1951.
28 Idem, ibidem.

O GOSTO DO CRÍTICO

149

cenários e das roupas de uma maneira mais apurada"[29]. O jornal *A Manhã*, de 6 de agosto de 1951, também destaca a direção do espetáculo:

> conforta observar os escrúpulos da direção do espetáculo, nada deixando, aproveitando os mínimos pormenores, visando a todos os efeitos possíveis, trocando ideias com os artistas, mostrando-lhes a grande responsabilidade que têm sobre os ombros, um espetáculo que marcará época na história do teatro brasileiro

O último parágrafo da crítica de Magaldi é todo ele em louvor à iniciativa. Em tom profético, antevê: "*A Morte do Caixeiro-Viajante* pode ser o início de uma nova fase em nosso teatro [...]. Depois desse êxito, dificilmente a companhia se permitirá ingressar de novo na comédia fácil". Convoca o público a prestigiar a iniciativa "a fim de que não se perca a *moralização* empreendida"[30]. Compreendemos aqui o termo moralização como edificação de um teatro voltado ao texto e preocupado com a encenação proposta pelo teatro moderno. E, para o crítico, a montagem pode ser o ponto de partida para essa modificação da cena carioca. Explica que até então "o teatro sério era uma tentativa excepcional confiada a grupos amadores ou a esforços isolados. Jayme Costa levou para o profissionalismo um extraordinário empreendimento, revolucionou as clássicas companhias de chanchada com alguma coisa de notável". Finaliza com a senteça: "A encenação do Glória marca um dos momentos decisivos e importantes da cena brasileira, que a história há de registrar com calor e entusiasmo".

Em "*A Morte do Caixeiro-Viajante* II", Magaldi considera ter sido aquele o melhor espetáculo apresentado no Rio de então, e mais uma vez faz o seu prognóstico: "Se outro não lhe superar as qualidades, dois prêmios da Associação de Críticos talvez lhe estejam assegurados: o da direção pelo trabalho de Esther Leão e o de intérprete masculino pelo desempenho de Jayme Costa".

Curiosamente, o crítico não escreve sobre a trama, o que sempre era uma rotina em suas críticas. Tanto torceu para que o espetáculo fizesse sucesso que, no segundo texto dedicado à peça, desculpa todas as falhas

---

29 *Tribuna da Imprensa*, 17 ago. 1951.
30 Grifo meu.

possíveis ocorridas na apresentação: "As dificuldades vencidas para a montagem da peça, em palco tão pobre de recursos, tornam quase milagroso o resultado". Dedica o terceiro parágrafo especialmente à iluminação do espetáculo e magnifica, mais uma vez, a atuação de Jayme Costa:

> No maior desempenho em que me foi dado vê-lo, Jayme Costa viveu todas as sutilezas do personagem. [...] A cena em que pediu ao patrão dispensa das viagens e foi despedido, e o final do segundo ato, quando pergunta onde poderá comprar sementes, são obras-primas de interpretação, momentos a que raramente assistimos no teatro nacional ou em companhias estrangeiras que aqui trabalharam.

O crítico finaliza prometendo escrever um artigo mais detalhado sobre o original de Arthur Miller[31] que, segundo Magaldi, ganhou uma "fiel e bela tradução" de Luís Jardim (o TBC encenou, em 1962, *A Morte do Caixeiro-Viajante*, foi utilizada a mesma tradução). E assim finaliza: "Quero augurar, ainda uma vez, que o público compareça em massa ao Glória. Estará prestigiando uma grande iniciativa – motivo de confiança no destino do espetáculo nacional".

Os olhos de Magaldi permanecem voltados para Jayme. O crítico justifica sua falta à reapresentação de *Papá Lebonard*, porque Henriette Morineau estreava, no mesmo dia, *A Poltrona 47*. A companhia de Jayme – mais uma vez recorre à remontagem, dessa vez uma peça realizada cinco anos antes. Magaldi receia a queda de rendimento do espetáculo após o sucesso de *A Morte do Caixeiro-Viajante*, ocorrida em agosto. Mesmo assinalando algumas imperfeições no cenário e nos figurinos, ele escreve que, no papel de Papá Lebonard, Jayme "tem outra criação de grande mérito, em sua carreira. Muitas vezes, sem repetir-se, nos lembrou o Willy Loman, do *Caixeiro*". Sobre os outros intérpretes, Magaldi considera o desempenho a contento. A crítica termina com um apelo, e esse apelo nos parece bastante significativo, porque não diz respeito somente à recepção de *Papá Lebonard*, mas também à montagem anterior, *A Morte do Caixeiro-Viajante*. O crítico nos revela a dificuldade de, naquela ocasião, uma companhia realizar montagens

---

31 Não foi encontrado na seção de periódicos da Biblioteca Nacional esse artigo de Magaldi no *Diário Carioca*.

Jayme Costa (à mesa), em *A Morte do Caixeiro-Viajante*.
(Funarte/Centro de Documentoação, fotógrafo não identificado.)

desvinculadas do "gosto do público", público que ao prestigiar este ou aquele espetáculo o mantém ou o retira de cartaz. Magaldi sabe disso e reclama: "Não tem sido numeroso o público que comparece ao Glória. Uma injustiça com a Companhia Jayme Costa".

Em *"Papá Lebonard* II", Magaldi sustenta a afirmativa: "*Papá Lebonard* é uma das apresentações mais bem-sucedidas da Companhia Jayme Costa" e, apesar de o texto sofrer "as limitações da escola a que se filia, guarda ainda interesse para o espectador atual e se coloca muito acima das produções médias dos nossos palcos". Menciona o fato de o texto de Jean Aicard ter sido encenado no Théâtre Libre de Antoine, no fim do século XIX (*Papá Lebonard* foi escrita e encenada em 1889), e considera boa a carpintaria teatral, apesar de atestar nela certo sentimentalismo piegas. Todavia, mais uma vez convoca: "Faculta um espetáculo sério e digno que recomenda ao público o cartaz do Glória".

Jayme só retornará em maio de 1952 com a montagem inédita *O Chifre de Ouro*, de Marcel Achard – peça escrita em 1936, tendo como título original *Noix de coco* – que também será recebida com bastante entusiasmo pelo crítico. Tal aposta no ator era legítima. Em depoimento dado à autora em 2003, Magaldi contou ter testemunhado em *A Morte do Caixeiro-Viajante* um belo trabalho de ator e, por esse motivo, acreditava que ele tivesse a real condição de revigorar a cena carioca. Desse modo, afirma logo nas primeiras linhas da crítica *"O Chifre de Ouro I"* que Jayme Costa ingressara definitivamente no bom teatro.

Em relação a essas duas montagens, constatamos que Magaldi tanto ao criticar *O Chifre de Ouro* como em *Papá Lebonard* demonstra estar muito bem informado sobre as montagens estrangeiras, bem como sobre a produção. Em depoimento dado à autora em 2005, Magaldi explicou que essas informações eram obtidas em revistas francesas, lidas pelo crítico com bastante regularidade. Sabemos que o poeta e dramaturgo Jean Aicard (1848-1921) foi membro da Academia Francesa, ocupando a cadeira número dez, de 1909 a 1921, e autor das peças *Pygmalion*, *Othello ou Le More de Venise* (O Mouro de Veneza) e *Le Père Lebonnard*, e que Marcel Achard (1899-1974) aos dezoito anos chegou a Paris (nasceu em Sainte-Foy-lès-Lyon) e foi trabalhar como ponto no Vieux-Colombier. Paralelamente, lançou-se na escrita dramática. Sua terceira peça é de vanguarda e foi encenada em 1924 por Charles Dullin. Conhece cedo o sucesso e a fama internacional com *Jean de la Lune*, em 1929. Amor, melancolia, poesia e humor são as palavras que definem o teatro de Marcel Achard, cujos vários títulos tornar-se-ão clássicos. São eles: *Je ne vous aime pas* (Não Te Amo Mais, 1926), *Domino* (Arlequim, 1932), criada para Louis Jouvet, *Noix de coco* (1936), *Adam* (1939), *Auprès de ma blonde* (Junto com Minha Loira, 1946), *Nous irons à Valparaiso* (Vamos a Valparaiso, 1947), *Le Moulin de la Galette** (1951), *Les Compagnons de la marjolaine* (Os Companheiros da Manjerona, 1953), *Patate* (Pateta, 1954) e *L'Idiote* (O Idiota, 1960). Considerado o mestre do teatro de *boulevard*, Achard foi eleito para a Academia Francesa e ocupou a cadeira 21, de 1959 a 1974[32]. Na temporada de 1954, o Teatro de Arena de São Paulo montou de Achard *Uma Mulher e Três Palhaços* (*Voulez-vous coucher avec moi?*)[33].

---

* Único moinho, ainda existente, em Montmartre, Paris (N. da E.).

32 Disponível em: <http://www. academie-francaise. fr/immortels>.

33 Cf. S. Magaldi, *Um Palco Brasileiro: O Arena de São Paulo*, p. 12.

Entretanto, sobre a peça *O Chifre de Ouro*, de Marcel Achard, embora considerando as qualidades da comédia, Magaldi julga o texto sem o mesmo efeito artístico do de Arthur Miller: "Achard está possivelmente fadado a permanecer como definidor de uma época e de uma sensibilidade especial no período entre as duas guerras, sem tornar-se nunca um clássico". Para Magaldi: "Em várias obras de Achard [...] o processo teatral e o conjunto dos personagens não correspondem à grandeza da ideia de origem". Recomenda o espetáculo como digno entretenimento para a plateia:

> *A Morte do Caixeiro-Viajante*, que lhe valeu o prêmio de melhor ator de 1951, criou para ele uma alternativa: ou ficaria como fenômeno isolado em sua vida, a mostra das imensas possibilidades de um talento disperso nas contingências do profissionalismo, ou marcaria o começo da nova fase, a adesão aos propósitos de renovar a rotina do nosso palco. Felizmente, Jayme Costa compreendeu que o segundo caminho lhe asseguraria o apoio do público e da crítica, concordantes que o estágio atual do teatro não admite mais encenações sem requisitos mínimos de gosto e seriedade.

Termina a crítica, mais uma vez, desejando êxito ao ator, apesar de a apresentação não extrair todas as possibilidades do texto.

Em "*O Chifre de Ouro* II", comenta a direção de Esther Leão, em sua opinião, definida por uma estética realista, e acrescenta: "julgaríamos que a apresentação do Glória quebrou a plenitude do texto, caricaturou-o no sentido de atingir os efeitos menos profundos. Na relatividade do nosso palco, elogiamos o espetáculo pela limpeza, pelo comportamento dos atores, pela dignidade do conjunto", confirmando sua expectativa favorável sobre o início da temporada do ator. Considera aceitável a postura do elenco. E sobre Jayme escreve: "vemos a singular grandeza do talento de Jayme Costa, única no gênero, talvez entre nós. Mistura o dramático e o grotesco, o comovente e o ridículo, o desejo enorme de comunicar-se e a solidão, encarna os momentos em que a razão se dissolve ao contato do sentimento incontrolável". Finaliza o texto reafirmando que a montagem "se coloca entre as manifestações positivas do nosso teatro".

O último texto do crítico publicado no *Diário Carioca* sobre Jayme foi uma pequena nota intitulada "Comentários Avulsos". Nela, Magaldi lembra que na crítica sobre o espetáculo *O Chifre de Ouro*, havia declarado ter o ator ingressado definitivamente no bom teatro. Na referida nota, questionado sobre desconhecer o fato de Jayme ter representado peças de grandes autores, Magaldi explicou ser do conhecimento de todos o fato de que, antes da peça de Arthur Miller, ele havia montado Pirandello e O'Neill, mas isso, em sua opinião, não teria sido suficiente, e justifica: "Embora não tenha visto essas montagens, informa-se que não foram passíveis de críticas". Em 1935, a peça *Cosi è, se vi pare*, de Pirandello, foi encenada por Jayme Costa com o título de *Pois. É isso*[34].

No início dos anos de 1950, os textos publicados nas colunas de teatro repercutiam imediatamente entre os críticos. "Comentários Avulsos" – tudo leva a crer – é uma resposta à crônica lançada por Brício de Abreu no *Diário da Noite*[35]. Vale a pena examinar o texto de Abreu para conhecer sua discordância pontual em relação à crítica de Magaldi, "*O Chifre de Ouro* I", e ao repertório do ator. Num trecho, diz Abreu: "depois do êxito obtido com *A Morte do Caixeiro-Viajante* no ano passado, querem alguns ver no atual espetáculo do ator um sentido evolutivo, isto é, um desejo seu de *melhorar* o seu repertório dando-nos comédias mais elevadas no seu conteúdo". O crítico do *Diário da Noite* explica no supracitado texto como Jayme "ganhou público e renome com o teatro chamado para rir e, graças a ele, tem podido nos dar, de vez em quando, uma amostra das suas possibilidades artísticas com um O'Neill, Pirandello, Raymundo Magalhães Jr., Miller e outros. Resta-nos perguntar quais foram os resultados financeiros dessas tentativas"

Já, Magaldi finaliza a breve nota afirmando que, a partir daquela montagem, Jayme Costa passou a cuidar do conjunto e de cada um dos aspectos do espetáculo. Mesmo considerando que a peça de Marcel Achard "merece restrições severas e a encenação não convence totalmente, é inegável a dignidade do trabalho". O crítico se coloca de uma maneira bastante curiosa em relação ao teatro e à montagem, principalmente se considerarmos o seu posicionamento, até então, quanto à

---

34 Cf. N. de Araújo, *História do Teatro*, p. 326.
35 Cf. infra, p. 284 e 353.

qualidade do texto: "Estou entre os que acreditam que mais vale uma peça fraca bem representada do que um grande texto assassinado".

Em entrevista concedida à autora em 2005, Magaldi confirma que Jayme Costa era, realmente, um grande ator: "Ele comprovou todo o seu enorme talento em *A Morte do Caixeiro-Viajante*". Tudo leva a crer que nesse espetáculo – unanimidade da crítica teatral da época – o ator tenha de fato realizado um desempenho inesquecível, tendo sido arquivado na memória do crítico que, dali para a frente, disponibilizou-lhe um largo espaço em sua coluna diária, na crença de que a qualquer momento "o velho ator" viesse a oferecer ao teatro outra interpretação do quilate de Willy Loman, personagem principal dessa peça de Arthur Miller.

Bibi Ferreira

No livro *Depois do Espetáculo*, Sábato Magaldi selecionou textos sobre personalidades associadas à realidade do nosso palco. Ao apresentar "Bibi Ferreira", texto escrito em 1984, o crítico faz, no primeiro parágrafo, menção a uma intriga que envolvia a atriz e ele no início da década de 1950, quando escrevia no *Diário Carioca*. O suposto mal-entendido – na verdade, causado pela troca do cabeçalho de sua matéria com o cabeçalho da matéria de Stanislaw Ponte Preta (Sérgio Porto) – foi revidado por Bibi em entrevista. Contudo, o mal-entendido foi ali desfeito e superado pela atriz.

O texto de 1984 discorre sobre a atriz e menciona a sua interpretação em *Piaf* – para ele, o ápice da carreira de Bibi – e é só elogios à atriz: "A versatilidade forja a imagem de atriz completa. Poucos intérpretes brasileiros são capazes de mover-se com semelhante à vontade em tantos campos. [...] A atriz Bibi Ferreira capitalizou no palco a soma inacreditável da vida inteira"[36].

As críticas relativas à atriz fazem parte desta coleção por refletirem o gosto pessoal do crítico, que a considerava – e considera, como reafirmou em depoimento dado à autora em 2005 – como uma de nossas maiores atrizes modernas, ao lado de Cacilda Becker.

---

36 *Depois do Espetáculo*, p. 240.

Os Espetáculos de Bibi

Creio que essa admiração pelo trabalho de Bibi Ferreira consolidou-se após a peça A *Herdeira*: "Ainda sob a impressão viva causada pelo espetáculo, contenta-me elogiar sem reservas a realização de Bibi Ferreira, no Fênix [...] é o melhor cartaz teatral que me foi dado ver neste ano". Assim ele inicia sua crítica sobre o espetáculo, fazendo a ressalva de que não assistira a três ou quatro representações, dentre as quais *Doroteia*, de Nelson Rodrigues. Para ele "a apresentação de Bibi Ferreira honra o nosso teatro, significa a certeza de que ele pode existir, como nesse espetáculo, dentro de alto nível".

O que seria uma falta grave em uma encenação moderna, como o uso do ponto, é desculpado: "Os intérpretes, todavia, não se escravizaram a ele, não perderam a naturalidade em face do elemento perturbador", escreveu. Porque para Magaldi, o motivo principal do sucesso da peça, "em meio às deformações costumeiras que vemos do espírito das obras a fim de atingir a percepção imediata e fácil do público", é o fato de a montagem retratar com absoluta fidelidade as intenções do texto.

O espetáculo, que tem direção da própria Bibi, também arranca elogios do crítico "não parece estreante como diretora", comenta. Desculpa ainda certa lentidão nas cenas que, segundo ele, é "admissível na estreia", e indica o espetáculo: "Ante realização tão elogiável, o cronista não sente o menor constrangimento em recomendar ao público o cartaz do Fênix".

Na segunda crítica dedicada ao espetáculo "A Interpretação de A *Herdeira*", Magaldi considera que o mérito de o elenco realizar um desempenho seguro e homogêneo deve-se à direção e às marcações. Magaldi observa que Bibi conta com um elenco de valor indiscutível: "Reuniu expressões comprovadas do palco", e na terceira e última crítica, "O Texto de A *Herdeira*", e explica que A *Herdeira* é um roteiro dramatizado pelo casal Ruth e Augustus Goetz, baseado na novela *Washington Square*, escrita por Henry James em 1880. A novela também ganhou, em 1949, uma adaptação para o cinema, *The Heiress*, com roteiro do mesmo casal e direção de William Wyler, com Olivia de Havilland fazendo o papel de Isabela Sloper[37]. Magaldi compara o desempenho de Bibi com o da

---

37 O *trailer* do filme está postado na internet, no endereço <http://uk. youtube. com/ watch?v=ltj0ydHAO0M>.

O GOSTO DO CRÍTICO

atriz Olivia de Havilland, Bibi "não se ofuscou, mas se distinguiu por uma conduta em toda a linha semelhante à da atriz americana". O crítico comenta cada uma das atuações dos atores que julga excelente. Na opinião de Magaldi: "A homogeneidade do conjunto mantém a apresentação de A Herdeira em nível poucas vezes atingido nos nossos palcos. Trata-se de espetáculo inteligentemente cuidado, apesar do número insignificante de ensaios e dos poucos deslizes daí oriundos".

Magaldi avalia que "a estrutura da peça, porém, denuncia tratar-se de trabalho de adaptação, pois a gênese direta na expressão dramática imporia, certamente, outra conduta dos autores". Para ele, o grande mérito de A Herdeira reside na caracterização dos personagens principais. Obra que "retrata a decadência de um mundo romântico, quer na crueza dos sentimentos expostos, quer na decomposição de um regime insustentável", merece ser prestigiada pelo público: "no nosso teatro, teve o mérito particular de permitir uma apresentação sob todos os aspectos elogiável de Bibi Ferreira – a mais expressiva da temporada que se finda".

Um mês depois da elogiada montagem de A Herdeira, a companhia de Bibi Ferreira monta Ninon é um Amor, considerada por Magaldi uma frívola comédia francesa, que "pouco interesse pode despertar hoje, sobretudo às nossas plateias". Constata-se a dificuldade de se manter um espetáculo diferenciado dos cartazes dos anos de 1950, pois produções que não fossem comédias dificilmente se mantinham em cartaz. O citado "gosto do público" decidia realmente o que permanecia em cena, o que em nenhuma hipótese deveria justificar a montagem de Ninon é um Amor logo após o bem-sucedido espetáculo A Herdeira, que rendeu a Bibi o prêmio de melhor atriz daquele ano.

Magaldi escreveu duas críticas severas sobre o espetáculo, a seu ver, representativo "de um mundo extinto, de um espírito que não se comunica mais com a sensibilidade atual, guarda o aspecto irreceptível da superfetação, teatro que se não fosse escrito teria a vantagem de economizar papel e tempo das empresas e dos espectadores". Sua indignação não recai sobre o fato de ser uma comédia, e sim no fato de propiciar ao público um grande cansaço, pois, na sua opinião, "se constituísse divertimento leve, ainda poderia ser aceita como recreação descomprometida". Afirma que: "Para salvar o espetáculo do total malogro, a representação descamba para a chanchada, procurando no grotesco o riso que a comédia não consegue despertar". E ao analisar *Ninon é um Amor*, de Etienne Rey, compara-a à peça anterior, considerando ser uma "queda injustificável após a montagem séria de *A Herdeira*, que foi o melhor espetáculo da atual temporada". Magaldi, após relatar a frágil trama do texto, reclama a infeliz escolha da atriz: "Se a peça não tem interesse, salvo para o público que aprecia a hilariedade fácil da chanchada, a interpretação cheia de deficiências completou a consumação de um mau espetáculo".

No segundo e último texto são revelados aspectos até então desconhecidos, não somente sobre a montagem de *Ninon é um Amor*, como também de *A Herdeira*. Magaldi justifica os equívocos por ele relacionados ao espetáculo, decorrentes do pequeno número de ensaios: "O espetáculo estava mal articulado, os atores pouco seguros de seus papéis, um jeito bisonho denunciava a orientação ainda não assimilada quanto à linha psicológica do texto. Se, apesar do diminuto preparo, *Ninon é um Amor* tivesse boa interpretação, elogiaríamos o extraordinário esforço que superou toda sorte de contingências para lograr êxito". Essa crítica já revela sua condescendência com atores capazes de "salvar textos", como são designados por Henri Gouhier, aqueles com condições de valorizar textos frágeis através de suas interpretações, assunto que será tratado a seguir no capítulo "As Heresias do Teatro".

Explica que em *A Herdeira*, Bibi estreou com uma média de dez dias de ensaios e, apesar disso, segundo o próprio crítico, o espetáculo apresentou "uma firmeza reveladora de incontestável domínio dos personagens", o que, pelo número de ensaios, é quase impossível de ser alcançado em uma proposta de encenação moderna. Por causa dessas condições de produção, julgou o resultado de *A Herdeira* "motivo maior de admiração para com a inteligência e a capacidade coordenadora de Bibi Ferreira". Já em *Ninon é um Amor*: "Até Bibi, a talentosa atriz que tantos desempenhos de valor nos tem dado [...] mostrou-se tolhida, incapaz de sentir completamente e transmitir à plateia a personalidade de Ninon", e finaliza com uma curiosa observação: "*Ninon é um Amor* nem no pesado verão, que exige peças leves, constitui passatempo agradável para o espectador. Uma aventura infeliz, que lamentamos tenha sucedido à consciente Bibi Ferreira".

O GOSTO DO CRÍTICO

Na crítica seguinte, escrita dez meses após a apresentação de *Ninon*, Magaldi analisa a peça de Bibi Ferreira *Diabinho de Saias*, que é, na realidade, uma recriação de um espetáculo já apresentado pelo elenco.

O crítico chegou a dizer: "Se espremer a peça, evidentemente, não resultará nada, acrescendo ainda que foram repisados velhos truques da composição de comédias". E faz uma observação recorrente em suas críticas sobre a recepção: "Para o público que se disponha apenas a rir, contudo, sobram elementos para deixar satisfeito o espetáculo, como a trama jogada com saber, algumas situações muito engraçadas, e certos desempenhos que dão vida ao teatro". Na única crítica sobre o espetáculo, Magaldi disserta rapidamente sobre a trama, a encenação e o elenco, que tem como destaque mais uma vez a atriz. Na opinião do crítico, Bibi "como sempre, quer no drama, na revista, quer na comédia, fez uma criação de valor, muito conveniente nas diabruras de garota".

Seguindo a tradição de montar, ou remontar, um espetáculo a cada mês, a Companhia Bibi Ferreira lança *A Pequena Catarina* que, segundo Magaldi, é uma comédia despretensiosa que faz parte do repertório da companhia, "feita para dar oportunidade ao virtuosismo de uma primeira atriz". Magaldi acha que a peça objetiva "interessar a plateia por um desempenho da atriz que ora se mostra moça, ora vive a menina encomendada [sic]". Sobre o seu desempenho afirma:

> Bibi Ferreira, nesse papel, revela mais uma vez de quanto é capaz seu talento. Mudando-se em menina, não apenas consegue convencer fisicamente, mas dá à voz um acento ingênuo, entremeado de intenções maliciosas muito oportunas. Ao declamar a fábula, diverte imensamente, e transmite a todo o espetáculo uma vivacidade que é seu mérito. Às vezes decalca os jogos fisionômicos do pai, Procópio Ferreira, e representa com uma displicência simpática, mas indicadora da desambição do resultado a atingir.

Magaldi chama a atenção para a "intervenção insistente do 'ponto'", que reflete o espírito da peça, a qual, apesar de todos os problemas, considera ser "um passatempo agradável". Porém, finaliza fazendo votos de "que Bibi faça novo espetáculo semelhante a *A Herdeira*, capaz de dar a medida do seu grande valor". Essa insistente volta à peça mensura o valor dado por Magaldi à montagem, que continha elementos, a seu ver, capazes de dar uma reviravolta não somente na cena carioca, como na carreira da atriz, que julgava moderna. Observamos nesse comentário o seu papel de cúmplice, o mesmo que tivera quando Jayme Costa montou A Morte do Caixeiro-Viajante. Determina ainda sua atuação diferenciada de crítico que, a partir de um determinado momento, passou a escrever e a comentar a apresentação das peças e também as condições em que elas eram produzidas e encenadas, além de como eram aceitas ou não pelo público.

A montagem da peça Madame Bovary significou para o crítico uma grande decepção. Magaldi esperava, mais uma vez, encontrar no palco uma montagem como fora a de A Herdeira; tinha como expectativa assistir a uma "encenação séria de Bibi Ferreira, uma tentativa de reencontrar êxitos anteriores". No entanto, o resultado foi uma "decepção em todos os sentidos": desde a adaptação e a direção, passando pelo desempenho dos atores. Inicia a crítica analisando a adaptação do romance de Flaubert feita por Constance Cox, na opinião de Magaldi, responsável pelo resultado exagerado da direção, afora os erros de adaptação cometidos, o que "deu linha inteiramente falsa aos personagens. O desempenho de maneira geral esteve aquém da grandeza dos tipos originais. E a montagem falha não conduz ao ambiente que decorre a ação do importante livro".

Abrimos aqui parênteses para justificar a total falta de compaixão do crítico para com o espetáculo. Trata-se de uma adaptação de um texto literário, matéria inicial do nosso crítico em Minas Gerais. Daí sua falta de cumplicidade com o espetáculo. Avisa aos leitores que, devido ao espaço da coluna, não poderá fazer um estudo sobre Constance Cox, e publicará um artigo no suplemento literário dominical[38]. Por ora, haveria "uma visão sumária do espetáculo". Faz duras críticas a Bibi Ferreira que, na sua opinião, se enganou a respeito das características de Madame Bovary: "Em primeiro lugar, não poderia, em hipótese alguma, servir-se da adaptação de Constance Cox. Depois, ela não compreendeu nem a heroína, nem a psicologia das outras criações. Muito menos o sentido da obra-prima de Flaubert", ponderou o crítico.

---

38 Esse texto não foi encontrado na sessão de periódicos da Biblioteca Nacional.

O GOSTO DO CRÍTICO

Magaldi julga o espetáculo pretencioso. Acredita que "com uma outra peça, mesmo fraca, poderia ser relevado o esforço de Bibi. Tratando-se de desrespeito desastroso a uma obra definitiva na literatura, não há lugar para cumplicidade por benevolência". Assim termina a crítica, deixando vestígios da maneira adquirida de criticar – a cumplicidade – mesmo que nessa primeira crítica, das duas realizadas, tenha sido mais rude do que de costume com a companhia de Bibi.

No dia seguinte, na segunda crítica sobre a peça, debruça-se sobre a atuação, fazendo várias ressalvas ao desempenho de Bibi: "A cena da morte possibilitou a Bibi mostrar seu virtuosismo. Se chega a comunicar-se com vigor à plateia, usou a técnica do velho teatro, espetacular e gritante". Magaldi sentencia:

> Bibi Ferreira tem, incontestavelmente, um extraordinário talento. Distingue-se pela força interpretativa, pela grande versatilidade, que lhe permite viver papéis dos mais variados gêneros. Ela e Cacilda Becker são nossas mais modernas comediantes. O temperamento afeito à sensibilidade atual, Bibi mostra a conformação nervosa própria do teatro contemporâneo, onde não pode faltar um pouco de cerebralismo.

No início dos anos de 1950, comparar Bibi Ferreira a Cacilda Becker era bastante corajoso. Cacilda Becker, naquela época, atuava no TBC e representava a figura da grande atriz moderna, musa cultuada por todos os seus contemporâneos. Essa afirmação do jovem Magaldi demonstra personalidade e, mais uma vez, o seu lado visionário. Bibi comprovou ser realmente uma grande atriz, realizando diversas atuações de destaque, como a Joana, de *Gota d'Água* (1975), e *Piaf* (1983). É uma atriz que sabe transitar como muito poucas por todos os gêneros, e até hoje, aos 90 anos de idade, dirige e atua com bastante regularidade.

Se para Magaldi: "Nenhum dos outros atores transmitiu o verdadeiro significado dos personagens", após analisar o desempenho de cada um dos integrantes do elenco, afirma que não é o desempenho "o responsável pelos erros de *Madame Bovary*", mas sim a adaptação de Constance Cox, "que tornou impossível um trabalho de categoria. Quando os personagens são frágeis, só com um longo preparo os atores suprem-lhes as falhas". Porém, se é impossível ser benevolente e cúmplice para com os erros do espetáculo, Magaldi tem consciência de que "uma companhia está sujeita a uma crise. Gostaria que essa, que ameaça vários dos nossos elencos e a temporada do Regina, fosse plenamente superada". Finaliza a análise sendo, então, cúmplice da atriz. E o gosto do crítico é, mais uma vez, assumido e desvelado: "Bibi Ferreira, pelo mérito artístico, pela dignidade profissional, por tudo quanto fez, merece o apelo e o incentivo da crítica e do público".

Quando, um ano antes, Bibi havia montado *Escândalos de 1951*, de Geysa Bôscoli e Hélio Ribeiro, Magaldi atestou que a peça, embora "com altos e baixos, não dispondo da unidade que a faria um espetáculo completo [...], ainda assim, tem elementos para atrair grande público". Destaca novamente o desempenho da atriz que, como Jayme Costa, transita pelas heresias muito bem, mesmo considerando que o texto "não se acha sempre num bom nível".

> Realmente, vários números se destacam, e têm o poder de compensar quadros frágeis ou inexpressivos que a revista apresenta. Em primeiro lugar, distingue-se a própria Bibi Ferreira, atriz talentosíssima da comédia, cuja versatilidade se aplica excelentemente também ao musicado. Bibi representa com muito sabor popular, canta o ritmo de diversos povos em pleno resultado, e até nos números coreográficos é capaz de convencer.

Silveira Sampaio

Como já foi dito, Silveira Sampaio recebeu atenção especial do crítico Sábato Magaldi durante o tempo em que escreveu no *Diário Carioca*. Os quatro espetáculos assistidos por Magaldi foram recepcionados com vários textos críticos, nos quais eram ressaltadas as possibilidades inovadoras de Sampaio. Por esse motivo, Silveira Sampaio é um dos quatro artistas a compor o capítulo "O Gosto do Crítico", ao lado de Jayme Costa, Bibi Ferreira e Nelson Rodrigues.

Na introdução do livro *Teatro Sempre*, com uma reunião de artigos por ele escritos ao longo da carreira, Magaldi refere-se à seleção dos

O GOSTO DO CRÍTICO

textos do livro – alguns, inclusive, inéditos – "que pertence ao princípio da possível utilidade, e não da perfeição literária [...] Vários nomes são retomados, mas de um ângulo diferente, na tentativa de enriquecer a visão antes exposta"[39]. Um desses nomes é Silveira Sampaio, e o texto relembrado no livro é "Silveira Sampaio em 40 Respostas": uma entrevista feita em 1956, quando Sampaio encenava, em São Paulo, a peça *No País dos Cadillacs*. Magaldi procurou-o para entrevistá-lo, ao que ele solicitou um questionário, devolvido meia hora depois. Dentre as perguntas, constavam: "Como se define como autor? Como ator? Como diretor? Como empresário?", e Silveira respondeu-lhe: "Detesto definições. Mormente autodefinições. Como se vê, eu não me defino"[40]. Magaldi reeditou nesse livro a entrevista na íntegra, cheia de ironia, muito parecida com a realizada no *Diário Carioca* em 1950, no Rio de Janeiro. Muito ao estilo Silveira Sampaio.

Os Espetáculos de Sampaio

O primeiro trabalho analisado no *Diário Carioca* pelo crítico foi o espetáculo *O Impacto*. Dedica à peça quatro críticas, sendo a primeira intitulada "*O Impacto* I", na qual disserta sobre os temas do texto: "A última criação de Silveira Sampaio constitui nova experiência na temática do seu teatro. A leve comédia de costumes que é aliada à inteligente observação da psicologia matrimonial". Na sua opinião, "a peça tenta uma fundamentação do amor. Amor como fonte única da existência". Em "*O Impacto* II", Magaldi continua sua análise detalhada sobre os três atos do texto:

> O exercício introspectivo de Silveira Sampaio apresenta em *O Impacto* uma tentativa mais audaz. Projeta-se na peça um drama subjetivo. Conclui-se, contudo, que o autor está mais à vontade nas trampolinagens da sátira e do pitoresco. Sua linguagem é aí mais objetiva, mais teatral. Não há nenhum menosprezo em afirmar que *O Impacto* é uma nova experiência do delicioso cronista Silveira Sampaio.

39 *Teatro Sempre*, p. XI.
40 Idem, p. 174.

Somente na terceira crítica intitulada "A Forma Literária de Silveira Sampaio" Magaldi formula sua tese mais original em relação ao autor. Começa dizendo: "Os atos de Silveira Sampaio não obedecem ao desenvolvimento adotado na técnica tradicional do teatro: o primeiro como apresentação dos personagens e do entrecho, o segundo como realização da intriga propriamente dita e o terceiro como desfecho da trama". Magaldi não quer enquadrar o autor em um sistema, mas a divisão da peça em três atos subentende "a consequência de um raciocínio e de um processo técnico caracteristicamente dialético. O primeiro ato é a tese. O segundo é a antítese e o terceiro é a síntese". O crítico explica que chegou a esse raciocínio analisando não somente *O Impacto*, mas também outras três peças de Sampaio: *A Inconveniência de Ser Esposa, Da Necessidade de Ser Polígamo* e *A Garçonnière de Meu Marido*. E pede: "Perdoem-me essa análise simplificadora de uma técnica literária de criação. Tento reduzir a um esquema o método de Silveira Sampaio para ressaltar-lhe as características da concepção inventiva".

O crítico percebe que há "um valor desperdiçado através da obra de Silveira Sampaio. Seu texto não tem estrutura. Falta espinha dorsal à construção literária das peças". Em sua opinião, "o texto se limita a sugestões. Permanece na esfera do improvisado. É mais uma indicação, um suporte para a representação". Magaldi termina a crítica com uma importante advertência, cuja lucidez imprime um ar intuitivo, por assim dizer, premonitório: "se Sampaio não cuidar da feitura literária, seu teatro estará condenado a não sobreviver".

Quando morreu prematuramente, em novembro de 1964, aos cinquenta anos, vítima de um tumor no cérebro, Silveira Sampaio aguardava a estreia, em dezembro, de sua peça *Da Necessidade de Ser Polígamo*, nos Estados Unidos. Apresentava na televisão um programa semanal de humor, no qual encarnava diversas personalidades: "Ficaram mais vazias as noites cariocas e paulistas depois que Silveira Sampaio tão bruscamente nos deixou. Ele não era apenas um ator. Era uma companhia teatral", escreveu Tristão de Athaíde (Cedoc-Funarte).

Depois do falecimento de Sampaio, seus textos nunca mais foram montados, sua obra, como havia previsto Magaldi: "durará enquanto ele pessoalmente a animar com o seu talento de ator e diretor. Ou reviverá quando um ator do futuro quiser uma experiência misto de teatro e de pantomima". Esse ator ainda não apareceu para fazer emergir a obra de Silveira Sampaio.

Na quarta e derradeira crítica sobre *O Impacto*, intitulada "Os Cineastas", Magaldi fará ressaltar a importância do trabalho do grupo capaz de dar à montagem do espetáculo homogeneidade e coordenação do elenco:

> Há unidade, há singularidade no trabalho de Os Cineastas.
> Deve-se a Silveira Sampaio a formação do grupo. "Sob sua ação diretora, tornaram-se intérpretes conhecidos Laura Suarez e Luiz Delfino. Um estilo próprio, inconfundível, marca as representações do elenco. E sem que se prejudique a espontaneidade de cada ator, faz-se notar a influência de Silveira Sampaio.

Se na opinião do crítico há alguns problemas em relação à obra do autor Sampaio, quanto à sua direção e representação diz: "não tenho dúvidas em afirmar que é aí que Silveira Sampaio atinge sua plenitude. Como diretor, ele sabe animar suas apresentações de uma graça e de um ritmo peculiares. Consciente dos recursos de que pode dispor no pequeno palco do Teatro de Bolso, não se aventura em tentativas absurdas". Sobre a representação, Magaldi observa que o ator acompanha os propósitos do diretor:

> Não faltam a ele inteligência e graça para viver as situações que traçou. Dotado de boa voz, muito apropriada aos seus personagens, as palavras que diz são carregadas de intenções. A agilidade e correspondência psicológica dos gestos respondem de imediato às variações bruscas do pensamento. Completam-se numa unidade elogiável. Ficam gravados a gesticulação e, sobretudo os passos que exteriorizam certos estados e disposições do personagem. Embora seja prejudicial a repetição dos recursos e abusiva a insistência em determinados caracteres.

O segundo espetáculo criticado foi *Só o Faraó Tem Alma* – farsa política tendo como cenário o Egito de três mil anos antes de Cristo –, e faz parte da trilogia do herói grotesco que Sampaio encena no Teatro de

Bolso. Magaldi anuncia antecipadamente o desdobramento da crítica em três aspectos: texto, problemas tratados e apresentação cênica.

Em relação ao texto, Magaldi mantém o que foi dito sobre a peça *O Impacto*: "Em muitos casos, os diálogos permanecem um simples apoio para as improvisações do intérprete [...] *Só o Faraó Tem Alma*, em síntese, não foge a essa característica das sátiras de Silveira Sampaio", explica ele. Em sua análise crítica, Magaldi constata que o resultado literário do espetáculo é pobre, e que a peça "se enxerta dos recursos da pantomima para completar o efeito, quando o texto praticamente se interrompe". O crítico sabe que a situação é consciente em Silveira Sampaio: "ele a aceita, a realiza em virtude de um modo particular de encarar o teatro, onde os elementos do texto e da interpretação se conjugam, formam um todo único, sem o que não existe o espetáculo". Magaldi acrescenta que uma peça só é completa no palco, mas considera assim mesmo que "um texto deve possuir categoria literária, [...] que subsiste e tem perenidade artística mesmo no volume impresso".

O espetáculo como um todo não obtém aprovação total do crítico, mas ele o valoriza: "o encadeamento da história me pareceu benfeito, a sucessão dos fatos foi urdida com inteligência e elogiável senso de ritmo teatral". Após analisar o texto, segundo ele "cheio de pequenas intenções, de efeitos cômicos de muito resultado pela atualidade do assunto", conclui que a peça o satisfaz: "O Teatro de Bolso apresenta um espetáculo delicioso, que me agrada, sobretudo, como uma exceção em meio aos dramalhões de sucesso em nossos cartazes".

Em "Apresentação de *Só o Faraó Tem Alma* II", Magaldi avisa que irá examinar os aspectos de sua apresentação cênica. Analisa um por um o trabalho dos atores, que considera ainda inacabado. Revela ter conhecimento de que "a peça foi montada sem muitos ensaios, sem absoluto domínio do texto por parte dos intérpretes". Magaldi acredita que "um maior apuro dos atores fará de *Só o Faraó Tem Alma* uma ótima apresentação, marcada por processos originais e rica de efeitos cênicos". Segundo o crítico, apesar dos problemas ressaltados, a equipe do Teatro de Bolso é uma das melhores. Na última crítica, intitulada "Problemas de *Só o Faraó Tem Alma*", Magaldi disserta sobre os acertos e os desacertos da trama da peça.

Sobre o espetáculo, *Flagrantes do Rio*, composto por três peças de um ato: *Treco nos Cabos, O Triângulo Escaleno* e *A Vigarista*, Sábato Magaldi escreveu seis textos. O primeiro, *"Flagrantes do Rio,* Hoje, no Alvorada", anuncia a pré-estreia do espetáculo de Silveira Sampaio e realiza uma pequena entrevista com o autor que explica que, excepcionalmente, não trabalhará como ator no espetáculo, porque estará terminando as filmagens de *As Sete Viúvas de Barba Azul*[41] e disse estar tranquilo com a montagem da peça, pois confiava cem por cento no seu elenco.

Duas semanas depois, Magaldi escreve *"Flagrantes do Rio* I", quando, mais uma vez, retoma a sentença já proferida sobre a obra de Sampaio: "Talvez quanto ao prisma da realização literária, Silveira Sampaio seja o mais rudimentar e intuitivo dos nossos comediógrafos de talento. Mas é, sem dúvida, o de maior talento, aquele que traz uma contribuição original". Ou seja, a obra de Silveira Sampaio é uma obra inacabada que precisa da encenação para se realizar. Essa constatação recorrente do crítico é uma reflexão sobre a teatralidade da obra de Sampaio, que prescindia do texto para realizar-se. O autor usava do pretexto, ao invés do texto, para a construção da cena em um momento em que o teatro brasileiro ainda engatinhava em relação ao uso do texto – uma descoberta recente do teatro brasileiro.

Nessa crítica, Magaldi faz uma assertiva surpreendente: "depois de Martins Pena, Silveira Sampaio é o nome ímpar da comédia brasileira", e faz uma crítica aos críticos que restringem o público de Silveira Sampaio a Copacabana e a Ipanema, por causa de sua temática sobre "o mundo da 'grã-finagem', da sociedade ou de quem pode entendê-lo". Ele acha que esse tipo de crítica é "uma injustiça grave, uma cegueira em face de sua multiplicidade. Sendo, como é um cronista de costumes" e, nesse gênero, Magaldi afirma que o "espírito de Silveira Sampaio o distingue como o mais popular autor brasileiro".

Mesmo em vista da temeridade de buscar uma unidade temática entre três peças tão distintas para compor o espetáculo, Magaldi tentará encontrar um elo entre elas em *"Flagrantes do Rio* II". No texto, ele disserta sobre cada peça, tentando aglutiná-las em uma mesma proposição: "creio que Silveira Sampaio, atualizado no tempo, quis dar um testemunho da subversão de valores, do buleversamento em todas as

---

41   O nome correto do filme é *As Sete Noivas do Barba Azul* e até hoje permanece inacabado.

atividades, que tanto se aplica ao problema social quanto à ética e ao conceito de amor".

Dando prosseguimento à análise do espetáculo, em *"Flagrantes do Rio* iii" Magaldi vai além da constatação iniciada na crítica anterior sobre o potencial teatral que prescinde da perfeição do texto, e questiona se "Silveira Sampaio consegue entregar para o espectador uma obra artística". Observa-se que esse conceito de obra artística é anacrônico na crítica carioca daquele tempo. Magaldi – a partir do fato de que lhe fogem conceitos apropriados para julgar a obra de Sampaio – se vê obrigado a buscar novas abordagens. Índole e peculiaridade do nosso crítico: a de priorizar o espetáculo montado, assistido; tarefa difícil para um crítico de formação literária. A escrita de Magaldi sobre Silveira Sampaio mostra-se inovadora tendo em vista que, ao tentar contextualizá-lo, produz uma avaliação da obra, sobre a qual investiga o todo.

Flagrantes do Rio possui, segundo Magaldi, um diálogo de qualidade, "ágil, inteligente, de grande objetividade teatral, que por si confere ao desenvolvimento da trama deliciosas passagens". Embora sem a nitidez frequente em uma peça em três atos, para o crítico a composição de *Flagrantes do Rio* obedece ao esquema dialético hegeliano, ou seja, tese, antítese e síntese. Exemplifica como o processo dialético se dá em cada uma das peças: "A tese, em *Treco nos Cabos*, é a conquista da mulher pelos dois homens, cada um a seu turno. A antítese, a defesa dela, alterando-se no apoio de um contra o outro. A síntese não poderia deixar de ser a volta à situação primitiva, evidentemente consertado o elevador".

Se ele encontra problemas nas peças *Treco nos Cabos* e *A Vigarista*, destaca *Triângulo Escaleno* como "um ato admirável, como estrutura teatral, porém, o texto mais perfeito até agora realizado pelo autor". Mesmo considerando que às vezes o texto de Sampaio permaneça primário, e a obra, completamente irrealizada, Magaldi acredita

> que seja ainda o itinerário de um autor que não atingiu a maturidade. E o acabamento integral das peças fará de Silveira Sampaio um comediógrafo sem precedentes em nossa literatura cênica. *Triângulo Escaleno*, como forma, já é um caminho. Num despretensioso ato, representa o que de melhor temos no gênero. A obra de fôlego está para vir.

O GOSTO DO CRÍTICO

Em "Os Cineastas", o crítico trata com minúcias o desempenho dos atores do grupo – composto por Nancy Wanderley, Luiz Delfino, Fábio Cordeiro e o próprio Silveira Sampaio, que participa apenas da peça *Triângulo Escaleno* – que Magaldi considera dos melhores e "cuja unidade nenhuma outra companhia entre nós supera". Sobre a direção, observa que Sampaio "imprimiu o cunho de sua personalidade e o ritmo dinâmico, que tornam o espetáculo de imenso agrado".

Como Silveira Sampaio anunciara ser aquela a última semana do espetáculo após dois meses de sucesso, Magaldi voltou ao teatro para assistir a ele mais uma vez, agora com Silveira Sampaio substituindo Luiz Delfino, que deixara o grupo Os Cineastas. Eis, aqui, um forte indício da admiração de Magaldi, que confessa: "quis voltar ao Alvorada para ver Sampaio como cabineiro, como garçom português e como o detetive 'olho vivo', além do 'Carneirinho', que ele já fazia". Como estava adoentado, Sampaio não pôde representar todos os personagens, como queria o nosso crítico. Magaldi analisa o trabalho de dois novos atores que revezam com Sampaio na nova distribuição dos papéis.

Sobre o espetáculo comenta: "Em síntese voltei a ver as três peças de um ato com grande prazer". Depois da apresentação, Magaldi foi conversar com Sampaio para saber sobre os seus futuros projetos. Entre muitos planos – incluindo a montagem, no Rio de Janeiro, do espetáculo *O Professor de Astúcia*, que ele já havia apresentado em São Paulo, a elaboração de um programa de rádio e televisão, a montagem de outro texto, a finalização do filme *As Sete Viúvas de Barba Azul* – Sampaio anuncia que está "tratando da instalação de um circo de bolso, de quinhentos a setecentos lugares. Encenarei nele uma revista em colaboração com José Condé e Gustavo Dória".

Antes de analisar o espetáculo *O Professor de Astúcia*, de Silveira Sampaio, Magaldi explica que não se deterá sobre a peça como deveria – escreverá apenas dois textos – porque a semana será de muitas estreias. Estreavam naquela semana: *O Ovo de Avestruz*, com a companhia Os Artistas Unidos; *Amigo da Onça*, com Eva e Seus Artistas; *Mme Sans Gene*, com a companhia da atriz Alda Garrido; *Febre de Saias*, com a Companhia Raul Roullien; e *Banana não Tem Caroço*, de Geysa Bôscoli[42].

---

[42] Todas essas peças foram analisadas posteriormente por Magaldi, exceto *Banana não Tem Caroço*.

Dando explicação aos leitores, demonstra sua deferência em relação ao artista, principalmente quanto ao seu trabalho de ator: "Um espetáculo como o de Silveira Sampaio, no Municipal, foge à rotina de nossas estreias e deveria por isso merecer estudo mais longo". Através de *"O Professor de Astúcia"*, sabemos que o espetáculo foi trazido ao Rio de Janeiro pela Comissão Artística do Municipal, organizadora da Temporada Nacional de Arte.

O texto do espetáculo, do estreante dramaturgo paulista – e também médico –Vicente Catalano, é fraco, composto por diálogos de mau gosto: "quase nenhuma qualidade lhe pode ser atribuída. […] Com frequência, a peça se deixa interromper por um conceito duvidoso, uma frase de subfilosofia […]. Se a peça ambicionasse apenas a comicidade, e fosse bem realizada, com certeza teríamos um dos bons originais brasileiros. Mas as invocações filosofantes do autor, e a débil e desordenada fatura prejudicam um feliz resultado". Se, por um lado, o texto não ajuda o espetáculo, observa Magaldi, o seu roteiro o salva, pois proporciona ao elenco o exercício da mímica que favorece a comédia e a realização de um excelente desempenho do ator Silveira Sampaio, "a melhor que até hoje nos proporcionou".

O segundo texto recebe o título de "O Estilo Silveira Sampaio: O *Professor de Astúcia* II". Magaldi tenta classificar o espetáculo que, em sua opinião, apresenta indicações para a mímica: "o que seria da peça sem o trabalho de Silveira Sampaio?", pergunta. Não podemos esquecer que o trabalho criativo de Sampaio sempre lhe causou curiosidade e uma confessa admiração pelo seu talento de comediante. O crítico chega então a duas conclusões: "o texto pouco tem a ver com a encenação. E, se não fosse o tratamento do diretor, resultaria prosaico, inconsistente, sem forma para se sustentar". Pode-se dizer que seu estilo se aproxima do ator italiano Dario Fo (1926-) que, em 1950, escreveu sua primeira farsa sobre Caim e Abel, utilizando-se também da mímica, da farsa e de roteiros para compor seus espetáculos. Dario Fo tem como alvo principal em suas sátiras a Igreja Católica, e Sampaio, os grã-finos e os políticos.

Se o estilo próprio de Dario Fo se mantém bem vivo até nossos dias – e temos ferramentas para discuti-lo – contrariamente, a morte prematura de Silveira Sampaio, aos cinquenta anos, e o desinteresse pelo autor e ator como estudo não nos deixaram um legado semelhante. Desde a primeira peça criticada por Magaldi, era essa a sua principal angústia. Por testemunhar a carreira de Silveira em tempo real, era difícil, sem algum distanciamento, fazer uma análise mais precisa de sua obra. Apesar da contemporaneidade de ambos, a aguçada intuição do crítico – se não lhe permitia traçar um significado preciso do que ele chamava de *espírito* ou *estilo* Silveira Sampaio – nos revela a característica ímpar não só do objeto analisado, como da própria maneira de criticar de Sábato Magaldi.

Seu poder de observação do fato teatral, embora não conceituasse a contento, visto que muitas discussões sobre o texto e o pretexto na obra teatral ainda estavam engatinhando no mundo, demonstra a sua abertura em perceber o novo, mesmo sem referências preestabelecidas para julgá-lo. Gostaria de enfatizar o preparo e a percepção de Sábato Magaldi em captar, desde jovem e ao longo de sua carreira, a importância de alguns artistas, que poderiam capitalizar a "formação da história do teatro brasileiro". O crítico não se detinha em mesquinharias, analisava as propostas de composições teatrais com um olhar profundo e integralizador quanto a aspectos assimiláveis a partir de uma perspectiva histórica – uma visada para o destino de nosso teatro.

Magaldi, ao mesmo tempo, faz uma restrição a tal estilo, porque nesse tipo de teatro o diretor supera o intérprete – um paradoxo por ele constatado, tendo em vista o fato de a mesma direção trazer à tona a força do intérprete. Para o crítico, Sampaio precisaria rever seus processos para se tornar um renovador absoluto. Assim como é criticado por provocar certa mecanicidade no esquema das atuações, é elogiado pela homogeneidade do elenco. Coisa rara, naquele momento, no teatro carioca. Aqui mais um elogio para a direção de Sampaio, pois esse elenco não é mais o grupo Os Cineastas, e sim um elenco de atores convocados para a montagem da peça *O Professor de Astúcia*. A crítica termina com a conclusão de que a peça "foi dos espetáculos mais interessantes ultimamente apresentados à nossa plateia".

Pode-se constatar nas críticas de Magaldi sobre os espetáculos de Silveira Sampaio um caráter vulnerável no modo de criticar e de lidar com conceitos que estavam ainda por ser construídos, fato decorrente dos anos de 1950, sobre o papel do texto na encenação.

Foi somente a partir de 1954 e de uma experiência solitária na extinta Boate Beguin, do Hotel Glória, no Rio de Janeiro, que o ator, diretor e autor Silveira Sampaio, depois de realizar vários trabalhos, apresentou o seu primeiro show, *Au pays des Cadillacs* (depois, *No País do Cadillac*) "que, segundo Gustavo Dória, teve uma carreira magnífica. Em seguida, o show *O Brasil de Pedro a Pedro*, também apresentado na Boate Beguin, consolidou sua nova forma de atuação. Para Dória:

> começa daí o seu afastamento, a bem dizer do teatro propriamente dito. Sua habilidade histriônica, sua versatilidade como ator cômico e sua inteligência em satirizar com grande oportunidade fatos do momento faziam com que encontrasse ele, no show, um campo de ação mais à vontade. Daí para a TV foi um passo. [...] Criou um novo "gênero" nos programas de televisão, adquirindo, inclusive, uma grande penetração em todas as camadas, desde as rodas políticas até as mais populares[43].

Quando em "O Estilo Silveira Sampaio: *O Professor de Astúcia* II", Magaldi participa sua intenção de abrir uma questão delicada, "a da validade do processo de Silveira Sampaio", fala de um conjunto atuando como uma engrenagem perfeita, com uma composição plástica que, em algumas cenas, é puro balé. Para o crítico, Sampaio reunindo "a mímica e o expressionismo, consegue valorizar muito a palavra e a atitude, que vêm do íntimo para explodir numa exteriorização de ressonâncias, que tanto enriquecem o desempenho". Segundo Gustavo Dória, também contemporâneo de Sampaio, "havia um fundo aspecto crítico que ultrapassava o texto e atingia largamente a sua maneira de representar"[44]. Sampaio deixou algumas considerações sobre o seu teatro que talvez nos ajudem a responder às questões levantadas por Magaldi. Diz ele:

> Há um sentido pessoal nas minhas montagens. É o meu modo particular de ver as coisas. Se um pintor moderno tem o direito de interpretar o motivo de seu quadro, creio que a um diretor moderno deve caber o mesmo direito. Muitos acham que há exageros nas minhas marcações. Claro que há exageros. Mas é um exagero intencional. [...] Se é para dizer sim, o corpo inteiro do intérprete deve

43 *Moderno Teatro Brasileiro*, p. 137.
44 Op. cit., p. 140.

dizer sim, pernas, braços, cabeça... [...] E de que forma se pode valorizar mais um texto que reflita um estado d'alma do que fazendo com que o corpo assuma as atitudes ditadas pelo subconsciente? A tragédia grega, o drama clássico, o ballet, a comedia dell'arte, tudo isso fornece os modelos plásticos para cada atitude (Cedoc-Funarte).

A vulnerabilidade de Sábato Magaldi, naquela ocasião, em relação ao julgamento da obra de Silveira Sampaio é legítima. Os textos de Sampaio permanecem nas prateleiras à espera de quem os leia, assim como de pesquisadores que descubram suas metodologias e seus mistérios na arte da representação.

Em artigo intitulado "Dramaturgia Brasileira Moderna", de 1994, Magaldi declarou: "Hoje, assisto com grande melancolia ao desinteresse a que foi relegada a obra de Silveira Sampaio, explicável talvez porque seu êxito estivesse associado, em grande parte, ao estilo interpretativo por ele desenvolvido", e ainda reafirmou que Sampaio era um intérprete brilhante e que o ator "precisaria ter um continuador à altura, para que as sutilezas de seu diálogo não se perdessem"[45]. Magaldi compara o ostracismo de Sampaio ao Bardo de Avon:

> Se mencionarmos que Shakespeare sofreu ostracismo de dois séculos, até ser consagrado, em definitivo, como o maior autor da história do teatro, não se deve estranhar que Silveira Sampaio, depois de gozar imensa popularidade, não frequente agora nenhum palco. Espero que o tempo se incumba de desfazer essa injustiça[46].

Nelson Rodrigues

Magaldi explicou, em entrevista concedida à autora em 2003, que o primeiro contato com a obra de Nelson Rodrigues foi através da leitura de *Vestido de Noiva*: "a estreia da peça ficou tão famosa por causa dos elogios recebidos da crítica e, sobretudo, de Manuel Bandeira, que eu dei um jeito de ler o texto ainda em Belo Horizonte".

---

45 *Teatro Sempre*, p. 120.
46 Idem, ibidem.

Manuel Bandeira foi, realmente, o grande incentivador de Nelson no início de sua carreira de dramaturgo. Sobre a primeira peça do autor, *A Mulher sem Pecado*, apresentada em 1942 no Teatro Carlos Gomes, no Rio de Janeiro, escreveu:

> *A Mulher sem Pecado* interessou-me desde as primeiras cenas. Senti imediatamente no autor a vocação teatral. [...] Ao sair do teatro, tomei conhecimento da reação do público, que de lá saiu discutindo, discordando, discorrendo. Remexido enfim. Bom teatro, o que sacode o público. Nelson Rodrigues sacode-o, e tem força nos pulsos[47].

Coube ao poeta, a pedido do próprio Nelson, ser o primeiro a ler o texto seguinte, o inédito *Vestido de Noiva*. Antes mesmo da consagrada estreia, fez Bandeira a seguinte previsão:

> A criação de Nelson Rodrigues é admirável. O progresso de *A Mulher sem Pecado* para *Vestido de Noiva* foi grande. Sem dúvida o teatro desse estreante desnorteia bastante porque nunca é apresentado só nas três dimensões euclidianas da realidade física. Nelson Rodrigues é poeta. Talvez não faça nem possa fazer versos. Eu sei fazê-los. O que me dana é não ter como ele esse dom divino de dar vida às criaturas da minha imaginação. *Vestido de Noiva* em outro meio consagraria um autor. Que será aqui? Se for bem aceita, consagrará... o público[48].

Mas o sucesso de *Vestido de Noiva* não garantiria a Nelson um porvir estável em relação à aceitação nem do público, nem da crítica, e a positiva recepção unânime da montagem da peça dissipou-se em relação aos textos que se sucederam, principalmente a recepção dos críticos, que o julgavam sob um olhar moralizante. No episódio da censura e quando da liberação de *Senhora dos Afogados*, o dramaturgo encontrou apoio nos romancistas, nos poetas e nos intelectuais da época. "Nelson tinha uma mágoa de nunca ter sido montado no TBC", contou Magaldi à autora em 2003. Em seu livro Vitor Hugo Adler Pereira explica que, na década de 1940,

---

47 Em N. Rodrigues, *Teatro Completo. Volume Único*, p. 181.
48 Idem, p. 182.

O GOSTO DO CRÍTICO

a opinião de críticos intelectuais sobre a obra teatral de Nelson Rodrigues oscilava, mesmo entre os que afirmavam a sua genialidade de *Vestido de Noiva* logo após sua estreia. Associava-se cada vez mais a obra à imagem pública do autor, construída em entrevistas e artigos jornalísticos. Em 1945, a polêmica em torno da censura à encenação de *Álbum de Família* levou muitos intelectuais e críticos de teatro a relativizarem ou a reconsiderarem suas primeiras opiniões favoráveis sobre o autor. A estreia de *Anjo Negro*, em 1948, encontrou os ânimos mais serenos, possivelmente porque já estava cristalizada a expectativa em relação a um determinado tipo de procedimento estético nas obras de Nelson Rodrigues[49].

Desde os tempos de Minas Gerais, Magaldi passou a admirá-lo, focando basicamente a análise da obra de Nelson através de uma abordagem estética. Tanto que Nelson foi o seu principal objeto de pesquisa e dele tornou-se amigo e confidente, diferente dos outros críticos, sempre carregados de reservas para discorrerem sobre a obra do dramaturgo.

Em 1974, acerca da crítica, Nelson declarou:

> *Senhora dos Afogados, Anjo Negro, Álbum de Família* e *Doroteia* foram peças que não tiveram ainda a sua oportunidade. Então, às pessoas inteligentes bastava admirar *Vestido de Noiva*, e pronto! Já *Álbum de Família* e *Anjo Negro* eram problemas críticos que não interessavam ao crítico. O crítico não tinha nada com o problema. Shakespeare era formidável. Miguelangelo pintava pra burro. Isso é o que interessa ao crítico. A minha amiga pessoal Bárbara Heliodora escreve há trinta anos sobre Shakespeare porque é lindo escrever sobre Shakespeare, porque tem na biblioteca, o sujeito vai à biblioteca ou a outra biblioteca tirada do interior, tudo sobre Shakespeare. Acho que é assim que sucede a vida intelectual do país. É assim que sucede. O sujeito acha formidável e pronto. Agora, Nelson Rodrigues! Ora, um brasileiro que vem escrever obscenidade, que vem dizer palavrões... e o pior, o dantesco da minha vida, da minha carreira é que nos primeiros quinze anos da minha vida eu não escrevi um palavrão,

---

49 *A Musa Carrancuda*, p. 40.

> mas todo mundo ia para casa certo de que ouvira trezentos. Depois foi que eu comecei a escrever[50].

Foram poucos textos sobre Nelson Rodrigues, nove apenas, em contraste com o tamanho da admiração do crítico pelo autor, para o qual dedicou, posteriormente, vários estudos convertidos em livros e artigos. É bem provável que, por falta de tempo, ou por conta de desencontros nas agendas de ambos – Magaldi não lembra ao certo o motivo – o crítico não tenha entrevistado Nelson Rodrigues, na ocasião, para a coluna Fala-nos de Teatro..., deixando em nós certo pesar.

Magaldi também se ressente de não ter assistido às montagens anteriores de Nelson, porque morava em Belo Horizonte. No período em que foi crítico do *Diário Carioca*, só lhe foi possível assistir a uma única montagem do dramaturgo: a *Valsa nº 6*.

Quando a *Valsa nº 6* estreou, em agosto de 1951, Nelson já havia escrito e encenado quatro espetáculos no Rio de Janeiro: *Mulher sem Pecado* (1941), no Teatro Carlos Gomes, em 1942; *Anjo Negro*, escrita em 1946, mas por causa da censura sobe ao palco do Teatro Fenix somente em 1948; *Doroteia* (1947), que também estreou no Fênix em 1950; e a antológica montagem de *Vestido de Noiva*, no Teatro Municipal do Rio de Janeiro, com estreia em 1943.

Álbum de Família, apesar de escrita em 1945, só seria encenada 22 anos mais tarde, em 1967, também por causa da interdição da censura; o mesmo foi o caso de *Senhora dos Afogados*, censurada em 1946 (junto com *Anjo Negro*) e encenada em 1954, quando Magaldi não atuava mais como crítico do *Diário Carioca*, no Rio de Janeiro.

Mas com o hábito de dividir com os leitores sua biblioteca particular, leu as peças, analisou-as e escreveu sobre elas. Três dessas leituras ele comenta: *Mulher sem Pecado, Senhora dos Afogados* e *Vestido de Noiva*.

Nelson e Magaldi permaneceram amigos até o final da vida do autor, em 1980. Em depoimento dado à autora em 2007, o crítico contou que, em 1953, Nelson ficou muito triste com a ida de Magaldi para São Paulo. Nelson entendia a perda não só da presença do amigo, mas de seu maior admirador, jornalista que, no Rio de Janeiro, sempre partira em sua defesa.

---

50 *Depoimentos*, V, p. 126.

Os Espetáculos de Nelson Rodrigues

A *Mulher sem Pecado* foi o primeiro texto de Nelson Rodrigues lido e comentado por Magaldi. Logo nas primeiras linhas, explica por que não assistiu à montagem da peça:

> Causou-me viva impressão a releitura de A *Mulher sem Pecado*, peça com que Nelson Rodrigues iniciou sua criticada carreira de autor teatral. Digo releitura porque, infelizmente, vindo há dois anos da província, não tive ocasião de assistir às diferentes apresentações com que foi levada nos palcos da cidade.

É preciso explicar que até aqui evitamos um embate entre os posicionamentos críticos de Sábato Malgadi e Décio de Almeida Prado, cânone da crítica moderna brasileira, inclusive porque nessa época não ocorreu entre eles nenhuma polêmica ou mal-entendido, o que era muito comum acontecer entre críticos. Como já nos explicou Magaldi, a convivência entre os dois começou a partir de 1953, depois de sua transferência para São Paulo.

Não cabe aqui tratar das divergências dos dois críticos em relação ao teatro. Entretanto, em relação ao dramaturgo Nelson Rodrigues, houve um embate involuntário (visto que um não estava se dirigindo diretamente ao outro), especificamente em relação à peça A *Mulher sem Pecado*, o que nos fornece dois subsídios para comprovar a hipótese de que Magaldi foi o primeiro crítico a reconhecer o real valor de Nelson que, apesar do sucesso de *Vestido de Noiva*, não era considerado um grande dramaturgo.

Em relação ao tratamento dado à obra de Nelson Rodrigues no início da década de 1950, os diferentes pontos de vista entre eles são evidentes. Tais diferenças não serão expostas porque nosso foco é o tratamento dado à obra de Nelson por Magaldi. A questão vale apenas como dado histórico.

No início dos anos de 1950, alguns intelectuais ligados à literatura se uniram ao dramaturgo para tentar a liberação de suas peças censuradas, entre eles o poeta Manuel Bandeira. Magaldi foi o único crítico a colocá-lo no pedestal, o mesmo que hoje Nelson Rodrigues ocupa, sendo objeto de estudos em diversas universidades do Brasil e do exterior. Porém, antes de chegar ao pedestal foi alcunhado de tarado, reacionário e maldito, entre outros adjetivos. De Malgadi, entretanto, recebia o título de autor de vanguarda.

Na crítica escrita sobre a terceira versão de *Vestido de Noiva*, apresentada em São Paulo em 1947 – a peça já havia sido apresentada em 1944, quando Os Comediantes fizeram sua primeira turnê a São Paulo – Almeida Prado sente a necessidade de fazer duas considerações em relação ao texto de Nelson Rodrigues, pois quer afastar qualquer possibilidade de mal-entendido:

> A primeira é de que a vulgaridade que porventura exista em *Vestido de Noiva* não é acidental, isto é, resultante de inabilidade ou incapacidade criadora do autor. A peça contém vulgaridades exatamente na medida em que Nelson Rodrigues as desejou. Ou melhor ainda: a vulgaridade talvez seja uma consequência inevitável de sua filosofia amarga e sardônica. A segunda observação é de que o fato de *Vestido de Noiva* lidar com assuntos ou personagens vulgares não significa que seja uma peça vulgar: o assunto não determina o caráter de uma obra de arte[51].

Em 1952, data da encenação em São Paulo, Almeida Prado, ao criticar *A Mulher sem Pecado*, iniciou a análise afirmando: "Por essa altura, não há quem não saiba que o fundamento do teatro de Nelson Rodrigues é a obsessão pela sexualidade"[52]. Essa observação não consta de nenhum texto de Magaldi sobre a obra de Nelson. A análise do jovem Magaldi sobre a peça, publicada no *Diário Carioca*, não entra em choque com as análises posteriores que fez da mesma obra. Já naquela época, a peça apresentou-lhe "a virtude maior de anunciar o indiscutível talento de Nelson Rodrigues". Considera que a peça "não é apenas estreia, a primeira experiência de um dramaturgo que mais tarde se afirmou. Já é uma obra de importância incontestável – excelente pelo vigor, acabada pela exata compreensão do diálogo na estrutura do teatro".

Os poucos elogios do crítico recaíram sobre a direção de Graça Melo pela sua louvável encenação e "pela simplicidade do espetáculo [...] manteve os atores dentro dos limites modestos de um naturalismo

51 *Apresentação do Teatro Brasileiro Moderno*, p. 5.
52 Idem, p. 8.

O GOSTO DO CRÍTICO

reduzido ao essencial – e fez muitíssimo bem"[53], sobre o cenógrafo Luciano Maurício, "explorando com muita inteligência, nas três dimensões, o pequenino palco do Teatro Cultura Artística"[54], e sobre a única virtude que a sustenta: "a teatralidade. Nelson Rodrigues, quando quer, sabe comunicar-se – como nenhum outro autor nacional"[55].

Se para Magaldi a peça é "alimentada por um tema, que se recebesse diverso tratamento redundaria em certo malogro subliterário – em *A Mulher sem Pecado* viu-se, no entanto, admirável estudo de caracteres, realizado numa forma reveladora de completa adequação teatral". Já na opinião de Almeida Prado, a peça "limita-se a expor, ainda de maneira larvar e ingênua, esses temas que as peças subsequentes iriam desenvolver de forma quase alucinante. E talvez seja por isso que a torna, na sua simplicidade, muito menos aceitável artisticamente do que as outras"[56].

Sobre a linguagem de suas peças, Magaldi perguntou a Nelson, em 1974, em que sentido o autor considerava a linguagem fundamental. Nelson respondeu que no próprio sentido da linguagem,

> pelo seguinte: quando estava levando *A Falecida* no Municipal, eu vinha passando pelo corredor e vi um sujeito na porta do camarote conversando com uma moça e dizendo: "Mas futebol no Municipal?! Incrível!". Pronto, era a linguagem. Realmente quando Manuel Bandeira leu *Vestido de Noiva* disse: "Nelson, o que realmente me surpreende e me agrada no seu teatro é que não tem literatice". Isso porque o teatro brasileiro, quando não é costume, costume ralo, costume reles, quando não é assim de costume, envereda por uma mesquinhez, por uma literatice incomensurável e *Vestido de Noiva*, *A Mulher sem Pecado* não fazem a menor concessão à literatice, à subliteratura[57].

Também há divergências entre os dois críticos em relação à realização dos atos. Se para Almeida Prado "a feitura desta obra de estreante é linear e primária, abusando dos efeitos mais conhecidos, como as

53 Idem, p. 9.
54 Idem, p. 10.
55 Idem, p. 9.
56 Idem, p. 8-9.
57 *Depoimentos*, V, p. 126.

pseudossurpresas que fecham cada ato, ou o suicídio final, dos mais pobres dramaticamente que se possa imaginar"[58], para Magaldi está na disposição dos atos um dos principais acertos da peça:

> Os três intensos atos da peça não permitem nem a natural recomposição de atmosfera, feita lentamente, após o descanso dos intervalos. A separação em atos só se explica como oportunidade dada aos atores e ao público para recuperarem as energias despendidas. Porque a última palavra de um ato encontra continuação na primeira palavra do ato seguinte, sem que tenha havido solução no tempo. E nessa técnica não subtrai aos atos, isoladamente, a sua força, porque tem em si unidade própria, destacada e completada na fusão final.

Magaldi finaliza o seu texto afirmando que *"A Mulher sem Pecado, por todos os seus característicos, é uma obra de grande importância no nosso teatro"*, enquanto, para Almeida Prado: "Nelson Rodrigues, por bem ou por mal, sabe fazer o público interessar-se pelo enredo, participar da ação e não nos admiremos se *A Mulher sem Pecado* for o maior êxito de bilheteria de Graça Melo na presente temporada"[59]. O único problema levantado por Magaldi na estrutura do texto foi em relação ao uso do microfone como solução dramatúrgica, visto que "o microfone como um coro moderno traz para a cena desencontradas sugestões". Lembra aos leitores que não cabe ali examinar os problemas teatrais suscitados pela utilização desse recurso que ele denomina de "extrateatral". Para Magaldi:

> essa liberdade não acrescenta nova perspectiva à expressão cênica, mas a desloca de sua genuína linguagem. A solução dos problemas teatrais está na própria solução do diálogo. Fugir à especificidade do gênero no palco pode exprimir, ao contrário de nova riqueza incorporada ao teatro, uma deficiência de expressão que se compensa pela utilização de outros meios. Não obstante faça essa restrição substancial ao uso do microfone, não nego que na estrutura dada por Nelson Rodrigues à peça ele desincumbe um papel importante e bem lançado.

[58] *Apresentação do Teatro...*, p. 9.
[59] Idem, p. 9.

O GOSTO DO CRÍTICO

No ensaio escrito sobre a peça na década de 1980, apenas sua opinião quanto ao uso do microfone mudara em comparação às opiniões emitidas no ensaio escrito em 1950 : "à semelhança de muitas outras liberdades que o dramaturgo adotará, mostra que ele não se prende a discutíveis purismos da linguagem cênica, e toma de empréstimo instrumentos de outras artes, desde que úteis em determinadas circunstâncias"[60]. Nesse mesmo texto Magaldi afirmou "que ainda não conheceu peça do repertório brasileiro, encenada na década de trinta ou até o advento de *Vestido de Noiva*, que proponha questões semelhantes à peça A *Mulher sem Pecado*"[61]. Em sua opinião, "no tímido palco brasileiro dos anos quarenta", a peça "ensaiava uma audácia psicológica ausente de nossa produção dramatúrgica. E que teve sorte de fazer-se espetáculo"[62].

Magaldi confirmava, assim, as análises proferidas na crônica escrita em 1950, opinião essa que contradiz totalmente a do crítico Décio de Almeida Prado sobre a peça, ao afirmar ser ela "prosaica e trivial, sobre um assunto desagradável, de uma morbidez de segunda classe, sem qualquer espécie de grandeza"[63].

Em setembro de 1950, Magaldi vai ao auditório no Serviço Nacional do Teatro para assistir a um debate sobre a obra de Nelson Rodrigues, com a presença do próprio autor, promovido pelo diretório acadêmico da Escola Nacional de Química, debate que "poderia constituir um depoimento valioso sobre a criação de Nelson Rodrigues, consumiu-se longo tempo na esterilidade de perguntas ginasianas ou de liga da decência", explicou no artigo "Debate com Nelson Rodrigues", em que publicou um resumo do que havia sido ali conversado. Nelson Rodrigues disse as seguintes palavras, que foram reproduzidas na íntegra pelo crítico:

> Meus personagens agem por conta própria. Diante deles, lavo as mãos. Têm um livre-arbítrio absoluto, cabendo a minha interferência apenas na construção da peça. Os personagens praticam o mal sem compensação, pois, conscientes da culpa, são todos

60 *Teatro da Obsessão*, p. 14.
61 Idem, ibidem.
62 Idem, p. 16.
63 *Apresentação do Teatro...*, p. 9.

infelicíssimos, fazem cotidianamente o próprio inferno. Penso, porém, que o sofrimento os purifica.

Magaldi explica que em caráter de reportagem reproduzirá, sinteticamente, as declarações do questionado, que dissertou sobre sua forma de escrita, falou do público e do sucesso de *Vestido de Noiva*.

Em dezembro de 1950, Magaldi escreveu a crônica que anunciava a liberação por parte da censura da peça *Senhora dos Afogados*, através do ministro da Justiça do governo do presidente Gaspar Dutra, José Francisco Bias Fortes, que exerceu o cargo de 4.8.1950 a 31.1.1951[64]. Na opinião de Magaldi, Bias Fortes dava "uma prova de sua elevada estima pelo trabalho artístico". Um ano antes, em 1949, Nelson havia solicitado a liberação da peça censurada em 1946[65].

Na crônica, Magaldi divulga os nomes dos intelectuais que se manifestaram pela liberação da obra. Podemos observar o fato de que na lista não consta nenhum artista diretamente ligado ao teatro brasileiro. Assinaram o manifesto o professor Thiers Martins Moreira, diretor do Serviço Nacional de Teatro, e o sociólogo Gilberto Freire, Herbert Moss, Manuel Bandeira, Danton Jobim, Prudente de Morais Neto e José Lins do Rego.

Conforme o crítico, o processo de redenção da obra foi iniciado por uma opinião de Jean Louis Barrault, que situa *Senhora dos Afogados* na vanguarda do teatro mundial. O ator francês esteve no Brasil com a sua companhia *Madeleine Renaud-Jean Louis Barrault*, apresentando-se no Teatro Municipal do Rio de Janeiro, em 17 de maio de 1950. Na matéria, "A Título de Curiosidade", explica o crítico, Magaldi reproduz algumas frases ditas a respeito da peça do discutido dramaturgo. O crítico

---

64 Disponível em: <http://www. presidencia. gov. br/info_historicas>.

65 Em um recorte de jornal, sem identificação, do Cedoc-Funarte, encontramos o seguinte noticiário no qual Nelson Rodrigues comenta o despacho do chefe de polícia expedido em 1949, censurando a sua peça: "O sr. Nelson Rodrigues, falando à imprensa a propósito do despacho acima do chefe de Polícia, declarou que condenar o seu teatro é o mesmo que condenar , indiscriminadamente, o teatro universal de qualquer época. É chamar de obscenos Shakespeare, Sófocles, O'Neill etc. Acha o sr. Nelson Rodrigues que está sendo até de uma moralidade inatacável pois apresenta o mal como mal, infâmia como infâmia etc. Não diz que o mal, a infâmia etc. sejam normais. Declara que esteve com o chefe de Polícia e lhe propôs a criação de uma comissão de cinco membros para julgar a peça, indicando o sr. Nelson Rodrigues dez nomes de intelectuais, escolhendo então o chefe de Polícia cinco dentre eles. E os nomes são estes: Gilberto Freyre, Manuel Bandeira, Prudente de Moraes Neto, Roberto Marinho, Otavio de Faria, Ciro dos Anjos, Dulcina de Moraes, Olegário Martins, Augusto Frederico Schmidt e Genolino Amado".

O GOSTO DO CRÍTICO

anuncia que a estreia está programada para março de 1951 e que não lhe cabe antes disso

> discutir os problemas da tragédia. O valor artístico de *Senhora dos Afogados* é matéria à parte, que não pretendo trazer agora ao âmbito dessa crônica, importa simplesmente que Nelson Rodrigues tenha dado tratamento artístico à sua obra. E o tratamento artístico inocenta qualquer tema, liberando-o de valores éticos para inscrevê-lo na pura categoria estética.

Segundo Nelson Werneck Sodré, "o processo de redemocratização do país, iniciado sob excelentes auspícios, com o clima da liberdade reinante, seria violentamente truncado com o golpe militar de 29 outubro de 1945, que depôs Getúlio Vargas"[66]. Quem assumiu a presidência foi o general Eurico Gaspar Dutra, "cujo governo, cheio de violências, foi o prolongamento natural da ditadura [...] Foi sob a pressão imperialista que se votou a Constituição de 1946"[67].

Justamente nesse período as peças de Nelson Rodrigues foram censuradas. Para Roland Barthes, quando se quer a vanguarda, "a sociedade deve reunir duas condições históricas: uma arte reinante de natureza razoavelmente conformista, e um regime de estrutura liberal; noutras palavras, é preciso que a provocação encontre ao mesmo tempo sua razão e sua liberdade"[68]. No cap. II, artigo 141, parágrafo 5º da Constituição de 1946[69], consta que é livre a manifestação do pensamento, sem que dependa de censura, salvo espetáculos e diversões públicas, respondendo cada um, nos casos e na forma que a lei preceituar pelos abusos que cometer.

Em um decreto do mesmo ano, é criado o Serviço de Censura de Diversões Públicas – SCDP, que determina no artigo 4º ser da competência do SCDP censurar previamente e autorizar as projeções cinematográficas; as representações de peças teatrais; as representações de variedades de qualquer espécie; as execuções de pantomimas e bailados; as execuções de peças declamatórias; as execuções de discos cantados e falados, em

---

66 *História da Imprensa no Brasil*, p. 387.
67 Idem, ibidem.
68 *Escritos sobre Teatro*, p. 295.
69 Disponível em: <http://www. planalto. gov. br/ccivil_03/constituicao/Constitui%C3%A7a046. htm>.

qualquer casa de diversão pública, ou em local frequentado pelo público, gratuitamente ou mediante pagamento; as exibições de espécimes teratológicos; as apresentações de préstitos, grupos, cordões, ranchos etc. e estandartes carnavalescos; as propagandas e anúncios de qualquer natureza quando feitos em carros alegóricos ou de feição carnavalesca, ou ainda, quando realizados por propagandistas em trajes característicos ou fora do comum; a publicação de anúncios na imprensa ou em programas e a exibição de cartazes e fotografias, quando se referirem, tais anúncios, aos assuntos consignados nos números anteriores desse artigo; as peças teatrais, novelas e congêneres emitidas por meio de rádio; as exibições de televisão.

Até a implantação do AI-5, em dezembro de 1968, os critérios de conduta da censura no Brasil estavam fundamentados nos parâmetros estabelecidos em um decreto de 1946, aprovado durante o governo provisório de José Linhares, que deu origem ao SCDP, órgão federal subordinado ao Ministério de Justiça. A partir da Constituição de 1967, a censura passou para a esfera federal, sendo então unificada para todo o país.

Escrita em 1947 e censurada em 1948, *Senhora dos Afogados*, só iria estrear muito mais tarde, em 1º de junho de 1954, no Teatro Municipal do Rio de Janeiro, curiosamente, em uma companhia oficial – a Companhia Dramática Nacional de Teatro do MEC – com direção de Bibi Ferreira e cenários de Santa Rosa.

Sobre seu próprio estilo, ao comentar a peça *Senhora dos Afogados*, Nelson declarou em entrevista-depoimento, trinta anos após a estreia da peça, em 1974 – na ocasião, entre os entrevistados estava Sábato Magaldi – no extinto Serviço Nacional de Teatro, em plena ditadura militar:

> Eu tenho que ser sincero. Isso vai ficar para a história. Eu tenho que dizer a verdade. O negócio é o seguinte: há uma verdade que eu acho incontestável. Eu posso ser pior do que os outros autores, mas há uma coisa que realmente ninguém pode negar – é que eu sou diferente, eu me sinto diferente, compreendeu? Aí é que está a história. Não é melhor nem pior, eu me sinto diferente. O brasileiro é fascinado pelo chocalho da palavra, pelo som, o sujeito precisa do verbo. Ele se embala e volta e meia, por isso, cai na literatice mais horrenda. Eu me lembro que, quando eu era garoto, fiz uma coisa e foi muito

O GOSTO DO CRÍTICO

> bom ter feito: "O crepúsculo era uma apoteose de sangue" – escrevi eu, isto aos 13 anos, mas isto ficou em mim, me marcou tanto que é muito difícil eu cair no pecado da literatice, ouviu? Porque outra coisa que é fundamental, eu esqueci de dizer, é o mau gosto. É uma das contribuições decisivas. Eu, quando fiz *Senhora dos Afogados*, lá pelas tantas me apareceu um cara que tinha eczemas. A peça foi interditada. Depois passou uma comissão. Da comissão julgadora, o único que não se horrorizou com a palavra eczema foi Gilberto Freire, porque o resto do pessoal achou incrível... A influência do mau gosto foi uma das coisas capitais na minha obra[70].

Nas três críticas dedicadas ao texto de *Vestido de Noiva*, Magaldi fará alusão, somente, à teatralidade da obra. Para o crítico, nosso panorama teatral, dominado quase exclusivamente pela comédia ligeira com intenção de entreter o público, "ganhou de súbito altitude trágica, incorporou-se à revolução universal processada na literatura, colocando-se em termos semelhantes aos das experiências de vanguarda tentadas em todo o mundo". E vai mais longe: "não é apenas acontecimento no teatro brasileiro, mas obra que se destaca pelos valores revolucionários e de admirável destinação cênica entre as mais ousadas tentativas da dramaturgia moderna". Outro aspecto relevante levantado pelo crítico é que

> Nelson Rodrigues trouxe para o teatro a grande conquista da ficção moderna: o mergulho na zona indeterminada e livre das ações subconscientes. A corporeidade cênica, escravizada ao mundo dos gestos e das atitudes consequentes (que limitam o trabalho criador do dramaturgo), subverteu-se em favor da dissociação íntima da personagem, rica de imponderáveis fatores na sondagem profunda da alma humana.

Em "*Vestido de Noiva* ii", Magaldi trata dos personagens que, na sua opinião, "não se definem por conceitos, como fatores da ordem moral ou símbolos de sistemas. Agem, simplesmente, possuídos de paixões violentas e incontroláveis". Para o crítico, Nelson Rodrigues

---

70 *Depoimentos*, v, p. 132.

> não caracterizou os personagens de *Vestido de Noiva* segundo requintes de natureza psicológica, ética ou metafísica. A vertigem da lucidez que é, talvez, a que permita as indagações mais profundas da natureza humana não constitui a matéria do autor [...] À parte, porém, a majestade formal que lhe dá ampla estrutura de obra absolutamente acabada – trabalho primoroso como realização artística – *Vestido de Noiva* revela excepcionais reservas poéticas e visão profunda do destino humano através das sugestões recolhidas do todo. [...] A forma por que se passam os acontecimentos, as ligações involuntárias realizadas pelos diferentes temas induzem a se concluir a profundidade e a mensagem superior da criação de Nelson Rodrigues.

Nesse segundo ensaio, Magaldi levanta as questões do inconsciente e do subconsciente que serão estudadas futuramente na obra do dramaturgo: "Nelson Rodrigues, sem utilizar a dialética motivada da psicanálise, aproximou e tratou com grande rigor e pureza de ficção". O crítico destaca a poesia contínua no texto com uma empolgação ímpar: "Forças diversas, entrevadas e interdependentes, se chocam, se completam, se explicam, se unem em *Vestido de Noiva*, em poderosa massa de ficção, a que o autor deu sopro poético que mantém os três atos em atmosfera de encantamento e insuportável vigor sugestivo".

No terceiro é último texto sobre *Vestido de Noiva*, Magaldi destaca o que seria, em sua opinião, o universo do autor: "O mundo de Nelson Rodrigues é o do alogismo, do caos, da falta de sentido da vida humana. Seu depoimento é niilista, suavizado e reafirmado pelo 'humor', que cerca todos os fatos e integra os destinos no cotidiano implacável". Aqui Magaldi levanta precocemente duas questões até hoje muito discutidas e estudadas tanto por encenadores como por teóricos da obra de Nelson: o "humor" e o cotidiano. No artigo, Magaldi inaugura a questão: "O cotidiano absorve tudo, aniquila a seiva humana, transforma sentimentos e paixões na sucessão sem sentido do tempo. Por essa fase, *Vestido de Noiva* pode ser considerada tragédia do cotidiano".

No extenso texto, o crítico discorre sobre a linguagem:

> *Vestido de Noiva*, entre as virtudes mais significativas que apresenta (talvez até distingue, realmente, na cena brasileira e na dos

outros países), se caracteriza pela sobriedade da linguagem, pela economia vocabular, pela perfeita destinação do palco favorecida pelo valor sugestivo das situações. Não há palavras cujo aproveitamento não se justifique. Os diálogos são incisivos, diretos, cortantes, definindo com a menor soma de dados o episódio a expor. A detecção exata de que a linguagem do texto só poderia ser transmitida pelo teatro [...] a admirável realização dessa teatralidade inata impõe a *Vestido de Noiva* o privilégio de obra rara no panorama cênico universal. Hoje, que pouquíssimos dramaturgos de reais méritos existem em qualquer parte do mundo, para não dizer simplesmente da escassez da autêntica vocação teatral – a obra de Nelson Rodrigues se destaca pelos elementos próprios do palco, responsáveis pela consumação plena do espetáculo. *Vestido de Noiva* realiza uma compacta exibição cênica. Nelson Rodrigues se individualiza como autor de pura forma teatral.

O crítico termina a tríade de artigos, surpreendente pela lucidez e pela visão crítica em relação à obra de um autor, dizendo que "*Vestido de Noiva* no conjunto do espetáculo, tem o vigor de um grande teatro. Nelson Rodrigues a concebeu fora dos limites de nossa tradição, pois não temos segmentada uma linguagem do palco". É notável a capacidade de Magaldi em prever certos destinos na vida teatral; para Nelson Rodrigues, previu o lugar que viria a ocupar como dramaturgo no teatro brasileiro ao afirmar: "A felicidade da tentativa só se explica por extraordinária intuição criadora que reservará ao autor o lugar de primeiro dramaturgo universal em nosso teatro".

A única peça de Nelson Rodrigues a que Sábato Magaldi assistiu enquanto crítico do *Diário Carioca* foi o monólogo *Valsa nº 6*. Dos três textos dedicados à peça, apenas um deles é uma crítica sobre o espetáculo, os outros dois sendo entrevistas realizadas com o autor sobre a peça.

O texto publicado em forma de noticiário, "Nova Peça de Nelson Rodrigues", foi publicado três meses antes da estreia de *Valsa nº 6*. Nele Magaldi marca as transformações da nossa dramaturgia a partir de Nelson Rodrigues: "nosso teatro se colocou ao lado das manifestações estéticas mais arrojadas que tiveram lugar com o movimento modernista, situando-se no caminho vanguardeiro entre as pesquisas novas dos diversos países". Ficamos sabendo através desse texto que Magaldi mantinha contato com Nelson. O crítico foi informado pelo autor que a peça havia sido escrita especialmente para a irmã, Dulce Rodrigues.

O texto "*Valsa nº 6* Estreou Ontem: Diálogo com Nelson Rodrigues" é uma conversa do crítico com o autor a respeito da peça. Excepcionalmente, ao invés de escrever a crítica do espetáculo, Sábato Magaldi entrevista o seu autor. Nelson esclarece que a concepção da peça inicialmente "é estética. Um ideal de pureza e teatralidade absolutas". O autor responde às perguntas do crítico, que lhe indaga sobre o papel da música no espetáculo e especula sobre o que significa para ele a aceitação da plateia.

Magaldi quer saber o significado da *Valsa nº 6* no conjunto de sua obra. Nelson explica que "*Valsa nº 6* é menos parecida com outro monólogo do que uma máquina de escrever com uma de costura". Sobre o fato de colocar uma morta em cena, Nelson diz que não vê obrigação para que a personagem seja viva: "Para o efeito dramático, essa premissa não quer dizer nada".

Duas semanas depois da estreia do espetáculo, que ficou em cartaz no Teatro Serrador sempre às segundas-feiras, a crítica sobre *Valsa nº 6* é publicada. Fica claro que Magaldi não ficou muito entusiasmado com a montagem. Comenta o desempenho de Dulce Rodrigues e discorda, em alguns pontos, da direção de Henriette Morineau. Na sua opinião: "No conjunto, o espetáculo parece-me inferior à peça. *Valsa nº 6*, entretanto, pelos valores apontados e extraordinário mérito da realização de Nelson Rodrigues, faz jus à franca acolhida do público".

Gosto assumido pelo trabalho da atriz Bibi Ferreira. Gosto revelado por Jayme Costa, Silveira Sampaio e, acima de todos, Nelson Rodrigues. Que este capítulo faça justiça ao crítico, que refaça o frescor do processo de trabalho desses artistas, suas dificuldades, seu potencial artístico, mesmo em uma época adversa à sua preservação na cena.

A Essência do Teatro

Quando na dissertação me deparei com o texto "Apontamentos Banais", de Sábato Magaldi, o meu foco estava em analisar a questão do público. O crítico faz uma distinção conhecida, mas pouco discutida no Brasil, a respeito do público de teatro como fenômeno teatral – público menos estudado, por exemplo, do que o consumidor de literatura – e que, na maioria das vezes, só é computado na hora de calcular os gastos ou os prejuízos financeiros das companhias, mas quase nunca como objeto de estudo voltado para a análise de determinados aspectos, que o fazem aceitar ou não um espetáculo. Magaldi explica que "a situação do público no teatro é de *participador* efetivo, membro integrante do conjunto a que se denomina comunhão do espetáculo. A plateia não tem a mesma função de um leitor de romance. Se ela não colabora na realização do teatro, a peça está fadada a não ter vida"[1].

Ao reler as críticas de Magaldi, defrontando-me mais uma vez com o texto "Apontamentos Banais", percebi que uma completa cegueira durante a pesquisa para a dissertação me fizera perder de vista, principalmente, o diálogo travado por Magaldi com Henri Gouhier (1898-1994), filósofo pouco divulgado no Brasil, que discute, entre outras questões, o textocentrismo de Jacques Copeau e a prática dos membros do Cartel, em especial do diretor Gaston Baty. Imediatamente entrei em contato com Sábato Magaldi. Ele relatou ter lido o autor ainda no Rio de Janeiro, em

---

1 Grifo meu.

francês, antes mesmo da sua estada em Paris. Corri em busca do livro sem tradução em português, o que me obrigou a encomendá-lo em Madrid. Foi assim que uma clareira se abriu ao meu olhar. A questão propiciou outro norte, transformando-se na minha principal hipótese: a formação ou gênese da crítica Sábato Magaldi, vindo de Minas para o Rio de Janeiro, trazendo na mala as leituras de Gide, Copeau, Sartre, Simone de Beauvoir, Nelson Rodrigues que, em realidade, se confrontam com as *heresias* da cena carioca, conformada por teatro desprovido de encenadores, sem mecenas, com um público ávido por comédias, adaptações de textos sem importância e a presença dos "velhos" atores.

Nasce daí sua forma ímpar de criticar; o seu tom apaziguador e dialógico; sua forma de reflexão e observação em constante transformação e amadurecimento. Nas primeiras críticas – aturdido com o que via e julgava ser necessário transportar para a escrita da crítica diária – foi rígido com os espetáculos, utilizando a coluna, como já foi comentado nos capítulos anteriores, para entrevistas e crônicas. Com o passar do tempo, colocou de lado o que seria seu ideal de teatro, o teatro do texto, e passou a enfrentar a cena; não somente a que presenciava nos palcos, mas os problemas escondidos por trás das coxias. Foi quando, finalmente, encarou a cena tal qual se apresentava, enfrentou o próprio texto, menos comprometido com a estética dos espetáculos e mais com reflexões sobre produção e recepção, o que o tornou diferente, pois passou a avaliar o teatro como um todo e a considerar que para ele também havia um espaço de heresias. Coincidentemente, as questões de Gouhier foram frequentar a coluna ao lado daquelas dos autores da biblioteca de Magaldi, muitas vezes divergentes. Essas contradições enriqueceram ainda mais a postura crítica de Magaldi.

Anos mais tarde, já em São Paulo, no Suplemento Literário do jornal *O Estado de S.Paulo*, o crítico veio a escrever um ensaio sobre o lançamento de *L'Oeuvre théâtrale* (1958), de Henri Gouhier. No texto, "A Obra Teatral", Magaldi comprova que seguia a trajetória do filósofo, mesmo considerando discutíveis certas premissas de Gouhier "por irem longe demais num terreno movediço, em que orientações diversas frequentemente coexistem"[2]. Explica que a nova publicação de Gouhier visa a examinar "a obra criada

---

2 *Depois do Espetáculo*, p. 43.

pelo dramaturgo e recriada pelo encenador e pelo comediante com a participação do espectador". Para Magaldi, com *L'Oeuvre théâtrale* o autor completa a sua trilogia sobre a filosofia do teatro:

> *L'Essence du théâtre* já era um livro básico sobre os fundamentos da arte dramática – súmula de princípios estéticos definidores do fenômeno cênico. Como "depois da essência, vem a existência", Henri Gouhier fez um estudo sobre o teatro tal como ele é – trágico, dramático, cômico, feérico: *Le Théâtre et l'existence*. A *Obra Teatral* procura definir a estrutura e a finalidade do texto, fornecendo elementos úteis para o trabalho do dramaturgo e a apreciação do crítico e do público[3].

Em "A Obra Teatral", Magaldi alerta que uma ou outra conclusão do ensaísta poderia ser posta em dúvida – o livro, segundo Magaldi, discorre sobre muitos assuntos ainda hoje polêmicos, como o capítulo "Aristóteles Ultrapassado", mas a análise é sempre inteligente e contém ensinamentos proveitosos: "A lucidez e a penetração com que o autor examina as obras fundamentais da história do teatro emprestam, aliás, um interesse permanente ao volume, além de todas as teorias"[4]. O crítico destaca a ideia de Gouhier, lançada em A *Essência do Teatro* (1943), em que a obra teatral é presente e presença, e é feita para ser representada, o que implica a participação do público. No *Diário Carioca*, Magaldi levantou pela primeira vez a questão de Gouhier, que é relembrada no texto:

> Ao inscrever o espectador no mecanismo teatral, Gouhier estabelece uma distinção que não cabe esquecer no ato criador [...].
>
> Nessa relação do palco com a plateia, importa produzir um efeito, condição dos outros porventura perseguidos o "sentimento de presença da personagem representada". O dom da presença, essencial tanto ao ator como à personagem, sintetiza o mistério do teatro e lhe confere a verdadeira dimensão artística[5].

3   Idem, ibidem.
4   Idem, p. 46.
5   Idem, p. 44.

Para Gouhier, a história de suas heresias revela a essência do teatro[6]. Em "Apontamentos Banais", Magaldi irá tratar do tema com certa cautela e, em tese, seu texto formula uma questão. Magaldi, ao escrever sobre determinado espetáculo, acrescenta à crítica uma análise de produção do espetáculo e relaciona ambos à recepção da plateia. A tríade espetáculo-produção-recepção assume equivalência em suas críticas, o que nos sugere fortalecer a ideia de que a construção do modo de criticar de Magaldi se deu, no Rio de Janeiro, em consequência da realidade dos espetáculos a que assistiu – com velhos atores, produção deficitária, ausência dos traços da estética moderna e influência do gosto do púbico – e dos autores que lia. Um deles, Gouhier.

Em *A Essência do Teatro*, Gouhier expõe uma teoria avessa àquela que estava em voga naquele momento no Brasil, quando as ideias de Jouvet, trazidas no início dos anos de 1940, ainda eram tidas como novidade, principalmente no Rio de Janeiro. Para definir o que é teatro, segundo Gouhier, é necessário definir o que não é teatro. É preciso analisar suas estruturas, dizer em que condições ele é realização teatral e em que condições ele não o é. Gouhier ressalta que irá tratar de "a filosofia do drama enquanto teatro", o que significa, segundo ele, "uma reflexão sobre esse mundo estranho que é uma obra comum do autor, ator e espectador"[7]. Interessante constatar que, quando o livro é publicado em Paris, em 1943, o teatro ainda não havia se desligado das ideias textocêntricas de Jacques Copeau, nem das ideias do Cartel des Quatre, grupo fundado em 1926 e que durou até a Segunda Guerra Mundial, e que era formado pelos mais importantes diretores de teatros particulares de Paris: Georges Pitoëff, Charles Dullin, Louis Jouvet e Gaston Baty – esse último a quem Gouhier dedica o livro. Apesar dos quatro "diferirem muito quanto à origem e temperamento, tinham em comum o objetivo de produzir, no sentido de Copeau, um teatro não convencional, de humanizar a arte do palco e de opor-se à corrente da crescente artificialização"[8].

Por causa do título do livro, podemos, num primeiro momento, considerar que o autor tratará o texto como essencial para o teatro. Mas logo nas primeiras páginas Gouhier aborda, claramente, o teatro como *representa-*

---

6   *La Essencia del Teatro*, p. 93.
7   Idem, p. 19.
8   M. Berthold, *História Mundial do Teatro*, p. 480.

ção, porque nele constam presença e presente, e "essa dupla relação com a existência e com o tempo constituem a essência do teatro"[9]. Na opinião do filósofo, a obra-prima jamais se entrega a uma visão total e definitiva, nenhuma recriação a esgota, solicita sem cessar novas traduções, novos renascimentos[10]. Visão de teatro, por sinal, bastante contemporânea e pertinente, pois como sabemos, ainda hoje, em pleno século XXI, alguns críticos insistem em exigir para as encenações fidelidade aos autores, o que talvez nem eles próprios requeressem. Segundo Gouhier, "Hamlet é – usando as palavras de Pitoëff – um intelectual que tortura sua inteligência; Hamlet é, segundo Marguerite Jamois, um adolescente nervoso; Hamlet é, segundo Yonnel, um modelo de filho; enfim, Hamlet é todos esses Hamlet e alguns mais"[11].

As Heresias do Teatro

Gouhier dedica um capítulo ao que intitula "As Heresias do Teatro". Magaldi, em "Apontamentos Banais", faz uma análise do capítulo, e explica que a história de suas heresias revela a essência do teatro. Assim, segundo Gouhier:

> O teatro é uma arte associada a uma empresa. Só pode viver fazendo viver artistas e artesãos. Portanto, não há tempo para esperar obras-primas. Seu alimento de cada dia não é o gênio: é o talento quando se estabelecem compensações no interior da síntese dramática. Aqui a beleza da apresentação compensa a debilidade do texto, ali a música corrige sua sequência, mais ali, a atuação de um ator ou de uma atriz escamoteia suas debilidades[12].

No Rio de Janeiro dos anos de 1950, apesar da ausência de grandes textos e de uma dinâmica de encenação moderna, as salas de espetáculo mantinham-se lotadas: o ator era quem levava os espectadores ao teatro,

9   Op. cit., p. 2.
10 Idem, p. 90.
11 Idem, p. 21.
12 Idem, p. 111.

ou seja, o teatro "sobrevivia". Em relação aos espectadores, notamos uma curiosa posição de Gouhier. Na sua opinião, o público nem sempre se engana, consequentemente, o sucesso ou o insussesso de um espetáculo revelaria sua qualidade.

Para Gouhier, o primeiro dever de uma companhia teatral é representar o texto e o segundo é salvá-lo: "E quantas obras necessitam ser salvas!"[13]. Segundo ele, muitas vezes as obras, por serem fracas, precisam ser recriadas – salvas – pela representação. Gouhier pergunta: "O público se emociona por causa do ator ou por causa do autor?"[14]. Observa-se que, a partir desta pergunta de Gouhier, Magaldi passará a discutir com bastante frequência em suas crônicas no *Diário Carioca* a questão do gosto do público.

Como já foi dito, no Rio de Janeiro, a tradição dos velhos atores ainda persistia. Para o filósofo, a existência do mito do teatro literário, a tentação de colocá-lo num posto soberano é tão forte quanto a sutileza desse equívoco: "não se trata, de modo algum, de discutir a posição do texto no drama, mas sim saber se as palavras do texto expressam a vida total do drama"[15]. Segundo Gouhier, o teatro "em seu príncipio é representação. Em sua origem, comunicação"[16]. Ao definir o que é a essência do teatro, explica que a filosofia do teatro tem por objeto a alma dessa arte, dando à palavra um duplo sentido: espiritual e vital. Faz assim uma distinção entre o que seria uma filosofia do teatro enquanto drama, que "coincide, necessariamente, com a visão do homem e do universo, que o metafísico se forja fora do teatro"[17]; e a filosofia do drama enquanto teatro "é uma reflexão sobre esse mundo estranho que é a obra comum do autor, do ator e do espectador"[18].

Retomando, na representação há presença e presente e essa dupla relação com a existência e com o tempo, na opinião de Gouhier, constitui a essência do teatro. Sua explicação vem exemplificada através da pintura. "Quando Delacroix pinta Hamlet, ele fixa uma cena, fixa uma alma, faz um testemunho imóvel"[19]. Já na tragédia de Shakespeare,

13 Idem. , p. 114.
14 Idem, ibidem.
15 Idem, p. 115.
16 Idem, p. 17.
17 Idem, p. 18.
18 Idem, ibidem.
19 Idem, p. 114.

AS HERESIAS DO TEATRO

continua Gouhier, Hamlet, príncipe da Dinamarca, responde a outra intenção: são cinco atos em busca de atores que o atualizem, ou seja, a atualização da ação é feita por atores: "Não se trata de recitar, mas sim de ressuscitar. Representar é fazer presente mediante presenças. O feito dramático é pois o ator"[20].

O posicionamento de Gouhier contraria as tentativas de encenação modernas recém-chegadas ao Brasil através dos diretores estrangeiros, voltados para o método de disciplina do diretor, qual seja, a de orquestrar o espetáculo a partir de um texto. A primazia do ator precisava submeter-se às necessidades da cena e dos novos padrões do teatro moderno. As ideias de Gouhier não se coadunavam, a princípio, com as do crítico Magaldi. A ideia de um teatro que "salva textos" desenvolve o que ele, então, denomina de *as heresias do teatro*.

É sob a marca das heresias do teatro que, no início da década de 1950, se revela a essência do teatro carioca, no qual ainda reinavam soberanas as companhias dos grandes atores e as revistas, que lotavam as salas de espetáculo e permaneceram, do final do século XIX até os anos trinta e quarenta do século XX, nos palcos cariocas e que, aparentemente, ainda hoje podem justificar o sucesso dos musicais, talvez como uma herança desse passado. Conforme pesquisas de Neyde Veneziano,

> a crítica, que na sua maioria era praticada por amadores e jovens diletantes, ocupava-se em descrever os espetáculos com subjetividade, mergulhada em adjetivos e legitimada pela desafinada erudição esnobe e afrancesada, pouco colaborando com o aprofundamento do conhecimento e muito contribuindo com o quadro pitoresco da sociedade e da boemia. No outro extremo, o daqueles que construíam o palco abrasileirado e impunham, pouco a pouco, um jeito brasileiro de fazer teatro, estavam, também, aqueles que liam Shakespeare e Molière, traziam novidades da Europa, assistiam às operas italianas e desfrutavam as delícias do cancã[21].

Ainda segundo Veneziano, através dos relatos e das críticas da época – que acompanharam as revistas, juntamente com um público popular,

---

20 Idem, ibidem.
21 *O Teatro de Revista no Brasil*, p. 32.

no melhor sentido do termo, segundo a autora – "certificam, com exuberância de adjetivos, as qualidades dos cômicos, das caricatas, dos cantores e vedetes, bem como a receptividade do espetáculo"[22].

No conjunto de críticas intitulado "As Heresias do Teatro" examinaremos como um crítico com a formação de Sábato Magaldi, cujo ideário privilegiava o texto como objeto crítico, tratava a revista, que nessa época entrava em declínio. Na opinião de Veneziano, a revista brasileira:

> entrou criticando e cantando, no século XX, musiquinhas de carnaval. Foi assim até os anos 20, os 30 e, também, nos 40. Na década de 50, já transformada, recauchutada, enfeitava-se demais. Perdia a crítica, ganhava mais músicas, mais plumas, mais alusões (agora quase obscenas). Perdia o texto. Ganhava mais espetáculo. Aquele espetacular. Foi assim que, aos poucos, perdendo a mocidade, perdeu, também, o público. O cenário mudou. Mudou também a sintaxe. O teatro ficou previsível. O ponto foi abolido. O encenador chegou a dominar. O palco quis ser inteligente. E a revista acabou[23].

Na década de 1950 proliferam as revistas de bolso. São inaugurados o Teatro Follies (1949) e o Teatro Jardel (1948), ambos em Copacabana. Até aqui constatamos que Magaldi incentivou todas as montagens em que vislumbrou uma tentativa de mudança de paradigma da cena. Seus textos demonstram sua disponibilidade não somente para a crítica, como para a construção do teatro brasileiro. Professor nato, didático em suas explicações, o crítico já demonstra sua vocação, quer seja nas críticas, quer seja nas crônicas. Hoje, ao analisar seus textos, notamos uma lucidez peculiar, apesar da sua pouca idade, para perceber *in loco* atores, autores e problemas que até hoje o nosso teatro não conseguiu resolver.

Os textos a seguir demonstram como são abordadas as heresias nas críticas de Magaldi e como os atores "salva-textos" são tratados. Nas primeiras semanas no ofício de crítico, Magaldi colocou o seu emprego à disposição: pediram a sua cabeça no *Diário Carioca* por conta de sua rigidez, o que foi negado pelo então chefe da redação, Pompeu

22 Idem, ibidem.
23 Idem, p. 33.

de Souza. Como exemplo de sua inflexibilidade inicial, temos a crítica à Companhia Zig-Zag de Revista, em cartaz no Teatro Follies: "O progresso de *Botas e Bombacha* em relação a *Folias de Bagdá*, cartaz anterior, corresponde na hierarquia de valores à passagem de péssimo para o muito ruim"[24].

Já no mês seguinte, sobre a revista *Cabeça Inchada*, da mesma companhia, mais cauteloso escreveu: "Se não é possível dizer palavras elogiosas a respeito da nova tentativa da Companhia Zig-Zag, por certo não caberão agora as expressões tão duras que usamos para *Botas e Bombachas*"[25]. Termina o texto indagando quando a companhia "nos dará uma revista que se possa aplaudir"[26]. Em *"Cabeça Inchada"*, Magaldi passa a relacionar as dificuldades das apresentações do Teatro Follies não só à encenação em si, mas também aos problemas financeiros, ou seja, passa a perceber o que está atrás da cena, da produção e, à frente, o gosto do público.

Logo a seguir, Magaldi escreve sobre *Miss França*, de Geysa Bôscoli e Guilherme Figueiredo. Ele avalia que os autores "não superaram o conteúdo normal desses espetáculos. A matéria de que se utilizaram não tem originalidade, limitando-se a tratar com mais gosto os temas já tão conhecidos da plateia", mesmo considerando que "desde o texto, até o conjunto dos figurantes, houve cuidado no lançamento da revista. Os autores elevaram o padrão do gênero, não insistindo nas grosserias habituais". Notamos também que, a partir dessa crítica, passa a utilizar critérios de avaliação que têm como parâmetro elementos do teatro moderno, como a homogeneidade do elenco. Sobre o texto afirma: " a melhor qualidade de algumas piadas, o interesse e a descrição da maioria dos quadros representam um progresso que se pode aplaudir sem maior constrangimento", e dá destaque ao conjunto: "O agrado de *Miss França* se deve, em grande parte, à homogeneidade do elenco".

Magaldi passará a relevar os problemas da estreia – na maioria das vezes realizada com pouquíssimos ensaios – e perdoará até mesmo o uso do ponto, uma das mais graves heresias do teatro moderno, marca de atores que não decoram seus papéis. Sugere a reflexão sobre o que poderia melhorar e, assim, dar maior qualidade ao espetáculo e ao texto

---

24 *"Botas e Bombacha"*, *Diário Carioca*, 29 ago. 1950.
25 *"Cabeça Inchada"*, *Diário Carioca*, 22 set. 1950.
26 Idem, ibidem.

o que, segundo ele, poderia satisfazer plenamente uma noite descomprometida: "Vencida a hesitação da estreia, em que o ponto antecipou muitas falas; feitos alguns cortes, sobretudo nos números de dança, para maior unidade do programa: melhorado, se possível, o conteúdo de alguns quadros (a própria abertura e o final do espetáculo são um pouco inexpressivos)".

Na crítica sobre *Café Concerto n. 2*, a nova revista apresentada por Renata Fronzi e Cesar Ladeira na boate Casablanca, no bairro da Urca, Magaldi confirma o gosto e a graça imputados ao primeiro *Café Concerto*, como também lhe acrescenta valores inéditos. Para ele, o casal de produtores e autores – a partir daí o casal fará uma série de espetáculos com o mesmo título, que chegará ao *Café Concerto nº 10*, no dia 17 de março de 1952 – conhece os segredos do pequeno palco adaptado, e os utiliza com grande felicidade, conseguindo sucesso pleno. Na sua opinião, o texto não recorre a processos dúbios e a ideias por demais exploradas:

> O *Café Concerto n. 2* reúne as diversas qualidades necessárias ao agrado do público, com um texto adequado à circunstância e apresentação defendida por intérpretes de talento. A revista atende perfeitamente às possibilidades da boate e constitui um passatempo que satisfaz na diversão noturna.

E as heresias são detectadas. Ressaltadas. Avaliadas e comentadas. O "salva-textos", de Gouhier, insere-se na crítica de Magaldi, ou seja, os atores e as atrizes "salva-textos":

> Percebia-se, no elenco, ignorância quase completa do texto. Salvou, contudo, a interpretação, o valor pessoal dos figurantes, já que todos revelam admiráveis dons para improvisar. Mara Rubia, uma vedete cheia de graça e encanto, anima extraordinariamente a comicidade do texto.

A partir daí, a questão será levantada em todas as revistas consideradas de valor ou nas que tenham um ator "salva-textos" e ganharão do crítico palavras de apoio. Em depoimento dado à autora em 2007, Magaldi

AS HERESIAS DO TEATRO

relatou que, realmente, as atrizes Dercy Gonçalves e Alda Garrido eram ótimas: "eu me divertia muito com as duas".

É sobre Dercy Gonçalves que versará a crítica seguinte, "A Estreia do Jardel", sobre o espetáculo de revista *Zum! Zum!*, texto do casal Renata Fronzi e César Ladeira. Magaldi afirma sobre o desempenho da atriz:

> Dercy Gonçalves eleva, nas cenas de que participa, o nível da representação. Com a mesma liberdade de movimentos no reduzido palco de Teatrinho, a grande atriz do musicado anima os papéis, dá aos episódios caricaturais exata expressão, revela uma versatilidade, um vigor interpretativo que enchem o espetáculo. Dercy é responsável, no elenco, pela comunicabilidade permanente com a plateia.

Dentre os vários *sketchs* da revista, Magaldi destaca "Paris 1951", quadro que, segundo ele, "não só faz curiosa caricatura dos bares existencialistas, como possibilita a Dercy uma deliciosa criação na veste de Juliette Greco". No quadro, Dercy interpreta a atriz e cantora, musa do existencialismo, amiga de Sartre e Camus. Interessante observar a inserção numa revista de um tema atual francês – Greco estreara apenas um ano antes em Paris – o que demonstra ainda certo vigor do gênero nos palcos do Rio de Janeiro.

Na opinião de Magaldi, a revista *Zum! Zum!* possui diversos *sketchs* bem realizados, com "repertório anônimo do musicado, cuja paternidade não é mais possível assinalar – apresentam um feitio próprio revelador da inteligência e do gosto dos autores". *Zum! Zum!*, diz ele, tem um "texto limpo, com altos e baixos, merecendo cortes e modificações, mas cheio de um espírito que afirma dia a dia, no gênero, o talento de Renata Fronzi e Cesar Ladeira". É preciso destacar o modo como Magaldi finaliza a crítica, quando diz ser *Zum! Zum!*: "Um espetáculo que agrada, em síntese, sobretudo pela excelente atuação de Dercy Gonçalves", patenteando a flexibilidade de suas contestações sobre as montagens realizadas no Rio de Janeiro, aceitando as improvisações e a verve pessoal de Dercy, qualidade de uma "heresia do teatro" como o ponto máximo de um espetáculo.

Depois da revista *Zum! Zum!*, foi a vez de *Ó de Penacho*, também escrita pela dupla Renata Fronzi e César Ladeira. Segundo Magaldi, no espetáculo "há comicidade, há gosto, há preocupação de trazer ideias novas, embora seja nítido o aproveitamento de êxitos já firmados na revista". Um quadro apresentado na revista anterior é rememorado na crítica: a imitação de Juliette Greco, o que demonstrou o "gosto" dos autores e possibilitou a Dercy um desempenho excelente. Na crítica, Magaldi analisa o trabalho dos outros autores, destacando "o sensível progresso" de Ankito em relação à montagem anterior, e relata a série de *sketchs* que compõem a revista.

Mais uma vez, o destaque da montagem – que na opinião do crítico possui "cenários sintéticos, sem mérito, cortinas de mau gosto irritante, e guarda-roupa com belos figurinos, atestando o cuidado da apresentação" – é a interpretação de Dercy Gonçalves: "nossa primeira atriz do gênero, continua, sem dúvida, o motivo principal do sucesso do programa. Com o dom extraordinário da improvisação, da comunicabilidade com a plateia, servida por invulgar talento artístico". Observamos que ele elogia o *dom de improvisação* da atriz, heresia gravíssima, infração que faria qualquer tentativa de teatro moderno perder muitos pontos. Na análise sobre a atuação da atriz continua sendo ressaltada a sua contribuição pessoal, ou seja, heresia encoberta por uma atroz capa de salva-texto: "Dercy Gonçalves enche o palco, tanto nos quadros interpretativos como nos números de canto cômico. Pode se ver a imensa contribuição pessoal que oferece na recriação de um *sketch*, quando atende a um pedido de bis".

Podemos constatar até aqui que a questão dos atores salva-textos levantada por Gouhier tem em Dercy Gonçalves uma grande representante. A outra é Alda Garrido, no Rio de Janeiro. Sobre as atrizes, Magaldi utiliza sempre adjetivos positivos, classificando-as de "excelentes atrizes" a serviço de textos medianos, que não estão à sua altura.

A comédia *Chiruca* é classificada por Magaldi como uma "bisonha trama doméstica de A. Torrado, na adaptação de José Wanderley e Roberto Ruiz". Um espetáculo que não tem elementos para se manter, pois "o entrecho é mais que corriqueiro, as situações absolutamente exploradas e banais, a técnica teatral pobre e inexpressiva, mas há uma personagem que permite criação simpática a uma atriz de talento verdadeiro", o que proporciona à atriz Alda Garrido momentos de extrema felicidade, ou seja, um entrecho corriqueiro e uma situação banal po-

AS HERESIAS DO TEATRO

dem ser salvos nas mãos de uma atriz capaz de revertê-los. Através da sua visão de *Chiruca*, as heresias vêm à tona de forma categórica, quando o crítico revela que, diante de um cartaz como este, se vê impossibilitado de adotar o critério habitual de julgamento. Literalmente, assume o uso de determinados critérios e a necessidade de criar outros novos. Faz a apologia do caco, esse sim, o maior antagonista em se tratando dos preceitos do teatro moderno:

> O que, normalmente, é motivo de restrição, aqui se torna a única qualidade do espetáculo. O "caco" é um vício antigo de nossos intérpretes, habituados a cortejar o público com as improvisações sugeridas pelos fatos do momento, derivando o texto para a chanchada, para o riso fácil. Numa peça sem valor, porém, salva-se o que o ator oferece de si, o que revela suas qualidades histriônicas naturais. O texto cede lugar aos achados cômicos, e a plateia aplaude, incentiva fortemente o espetáculo. Pode- se dizer assim que *Chiruca* vale por Alda Garrido.

Em sua opinião, "Uma peça fraquíssima, calcada nos mais primários truques de teatro, incapaz de êxito nas mãos de uma atriz sem recursos". Mas Alda Garrido é uma atriz, como Dercy, salva-textos. Para Magaldi, ela "enriquece as cenas, valoriza cada palavra, cada gesto, cada expressão, fazendo pelo seu talento, o espetáculo". Ele finaliza a crítica lamentando, apesar de afirmar que muitos se divertirão, e desejando (até prevendo) que o espetáculo obtenha "polpudas" receitas: "é uma pena que tão boa atriz assim se desperdice em tão fraco espetáculo".

Sobre *Toma que o Filho é Teu*, que sucede *Chiruca* no Teatro Rival, com Alda Garrido no elenco, Magaldi afirma que "o resultado final não resistiria a uma crítica exigente". Informa que "a querida e talentosa atriz" não permanece muito tempo em cena, o que o leva a crer que o "espetáculo significa para ela um descanso". Mesmo o espetáculo sendo, na sua opinião, uma "chanchada, e uma chanchada sem apuro de forma e desempenho correto", e considerando que "os autores apelam para recursos elementares", porque "a representação repete os mesmos cacoetes, a maneira tradicional do gênero entre nós", como podemos constatar e, apesar de todos os problemas assinalados, o crítico nos surpreende afirmando que, "dependendo da disponibilidade pessoal do espectador, de sua sensibilidade para as anedotas de equívocos e situações dúbias – o conjunto agradará por completo, provocará as mais francas gargalhadas". E quem é a responsável, embora em um papel pequeno – e precário – por provocar tantos risos, em que o *caco* cabe na cena e no personagem, como se a eles pertencesse? Na opinião de Magaldi e do público que a prestigia, Alda Garrido:

> A certa altura, acredita-se estar diante de uma brincadeira inconsequente, improvisada na hora segundo o talento de cada intérprete. Quando Alda Garrido intromete um "caco", o público ri, os atores riem, cria-se verdadeira balbúrdia, e não estranharíamos se a ação se interrompesse para dar lugar a um tríduo carnavalesco, todo mundo cantando *Toma Que o Filho é Teu*.

Magaldi constata que, em tempos de instauração de um "teatro moderno" no Brasil, é no mínimo inesperada a sua vontade de tentar entender a força contida na revista, provocada pela performance de uma atriz: "A rigor, diríamos que *Toma Que o Filho é Teu* não é teatro, e nem está fora dele. É uma coisa diferente – o que se poderia chamar gênero Alda Garrido". E confessa – como afirmou à autora nas vezes em que foi indagado sobre os espetáculos nos quais as duas atrizes Alda e Dercy participavam: "Quem gostar de especialidade, vá que não ficará decepcionado. Confesso que achei graça no espetáculo". Magaldi termina a crítica com outra relevante confissão, porque para ele o espetáculo "vale como umas férias no meio das cogitações cansativas e exigentes de um bom teatro".

É com grande expectativa que Magaldi aguarda a montagem da peça *Madame Sans Gêne*, de Victorien Sardou (1831-1908) e Émile Moreau (1877-1959), finalmente estreado pela companhia de Alda Garrido e dirigido por Esther Leão, a mesma diretora de *A Morte do Caixeiro- -Viajante*, encenada com muito sucesso pela companhia de Jayme Costa em 1951. Magaldi escreveu três textos sobre a montagem.

Em "Nota Inicial sobre *Madame Sans Gêne*", primeiramente, Magaldi faz um comentário sobre a escolha de Alda Garrido: "Grande expectativa cercava o aparecimento de Alda Garrido em montagem preparada com seriedade, fora da rotina da improvisação". Com certeza,

AS HERESIAS DO TEATRO

expectativa gerada no próprio crítico. O texto é uma reflexão – muito parecida com a realizada quando Jayme Costa encenou A Morte do Caixeiro-Viajante – sobre as escolhas feitas pelos atores e sobre até que ponto essas escolhas são próprias ou estão vinculadas ao gosto do público. O que teria levado atores consagrados em determinados gêneros, como Jayme e Alda, a ingressarem no que poderíamos classificar de "teatro sério"? Essa é a pergunta de Magaldi sobre que influência uma crítica sua teria sobre o espetáculo, caso tivesse escrito a respeito do texto duas semanas antes.

Para ele, já familiarizado com a cena carioca, "a plateia se acostumou a aplaudir Alda Garrido pelo seu talento e não pelos originais que escolhe". Chega a confessar que o melhor dos espetáculos de Alda Garrido é o seu peculiar talento para o improviso. Uma afirmação desse tipo reflete, no mínimo, a sua flexibilidade, reafirmando a percepção (tese) de que sua forma de criticar é tomada pela abertura ao texto produzido na cena mais do que pelo seu ideário de teatro. Por outro lado, Magaldi nunca negou suas posições conceituais, como poderemos constatar em suas críticas sobre os espetáculos que acreditava estarem contribuindo para "um grande teatro", sempre reafirmado o seu desejo por um "teatro de texto" ou "verdadeiro teatro". Nessa crítica opta não discutir sobre a contribuição do intérprete à peça, o que seria discutir também o conceito "salva-textos" de Gouhier. Diz o crítico, sobre Alda:

> O texto é para ela mero veículo onde aplicar os naturais dotes histriônicos, intrometendo nas falas do autor comicidade improvisada, que é, justiça seja feita, o melhor dos espetáculos. Discutir a contribuição do intérprete à peça é assunto longo, impossível de tratar-se aqui. Afirmarei, simplesmente, que se a popular atriz não vinha tentando um grande teatro, conseguiu criar (é bem esse verbo) um gênero próprio, em que o público nunca deixou de prestigiá-la.

Na opinião de Magaldi, Alda Garrido possuía temperamento artístico "admiravelmente" conveniente à personagem, que já esteve sob a interpretação de tantas atrizes que se imortalizaram no papel da lavadeira--duquesa. O problema, para ele, está no fato de a peça estar imbuída de pouco mérito. Assim, Alda fica a meio-termo do esperado: "nem realizou sua propensão inata ou venceu completamente num outro estilo, superando as deficiências do gênero que pratica". Ele pergunta: "será porém o seu desempenho mais destacado?" Magaldi responsabiliza a peça de Sardou e Moreau que, possuindo "pouco mérito", faz com que o espetáculo fique "num meio-termo, incapaz de satisfazer ao gosto exigente e, talvez, sem facultar a Alda Garrido as mesmas características interpretativas que são a delícia do grande público. Ela não vive a rigor a personagem, nem se desmanda no enriquecimento dos diálogos".

Magaldi julga – e explica que é uma opinião pessoal – que a experiência de Alda Garrido não foi a mais valiosa, contudo a montagem do espetáculo tem um aspecto mais importante, "um inestimável significado visto que a companhia endereçou-se para o verdadeiro teatro". Situa *Madame Sans Gêne* em uma posição de destaque no panorama cênico da época: "A montagem ganhou muito. O elenco está fazendo teatro. O esforço foi plenamente compensado. O desempenho, em geral, adquiriu nível. Há direção. Há trabalho de equipe, colaborando para fazer da apresentação um conjunto unitário".

A segunda crítica sobre *Madame Sans Gêne* fala basicamente do texto. Ele crê "que para muitos espectadores *Madame Sans Gêne* lembre *A Dama das Camélias*. Não que haja qualquer aproximação da escola de estilo ou de sentimento entre a peça de Sardou e a de Dumas Filho". Mas se a peça de Dumas Filho, para o crítico, ainda possui valor de permanência – apesar de considerar a linguagem ultrapassada – "*Madame Sans Gêne* não consegue dar validade literária ao quadro histórico que encarna. O texto ainda existe pelo papel de Catarina Hubscher. O mais, é muito pesado, cansativo, sem qualidade". São figuras históricas como Napoleão, Fouché, Lefèvre que se movem, segundo Magaldi, entre:

> discursos edificantes, as intriguinhas convencionais, as mentalidades primárias a que se subtraiu qualquer preocupação mais profunda. [...]
> E não é difícil imaginar como se tornam caricaturadas, simplificadas, decaídas da grandeza complexa que lhes marcou, na realidade, itinerário tão heroico.

Na opinião do crítico, portanto, a peça de Sardou e Moreau "seria uma edição popularizada da época napoleônica" e por sua boa carpintaria, além das oportunidades oferecidas de desempenho à personagem-título que a montagem valorizou, o crítico conclui que "pode-se aplaudir assim a apresentação de Alda Garrido no Rival".

Já em "A Apresentação de *Madame Sans Gêne*", o crítico valoriza o esforço que julga extraordinário da Companhia Alda Garrido: "Quem se lembra dos espetáculos anteriores, sem direção, onde a uma anedota improvisada da grande atriz, os próprios intérpretes interrompiam o desempenho para rir à vontade – há de levar um susto com o capricho e a seriedade da apresentação do Rival". Mais uma vez, o olhar de Magaldi se volta para a realização do espetáculo, demonstrando a sua crença em que a partir de produções bem cuidadas ocorreria o desenvolvimento da cena nos palcos cariocas.

Refere-se à direção de Esther Leão como uma tentativa de "homogeneizar o elenco, apagar quanto possível a diferente formação dos atores em benefício de um denominador que os abrangesse a todos", o que foi alcançado, segundo Magaldi, haja vista que a representação tem unidade, responsabilizando certas deficiências nas marcações às dificuldades do palco, "sobretudo nas cenas em grupo. As posições são rígidas, esquemáticas, perdendo-se a naturalidade dos movimentos. Acreditamos que a pequena área disponível tenha levado conscientemente a essa simplificação".

No elenco destaca o desempenho do ator Ribeiro Fontes: "Seguro, consciente, com assimilação perfeita da psicologia de Fouché, deu-nos um de seus melhores trabalhos". Aponta dois reparos que julga à direção:

> ao contrário de nuançar o nenhum relevo dos personagens, os atores acentuaram-lhes o primarismo, observando indicações muito convencionais [...] Em segundo lugar, todos os atores jovens mostram defeitos de dicção, com uma fala pretensamente carregada e artificial que rouba a espontaneidade da conversa.

Finalizando a série de textos dedicados à montagem, Magaldi, em síntese, considera que "*Madame Sans Gene*, em síntese, é um espetáculo capaz de agradar plenamente". Reafirma então seu posicionamento em relação ao bom teatro: "Muito aplaudiríamos se Alda Garrido, incentivada pelo êxito que vem obtendo, nunca regredisse no propósito de fazer um bom teatro, procurando sempre aperfeiçoar o que começou agora tão bem".

Entre a essência e a heresia, entre Copeau e Gouhier, nasce uma forma própria de criticar. Em seu ensaio "Sobre a Crítica" Magaldi explica que a primeira função da crítica é detectar a proposta do espetáculo, pois o crítico não pode ignorar nenhuma proposta estética[27]. Chama a atenção para o fato de o crítico saber as condições de produção do espetáculo ao avaliá-lo. A sua opinião de que cabe ao crítico informar sobre as circunstâncias da produção do espetáculo é, no mínimo, singular. Quantos críticos o fazem? Segundo Magaldi, essa informação é fundamental e necessária:

> Ora não há dinheiro suficiente para todas as exigências da montagem. Ora o palco não é adequado para o gênero do texto. Ora não se conseguiu reunir o melhor elenco para cada papel. Ora se está a ver o surgimento de iniciantes, e não é fácil reconhecer se eles têm possibilidade de evoluir ou se parecem fadados ao malogro. Um comentário não deve ficar alheio a todos esses fatores, competindo--lhe mencioná-los para o leitor[28].

Conta-nos que nos anos de 1950, quando se iniciou na profissão, "dominavam os palcos do Rio de Janeiro alguns nomes estelares [...]. Apesar da existência do Serviço Nacional de Teatro, extinto pelo neoliberalismo, eram poucos os benefícios recebidos do governo, e sem regras estabelecidas"[29]. Magaldi confirma assim nesse ensaio, escrito posteriormente, a hipótese de que, na sua formação inicial no *Diário Carioca*, quando foi obrigado a escrever sobre diversos tipos de espetáculos, encenados em circunstâncias muitas vezes desfavoráveis, a experiência ensinou-lhe a observar além do espetáculo, a avaliar a produção, a buscar a essência e a dialogar com as heresias.

---

27 *Teatro em Foco*, p. 148.
28 Idem, p. 148-149.
29 Idem, p. 149.

o vício do teatro

Sou tão viciado [em teatro] que me agrada até ver um mau espetáculo.

Sábato Magaldi

A breve, porém intensa, passagem de Sábato Magaldi pelo Rio de Janeiro, onde atuou de junho de 1950 a setembro de 1952, não foi somente a estreia do crítico de teatro, mas sua escola inicial, quando, na prática, na lida diária do jornal, preparou sua formação, assumindo a responsabilidade de assinar uma coluna diária. Por tudo o que até aqui sobre ele foi dito, constatamos que a sua escola, na qual iniciou o exercício crítico, se deu observando o teatro carioca. Foi ele um crítico que escreveu em um momento de crise e se manteve no papel de incentivador. Dessa forma, pensando sobre a frágil cena carioca, nele se instituiu a forma apaziguadora de criticar – sem perder o foco da análise, a seriedade e a responsabilidade exigidos pela função – durante os anos de exercício da escrita para o teatro, iniciado no Rio de Janeiro e estabelecido em São Paulo, até o final dos anos de 1980, sempre elencando a tríade espetáculo, público e produção em suas abordagens.

Sobre a atuação do crítico em São Paulo, escreveu Mariângela Alves de Lima na contracapa de *Depois do Espetáculo.*

Tem os seus percalços o ofício de crítico de jornal e talvez o maior deles seja a exigência da resposta rápida à provocação da obra de arte. No entanto, é em razão da simultaneidade entre a percepção e a escritura que se imprime o primeiro registro do trabalho do espetáculo sobre a sensibilidade. Nesse embate diário, os melhores críticos afiam o instrumental teórico para fundamentar na prática os conceitos e iniciar o voo ensaístico conectando o particular ao universal, distinguindo o fenômeno episódico do fato relevante para a trama maior da história.

Como já foi dito, no Rio de Janeiro, no início dos anos de 1950, circulavam dezoito jornais entre matutinos e vespertinos. Se muitos desses jornais disponibilizavam espaços para as críticas de teatro, todos possuíam um lugar reservado para as crônicas. Pesquisando sobre o teatro brasileiro, encontrei nos arquivos do Cedoc-Funarte diversas crônicas do jornalista, musicólogo, historiador e cronista Jota Efêge (1902-1987) – em recortes apagados, muitas delas sem data, impressas em jornal rosa, a cor peculiar e característica do extinto *Jornal dos Sports*. Jota Efêge é conhecido por suas crônicas sobre música e carnaval. Escreveu durante muitos anos sobre teatro no *Jornal dos Sports*, assunto que merece a atenção de um pesquisador interessado em pesquisá-lo. Dessas crônicas do atento Efêge, que muitos contemporâneos afirmam ter testemunhado todos os acontecimentos culturais da cidade, duas delas me chamaram a atenção, por estarem ligadas diretamente a Sábato Magaldi, e por confirmarem a tese de ter sido decisivo o período de 1950, no Rio de Janeiro, para o amadurecimento do crítico e, principalmente, para a compreensão da dimensão do seu ofício.

No Rio de Janeiro, capital federal, era bastante comum os jornalistas dirigirem-se uns aos outros, muitas vezes gerando grandes e infindáveis polêmicas, principalmente entre os críticos. Magaldi ficou à margem das discussões, somente participando quando o teatro era foco da questão. A celeuma em torno do seu nome se deu com apenas um mês na função no *Diário Carioca*, quando o intelectual se sobrepôs à realidade e escreveu em sua coluna o texto "A Última Publicação da Sbat", em que discorda da reedição da peça *Saudade*, de Paulo de Magalhães. Sua opinião era a de que: "Poucos trabalhos de real valor mereceram

O VÍCIO DO TEATRO

a consideração daquela entidade de classe que publica o que temos de mais pernicioso na matéria cênica".

Segundo Magaldi: "Deixando esgotada a peça *Saudade* a Sbat teria prestado ótimo serviço a Paulo de Magalhães e ao público". Após dissertar sobre a "literatice do autor", finalizou: "Ao concluir esta crônica tem-se de súbito o tédio. Para que comentar um trabalho de Paulo de Magalhães? [...] A Sbat, ao que parece tão zelosa na defesa de autores, na porcentagem que lhe cabe nesse trabalho, poderia se preocupar um pouco também com o teatro". Dois dias depois, Jota Efegê rebateu os comentários de Magaldi, chamando a atenção do jovem crítico "recém--chegado da província" por fazer a Sociedade Brasileira de Autores Teatrais vítima de um ataque improcedente de alguém que, segundo ele, deixou claro que não está a par dos estatutos da Sociedade, assim como da sua função no meio teatral. Sábato Magaldi, segundo Efegê, "não está inteirado das finalidades da Sociedade Brasileira de Autores Teatrais. Daí escrever longo comentário quinta-feira última, de censura àquela agremiação por haver a mesma reproduzido no seu boletim a comédia *Saudade*, de Paulo Magalhães".

Jota Efêge fala então sobre o papel da Sbat: "A qualidade literária, o valor artístico do produto não é de sua atribuição aquilatar. Interessa-lhe apenas o rendimento comercial da obra de quem se tornou o procurador, digamos assim, para realizar a sua finalidade". Acrescenta que "o trabalho para a elevação artística, educativa e cultural do teatro brasileiro será, cremos, função do SNT [Serviço Nacional de Teatro]". Efêge explica que "a tola subliteratura" se esgotou na primeira edição e, por esse motivo, está sendo reeditada. Efêge classifica de "um erro ingênuo" de Magaldi condenar a publicação de *Saudade*, haja vista que a Sbat não passava de uma entidade arrecadadora de direito autoral. O cronista finaliza ironizando o que ele considera uma precipitação, os conceitos emitidos por Magaldi: "Se amanhã a Academia Brasileira de Letras, o Serviço Nacional de Teatro ou um Cenáculo Teatral que venha a existir editar a subliteratura de Magalhães, então, sim, será o momento azado para o protesto agora precipitado, inoportuno, do confrade Sábato".

Os meses se passaram e o crítico Magaldi foi amadurecendo, ganhando o respeito de seus "confrades", como eles mesmos se tratavam. Utilizo mais uma vez o desbotado recorte rosa para legitimar a importância dessas crônicas, conforme constatamos, que registram um *flash* da passagem, ainda que curta, de Magaldi pelo Rio de Janeiro, onde o seu modo singular de exercer a crítica foi construído – Rio de Janeiro do teatro anacrônico dos anos de 1950, descompassado, que tentava sobreviver em meio às novidades e às modernidades do panorama teatral.

Em 14 de outubro de 1953, em sua coluna, Efêge publica "Relato, Certo e Preciso de um Crítico que Foi Ver e Estudar o Teatro na França", um texto sobre o regresso de Magaldi ao Brasil, após passar um ano estudando na Sorbonne. O cronista conta então aos seus leitores que fora ao auditório do Serviço Nacional de Teatro ouvir o interessante relato do acatado crítico teatral do *Diário Carioca*, Sábato Magaldi, sobre tudo quanto lhe fora dado assistir durante o tempo de sua estada na Europa. Efêge ressalta o ponto principal da palestra de Magaldi que, em sua opinião "foi, inegavelmente, o sentido justo, sincero dos seus conceitos, não se perdendo em elogios desmedidos, mas procurando situar sempre suas observações num perfeito equilíbrio da qualidade". E lamenta: "Não estivesse o confrade de viagem marcada para São Paulo, onde vai ministrar um curso de teatro e atuar na imprensa local, sugeriríamos uma nova palestra. Seria como uma 'suíte' desta a que ora estamos nos reportando".

O teatro carioca também lamentou. Em São Paulo Magaldi prosseguiu. Lá o professor entrou em sala de aula; o ensaísta e cronista ganhou espaço e o crítico participou efetivamente da construção do teatro paulista. Com certeza levou na bagagem as lições aprendidas no Rio de Janeiro. Seus textos, talvez por intuição, talvez por sabedoria, já apresentavam o que anos mais tarde explicaria em "A Função da Crítica Teatral": "Todos sabemos que a arte do teatro vive do efêmero, porque nem uma representação é idêntica à outra. A crítica não preenche essa lacuna, mas fixa em palavras algo que está registrado apenas na memória dos espectadores"[1].

Registro, boa palavra para designar o que em nós proporciona Magaldi. Um crítico que via, e ainda vê, o teatro como um todo; consciente de que os problemas e as inovações da cena modificaram os seus critérios. Como foi relatado, um dia esbarrei casualmente com um texto de Sábato Magaldi, no qual o crítico declara que, até para deleite pessoal, encarava o seu papel como o de parceiro do artista criador. Nesse mesmo texto,

---

1 *Depois do Espetáculo*, p. 21.

O VÍCIO DO TEATRO

apresentado no I Seminário de Crítica Teatral em São Paulo, e publicado no *Jornal da Tarde* em 1987, lemos: "Um crítico, também, não se apega mais ao conceito do bom gosto, herdado de certa norma europeia, e admite o mau gosto como componente do nosso estilo tropical"[2].

Ora, o que é o crítico senão um leitor? E não será o crítico uma espécie de leitor ícone, especializado, sofisticado? O crítico é o leitor que se faz leitura, produz leitura. Não é um intérprete. É o sujeito em atrito, em experiência face a face com aquilo que lê, aquilo que vê, aquilo que ouve e sente. O leitor, seja ele crítico, intelectual ou pessoa comum, na situação de face a face, tem suas percepções acionadas quando algo entra em atividade antes do intelecto: o gosto.

Sábato Magaldi gostava de teatro. Leu desde sempre. O gosto pelo teatro levou-o à carreira de crítico. E seu paladar sofreu muitas e surpreendentes mudanças. Ocupando as cadeiras das plateias dos teatros do Rio de Janeiro e depois de São Paulo, provou cenas de muitos sabores. Degustou, gostou, desgostou. Todavia, entre degustar, gostar e recusar, encontrou um meio de considerar as misturas e, mais do que isso, entendeu a necessidade da experiência para o equilíbrio do sal e do conteúdo perfeito.

Sábato chegou a dizer: "Foi notório o sacrifício de muitas sessões em todos os diários. [...] Em meio a espetáculos de gêneros tão diversos, é difícil resguardar a hierarquia, empregar adjetivos que, mesmo laudatórios, se distingam quando se trata de uma revista ou de uma comédia". É rica a demonstração de desânimo de Magaldi, porque o esgotamento de forças, o desprazer, é a presença do prazer, sua afirmação. Ao lado da frustração de Magaldi como espectador, há o desejo de deleite a ser acionado. A experiência do desagrado está intrinsecamente ligada ao prazer, ao desejo, ao gosto.

Sábato Magaldi *gosta* de teatro e durante toda a sua vida, mesmo entre desânimos, ligou-se à produção teatral sempre de maneira muito elegante. Todo crítico extrai experiência do contato, da comunicação com algo; o crítico de teatro submete-se a um tipo de contato muito humanizado, em que a presença física, a audição da voz do ator, os movimentos, os sons presenciais afetam extraordinariamente o espectador.

---

2   Idem, p. 22.

Assistindo aos espetáculos, Magaldi, doído ou apaixonado, encontrou um estilo particular de escrita afetiva, envolvida, repleto de ansiedade por ser tomado de prazer, por cair na armadilha de alguma montagem e por ela ser levado ao caldeirão de percepções. Desejo perfeitamente válido. Dando fé às palavras de Paul Zumthor:

> Que um texto seja reconhecido por poético (literário) ou não depende do sentimento que nosso corpo tem. Necessidade para produzir seus efeitos, isto é, para nos dar prazer. É este, a meu ver, um critério absoluto. Quando não há prazer – ou ele cessa – o texto muda de natureza[3].

Compreendemos, assim, a posição irritada de Magaldi diante de um teatro tão incipiente – reação previsível a qualquer pessoa, conquanto não seja ela tocada por um prazer, não sinta ela ter dentro de si um alimento de sabor poético.

Fui tocada pela afetividade de Magaldi, e corri na direção do deguste de seus escritos, porque ali, em tudo, havia uma voz soprando em minha direção o aroma da sagrada poesia.

---

3   *Performance, Recepção, Leitura*, p. 35.

bibliografia

ABREU, Alzira Alves de (org.). *A Imprensa em Transição: Jornalismo Brasileiro nos Anos 50*. Rio de Janeiro: Fundação Getúlio Vargas, 1996.

ARAÚJO, Nélson de. *História do Teatro*. Salvador: Fundação Cultural do Estado da Bahia, 1978.

ARIÈS, Philippe et al. Mesa Redonda: A História: Uma Paixão Nova. In: _____. *A Nova História*. Lisboa: Edições 70, 1984.

ASSUNÇÃO, Maria de Fátima da Silva. *Sábato Magaldi: Um Mineiro no Rio de Janeiro*. Rio de Janeiro: Uni-Rio, 2004. Dissertação de Mestrado.

BARBOSA, Marialva. *História Cultural da Imprensa*. Rio de Janeiro: Mauad X, 2007.

BARTHES, Roland. *Escritos sobre Teatro*. São Paulo: Martins Fontes, 2007.

_____. *Elementos de Semiologia*. São Paulo: Cultrix, 1971.

BENJAMIN, Walter. *Obras Escolhidas II: Rua de Mão Única*. São Paulo: Brasiliense, 2000.

BERNSTEIN, Ana. *A Crítica Cúmplice*. Rio de Janeiro: PUC, 1995. Dissertação de Mestrado.

BERTHOLD, Margot. *História Mundial do Teatro*. São Paulo: Perspectiva, 2006.

BLOCH, Marc. *Apologia da História ou o Ofício de Historiador*. Rio de Janeiro: Jorge Zahar, 2000.

BORNHEIM, Gerd. As Dimensões da Crítica. In: MARTINS, Maria Helena (org.). *Rumos da Crítica*. São Paulo: Senac, 2007.

_____. Gênese e Metamorfose da Crítica. *Revista de Teatro-Sbat,*. Rio de Janeiro, n. 488, out/nov/dez, 1993.

BRANDÃO, Tania. *Uma Empresa e seus Segredos: Companhia Maria Della Costa*. São Paulo: Perspectiva, 2009.

_____. *A Máquina de Repetir e a Fábrica de Estrelas*. Rio de Janeiro: Faperj/7 Letras, 2002.

_____. Ora, Direis Ouvir Estrelas: Historiografia e História do Teatro Brasileiro. *Sala Preta*, São Paulo, ano 1, n. 1, Universidade de São Paulo, 2001.

_____. Teatro Brasileiro no Século XX: Origens e Descobertas, Vertiginosas Oscilações. *Revista do IPHAN*, Rio de Janeiro, n. 29, 2001. Edição Especial dos 500 Anos do Descobrimento.

_____. Metodologia em Artes Cênicas no Brasil. *Anais do I Congresso da Abrace*. Salvador: Abrace, 2000.

_____. *Peripécias Modernas: Companhia Maria Della Costa (1948-1974)*. UFRJ, 1998, 2 v. Tese de Doutorado.

_____ (coord.). *Teatro Brasileiro no Século XX*. Rio de Janeiro: Uni-Rio, 1996. (Cadernos de Pesquisa em Teatro. Série Bibliografia.)

BRANDÃO, Ruth Salviano. Introdução. In. RIBEIRO, Ésio Macedo. *O Riso no Escuro ou o Povão de Luto: Um Percurso pela Poesia de Lúcio Cardoso*. São Paulo: Nankin/Edusp, 2006.

CANDIDO, Antonio. *Literatura e Sociedade*. São Paulo: T. A Queiroz, 2000.

_____. Literatura e Subdesenvolvimento. In: *A Educação pela Noite e Outros Ensaios*. São Paulo: Ática, 1987.

CARVALHO, Sérgio. O Fim Anunciado: A Crítica de Teatro Vive os Seus Últimos Dias. *Bravo*, ano 2, n. 20, maio de 1999.

_____. et al. *Atuação Crítica: Entrevistas da Vintém e Outras Conversas*. São Paulo: Expressão Popular, 2009.

CERTEAU, Michel de. *A Escrita da História*. Rio de Janeiro: Forense, 2006.

CHARTIER, Roger. *Do Palco à Página*. Rio de Janeiro: Casa da Palavra, 2002.

COPEAU, Jacques. *Appels Registres I*. Paris: Gallimard, 1974.

DA RIN, Márcia. Crítica: A Memória do Teatro Brasileiro. *O Percevejo*. Dossiê: Momentos da Crítica no Brasil (I e II). Rio de Janeiro, ano 2, n. 2, v. 1, 1994; n. 3, v. II, 1995.

DE MARINIS, Marco. *Comprender el Teatro. Lineamientos e una Nueva Teatrologia*. Buenos Aires: Galerna, 1997.

_____. Aristotele teorico dello espettacolo. In: *Atti del Convegno Internazionale*. Teoria e storia della messinscena nel teatro ântico. Torino, 17/10, Aprile 1989. Centro Regionali Universitário per il Teatro del Piemonte: Costa & Nolan. Tradução Tania Brandão.

DIONYSOS, n. 22. Os Comediantes. Rio de Janeiro, SNT/MEC, ano XXIV, dez. 1975.

_____, n. 25 Rio de Janeiro, MEC/SEAC-Funarte/SNT, set. 1980.

DÓRIA, Gustavo A. *Moderno Teatro Brasileiro: Crônica de Suas Raízes*. Rio de Janeiro: Serviço Nacional de Teatro, 1975.

DORT, Bernard. *O Teatro e a Sua Realidade*. São Paulo: Perspectiva, 1977.

EAGLETON, Terry. *A Função da Crítica*. São Paulo: Martins Fontes, 1991.

FOUCAULT, Michel. *A Arqueologia do Saber*. Rio de Janeiro: Forense Universitária, 2004.

_____. *A Ordem do Discurso*. 6 ed. , São Paulo: Loyola, 1998.

GOUHIER, Henry. *La Essencia del Teatro*. Madrid: Artola, 1954.

GUINSBURG, J.; FARIA, João Roberto; LIMA, Mariangela Alves de (coords.). *Dicionário do Teatro Brasileiro*. 2. ed. rev. e ampl. São Paulo: Perspectiva/Ediçoes SESC, 2009.

HORA, Mario. A Inutilidade da Crítica. *Dionysos*, Rio de Janeiro, n. 2, jun. de 1932.

HUGO, Victor. *Do Grotesco e do Sublime*. 3. ed. São Paulo: Perspectiva, 2010.

HYTIER, Jean. *Les Arts de literature*. Paris: Charlot, 1945.

JAUSS, Hans Robert. Tradição Literária e Consciência Atual da Modernidade. In: _____. OLINTO Heidrun Krieger (org.). *Histórias de Literatura*. São Paulo: Ática, 1996.

JOUVET, Louis. *Témoignages sur le théâtre*. Paris: Flammarion, 1952.

KOSELLECK, Reinhart. *Crítica e Crise*. Rio de Janeiro: EDUERJ/Contraponto, 1999.

LE GOFF, Jacques. *História e Memória*. v. 1 e 2. Lisboa, Portugal: Edições 70, 2000.

_____. *A História Nova*. São Paulo: Martins Fontes, 1990.

_____. As Mentalidades. In: _____; NORA, Pierre. *História: Novos Objetivos*. Rio de Janeiro: Francisco Alves, 1988.

LISPECTOR, Clarice. *A Descoberta do Mundo*. Rio de Janeiro: Francisco Alves, 1992.

MACHADO, A. Alcântara. "Leopoldo Froés". *Nova*, Rio de Janeiro, ano 2, nov. de 1932.

MACHADO DE ASSIS, Joaquim Maria. Notícia da Atual Literatura Brasileira: Instituto de Nacionalidade (1873). In: *Machado de Assis: Crítica, Notícia da Atual Literatura Brasileira*. São Paulo: Agir, 1959.

BIBLIOGRAFIA

MAGALDI, Sábato. *Teatro em Foco*. São Paulo: Perspectiva, 2008.

_____. *Teatro Sempre*. São Paulo: Perspectiva, 2006.

_____. *Teatro da Obsessão: Nelson Rodrigues*. São Paulo: Global, 2004.

_____. *Teatro da Ruptura: Oswald de Andrade*. São Paulo: Global, 2004.

_____. *Depois do Espetáculo*. São Paulo: Perspectiva, 2003.

_____. *Panorama do Teatro Brasileiro*. São Paulo: Global, 2001.

_____. *Moderna Dramaturgia Brasileira*. São Paulo: Perspectiva, 1998.

_____. *Nelson Rodrigues: Dramaturgia e Encenações*. São Paulo: Perspectiva, 1992.

_____. *O Texto no Teatro*. São Paulo: Perspectiva, 1989.

_____. *Um Palco Brasileiro: O Arena de São Paulo*. São Paulo: Brasiliense, 1984.

_____. *O Cenário do Avesso*. São Paulo: Perspectiva, 1977.

_____. *Iniciação ao Teatro*. 7. ed. São Paulo: Ática, 1998.

_____. *Aspectos da Dramaturgia Moderna*. São Paulo: Comissão de Literatura do Conselho Estadual de Cultura, 1963.

_____. *Temas da História do Teatro*. Porto Alegre: Curso de Arte Dramática da Faculdade de Filosofia do Rio Grande do Sul, 1963.

_____. *Revista Bravo*, n. 8, março de 2005, p. 44.

_____. O Teatro e a Função da Crítica. *O Percevejo*. Dossiê: Momentos da Crítica no Brasil (I e II). Rio de Janeiro, ano 2, n. 2, v. I, 1994; n. 3, v. II, 1995.

MAGALDI, Sábato; VARGAS, Maria Thereza. *Cem Anos de Teatro em São Paulo*. São Paulo: SENAC, 2000.

MAGALDI, Sábato; IVO, Lêdo. *As Luzes da Ilusão*. São Paulo: Global, 1995.

MARTÍN-BARBERO, Jesús. *Dos Meios às Mediações: Comunicação, Cultura e Hegemonia*. Tradução de Ronald Polito e Sérgio Alcides. 5. ed. Rio de Janeiro: UFRJ, 2008.

MCLUHAN, Marshall. *Os Meios de Comunicação como Extensões do Homem*. Tradução de Décio Pignatari. São Paulo: Cultrix, 2007.

MICELI, Sérgio; MATTOS, Franklin (org.). *Gilda: A Paixão pela Forma*. Rio de Janeiro/São Paulo: Ouro Sobre Azul/Fapesp, 2007.

MICHALSKI, Yan. *Ziembinski e o Teatro Brasileiro*. Rio de Janeiro: Hucitec/MEC, 1995.

NASCIMENTO, Abdias. *Drama para Negros e Prólogo para Brancos*. Rio de Janeiro: Teatro Experimental do Negro, 1961.

NEVES, Margarida de Souza. História da Crônica. Crônica da História. In: RESENDE, Beatriz (org.). *Cronistas do Rio*. Rio de Janeiro: José Olympio, 1995.

OSÓRIO, Luís Camillo. *Jornal do Rio-Arte*, Rio de Janeiro, ano 10, n° 29, nov. de 2001.

_____. *Razões da Crítica*, Rio de Janeiro: Jorge Zahar, 2005.

PAVIS, Patrice. *Dicionário de Teatro*. São Paulo: Perspectiva, 2005.

_____. *A Análise dos Espetáculos*. São Paulo: Perspectiva, 2003.

PEREIRA, Vitor Hugo Adler. *A Musa Carrancuda*. Rio de Janeiro: Fundação Getúlio Vargas, 1998.

PONTES, Heloísa. Louis Jouvet e o Nascimento da Crítica e do Teatro Brasileiro Modernos. *Anais do XXIV Encontro Anual da Anpocs*, São Paulo, out. de 2000.

_____. *Destinos Mistos: Os Críticos do Grupo Clima em São Paulo, 1940-68*. São Paulo: Cia das Letras, 1998.

PRADO, Décio de Almeida. *Seres, Coisas, Lugares: Do Teatro ao Futebol*. São Paulo: Cia das Letras, 1997.

_____. *Peças, Pessoas, Personagens*. São Paulo: Cia da Letras, 1993.

_____. *O Teatro Brasileiro Moderno*. São Paulo: Perspectiva, 1988.

_____. *Exercício Findo*. São Paulo: Perspectiva, 1987.

_____. *Teatro em Progresso*. São Paulo: Perspectiva, 2002.

_____. *Apresentação do Teatro Brasileiro Moderno*. São Paulo: Perspectiva, 2001.

_____. O Teatro de Louis Jouvet em São Paulo. *Clima*, São Paulo, n. 3. ago. 1941.

RANGEL, Flávio. Introdução. In: WILLIAMS, Tennessee; MILLER; Arthur. *Um Bonde Chamado Desejo; A Morte do Caixeiro-Viajante*. São Paulo: Abril Cultural, 1980

RAULINO, Berenice. *Ruggero Jacobbi*. São Paulo: Perspectiva, 2002.

RESENDE, Beatriz. O Rio de Janeiro e a Crônica. In: _____. *Cronistas do Rio*. Rio de Janeiro: José Olympio, 1995.

RIBEIRO, Renato Janine. Apresentação de Gerd Bornheim. In: Maria Helena Martins (org.). *Rumos da Crítica*. São Paulo: Senac/Itaú Cultural, 2000.

RODRIGUES, Nelson. *Teatro Completo: Volume Único*. Organização e prefácio de Sábato Magaldi. Rio de Janeiro: Nova Aguillar, 1993.

_____. *O Reacionário. Memórias e Confissões*. Rio de Janeiro: Record, 1977.

ROUBINE, Jean-Jacques. *A Linguagem da Encenação Teatral 1880-1980*. Tradução e apresentação de Yan Michalski. Rio de Janeiro: Zahar, 1982.

_____. *A Arte do Ator*. Rio de Janeiro: Jorge Zahar, 1987.

SANTIAGO, Silviano. Prefácio. In: FROTA, Lélia Coelho (org.). *Carlos & Mário: Correspondência de Carlos Drummond de Andrade e Mário de Andrade*. Rio de Janeiro: Bem-te-vi, 2002.

SILVEIRA, Miroel: *A Outra Crítica*. São Paulo: Símbolo, 1976.

SODRÉ, Nelson Werneck. *História da Imprensa no Brasil*. Rio de Janeiro: Mauad, 1998.

SOUSA, J. Galante de. *O Teatro no Brasil*. 2 tomos. Rio de Janeiro: INL, 1960.

SÜSSEKIND, Flora. *Papéis Colados*. Rio de Janeiro: UFRJ, 2002.

TORRES, Walter Lima. A Turnê do Teatro Louis Jouvet no Rio de Janeiro e São Pulo. *O Percevejo*. Teatro Brasileiro nos Anos 40. Rio de Janeiro, ano 9/10, n. 10 e 11, 2001/2002.

UBERSFELD, Anne. Notas Teóricas sobre o Metadiscurso da Crítica Teatral. *Revista de Teatro-SBAT*, Rio de Janeiro, n. 488, out./nov./dez. 1993.

VANNUCCI, Alessandra. *Rugerro Jacobbi ou da Transição Necessária: Estratégias da Modernização Teatral no Brasil entre a Tradição Cômica e Mercado Cultural (Década de 50)*. Rio de Janeiro: Uni-Rio, 2000. Dissertação de Mestrado.

VARGAS, Maria Thereza; FERNANDES, Nanci. *Uma Atriz: Cacilda Becker*. São Paulo: Perspectiva, 1995.

VENEZIANO, Neyde. *O Teatro de Revista no Brasil: Dramaturgia e Encenação*. São Paulo: Unicamp, 1991.

_____. Revisitando o Baú Revisteiro. *O Percevejo*, Rio de Janeiro, n. 13, 2004.

VEYNE, Paul. Tudo é Histórico, logo a História não Existe. In: _____. *Como Se Escreve a História*. Lisboa: Edições 70, 1983.

WERNECK, Humberto. *O Desatino da Rapaziada*. São Paulo: Cia das Letras, 1998.

ZUMTHOR, Paul. *Performance, Recepção, Leitura*. São Paulo: Educ, 2000.

Sites

<http://www. academiabrasileiradeletras.org.br>

<http://www. presidencia. gov. br/info-historicas>. Acesso em: 9 ago. 2008.

BIBLIOGRAFIA

217

<http://www. planalto. gov. br/ccivil-03/constituicao/Constitui%c%c3%A7a046.htm>. Acesso em: 4 jul. 2009.

<http://www. academie-francaise. fr/immortels>. Acesso em: 24. out. 2008.

<http://www.simonebauvoir.kit.net/crono_1941_50.htm>. Acesso em: 24.out.2007.

<http://www.releituras.com/luciocardoso_menu.asp>. Acesso em: 9.maio 2006.

<http://www.asminasgerais.com.br/Zona%20da%20mata/uniVlerCidades/modernismo/literatura/index.htm>. Acesso em: 4 out. 2007.

<http://www.nytimes.com/1983/03/13/obituaries/dr-jean-hytier-is-dead-at-84-expert-on-french-literature.html>. Acesso em: 15.set.2011.

<http://www.apriteilsipario.it/archivio/panoramicao5-06/schede/sch232.htm>. Acesso em: 15 out. 2008.

<http://www.planalto.gov.br/ccivil/decreto-lei/del2848.htm>.

<http://uk.youtube.com/watch?v=ltj0ydHAO0M>.

Pesquisa

Seção de Periódicos da Biblioteca Nacional, Rio de Janeiro.
Cedoc-Funarte da Biblioteca da Funarte, Rio de Janeiro.

1. A Biblioteca de Sábato Magaldi

"Ligados"
(2. 7. 50, p. 6)

Ligados – pode-se afirmar – é uma peça isolada na dramaturgia de O'Neill. Não há nela a força caótica, nativa, que dá a marca de sua obra. O problema psicológico, que a constitui, foi destacado, expurgado de elementos que não lhe são essenciais, para exprimir-se numa forma pura, de síntese absoluta, em que cada palavra filtra seu valor próprio, insubstituível.

A trama da peça não representa apenas o problema da paixão amorosa de dois esposos, em conflito com suas lutas íntimas e destinação individual: é o símbolo da estrutura dramática do amor, nascida da primeira "divisão de uma célula em duas partes", na necessidade de sua reintegração e identificação num ser único. *Ligados* existe porque há o movimento de busca entre o homem e a mulher. A dissociação da vida, que o testemunho humano procura negar e vencer.

Se, na realidade, O'Neill desenvolveu uma tese, expôs teatralmente uma ideia – a realização literária da peça é tão autêntica que os personagens não foram prejudicados, não se tornaram reagentes na mão *moralista* que visava a solução ética. Por isso *Ligados*, sem contar a importância do problema que situa, é uma peça acabada, de primorosa feitura teatral.

Os personagens se lançam na cena de maneira direta e objetiva. A densidade de seus dramas não suprimiu o caráter espontâneo e real dos diálogos. Miguel, o marido escritor, volta do lugar repousante em que fora concluir a última obra. A mulher que encarna no palco suas criações, não o espera naquela hora. No correr da conversa prepara-se o clima que trará o rompimento, inevitável com a visita repentina e inoportuna do empresário. É esse o primeiro ato.

Nos dois quadros que formam o segundo ato, o casal, em situações equivalentes, tenta aniquilar a presença do amor. Ela, no desejo de entregar-se ao empresário, antigo pretendente à sua paixão. Ele, no esforço de vingar-se com uma prostituta, arrancando de si todo o sentimento.

O terceiro ato é o reencontro, a volta, a união. Vencida a *crise* mais forte da luta, os dois amantes se reconhecem, são dominados pela identificação.

O ingrediente humano dos tipos é rico e significativo. No escritor, o ciúme do passado da esposa é uma ferida intocável. Há em Eleonor a revolta contra a saturação da força do marido. Misto de sadismo, de masoquismo, de necessidade de libertação contra os impulsos que são o nosso próprio íntimo.

Os traços psicológicos dos dois personagens são expressos com segurança e grande vigor dramático. O empresário e a prostituta, acessórios indispensáveis ao desenvolvimento da trama, se desenham também com inteligência e propriedade. Apesar de O'Neill ter revestido de bom gosto e síntese a cena, apenas a entrada do empresário, no primeiro ato, para saber notícias do amigo, é um pouco forçada. Mas se compreende como motivo para transportar no presente o conflito do casal.

Ligados não é das peças mais importantes de O'Neill. Sua mensagem encontrou expressão mais complexa em vários outros trabalhos. Contudo, mesmo sem restrições ao texto, decorrentes da síntese expressiva, que dificulta a comunicação da vida, *Ligados* é uma peça da melhor linhagem teatral. E reflete a outra face do admirável intento do autor.

"Entre Quatro Paredes"
(16. 7. 50, p. 6)

Entre Quatro Paredes representa, ao lado de *As Moscas*, a criação literária mais importante da dramaturgia sartriana, bem como a obra teatral que melhor sintetiza certos problemas fundamentais do filósofo existencialista. No ato único de que se compõe a peça, afirma-se com insuperável vigor uma literatura poderosa, rica de personagens fortes, numa forma que acentua as grandes expressões dos caracteres. A par da realização artística, alicerça-se a base de um sistema, em que se expõe um dos ângulos mais sedutores de Sartre.

A construção literária não apresenta erros. Aceita a preliminar de viverem em pleno inferno os personagens, todo o desenvolvimento da peça obedece a uma sequência lógica, contribuem as mínimas palavras para ampliar a humanidade dos tipos. Com diálogos vivos, associações rápidas, estabelece-se imediatamente a paisagem em que se deverão movimentar os personagens, até a violenta cena final, que encerra as perspectivas de luta e conclui apenas que é preciso continuar.

O inferno é o pressuposto dos personagens. Garcia, Inês e Estelle, por caminhos diferentes e obra de um acaso que julgam escolhido, encontram-se após a morte e vivem um drama de densa intensidade. Reconstitui-se, primeiro, a psicologia, em função de lembranças da terra, que não se superpõem em um só fôlego, mas se distribuem em episódios distintos, cenas retalhadas, favorecendo a composição teatral e a força das situações dramáticas. Com o pressuposto de inferno, está tudo definido, irremediavelmente determinado. Esgotou-se a possibilidade de evasão: os gestos são inúteis, inúteis as atitudes e as tentativas. O mundo está fechado, e o mundo é o inferno. Mas, aí, existe o problema da explanação. E todos querem libertar-se da própria consciência, justificar mutuamente o erro que os conduziu.

O entrosamento dos três personagens se faz numa sucessão natural e coerente. A lésbica quer realizar-se na infanticida. A infanticida quer afogar-se no desertor. Todos procuram uns aos outros, a palavra que os salve. O julgamento do outro definirá o próprio destino. Na terra, suas vidas estão liquidadas. Mas, se, naquele momento, o outro puder compreender, puder desculpar, a consciência de cada um terá tranquilidade, desaparecerá a condenação.

O outro, porém, não desculpa. De cada tentativa de comunicação resulta o gesto frustrado. Aquelas naturezas não são mais salváveis. A frase de Inês sintetiza suas relações: "Cada um de nós é o carrasco para os outros dois". Daí saberem que ou se salvam juntos ou se perdem juntos. A vida humana é imutável e depende da intercessão de todos os destinos.

Sartre coloca em *Entre Quatro Paredes* o problema do determinismo e da liberdade. A liberdade está confinada ali, pela existência do outro. O indivíduo não se define apenas pelo que é na própria ideia. Essa ideia está condicionada, determinada pela ideia que faz dele outro indivíduo. Garcia exclama para Inês: "Você que me odeia, se acreditar em mim poderá salvar-me". Não lhe bastaria a própria convicção de que foi inocente. Só alimenta a cumplicidade de outro. O homem é o seu pensamento e o pensamento que têm dele os outros homens.

Sartre equaciona outra modalidade de determinismo quando diz por Inês que Garcia: "nada mais é do que a sua vida". Unem-se as parcelas de atos e só resta fazer a soma. Sistematiza-se a tirania dos atos. Se durante trinta anos o indivíduo revelou a coragem, e capitulou por fim a uma fraqueza, os trinta anos significaram somente um simulacro de coragem. A covardia é a contextura do ser. Evidentemente, o juízo de um só ato deforma a unidade da vida. É sob a vaga fórmula de que um indivíduo nada mais é do que a sua vida, delimita-se o testemunho humano a dados que apenas o empobrecem.

Ao situar no inferno a ação da peça, Sartre teve sem dúvida um achado literário. Os problemas da terra, analisados sob a perspectiva distante, surgem com nitidez e extremo domínio. O autor tem a inteira liberdade em tratar os conflitos dos personagens. Com esses elementos, criam-se os dramas de agora, que parecem trazer os personagens à nova vida. Os contornos do inferno se diluem. Os destinos aos poucos se humanizam. Suas atitudes já são de homens. Tenta-se definitivamente a vida, mas o fantasma está presente: "O inferno... são os outros". Apesar da transposição humana do inferno, o círculo fechou-se, voltou à conclusão final. Para aqueles destinos encerrados não há saída, simplesmente: "vamos continuar".

Terá Sartre escolhido o pressuposto do inferno como fundamentação da vida, ou apenas não quis se comprometer? Na primeira hipótese, a peça é uma tese bem lançada, em que a premissa resulta provada com farta convicção. O outro caso, possível de ser arguir, porque Sartre defendeu-se com a convenção do inferno, invalida o raciocínio da tese. Pois bem: a situação é mesmo essa, no inferno. Não há saída. O interesse é demonstrar a maior força do sofrimento moral sobre o físico: "Prefiro cem dentadas, prefiro a chibata, o vitríolo a este sofrimento, que roça, que acaricia e que nunca foi bastante". Mas na terra pode ser diferente.

TEXTOS PUBLICADOS NO *DIÁRIO CARIOCA* (1950-1952)

Quem sabe lá há saída. Qualquer que seja a intenção de Sartre, a realização deixa margem a dúvidas, subtrai o vigor da prova. Invalidez para a concepção doutrinária. Melhor para a sugestão da literatura.

A escolha dos personagens constitui outro problema discutível na peça de Sartre. Problema, aliás, existente em toda a sua obra. Sartre reúne sempre uma galeria de taras; Aqui, juntam-se uma lésbica, uma infanticida e um desertor. Não penso, é lógico, fazer restrições à profundidade dos personagens. Mas, o que seria sutileza de análise nos chamados indivíduos normais parece, no caso, deformação do tipo marginal. Ainda, uma vez, evita Sartre as últimas consequências? Teme fundamentar na absoluta miséria o destino do homem? É uma pena que Sartre deixe essa dúvida. Quando, talvez, se coerente até o fim, não lhe faltasse razão.

"As Bocas Inúteis"
(30. 7. 50, p. 10-11)

O teatro existencialista tem revelado obras excelentes. *Calígula* – não obstante seu autor relute em aceitar a imputação de representante da corrente sartreana – parece-me, aliás, a peça mais expressiva do palco. Único trabalho teatral de Simone de Beauvoir – *As Bocas Inúteis* se coloca, também, entre as produções marcantes do teatro contemporâneo.

São inúmeras as sugestões da peça. Escrita no estilo característico da literatura existencialista, em que uma forma primorosa é veículo de ideias filosóficas que se humanizam (sem prejuízo, na maioria das vezes, dos valores propriamente estéticos, que são o objeto primordial da obra artística), *As Bocas Inúteis* possui, no entanto, peculiaridades que lhe dão um sentido especial. A par do vigor dos personagens, da síntese admirável atingida na escolha das situações, a peça oferece a primeira definição literária que se contraria à dissolução do pensamento existencialista. Sabe-se como as conclusões dessa literatura são desalentadoras. Ou os personagens se reduzem no conformismo decorrente da ausência de sentido descoberta na vida, ou se perdem numa ação em que não se pode acreditar, pois da quebra dos valores humanos só restou o sabor de morte, incapaz de justificar senão o ato gratuito. *As Bocas Inúteis*, porém, restaura consequentemente a dignidade da condição humana. Reabilita os valores éticos de vez que, despindo-se dos aspectos enganosos, fundamenta-os em sólida estrutura: a própria manifestação vital originária, o instinto biológico, que se defende da morte quando ela não é escolhida mas infringida exteriormente.

Foi muito bem lançada a ação dramática da peça. O problema central que tratou é fartamente sedutor. Vaucelles, a cidade que se libertou do jugo de um duque burguinhão, enfrenta a fatalidade sombria da fome. A arquitetura da tragédia está configurada no enunciado da história. O povo, que tão heroicamente conquistou a liberdade, não tem meios para fazer viver essa liberdade. O reforço exterior, prometido para três meses depois, encontraria morta a cidade, que só tem o suprimento exigível para poucas semanas. Em face da situação, é preciso escolher. É preciso definir-se. Ou a espera resignada da morte, ou a humilhação perante os inimigos. Ou a procura arbitrária e desesperada de meios que são a própria negação da revolta primitiva.

Numa lógica absurda, mas explicável para quem deseja apenas subsistir – os dirigentes resolvem agastar as bocas inúteis. Ante a perspectiva de fome, poupem-se os capazes de salvar a cidade. O problema da liberdade é sutilmente desviado de sua exata conceituação. Não fosse a lucidez que volta, o heroísmo sadio que se impõe, a lição estaria perdida. O povo, fortalecido no ideal da liberdade, resolve morrer ou salvar-se coletivamente. A dignidade venceu.

No desenvolvimento dos conflitos, Simone de Beauvoir situa episódios magistrais. A miséria progressiva da cidade é narrada em cores violentas, que lhe emprestam autenticidade literária irrefutável. Junto à miséria, aprofunda-se a desagregação dos valores morais. A face da morte desfigura os sentimentos humanos, rouba-lhes qualquer sentido. É de grande beleza dramática a cena em que o irmão cobiça a irmã – esvaziou-se de pensamento aquela carne destinada a morrer.

O tema da participação política é também abordado com extrema inteligência. O personagem, de início, exclama: "Se é preciso que eu pense: sou eu que condeno esses velhos e essas mulheres a mendigar pão, sou responsável pelos seus sofrimentos, meu coração rebentaria. Não quero medir todo dia sua ração de ervas. Eu não seria cúmplice do destino que os destrói". Mas é terrível a verdade dessa acusação: "Desde que caíste, passaste a aceitar qualquer destino". O personagem, tocado pela realidade aniquiladora dos acontecimentos, sente agora o

TEXTOS PUBLICADOS NO *DIÁRIO CARIOCA* (1950-1952)

remorso que não chegará a abatê-lo: "Poderia prever que meu silêncio faria de mim um assassino?" Mas o personagem se salva. Aceita o poder. A consciência o obriga a participar do destino coletivo. Como chefe, diz, está identificado à fatalidade do povo.

No diálogo, vivo, nervoso, cortante – cheio de poesia sutil, belíssima – um aspecto certamente destoa. Trata-se do abuso de expressões tipicamente existencialistas, que passaram à categoria de *slogan*. Todos os personagens estão a escolher uma coisa ou outra. A vida ou a morte. O sacrifício ou o prazer. O heroísmo ou a humilhação. Sob a aparente riqueza de tipos, encontram-se diversas definições em face de um mesmo problema. A preocupação única da liberdade esquematiza os personagens em reações de precisão química – em que cada reagente representa um papel desdobrado do todo uniforme. Em *As Bocas Inúteis*, ainda se poderia explicar o fenômeno pela força compacta do tema principal: os personagens são habitantes de uma cidade, cujo destino é o destino de todos. A fusão dos problemas indivíduo e coletividade atenua as características pessoais, apaga a marca que levada às consequências extremas faz de um homem o ser em que outro homem não reconhece senão o indiferenciado gesto exterior. Mesmo assim, penso que o exagero, constante em toda a literatura existencialista, prejudica também a peça de Simone de Beauvoir. Maior comedimento nos trunfos existenciais teria evitado o acúmulo desnecessário de uma só maneira de situar os problemas humanos.

Quanto à liberdade defendida na peça, ela é sem dúvida a questão que mais preocupou a escritora. Pela liberdade, Vaucelles sacudiu o domínio dos burguinhões. Quase vencida momentaneamente por uma falsa concepção de seu significado, por pouco destruiu a sua conquista. Alertada depois pela consciência, lançou-se ao heroísmo final, que é um testemunho de confiança na liberdade.

Onde a autora de *Le Sang des autres* se separou das conclusões normais do existencialismo foi na base em que fundamentou a liberdade. *Huis clos*, por exemplo, conclui que a liberdade é impossível porque a presença do outro a destrói. Se o problema de Vaucelles se encarasse em função do opressor burguinhão, talvez fossem outros os resultados da peça. Justificar-se-ia a liberdade, que para se manter exige a morte do inimigo? É válida a liberdade, cujo conteúdo importa em uma destruição qualquer? Simone de Beauvoir não chega até lá. Olhou a liberdade apenas como dignidade pessoal. Maneira única de o homem existir. A lucidez dissolvente do nada, que é também um heroísmo, transformou-se no heroísmo da dignidade. O amor operou aí o milagre. É ele a base sólida da vida. Para que ele exista, pode-se matar o inimigo. Ao acolher o ataque às posições adversárias, em que poderá encontrar a vitória ou o aniquilamento, o povo de Vaucelles concluiu simplesmente que acredita na vida. Simone de Beauvoir não conclui se a crença será bem-sucedida. Afirmou, apenas, que não há bocas inúteis. E as bocas que falam de amor dizem também que a vida existe.

"Nota à Margem de *Clavigo*"
(22. 8. 50, p. 6)

As obras dos autores reconhecidos na categoria dos gênios, além de provocarem, à época em que são escritas um movimento revolucionário, pelas formas especificamente novas que incorporam à história literária – enriquecem-se, no decorrer das gerações, de aspectos nunca esgotados, e que lhes garantem a permanente atualidade. No caso particular do teatro temos o exemplo típico de *Hamlet*. Interpretado pelos criadores de tendências controversas, seguindo as mais diferentes inspirações, que aparentemente se negam – seu texto comporta todas as liberdades, sem perder por isso a unidade básica de que o autor o dotou. Dir-se-ia mesmo ser ideal a interpretação de *Hamlet* que conciliasse as desencontradas concepções, pois só assim o personagem viveria em sua plenitude.

Goethe pertence à categoria dos autores inesgotáveis. As sucessivas gerações, que o transmitiram intacto até os nossos dias, só fizeram reafirmar os elementos de perenidade que compõem a sua obra. Eu seria assim, ridículo e leviano, se pretendesse trazer para os limites de uma crônica o estudo de *Clavigo*, uma das suas peças mais representativas.

Sinto-me à vontade para tocar no assunto porque desejo simplesmente fazer um registro da edição brasileira, com que a Melhoramentos se associou às comemorações do segundo centenário do nascimento de Goethe. Ocorrido no ano findo, aquela editora homenageou a data com o lançamento de três estudos sobre a figura do criador de *Fausto*, além de duas peças: *Estela* e *Egmont*.

TEXTOS PUBLICADOS NO *DIÁRIO CARIOCA* (1950-1952)

Clavigo – o primeiro volume de teatro lançado pela Coleção Goetheana – é uma tragédia romântica. A trama tem lugar na corte de Espanha, em que Clavigo ocupa o cargo de arquivista do rei. Sua história, em linhas esquemáticas, é a história de um homem ambicioso, que almeja fazer uma carreira política, e entra em conflito com o problema sentimental. Os demais personagens vivem em função da intriga que criará essa história.

Como tragédia, *Clavigo* possui todos os requisitos da conceituação aristotélica. O sopro da fatalidade marca todas as naturezas. O horror e a compaixão cercam também a trama. Clavigo é fatalizado pela força da ambição. Herói romântico que é, sua personalidade apresenta duas naturezas inconciliáveis: a sedução do poder, e o amor de uma mulher que não facultará sua completa ascensão. O conflito das duas naturezas – a afirmação da inteligência, de um lado, e a prisão da sensibilidade, do outro – determina o mundo de fatalização romântica, que só permitirá ao personagem o equilíbrio na morte.

Maria, símbolo da paixão romântica, é um ser fatalizado pelo amor, pela fragilidade. A traição de *Clavigo* significa para ela o mergulho na morte. A estrutura sentimental de sua natureza não suporta a indecisão do herói. O próprio conflito pressentido em *Clavigo* seria capaz de condená-la, como de fato condenou antes de totalmente realizado.

O suporte cênico da tragédia nasce com a vinda de Beaumarchais, irmão da heroína e vingador de seu ultraje. Esse personagem criado das *Memórias de Beaumarchais*, como lembra o próprio Goethe nas conversações com Eckerman, representa na tragédia um verdadeiro Orestes romântico. Surgido na França para vingar em Madri o amante que manchou pela simples quebra do compromisso de noivado a reputação de Maria (o argumento é de um romantismo quase incompreensível hoje, e não poderia ter a mesma configuração na sociedade de nossos dias), o herói como na tragédia clássica, vem dar cabo de um erro que se consumou. Agita o mundo quase repousado no sofrimento inevitável, desperta a consciência de Clavigo, a esperança da irmã e é impotente para salvar todas as vidas da fatalidade crua. Apenas para testemunhar o equilíbrio de Goethe, a faculdade de reunir em si os mundos opostos, como Gide tão bem soube assinalar – Beaumarchais vai escapar ileso da fronteira da Espanha.

Se a conciliação foi impossível em vida, Clavigo e Maria reconciliam-se na morte. Um perdão geral dissolve os conflitos. A serenidade reina de novo no temperamento clássico. Pintada a tragédia de inspiração sentimental, que fatalizou um amor nascido no romantismo (o problema de Clavigo é também uma tragédia social, no sentido de que a ascenção da burguesia, expressa naquele momento, criou o novo herói inconciliável na dialética íntima e exterior) – Goethe expôs, junto da fatalidade que conclui na morte, a fatalidade que conduz à vida. O equilíbrio definitivo se recompõe com a fuga de Beaumarchais – símbolo de que a vida continua.

Escrita numa linguagem que não possui mais para os nossos ouvidos a música antiga, numa forma teatral superada em muitos elementos de sua composição, *Clavigo* permanece como uma tragédia de atualidade sempre renovada, pois é imensa a sugestão do gênio de Goethe.

"Sobre *Estela*"
(24. 8. 50, p. 6)

Situar um volume isolado de um autor no conjunto de sua obra, e esta na perspectiva da história literária, é um dever da crítica que pretende fazer um estudo da criação estética sem omitir-lhe os mais profundos contornos. A crítica esclarecida pela visão panorâmica da obra não se prejudica na objetividade do exame de um só livro. Valoriza, ao contrário, certas características ainda mal definidas, mas que talvez já sejam o motivo secreto da existência daquele trabalho. O estudo da evolução de um autor, através do alinhamento cronológico de sua obra, vem precisar o significado de qualquer volume disperso. Dá-lhe a verdadeira dimensão. Com a reunião do exame objetivo de um livro, e da visão conjunta da obra, fica perfeitamente configurada a mensagem do autor.

A função da crítica assim compreendida é que, no plano da realização literária, dera o ensaio. Como – a começar do problema do espaço, e considerando que o tratamento completo do assunto exigiria uma revisão de toda a obra goetheana – não pretendo atrever-me a fazer um ensaio, a nota sobre *Estela* nenhuma intenção crítica possui. Tive apenas em mente informar o leitor que não a conhece dos problemas que compõem sua trama.

Estela quando representada na Alemanha, causou, segundo diz a crônica, um grande escândalo. Isso porque são analisadas e reconhecidas em pé de igualdade a esposa e amante do herói. Não se sabe qual das duas é

TEXTOS PUBLICADOS NO *DIÁRIO CARIOCA* (1950-1952)

maior modelo de virtudes. Em aspectos diferentes, ambas se equivalem. Se a fatalidade da morte não separasse aqueles destinos tão próximos, não sei que fim levaria a solução decantada pela própria esposa, ao narrar a história da outra que disse ao marido: "Nós duas te pertencemos por igual. [...] E toda aquela ventura, aquele amor, teve por asilo sagrado a mesma casa, o mesmo leito, a mesma sepultura. "

A que conclusão didática se lançou Goethe ao lembrar esse episódio? Seria ele o equilíbrio ideal de uma conciliação sempre buscada? A existência consciente de mundos antagônicos? E, dentro da concepção clássica, haverá mesmo atuações opostas ou todas não se completam para que se preserve a unidade? A tragédia de *Estela*, de inspiração também romântica, supunha um final condizente com essa tendência, e por isso o equilíbrio clássico deveria ser outro.

Fernando, herói romântico, é talvez o atestado de que a marca da mocidade de Goethe está muito presente. Entre o amor da esposa e o da amante, incapaz de decidir-se, termina no suicídio. E clássico no sentido de que reconhece nas duas forças, sob um prisma de equivalência. Se romântico tornaria um símbolo de virtude, com prejuízo da outra, destituída de grandeza. Mas ainda romântico não pôde conciliar a esposa e a amante e suicida. Suicídio, símbolo do romantismo...

Em toda a sua estrutura, Estela é um personagem de feitio romântico. Fugiu com Fernando, ainda menina. Durante a sua ausência, alimentou-se do seu amor e da realização de obras de caridade. Com a volta do amante, foi de novo a criança feliz e sonhadora, que se conduz pelo júbilo do coração. Porém, apesar [ininteligível]

Quem tem as características mais acentuadas de classicismo é Cecília, a esposa de Fernando. Goethe talvez a tenha escolhido propositadamente para esse fim. Sendo a esposa legítima, em quem se justificariam as reações desenfreadas, as reivindicações românticas – é ela, em verdade, quem oferece a lição mais firme de equilíbrio. Passada a fase inicial do sofrimento, recolheu-se na renúncia, na aceitação refletida do próprio destino. Resignada sem perda ao mundo que vislumbrou, diz ao marido que a amante lhes pertence. E Estela moribunda se queixa: "Pensei que te houvesse conquistado para nós".

Goethe, também nessa tragédia, revelou a universalidade de sua concepção. A grandeza dos personagens paira acima de uma visão particular, e os integra na galeria dos tipos imortais. *Estela* guarda, no conjunto, a perenidade das obras clássicas.

"Os Justos I"
(20. 10. 50, p. 6)

Desconfio de conceituações peremptórias a respeito de livros e personagens. Uma tese pode ser abraçada, com certo brilho e a verdade integral se sacrifica à tentativa de análise por um ângulo restrito. Em literatura, a tese é empobrecimento, é vontade de desvirtuar o sentido completo da obra em função de dados apriorísticos, que visam a essa ou aquela finalidade. Não é obra de arte a que se reduz a termos de definição. Esse caráter a torna quando muito um inteligente teorema, mas lhe subtrai a grandeza criadora. Por isso reluto em dizer que *Os Justos* é uma exegese do humanismo através da revolução. Uma mensagem de amor tendo como base o problema da justiça social. Uma fundamentação ética da liberdade. Embora não se contradigam, essas premissas poderiam servir isoladamente de ponto de partida para um exame da peça. O certo, porém, é que vários termos se entrelaçam, decorrem uns da colocação de outros, numa unidade que seria difícil decompor para conhecimento das intenções de Camus. Unidade que tem como princípio uma visão complexa e pura da existência – pelas múltiplas formas de que se veste e pelo absoluto de todos os indivíduos.

Os Justos sugere imediatamente que a discussão foi realizada por um ficcionista ou um dialogador de ideias. Vem daí a pergunta se é uma peça de teatro ou um arremedo literário que se utilizou da forma teatral. Quanto a esse aspecto, direi logo que a obra deixa de convencer na medida em que não convence como realização literária. A dúvida permanente se uma peça é teatral ou literária assume hoje antipatia acadêmica, e constitui desculpa desagradável para maus textos de teatro que se defendem com a literatura, e má literatura que se abriga na carpintaria do teatro. Assim, *Os Justos*, de princípio, se coloca como obra de teatro, feito em diálogos de intenso vigor dramático e síntese poética nunca rompida. A divisão da peça em cinco atos se explica por rigorosa lógica expressional, e a técnica vive em razão nítida da imagem

TEXTOS PUBLICADOS NO *DIÁRIO CARIOCA* (1950-1952)

a sugerir. O tom algo abstrato e conceptual dos diálogos se deve menos à impropriedade da linguagem teatral que à indestinação de Camus como ficcionista. O teatro fica realmente um pouco prejudicado, não porque os personagens não sejam especificamente personagens da linguagem dramática, mas porque não são criaturas do mundo autêntico da ficção. É verdade que essa hipótese deve ser admitida com reservas, ainda mais que nada impede a fixação de personagens a partir de uma ideia. No caso de *Os Justos*, quero afirmar que presidiu o trabalho do ficcionista a anteposição de um dado – expresso no movimento revolucionário – em torno do qual deveriam reagir e se definir diferentes personalidades. A peça é quase uma experiência de laboratório, em que os reagentes diversos dão colorido ao resultado a alcançar. Esse, na verdade, o motivo íntimo da obra. Mas a inteligência e o talento de Camus são extraordinários, e a ideia se corporifica, toma forma de personagem, adquire estrutura humana integral. Os conceitos abstratos, que definem os personagens na categoria de ideias, se liquefazem ante o sopro poético. Inscrevendo a peça no território da ficção, Camus alcança o equilíbrio que confere à ideia o poder de externar-se como veículo literário. É sólido o mundo criado em *Os Justos*. Embora a peça se veja, artisticamente, em nível inferior a *Calígula* e a *O Mal-entendido*, tem o poder inquietante das obras características do nosso tempo.

"Os Justos II*"*
(21. 10. 50, p. 6)

A maioria dos personagens de *Os Justos* pertence ao Partido Socialista Revolucionário, que tem por missão abater a tirania na Rússia antiga. Outros que compõem a trama são: a grã-duquesa, o diretor do departamento de polícia, um carcereiro e o forçado – carrasco. A ação da peça os desenvolve no sentido de um atentado contra a vida do grão-duque, a repercussão posterior em cada indivíduo decorrente da morte do simbolizador do despotismo.

Segundo uma análise materialista, a concepção revolucionária dos personagens se fundamenta no romantismo. São todos representantes de uma sociedade individualista, que por motivos pessoais aderiram ao movimento revolucionário. A revolução é menos aí um processo de justiça social, que uma moralidade. A natureza ética domina as reações dos personagens. A própria morte física do grão-duque é abstraída, para significar a morte da tirania. Camus não reflete as atitudes de uma classe em contraposição com a outra classe. Estuda a psicologia de homens solitários, que procuram na revolução uma justificativa íntima e o meio de comunicar-se com outros seres. O partido é uma entidade abstrata, utilizada consoante a necessidade pessoal. *Os Justos*, na terminologia sectária se define assim como estudo de revoltados e não de revolucionários.

A ética dos personagens é quase uma ética cristã. Cristianismo a que faltasse Deus. Os valores religiosos são transpostos da categoria divina, exterior, para uma categoria humana absoluta. Stepan, o personagem de convicção revolucionária aparentemente ortodoxa, a quem os meios falecem para o fim de atingir, diz que "para nós que não acreditamos em Deus, é preciso toda a justiça ou é o desespero". Instaura-se o humanismo. Ser revolucionário é a maneira de ser homem. O que importa não é tanto a finalidade da revolução, com a ordem da justiça, mas o estado pessoal que essa busca traz aos indivíduos. Kaliayev, humanamente o mais simpático entre os personagens, explica que participa da revolução porque ama a vida: "Revolução para a vida, para dar uma chance à vida".

A ideia da revolução não se afasta da ética. Uma ética diferente, é verdade, em que o fim exige a honradez dos meios, mas esses meios tem algo do misticismo inquisitorial. A morte do grão-duque é o processo acreditado para extinção da ordem injusta. O revolucionário, porém, se sente inibido na tentativa do crime, porque há crianças ao lado da vitima. É que matam "para construir um mundo onde jamais ninguém matará". E eles sabem que a morte dos sobrinhos do grão-duque não impedirá nenhum menino de morrer de fome".

O rigor de Kaliayev é grande e o sustenta o princípio que lançou a bomba sobre a tirania, não sobre um homem. Sua condenação à morte expia a culpa que porventura tiver. A morte é a sua libertação, como será para Dora mais tarde. Por isso ele recusa o arrependimento e a possível liberdade: "Se eu não morrer, é então que serei um assassino". Inunda a peça o clima de misticismo. Já fora lançada a definição utópica de liberdade: "a liberdade é uma prisão enquanto um único homem for escravo sobre a terra". O humanismo de Camus se contradiz no absurdo

TEXTOS PUBLICADOS NO *DIÁRIO CARIOCA* (1950-1952)

da existência. Fortalece a grandeza mística, e ela se aquieta ou se realiza no encontro da morte.

"Os Justos III"
(22. 10. 50, p. 6)

A feitura da peça é de alta qualidade literária. A matéria foi muito bem lançada nos cinco atos. O primeiro apresenta os personagens, configura os problemas. O lançamento da bomba deveria se dar no segundo ato. Mas um imprevisto frustra a tentativa – maneira excelente encontrada por Camus para acrescer novas perspectivas à ação de *Os Justos*. Enriquecida a discussão ética com a presença das crianças, o terceiro ato – central – consuma o fato que representava a finalidade dos personagens. O quarto ato estuda as consequências da morte do grã-duque na psicologia do seu assassino, e dá novo alento ao tema com as faces distintas do policial, da grã-duquesa e do forçado. A síntese final traduz a repercussão do sacrifício do prisioneiro nos outros membros do grupo, para concluir numa ética que predomina sobre as atitudes individuais. Serão as conclusões do autor?

Evidentemente, Camus delineia com muito acerto as fronteiras de cada personagem. Mas pertencem todos a uma massa única, são faces diversas e até contraditórias de uma mesma concepção da existência. Esse caráter confere à peça uma dramaticidade pungente, provada em todos os matizes, reafirmada nos caminhos opostos de duas criaturas. É que todos os personagens vivem metafisicamente. Tal a razão por que nos pareceu desdobrados do problemas de outros, antíteses que se completam para a unidade do autor. A justiça na ordem social é a ideia que move as conjecturas do início. Diz um personagem: "Compreendi que não bastava denunciar a injustiça. Era preciso dar a vida para combatê-la". Todos se definem em função da justiça. É quase um rótulo exterior, a característica social que os identifica como membros do Partido Socialista Revolucionário.

Ao passo que os problemas surgem, a definição inicial se aprofunda. Incorpora outros dados substanciais, que imperceptivelmente acabam por destruí-la. A fundamentação da justiça necessita de uma justificativa pessoal, e vai encontrá-la confundindo-a ao amor. A justiça nasce do amor, não obstante Dora afirme que "os que amam verdadeiramente a justiça não têm direito ao amor". Kaliayev se declara: "Não separo você, a Organização e a justiça". Mas à pergunta: "Me amarias, se eu fosse injusta?", não pode deixar de responder pela afirmativa.

As contradições se acentuam e Dora exclama: "Os seres, os rostos, eis o que se quereria amar. O amor antes que a justiça!" Encontramo-nos em face do amor, como motivo essencial. Uma frase já fora pronunciada: "Não somos deste mundo, nós somos justos". Kaliayev diz mais tarde: "Os que se amam devem morrer juntos se querem unir-se". "Viver é uma tortura, pois que viver separa…"

A existência humana torna-se sempre mais contraditória. O exaspero a que são levadas essas ideias falam a vida impraticável. O conceito absoluto, utópico, da justiça, da liberdade, da existência, enfim, nega a possibilidade da realização terrena. Eis o domínio do absurdo. Dora procura Kaliayev na morte. A morte é a libertação. É o encontro. Para indivíduos de têmpera excepcional (ou frágeis? místicos? irrealizados?) a existência é o absurdo que só a morte desata. Conclui-se, pois, que a justiça não se realize. *Os Justos* não chega à conclusão definitiva. Expõe um processo metafísico de encarar o assunto. Se pode ser discutida como tese de consequências sociais, não se lhe poderá negar, ao menos, o testemunho vigoroso e profundo de uma civilização que se interroga dentro do desconhecido.

TEXTOS PUBLICADOS NO *DIÁRIO CARIOCA* (1950-1952)

2. Fala-nos de Teatro…

"Lúcio Cardoso Fala-nos de Teatro"
(29. 7. 50, p. 6)

Iniciamos hoje uma série de conversas que pretenderemos ter com os nossos autores teatrais. Semanalmente esta coluna trará o depoimento de uma figura representativa do gênero sobre a própria experiência do palco e sobre o panorama geral das nossas cenas. A conversa será depois com os atores, os escritores dos outros gêneros literários e quantos, a nosso ver, possam dar um testemunho valioso sobre os problemas de que se trata a seção.

Não nos cabe prenunciar o interesse que, por certo, despertará a iniciativa. Ela visa a transmitir para o leitor as mais diferentes opiniões sobre a arte cênica, a fim de que ele possa à sua acrescentar a dos que cuidam do *métier*. O cronista se reservará apenas à função de repórter, deixando para a lida cotidiana o comentário aos assuntos expostos.

A ordem dos depoimentos não obedecerá a qualquer critério seletivo, estabelecendo-se, simplesmente, pela facilidade que encontramos em colhê-los.

Lúcio Cardoso, o primeiro entrevistado, já é bastante conhecido do público pelas diversas peças que teve representadas e, pela considerável obra literária que vem realizando. Entremos, pois, sem preâmbulos na ligeira conversa que manteve conosco.

Ao pedido de que nos dissesse alguma coisa sobre a experiência teatral, respondeu-nos nas seguintes palavras o autor de *O Filho Pródigo*:

"Fora as peças que escrevi e que refletem uma experiência íntima, pessoal, que nada tem a ver com público e companhias teatrais, assisti à montagem de uma de minhas pelo Os Comediantes antes do aparecimento de Nelson Rodrigues, outra pelo Teatro Experimental do Negro. Além disso, fundei com Agostinho Olavo e Gustavo Dória o Teatro de Câmera, que marcou a primeira reação contra o gênero 'grande espetáculo' que Os Comediantes vinham impondo como gênero absoluto e que deu nascimento a essa serie de teatrinhos íntimos e espetáculos mais ou menos fechados, atualmente tão em voga. O Teatro de Câmera deu-me sessenta contos de prejuízo e inúmeros dissabores.

Mesmo assim, montei um espetáculo inteiramente organizado por mim, *O Coração Delator*, de Edgar Alan Poe. Foram tais os atropelos que jurei não voltar tão cedo ao teatro".

Sobre o panorama atual do teatro carioca, Lúcio Cardoso fez as considerações que abaixo transcreveremos:

"O teatro atual se divide em três panoramas na cidade. Copacabana, [...] e praça Tiradentes e todos querem ganhar dinheiro. Portanto, não há lugar para o bom teatro – a meu ver, bom teatro também dá dinheiro, mas aqui pensam que é preciso montar o pior a fim de fazer fortuna. A escola de Copacabana, que tem Silveira Sampaio como orientador, é um teatro pseudointelectual, feito para um público esnobe, endinheirado e de mau gosto. Lamento que um homem como Tristão de Athayde, que admiro desde a infância, tenha coragem para se estender em elogios a uma arte que bastaria como está. Inútil me dizer que há teatros de todos os gêneros e públicos de toda espécie. Há públicos de toda espécie, mas deve haver um público educado para um único teatro: o bom. Quanto ao sr. Fernando de Barros, tem o mérito de ter fomentado esse outro teatro – filho de Silveira Sampaio – que faz as delícias de um público ocioso e fútil: as laranjadas do Teatro Copacabana. Não. Não pode e não deve ser assim. Teatro é poesia, queiram ou não queiram os cozinheiros que enchem a boca com 'carpintaria teatral'. Toda ação dramática é uma ação poética. Todo espaço cênico é uma tentativa de criar uma atmosfera – atmosfera poética.

"A última tentativa séria de teatro no Brasil foi o Teatro de Câmera. Daí para cá nada substitui – e os nossos grandes artistas Morineau, Dulcina, Alma Flora, Fregolente, Olga Navarro, representam papéis medíocres em peças para agradar o público. Mas sentimos que isto é apenas uma época. Haverá uma revolução e todos esses falsos deuses serão apeados do trono. E este será entregue a seu legítimo dono: a poesia."

"Silveira Sampaio Fala-nos de Teatro"
(5. 8. 50, p. 6)

Silveira Sampaio é inteligente, esperto, não quer se comprometer. A toda pergunta que exigia dele uma quase definição, uma confissão a res-

TEXTOS PUBLICADOS NO *DIÁRIO CARIOCA* (1950-1952) 237

peito de seus problemas íntimos, respondeu ele com evasivas, fez blague com o repórter e com ele mesmo. Não pretendo criticar essa atitude. Direi apenas que Sampaio não é o tipo ideal de entrevistado, disposto a lançar uma opinião sensacional que a tornará discutida e marcará uma vitória do repórter. Ao contrário, se eu não me defendesse de suas sutilezas faria, certamente, o papel de tolo, ficando da longa conversa apenas a lembrança de momentos agradáveis. Porque a conversa de Silveira Sampaio é, sem dúvida, deliciosa, com os mesmos imprevistos e improvisações que tanta graça conferem ao seu texto. Mas paremos de considerações, pois, senão, acabo fazendo crítica e não entrevista.

Minha primeira pergunta tentou um campo vasto: "Como coloca o problema de sua realização artística?" Silveira Sampaio furtou-se a ela. Eu não pretendia que ele repetisse para o leitor além de uma confissão que me fizera anteriormente. Considera-se mais diretor do que autor e intérprete, tendo o prêmio que ele recebeu como diretor causado maior emoção do que se fosse pelas outras atividades. Perdoe-me Sampaio se o estou traindo.

Modifiquei então a pergunta: "Qual o aspecto de sua realização que mais o satisfaz?" Depois de alguma hesitação, decorrente não de incerteza, mas de dificuldade em exprimir o pensamento, a resposta veio sintética:

– A de diretor: porque é o homem que levanta o espetáculo e some quando ele aparece. "

Silveira Sampaio não quis também se referir ao panorama atual de teatro. Disse que o assunto é para um crítico e não para um indivíduo interessado, que participa da ação do palco. Pediu-me uma pergunta mais objetiva. Procurei então satisfazer o desejo do meu interlocutor que quase falava por conta própria: "Há teatro de vanguarda entre nós?" Silveira então respondeu:

– Essa história de teatro de vanguarda é história de conversa no *Vermelhinho*. Eu não sei bem ainda o que é teatro de vanguarda e o que não é. Se você me explicar direitinho, eu respondo.

– Não queira me fazer e, se fazer de tolo. Minha concepção não me interessa agora – respondi. – Vou facilitar para você: O que, por exemplo, você acha de Nelson Rodrigues?" – perguntei.

– O Nelson é muito bom. O que falta para o teatro dele é bula. E se teatro de vanguarda é teatro do Nelson, nós podemos estabelecer a definição: teatro de vanguarda é teatro que falta bula. Talvez seja por isso que meu teatro não é de vanguarda. Eu sempre forneço a bula com modo de usar, indicações etc, das minhas peças. Se antes do *Anjo Negro* ou de *Doroteia* o Ziembinski ou o Nelson Rodrigues viessem ao proscênio e explicassem a peça, ao menos para dizer, por exemplo, que a *Doroteia* não tinha explicação nenhuma – era como uma composição abstrata do Cícero Dias, o público não entenderia muito melhor.

Gostei imensamente de *Vestido de Noiva* – tinha bula – e do *Anjo Negro*. Não assisti a *Doroteia* mas ouvi a descrição feita pelo Ziembinski. Não posso compreender por que trocam o fornecimento prévio do ponto de vista pelo qual deve ser apreciada a peça por uma tertúlia, quase sempre confucionista, quando a peça sai de cena –respondeu Silveira.

Voltando ao seu problema pessoal, Silveira Sampaio não poupou uma blague que acha, realmente, a sua verdade: "Eu sou um frustrado. O que eu queria mesmo ser, minha grande vocação contrariada era *goal-keeper* de time de futebol".

Era absurdo insistir demasiado com Silveira Sampaio. Permiti-lhe uma propaganda desnecessária, aliás, com a acolhida sempre maior da peça *Impacto*: "Tenho em mãos duas peças de autores estreantes que espero levar em São Paulo se conseguir o Teatro Cultura Artística para uma temporada em 1951. São elas: *A Porta*, de Clotilde Pereira Prado e *Professor de Astúcia*, do médico radiologista dr. Vicente Catalano. São dois autores paulistas de grande valor. Clotilde Prado já foi minha colaboradora n'*O Impacto*, escrevendo o quadro de psicanalista e Vicente Catalano jamais escreveu para teatro. *Professor de Astúcia* é sua primeira peça, uma grande peça.

Silveira Sampaio falou-me ainda sobre as atividades cinematográficas de Os Cineastas. Mas o espaço impede-me de enumerá-las. Poupei ao leitor a bucha que o entrevistado me fez engolir conforme fora sua intenção confessada. Ou o privei de uma informação curiosa, como costuma ser curiosa toda iniciativa de Silveira Sampaio.

"Guilherme Figueiredo Fala-nos de Teatro"
(12. 8. 50, p. 6)

Guilherme Figueiredo não necessita ser apresentado. O que nos falou para transmitirmos aos leitores dispensaria também as tradicionais

TEXTOS PUBLICADOS NO *DIÁRIO CARIOCA* (1950-1952)

perguntas da reportagem, tal a unidade das confissões que espontaneamente fez. O assunto para nós sugerido serviu apenas para manter a mesma orientação que vimos seguindo nessas entrevistas semanais. Não pedimos ao Guilherme Figueiredo revelações sensacionalistas, mas permitimos a ele falar de problemas do seu interesse. Esses problemas tratados com serenidade, por quem deseja, realmente, dizer alguma coisa, constituem por certo o interesse do leitor, curioso de informar-se melhor sobre a personalidade do conhecido teatrólogo.

A respeito de suas primeiras experiências dramáticas, disse-nos Guilherme Figueiredo: " Sempre me seduziu o teatro e sempre achei-o dificílimo justamente pela sua simplicidade. A primeira peça que escrevi, *Napoleão*, tinha quarenta personagens, quatro mudanças de cenário e uma roupa de marajá. Até hoje está na gaveta do Pompeu de Souza. Isso me ensinou o seguinte: o teatro é o essencial. Dito o que se tem que dizer, feito o que se tem que fazer, tudo mais é excedente. Então fiz o exercício ao contrário: *Lady Godiva* com três personagens, um cenário ou nenhum e a mais absoluta concisão de diálogo. Isso foi em 1942, quando também escrevi *Lisístrata*, depois levada à cena com o nome de *Greve Geral*. Mas só em 1948 consegui ver representada uma peça minha".

– Como foi esse primeiro contato com a plateia – perguntei.

– Minhas peças estavam guardadas em gavetas, minhas e de amigos. Eu andava tentando uma legislação de direito autoral sem imaginar que os nossos escritores estavam no melhor dos mundos. Fiquei falando sozinho. Então houve uma coincidência interessante. Ninguém mais queria publicar livro meu. Por isso comecei a remexer, melancolicamente, as minhas gavetas e a tirar de dentro delas as minhas brincadeiras teatrais. Geysa Bôscoli leu uma delas e levou-a a Procópio Ferreira que me mandou um recado com uma voracidade confortadora: "Me dá tudo que você tem". Tudo era a *Greve Geral* que ele levou no Sul, *Lady Godiva* que ele montou no Rio e *O Héroi*, sátira ao Estado Novo. Veio também a ideia da tradução de *Tartufo*, de Molière, que fiz e que ele montará quando regressar da sua excursão ao Norte. Em Recife, Ziembinski ressuscitou uma tradução minha de Bernard Shaw. E a minha paixão pelo teatro veio de novo à tona, enquanto os romances e os contos iam de novo para as gavetas. Como vê, sou imensamente grato aos escritores e editores brasileiros.

Quisemos saber depois de Guilherme Figueiredo, como lhe nasceu a ideia de fazer de novo *O Anfitrião*. Ele não se demorou a responder: "Thiers Martins Moreira tendo assumido o cargo de diretor do Serviço Nacional do Teatro chamou-me para ensinar evolução do drama no curso prático mantido por aquele órgão do Ministério da Educação. Durante uma aula em que eu explicava aos alunos a decadência dos ritos e a sua transposição do ritual propiciatório à representação teatral, me veio a ideia de tentar *O Anfitrião Materialista*, dentro da sua própria lenda mas sem a presença do sobrenatural. Durante três meses resisti à ideia, discutia e, voltei aos clássicos. E depois escrevi a peça *Um Deus Dormiu lá em Casa* que primeiro se chamava *Anfitrião*. Silveira Sampaio pediu-a para a Companhia Fernando Barros e ela teve o mérito de revelar atores de primeira grandeza como Paulo Autran, Tônia Carrero, Vera Nunes e Armando Couto, o diretor Silveira Sampaio e o cenarista de Carlos Thiré. A Associação de Críticos Teatrais e a Academia Brasileira de Letras premiaram o meu trabalho, que foi traduzido para o italiano por Mário da Silva; para o inglês por membros do Rio Theatre Guild, e para o francês pelo ator Albert Medina, da Companhia de Jean Louis Barrault. Há muita gente que diz que o que eu escrevo não vale nada. Mas eu não tenho culpa se outras pessoas pensam exatamente o contrário. O importante é ver o mérito de cada uma dessas pessoas: os tresnoitados da Lapa ou os que tem autoridade para piar".

Finalizando a conversa, o autor de *Lady Godiva* exprimiu o que pensa acerca da sua obra. Não nos furtamos a comentar que assentam bem a um escritor essas palavras, pronunciadas com a humildade característica dos que procuraram acertar: "Para mim o teatro é o mais rico de todos os meios de expressão. É difícil porque é simples e, porque é simples, exige técnica e estudo. Se a intuição é condição para criar, o conhecimento também o é, e só ele é capaz de dar forma à intuição. Sempre acho mau o que faço, e isto é o que me ajuda a recomeçar. Em teatro, é muito mais importante ser-se mais severo do que os críticos e as plateias porque o aplauso, que é imediato e contagiante, pode virar-nos a cabeça. Não gosto do que já fiz e não gostarei do que vou fazer. Mas gosto quando os outros gostam: é um consolo saber que julgam com menos severidade do que nós mesmos. "

TEXTOS PUBLICADOS NO *DIÁRIO CARIOCA* (1950-1952)

"Henrique Pongetti Fala-nos de Teatro"
(27. 10. 50, p. 6)

Prosseguindo a série de entrevistas que procuramos fazer semanalmente com os nossos homens de teatro, ouvimos, na redação da revista *Rio*, o dramaturgo Henrique Pongetti. A atividade incessante na imprensa, a projeção intelectual do seu nome, o sucesso popular que obteve, recentemente, a peça *Amanhã, se não Chover*, tornam dispensável a sua apresentação aos leitores. Por isso passemos às palavras do entrevistado, já que o diminuto espaço desta coluna nem permitiu perguntas mais numerosas.

Quisemos saber, de início, o que, na opinião de Henrique Pongetti, caracteriza o nosso teatro atual. Eis sua resposta:

– Uma confiança permanente na inteligência e no bom gosto do público. Uma humildade permanente diante do seu desagrado. Procurar nas peças, nos elencos, nas montagens, as causas do insucesso. O novo teatro acredita em diretor, em cenógrafo, em ensaios, em luzes, em texto, em sucesso sem riso, em vitória com lágrimas nos olhos da plateia. Acredita na crítica honesta e competente. Silveira Sampaio não convida os críticos antes de se certificar da afinação do seu elenco. E retira sua peça depois da primeira representação, declarando-se solidário com a má impressão da crítica. Consciência da vitória e do fracasso. O público não é burro quando não gosta. Também não é genial quando gosta. É público em face de uma experiência, dessa eterna experiência que é uma peça encenada. Hoje o escritor procura o teatro: antigamente o nosso teatro vivia sem escritores. Quando o intelectual se aproximava do empresário havia um certo constrangimento. Sempre encontrava um intelectual com a petulância de pretender escrever uma peça. "Um laranja" – dizia–se nos bastidores – "Vamos ter literatura", dizia-se na roda do "hall" onde os cambistas e o bilheteiro davam seu palpite ao ator-empresário".

A seguir, pedimos a Pongetti um depoimento a respeito da própria obra. Suas palavras não o fizeram esperar:

– Escrevi uma dezena de peças, talvez desconhecidas das novas gerações, que começaram a acreditar em teatro com a estreia de Os Comediantes. Naquele tempo, e foi ontem – eu era considerado um "precursor", um "literato" com certo jeito, um "aprendiz" meio atrevido, em suma. Meu maior defeito – segundo os atores da velha guarda – era "escrever bem demais". Com "menos literatura" eu iria lá dar pernas. [sic] Quando a plateia ria de uma frase aparentemente sem graça eles ficavam me olhando como se tudo fosse combinação com uma *claque* secreta e pessoal. Depois de oito anos de desânimo eu voltei com *Amanhã, se não Chover*. Tenho pronta, nas mãos de Fernando de Barros, *Manequim*. Eu hoje gosto de fazer peças. E me sinto orgulhoso de não ser um "velho" nesse novo teatro que surge com noção da importância e das suas responsabilidades.

Pongetti esteve recentemente em São Paulo, quando *Amanhã, se não Chover* foi apresentada por Fernando de Barros ao público daquela capital. Seria curioso, pois, conhecer a sua impressão sobre o movimento teatral que se realiza ali com extraordinária seriedade. Finalizando a conversa, assim se exprimiu o aplaudido autor, cuja contribuição é das mais importantes na renovação da nossa comédia:

– Em São Paulo vi o melhor espetáculo que já me foi dado apreciar em língua brasileira: *O Anjo de Pedra*, pelo elenco do Teatro Brasileiro de Comédia, direção de Luciano Salce, com Cacilda no papel central, cenários de Vaccarini. Eu coloco esse espetáculo à altura dos melhores de Jean-Louis Barrault, como dignidade e propriedade artística. São Paulo tem um grande público certo para os bons espetáculos de comédia. Lá os milionários constroem teatros pelo prazer de sentar, depois, na plateia. Dentro em breve haverá emigração teatral do Rio para São Paulo. Como a Colômbia com os jogadores de futebol.

"Rosário Fusco Fala-nos de Teatro"
(4. 11. 50, p. 6)

Rosário Fusco é dos poucos escritores vindos de outros gêneros literários que entre nós se dedicam ao teatro. Romancista pertencente à primeira linha da nossa ficção, ensaísta arguto, informado por um conhecimento sólido das diferentes manifestações intelectuais, o autor de *O Livro do João* (1944) publicou em edição fora do comércio *O Viúvo* e o *Anel de Saturno* (1949), peças ainda não levadas à cena. De uma conversa longa

TEXTOS PUBLICADOS NO *DIÁRIO CARIOCA* (1950-1952)

em que ouvi muitas considerações de Rosário Fusco sobre problemas de estética, reproduzo algumas palavras sobre teatro, colhidas com o propósito de objetivar uma entrevista. A primeira proposição, versando sobre o lugar do teatro entre as artes de literatura, Rosário Fusco preferiu responder num ensaio, já que seria leviandade, como o foi do repórter, procurar trazer assunto tão vasto para os limites desta coluna.

Perguntamos, então, ao nosso entrevistado como pensa que o teatro evoluiu historicamente ao lado dos demais gêneros. Resumindo como podia, matéria para demorada discussão, assim se exprimiu o ensaísta de *Amiel*: "Na ordem histórica e em data, o drama é a última conquista da arte oral. E na sociologia o estágio derradeiro das civilizações antigas. Só a necessidade de perpetuar o mito leva uma sociedade à produção e consumo da cena. A afirmativa merece, sem dúvida, maiores esclarecimentos que não posso, assim numa rápida conversa, fornecer. De qualquer maneira, porém, não quero dizer com tal coisa que o teatro seja arte de imitação, como queria Aristóteles, mas de superação da vida, como escreveu Nietzsche. Complicado para explicar e de entender? Confuso: sobretudo confuso".

Rosário Fusco falou, depois, sobre sua experiência teatral. Eis suas palavras: "Fui ao teatro pelo seu mistério, a que a gente se rende até pela simples leitura das peças. Acompanhar as rubricas e visualizar o espetáculo já é, na comunidade da cadeira doméstica, qualquer coisa a assinalar um tipo de contemplador. Note isto: encarado como gênero literário, o teatro não possui o número de leitores do ensaio, da novela, da poesia. E o fenômeno só serve para acentuar a sua exigência de certo temperamento. Leitor de teatro e não praticante de espetáculos, estarei no caminho devido? As experiências que tentei são uma resposta à perigosa pergunta. Experiência literária do teatro, bem entendido de vez que nunca assisti – vivido – a mitologia do que qualquer modo, algo me levou a tentar nas peças que compus".

Finalmente, quisemos saber de Rosário Fusco se pensa dedicar-se à atividade teatral como empresa. Respondeu-nos ele, concluindo a entrevista:

– Gostaria de tentar a aventura. Por vaidade, apenas. Mas por vaidade cruzar os braços é mais cômodo. Se o que tentei valeu, um dia alguém o aproveitará. Senão, dispersar energia com e impingi-lo hoje, me parece cretino. Cretino e oneroso ao que poderei (também por vaidade) fazer do melhor se insistir. A criação também progride na insistência. Teatro é ação até no frio texto não representado. Moralidade: das milhares de peças de Lope de Vega, pelo menos se salva a *Estrela de Sevilha*".

"Geysa Bôscoli Fala-nos de Teatro de Revista"
(12. 10. 50, p. 6)

No escritório do Teatrinho Jardel, enquanto transcorria em pleno êxito a segunda sessão de *Miss França*, mantivemos com Geysa Bôscoli longa conversa, que versou sobre os diferentes problemas do Teatro de Revista. Geysa Bôscoli, proprietário do teatrinho da Avenida Copacabana é um dos grandes animadores da revista, e no momento empresa e dirige o espetáculo, cujo texto escreveu com Guilherme Figueiredo.

Com 24 anos de experiência teatral, tendo desempenhado todas as funções necessárias à montagem de um espetáculo, Geysa Bôscoli expõe suas convicções com muita segurança e revela conhecer os segredos do gênero a que se dedicou.

Nosso entrevistado situou de início o problema do empresário. A seu ver, "os elementos que não entendem de teatro e sonham que ele é uma mina, criaram um impasse terrível para as companhias. Meu sobrinho Heber de Bôscoli (que na rádio me parece a maior figura, mas incapaz no teatro), Barreto Pinto, Chianca de Garcia e Hélio Ribeiro da Silva, além de outros, elevaram de maneira astronômica os ordenados. Oscarito foi contratado a cem mil cruzeiros mensais. Dercy exigiu sessenta mil. Renata Fronzi deixou a minha empresa para ganhar 45 mil. Os pouquíssimos empresários se viram, assim, na contingência de aceitar o cutelo dos artistas. O encarecimento não foi menor, também, nos outros setores. O cenógrafo elevou o seu padrão. O custo do guarda--roupa cresceu sobremaneira. No tocante à montagem, as despesas do empresário aumentaram, nos últimos cinco anos, de 300%. Ao passo que a receita pouco se modificou, alterando-se os ingressos de trinta para quarenta e no máximo cinquenta cruzeiros.

Mesmo assim, quando dá certo, o teatro de revista é um ótimo negócio. *Catuca por Baixo*, montada para poucos dias, permaneceu longo tempo em cartaz e deu a Valter Pinto, no Rio, o lucro liquido de dois milhões de cruzeiros. O capital para levantar o espetáculo foi somente de 4500 cruzeiros. *Nega Maluca*, feita com maior cuidado, trouxe o prejuízo de 300 mil cruzeiros.

Falando sobre o valor artístico dos espetáculos, Geysa Bôscoli afirmou que o nosso teatro de revista está em nível idêntico ao estrangeiro: "Em minhas viagens à Europa, Estados Unidos e Argentina, vi poucas montagens que se igualassem às brasileiras. Infelizmente, este ano não surgiu aqui um grande espetáculo".

Quanto ao texto das revistas, diz Geysa que o autor é um escravo do empresário: "Não tem liberdade para fazer o que quer. O problema comercial é premente e obriga a revista a atingir diretamente é [ilegível] incerto".

Na opinião do entrevistado, o que falta no teatro são os empresários: "Indivíduos que invertam capital, podendo correr os riscos de um grande prejuízo para uma compensação posterior. Os pequenos capitais, na luta por se preservar e crescer, não se podem comprometer em aventuras cujo resultado é duvidoso".

A uma pergunta nossa, para finalizar a conversa no momento em que se encerrava a representação de *Miss França*, Geysa respondeu o seguinte: "Além da função de divertir o público, o teatro de revista constitui excelente campo para educação das massas, e, a meu ver, não tem sido explorado nesse sentido. Podem abrigar-se nele ensinamentos históricos, orientação política, sendo veículo adequado até para a alfabetização. Espero que os poderes públicos compreendam o valor dessa tarefa e a prestigiem como merece".

3. Crônicas da Cena Carioca

"Inicial"
(22. 6. 50, p. 6)

É com certo constrangimento que o cronista sente necessidade de uma apresentação. O programa, a plataforma num trabalho de intuito literário, além de evidente superfluidade, quase nunca escapa do ridículo. Embora traga inquietude essa maneira de ver o problema, o cronista prefere enfrentar o perigo do quixotismo e definir-se.

A falta de definição, aliás, é o mal do teatro brasileiro. Sei que parece simplificadora e arbitrária essa afirmativa. Argumentar-se-ia que é tanto esse mal como a falta de autores de tradição teatral. De perspectiva exata para situar o problema do teatro, com todas as possíveis objeções, aquela afirmativa visou simplesmente dizer que o teatro nacional não é. Não existe. Ou melhor, ainda está indefinido, nesse início em que têm lugar as experiências mais discutidas e controversas.

Não obstante as restrições que se lhe possa opor (e o cronista terá ocasião, nesta coluna, de externar sua crítica), uma figura se destaca, no panorama teatral brasileiro, e se projeta como valor isolado, singular: Nelson Rodrigues.

Confesso que foi penosa essa afirmação. Há sempre a suspeita de injustiça, o receio de que a consciência não estivesse no íntimo inteiramente tranquila. Há sobretudo um grande desejo de inserção quando, ao preterir o nome de Lúcio Cardoso pelo de Nelson Rodrigues, sacrifiquei uma preferência de temperamento e afinidade, para tentar uma visão objetiva, independente do próprio caminho e da própria concessão do fenômeno literário. É que, embora seja enorme o talento do novelista de *Inácio* (1944), não está plenamente realizada sua noção teatral. No escritor de faces múltiplas que se exprime no romance, na novela, no conto, na poesia e no teatro, não adquiriu ainda sua feição particular, em que a palavra é um veículo distinto da palavra narrativa. Já que Nelson Rodrigues, embora possa ser discutida a qualidade literária de sua peças, é fundamentalmente um dramaturgo, um teatrólogo.

A exceção, a que se poderia acrescentar um ou outro nome promissor, não consegue, por si só, conferir uma estrutura ao teatro brasileiro.

Disse, por isso, repetindo uma afirmação já bastante vulgarizada, que não existe, na acepção séria, o nosso teatro. Se um esforço de sistematização pode emprestar à palavra e ao romance nacionais um cunho universal incipiente, sabe-se que não os acompanha o teatro brasileiro.

Foge ao âmbito da primeira crônica analisar as causas da mediocridade do nosso palco. Em outras ocasiões, ao lado da crítica objetiva dos espetáculos o assunto certamente se apresentará.

Desejo que não se confunda a intenção desta crônica com o fácil impulso de destruir. O rigor da crítica pretenderá apenas dar a justa medida das diversas manifestações teatrais, sem concessões ou interesses secundários. Parece-me a esse respeito que a ausência de qualquer ilusão é o primeiro passo para um empreendimento sério. O cronista encontrará verdadeira recompensa se, no correr deste diálogo cotidiano, puder modificar, ou mesmo destruir, os conceitos ora acreditados.

Nosso propósito único, na tarefa de orientar o público sobre os espetáculos que lhe são oferecidos, é o de colaborar com esforço honesto e apaixonado para a formação do teatro brasileiro.

"Apontamentos Banais"
(6. 10. 50, p. 6)

Primeiro assente na estética teatral é o de que o fenômeno do teatro se constitui de três elementos: o texto, a representação e o público. A hipertrofia do texto, que torna impraticável a presença do ator, ou da interpretação, que improvisa sobre a fragilidade do texto, forma, ao lado de fatores menores, o que Henri Gouhier chama as heresias do teatro. O prejuízo da desarmonia dos diferentes aspectos do espetáculo se debita ao próprio teatro, gênero de síntese por excelência.

A maneira como os elementos se conjugam para atingir a síntese provoca a discordância dos estudiosos. Há textos absolutamente teatrais, isto é, de indiscutido valor cênico, que um preconceito legendário classifica de literários. A qualidade literária, ao contrário de ser o apoio substancial da peça, é contemplada pela ignorância como o fantasma bastardo do teatro. Assim, o diálogo amarrado que não permite a espontânea afirmação do movimento do intérprete (não obstante desenvolva uma ação introspectiva), está destinado a não viver no palco. As conjecturas podem superpor-se, indefinidamente e, no fim, resulta apesar da dogmática acreditada, a pergunta simples: qual o exemplo ideal do bom teatro?

Assunto fascinante de se esmiuçar: conserva o teatro, no momento, a correspondência com os demais gêneros literários? O conteúdo revolucionário de um Proust ou de um Joyce teve eco nas pesquisas teatrais? Evidentemente, o problema não se veste de tanto primarismo, e só o lembro como sugestão para outra pergunta: as chamadas leis do teatro, não teriam condenado-o à mediocridade? Será possível uma renovação dentro das imposições rígidas do espetáculo? A resposta, considerando ainda outros fatores, se torna difícil. O que se pode assinalar é uma pobreza de autores em toda a literatura universal, incapaz, também, de valer como argumento da decadência do gênero, pois não se exige que gênios apareçam para preencher lacunas no tempo.

A situação do público no teatro é de participador efetivo, membro integrante do conjunto a que se denomina comunhão do espetáculo. A plateia não tem a mesma função de um leitor de romance. Se ela não colabora na realização do teatro, a peça está fadada a não ter vida. Uma obra de outro gênero literário pode ter pouca divulgação, não gozar de popularidade que a consagre. Embora um poema seja incompreendido da maioria dos leitores, ele existe, se possui valor real, como obra prima indiscutível. No teatro, contudo, a obra prima irrepresentável significa uma produção espúria, e não terá nunca a integridade dada pelo palco. Que conclusão, pois, se inserir daí? Será o sucesso a medida de valor de uma peça?

A esse respeito as perspectivas me parecem melancólicas. A decadência da cultura – vale perigoso para todas as manifestações estéticas – prejudica essencialmente o teatro por deixá-lo alheio a qualquer atenção sobre o público. Sem os espectadores, o complexo fenômeno teatral não existe como é. O texto fica preso no livro. Não se conhece o valor cênico de uma peça.

Considerado o caminho que, praticamente, toda a arte seguiu, no momento explica-se também a dissociação com o público. Ensaístas avisados condenaram-lhe o excessivo hermetismo, o intelectualismo desligado das fontes humanas, o que faz inaudível sua linguagem. O requinte de um lado, e a uniformização da mediocridade de outro,

TEXTOS PUBLICADOS NO *DIÁRIO CARIOCA* (1950-1952)

estabeleceram em nossos dias, o divórcio entre a arte e o espectador. No teatro, além de não serem representadas obras de grande mérito, o fenômeno trouxe a concentração de dramaturgos medíocres como, por exemplo, Anouilh e Salacrou, na França e no Rio, Alexandre Casona, o teórico da literatura açucarada.

Que constituiu o trabalho sério, porém. Se o sucesso do presente traz suspeita quanto ao conteúdo de obras atuais, o julgamento do futuro é que conta para o teatro legítimo.

"Considerações Melancólicas"
(2. 11. 50, p. 6)

Dizer que há crise a respeito do nosso teatro é emprestar a essa palavra um sentido de perpetuidade. A simples constatação, ademais, além de supérflua, pela evidência do fenômeno, não possui o dom de corrigir o mal. Seria preciso um longo estudo das causas responsáveis pela fraqueza do movimento cênico a fim de combatê-las com exigido rigor.

Não é essa, hoje, minha tarefa. Tenho o direito, também, de debruçar-me com desânimo sobre o trabalho, e lamentar simplesmente os fatos, queixar-me da missão árdua de assistir a todas as estreias, reconhecer-lhes as poucas qualidades, apontar-lhes os defeitos nunca ausentes. Longe de mim a ideia da generalidade, sem exceção. O mal é justamente esse: o bom teatro aqui é exceção muito rara, assinalável duas vezes em um ano. Não se quer espetáculos de obras primas, o que não pode constituir maioria na literatura. Pede-se, apenas, um pouco de bom gosto, o que já seria a fuga à mediocridade, desejo de encarar o teatro como obra de arte e não passatempo digestivo.

Dominam, ainda, em nossos palcos, as traduções de peças estrangeiras. Há que se louvar o requinte das empresas e dos tradutores na escolha do que se encontra de pior na literatura teatral. Obras sem nenhum mérito, sem possibilidade de resistir a qualquer análise menos benevolente – eis o panorama do subteatro europeu impingido ao nosso público. Fico realmente surpreso quando a peça é apenas inexpressiva, o que no caso, passa a ser qualidade. Mas me esquecia das adaptações: não considerando o problema de, por si, demonstrarem um desrespeito aos autores, apresentam o agravante de deturpar-lhes o sentido e prejudicar-lhes ainda mais a feitura literária.

Se o cronista de teatro não se quisesse dar ao trabalho de examinar com o possível critério o espetáculo, usaria, com pequena margem de erro, fórmulas aplicáveis a todos os gêneros. Quanto às revistas: mau texto destituído de imaginação e eivado de matéria pornográfica; a apresentação razoável, com alguns atores de grande talento e mediocridade nos demais, incluindo a parte coreográfica. Não é preciso ir adiante, que o modelo não se transforma. No tocante ao teatro declamado, vivemos de peças digestivas, feitas sob medida para não envolver um só assunto que inquiete o espectador. A preferência se dirige às comédias inconsequentes, superficiais, em que se ria porque se está na plateia para rir. Quando ingressamos em obras de pretensão dramática, o conteúdo é de melodrama e de dramalhão. Não se escapa à regra porque o gosto do público, segundo os donos dos teatros, se satisfaz com esse ingrediente. Pobre público imaginado por cada um à semelhança da própria burrice e incapacidade. Nesse deserto, justo é destacar as tentativas isoladas de alguns autores nacionais. A eles pertencem ainda os poucos espetáculos sérios que temos realizado. Como a doença da incompreensão contagia, certos esforços não conseguem a acolhida popular. *Só o Faraó Tem Alma*, farsa engenhosa e inteligente de Silveira Sampaio, a despeito da deficiência literária, não foi compreendida pelo público.

O panorama é melancólico, não se pode deixar de concluir. O cronista, que persiste pelo amor ao teatro, gostaria de ter esperança. Perdoe-me o desabafo. O sentimento de que estamos conscientes da própria ruindade talvez não seja um inútil consolo.

"Explicação"
(22. 11. 50, p. 6)

Reprovam-me muitos que esta coluna não oferece noticiário teatral. Reconheço a procedência da censura. Realmente o leitor que, numa noite, se dispõe a ver uma peça, não lerá o comentário do cronista, mas indagará em que hora inicia o espetáculo, qual o autor do seu agrado, os intérpretes, o cartaz entre tantos a escolher, que melhor satisfará

TEXTOS PUBLICADOS NO *DIÁRIO CARIOCA* (1950-1952)

o seu momentâneo estado de espírito. Atender a isso é uma função do jornal. Ademais, entre nós, as empresas não possuem meios para uma publicidade eficiente, e as colunas especializadas suprem então a informação para o público. Tudo muito legítimo, já que um dos papéis do cronista é incentivar o movimento teatral, estabelecer um clima de crédito para com a cena, pois, do contrário, seria melhor cuidar de outra profissão. E essa tarefa pode ser cumprida sem prejuízo da parte crítica, que se coloca noutro setor, mantendo imparcialidade e isenção em cada caso. Hei de convir, assim, que uma lacuna importante existe no meu trabalho. Mas fui obrigado a optar pela orientação que venho obedecendo, em virtude dos limites em que me devo conter.

O problema fundamental, evidentemente, é o do espaço. Foi notório o sacrifício de muitas sessões em todos os diários. No tocante a essa coluna, ou se observaria uma linha noticiosa, ou se abdicaria de informar o leitor acerca do que se passa, diariamente, na cena, em troca de uma crônica sobre matéria teatral. Preferi a última hipótese, já que se casa melhor ao meu temperamento, e obrigatória que é a opção, julgo-a mais útil que a primeira. A defesa desse raciocínio não me cabe fazer, ainda que seria eu levado a examinar o valor da crítica que, honestamente, considero muito pequeno.

Na crônica diária, porém, vários inconvenientes se apresentam. Muitos acontecimentos não recebem mais que um registro. Outros, dada a significação de que se revestem, são desdobrados em crônicas sucessivas, o que deve ser incômodo para o leitor. Em meio a espetáculos de gêneros tão diversos, é difícil resguardar a hierarquia, empregar adjetivos que, mesmo laudatórios, se distinguam quando se trata de uma revista ou de uma comédia. Há um problema de ordem psicológica para o cronista, cuja solução nem sempre se consegue a contento. Ao vermos repetidamente espetáculos fracos, o primeiro interessante que surge é acolhido com entusiasmo, às vezes, superior à justa medida. Da mesma forma a inevitável referência ao sentimento mais próximo nos leva à dureza excessiva com uma peça, que em outra circunstância, mereceria palavras menos restritivas. Alinharam-se, pois, ao acaso, certos motivos que, num desejado absoluto, fazem precária a tarefa da crítica.

Sendo fiel à minha orientação, costumo comentar, quando não há estreias, peças lidas. Hoje, contudo, domina-me outro sentimento, o mais desagradável para quem é obrigado ao trabalho cotidiano de escrever: a preguiça, porque devia ser inconscientemente esse desejo da explicação que, suponho, não interessa a ninguém. Enfim, o espaço contra o qual reclamo encheu-se com sacrifício, e não me darei ao luxo de começar de novo.

"Pelo Teatro Nacional"
(17. 12. 50, p. 6-7)

Os originais levados pelas nossas empresas refletem o caminho ainda tateante do teatro nacional. A produção dos autores brasileiros encontra mercado restrito em face da concorrência dos textos europeus. Não será vã patriotada afirmar que as peças nacionais, representadas no correr deste ano, tem maior valor, na quase totalidade, que as traduções e adaptações entregues ao público. Quero que estas palavras não sirvam, também, para a conclusão leviana de um supervalor da nossa matéria. Ou desmerecimento de sua qualidade, já que seria difícil organizar-se antologia tão completa da subliteratura estrangeira.

Para uma peça razoável, como *"A Herdeira"*, tivemos em abundância o dramalhão *"As Árvores Morrem de Pé"*, a inexpressiva *"Se o Guilherme Fosse Vivo"*, a tolice de *"A Noiva Deita-se às 11"*, *"Catarina da Rússia"*, *"Ai, Tereza"* e *"A Caridosa"*. Os teatrólogos brasileiros foram muito melhor representados na temporada, com trabalhos, que se não dispensam restrições em um ou outro aspecto, e tiveram êxito ou imediato malôgro, não só pelo significado especial para nós, como pelo valor intrínseco da obra, merecem efetiva consideração. E citamos, ao acaso, as peças de Pedro Bloch, Silveira Sampaio, Henrique Pongetti, Guilherme Figueiredo, Acioly Netto, Agostinho Olavo, Gustavo Dória, Nelson Rodrigues, Lúcio Cardoso e R. Magalhães Jr. Muitos originais brasileiros permanecem nas gavetas dos empresários, e se desculpam outros dizendo que não lhes chegam às mãos peças nossas de qualidade. A produção de valor não é suficiente, por certo, para alimentar o número grande de companhias. Mas há uma nítida concessão à facilidade, na preferência por obras que conseguiram um duvidoso sucesso nos palcos estrangeiros, e atendem a sentimentos subalternos ou pouco educados da plateia. Ao contrário de vermos o teatro que se tornou patrimônio da cultura de

TEXTOS PUBLICADOS NO *DIÁRIO CARIOCA* (1950-1952)

todos os povos, assistimos peças de exportação, arranjadas para o gosto digestivo de um público cheio de vícios.

O problema é complexo e só se resolverá com o amadurecimento de anos, quando as condições do meio se fizerem mais propícias à plena formação da literatura dramática nacional. Não se trata de assunto possível de ser solucionado com medidas isoladas, se considerarmos que diz respeito à cultura e à melhoria em todos os sentidos da cena brasileira.

No terreno das realizações práticas, entretanto, uma providência do maior alcance foi tomada pelo Ministério da Educação. A fim de facilitar o lançamento do nosso autor, com o propósito de combater o colonianismo em face do subtexto estrangeiro, o Serviço Nacional do Teatro só dará subvenções, a partir de 1951, a empresas que programaram o mínimo de 50% de originais assinados pelos nossos dramaturgos. Não há dúvida de que materialmente foi significativo o passo dado.

"O Público de Teatro"
(4. 2. 51, p. 6)

Hoje, pareceria adequado tratar das aproximações entre teatro e Carnaval ou, simplesmente, ceder o espaço ao assunto que tomará esses três dias, já que nenhuma empresa oferece espetáculos até quinta-feira. Mas a ideia de, em pleno período carnavalesco, tentar caminhos sérios sobre a matéria, me sugere falta de gosto e pouco senso de oportunidade. Nessa época, ou se participa do Carnaval ou se cuida de outros afazeres. O exame do espectador (embora somente do aspecto teórico) torna-se, sem dúvida, antipático. Como a lauda deve ser preenchida, que seja com outro assunto.

Uma conversa fortuita me traz o tema da significação do público do teatro. Nada de meditações graves, que o dia não permite esforço do cronista e do leitor. Apenas o esboço ligeiro, o motivo tratado ao sabor das considerações parciais, sem desejo de unidade e síntese conclusiva. Venho aqui somente para dizer que a existência de público no fenômeno teatral é um dos entraves mais sérios para a evolução da arte cênica.

Já se doutrinou suficientemente que o público é parte essencial do teatro. Não só o texto e o intérprete fazem viver o espetáculo, mas a massa presente que reage às emoções transmitidas. Se o público não aceita uma peça, cenicamente ela se acha morta. Mas a acolhida da plateia será a medida de valor de uma obra?

Da resposta a essa pergunta decorrerão diferentes visões do destino do teatro. Confesso que fujo com frequência a indagações estéticas, receoso de aventurar pensamentos melancólicos. Talvez, apenas uma irresistível atração da sensibilidade tornou perdurável o interesse do teatro, independentemente da falência pressentida pelo raciocínio frio. À parte, os problemas intrínsecos do texto teatral, cheio de limitações de toda a ordem – as circunstâncias extrínsecas ao trabalho literário (elementos de um todo exigido) proíbem quase a sua comunicação. Jean Hytier, em *Les Arts de littérature*, observa que o público de teatro individualizou-se gradativamente. Desapareceu a comunidade de espectadores. Se uma nova participação coletiva se alcançar, "ela será bem diferente da primeira, não mais uma, mas, diferenciada, não mais fundada na identidade de um sentimento político mas no concerto de uma multiplicidade de admirações particulares". Quem será o espectador indivíduo, em qualquer país e sobretudo entre nós ? Não tenhamos ilusões sobre o seu valor. A incultura subtrai à plateia a capacidade de julgamento – não se estará exigindo a presença de iniciados se disser que o espectador atual não pode perceber uma tentativa mais séria. Infelizmente, o teatro, como os outros gêneros artísticos, se transforma dia a dia em matéria de especialistas. Não se advirta que o criador abandona as fontes puras para se deleitar em elucubrações personalistas. Na verdade, o divórcio entre o artista e o público se explica pelo deficiente preparo deste, incapaz de assimilar uma obra de valores menos superficiais. O fenômeno provoca no teatro consequências desastrosas, pois uma peça exigente se choca numa plateia insensível. Quanto mais se aproximar da novela de rádio, do riso fácil, do dramalhão suculento, a obra terá sucesso garantido. Haverá futuro para o teatro dentro dessa perspectiva tão desalentadora?

"Morreu Louis Jouvet"
(17. 8. 51, p. 6)

Chegou ontem, na redação, um telegrama seco: "Faleceu, hoje, o ator teatral e do cinema francês Louis Jouvet, depois de ter adoecido repen-

TEXTOS PUBLICADOS NO *DIÁRIO CARIOCA* (1950-1952)

tinamente terça-feira última, durante um ensaio. Jouvet contava 63 anos de idade".

Seria tolice fazer literatura em torno dessa morte. Todo o mundo conhece Jouvet, sabe o que ele significa para o teatro, sente o que com ele se perdeu. Jouvet não é apenas uma das maiores figuras da cena moderna. Seu nome está ligado à permanência do teatro como realidade autêntica – a realidade do texto, a submissão ao texto, a certeza de que o texto sustenta o espetáculo. Por isso, foi o criador das peças de Giraudoux, emprestou o seu talento para dar às personagens de um dos herdeiros da tradição do grande teatro a beleza poética legítima, a existência do teatro como poesia. Copeau, Dullin, Jouvet e Barrault – eis a linha magistral dos *animateurs* contemporâneos, talvez até superior aos dramaturgos de agora, e responsável por que o espetáculo não mergulhasse irremediavelmente na rotina das comédias ligeiras.

Pouco posso dizer da longa permanência de Jouvet, no Brasil, uma década atrás. Meu trato com a cena não data daquele tempo. Sei, entretanto, do valor inestimável de sua visita, não só realizando temporadas admiráveis, como exercendo uma influência pessoal de extraordinário proveito, num convívio amigo com os nossos homens do teatro. Agora que o dever jornalístico impõe seja escrita uma nota, à maneira de saudação póstuma, eu preferiria uma simples palavra de homenagem, sem o recurso à memória, capaz de infidelidade. Mas lembro o artista que saiu do Théâtre des Arts e do Vieux Colombier, a mentalidade oposta ao excesso de espetáculo de Gaston Baty, o inimigo do realismo cru do Théâtre-Livre de Antoine, que, a seu ver, matava a ilusão teatral, em benefício de uma verossimilhança fotográfica e antipoética, de certa maneira precursora das imagens do cinema. Se não falha a memória, Jouvet exclamou que, no teatro, a palavra deve prevalecer sobre o jogo cênico, o texto sobre o espetáculo, numa convenção cujo último escopo é a poesia.

A crítica lhe reprova que, baseado em princípios tão sólidos, acabasse por fazer concessões. Chegou a dizer que o importante no teatro é o sucesso. E, ao lado de peças sérias, experimentou também o repertório menos exigente, insistindo em nomes pouco recomendáveis. Se, na verdade, não foi intransigente com seus antecessores de escola, nunca traiu a consciência profissional fazendo, na pior das hipóteses, um belo espetáculo. Seu último trabalho como *meteur-en-scêne* – *Le Diable et le bon Dieu* – e que lhe valeu penosas lutas com Sartre, sobre os cortes a serem feitos no texto, acha-se de pé em Paris, com o maior êxito artístico. Talvez seja um belo fim para quem já ultrapassara os sessenta anos.

O autor das excelentes *Réflexions sur le comédien*, criador de *Knock, Siegfried, Ondine* e tantas outras peças, encenador audacioso *Le Fourberies de Scapi*, aqui montado por Barrault, levou consigo uma das mais puras concepções do teatro. Não levou, porque seus ensinamentos não se perderão nunca.

"O Teatro no Brasil:
Conferência de Paschoal Carlos Magno"
(11. 9. 51, p. 6)

No curso promovido pela Liga Universitária Católica, Paschoal Carlos Magno pronunciou, segunda-feira, uma conferência sobre "O Teatro no Brasil". Como se trata de um curso para formação estética dos espectadores, examinou o problema do nosso teatro pelo aspecto da plateia, do público atual. "Temos autores, intérpretes, diretores, cenógrafos etc. Falta formar o espectador que é escasso e minguado". Paschoal propõe algumas medidas que, a seu ver, solucionariam a questão do teatro brasileiro.

Essas medidas parecem-me realmente boas, e visam a uma reforma básica, e não a remédios eventuais, para crises temporárias. Antes, porém, de citá-las, permito-me discordar do excessivo otimismo de Paschoal, que situa as nossas deficiências apenas no espectador. Na verdade, não temos público, nem aquele público que costuma ir a uma casa de espetáculos, depois do jantar, como diversão. Mas não temos também literatura dramática. Talvez a existência de autores esteja subordinada à existência de plateia para recebê-los. No estágio que atravessamos, porém, a não ser excepcionalmente se pode apontar o autor teatral. No talento dos intérpretes, embora muitas vezes deseducados, é que reside a comunicação do nosso teatro. Índice, aliás, de uma fase ainda primária da história cênica.

Paschoal afirma que duas portarias ministeriais resolveriam o problema do nosso teatro. Procurariam educar o espectador menino, preparando-o desde cedo no trato do espetáculo. Na fase pré-escolar,

TEXTOS PUBLICADOS NO *DIÁRIO CARIOCA* (1950-1952)

criar-se-iam teatros de fantoche, de marionete, de sombra, e se ressuscitaria o tipo do contador de histórias para crianças. Na fase primária, viriam o teatrinho de fantoches, a companhia de autores adultos, a companhia de atores meninos, e os jogos dramáticos. Na fase secundária, tornar-se-ia obrigatória a formação de um grupo dramático em todas as escolas secundárias. Incumbiria ao Conselho Nacional de Educação a seleção de peças, representando-se duas, ao menos, por ano. A prática da leitura de textos seria aconselhável, bem como a improvisação de peças para o importante manejo do idioma. Na fase adulta, apareceriam os teatros-escola, os teatros experimentais, e as companhias profissionais, criando o conjunto, o hábito de ir ao teatro.

Pode-se compreender o alcance das medidas que cogitam da educação sistematizada do espectador, propiciando-lhe, desde criança, o território da ficção. Lamento que o ministro Simões Filho, segundo disse Paschoal, não tenha tomado providências, de acordo com seu esquema. Gostaria de ponderar, contudo, que mesmo essas medidas necessitam de uma preparação, em que por certo Paschoal pensou. E que professoras e professores que orientariam os teatros não dispõem do preparo indispensável. Sem conhecimento técnico, não poderiam desincumbir-se da missão. E penso ser preferível não fazer teatro a fazê-lo mal. O espectador viciado é mais pernicioso do que o ignorante.

Em meio à narrativa de sua experiência, colhida em vários países, e de que pode dar um testemunho valioso, Paschoal emitiu vários conceitos sobre o teatro, de que me permito, mais uma vez, discordar fundamentalmente. A seu ver, o teatro é um meio de educar as massas. Não discuto que o teatro possa ter essa finalidade. É ela, porém, subsidiária derivada. O teatro, antes de tudo, é uma obra de arte. E a obra de arte tem finalidade estética, a comunicação do prazer estético. O fim educativo, aliás, respeitável, deriva do primeiro. Como são educativos, pelo enriquecimento cultural, a audição de um concerto, a contemplação de um quadro e a leitura de um poema.

Vendo, inicialmente, no teatro, o aspecto educativo, Paschoal acaba por fazer transigências no que toca ao problema artístico. Concordo com ele quando afirma que o teatro não é só literatura. Há, certamente, outras artes na formação do espetáculo. Mas não acho que as palavras e os pensamentos sejam subsidiários e não essenciais. Eles são essenciais, ao lado de outros elementos essenciais. Essa é a conceituação do teatro declamado, que preside na literatura dramática, desde Ésquilo aos autores de hoje. Do contrário, iríamos à pantomima e mesmo à dança. A palavra é um valor específico, numa situação dramática, para a composição do teatro. Colocar no tema, como quer Paschoal, a permanência de uma peça, subverte a noção precisa do teatro. E quanto a temas... há muitos belíssimos, em péssimos textos.

Paschoal afirmou, ainda, que a imaginação do dramaturgo é menos livre que a do poeta. Não posso concordar, também, com esse conceito. Ele leva a uma abdicação da integridade da arte cênica. Os elementos técnicos, e a plateia, não divergem dos elementos técnicos e dos leitores de um poema. Apenas as leis de uma e de outro são diferentes. No teatro, existe a carpintaria. No poema, mesmo o moderno, na aparente liberdade absoluta, há o ritmo que, embora pessoal, não deixa de envolver exigências técnicas. Haveria, no teatro, uma limitação comercial de tempo. O'Neill modernamente, a desconhece, fazendo peças de longa duração. E isso é um aspecto exterior e não fundamental do teatro, incapaz de limitar a imaginação criadora. Se o teatro se dirige à plateia, o poema se dirige ao leitor, e a burrice ou a inteligência de ambos se parece.

Outro assunto passível de debate: a poesia pura, ao ver de Paschoal, suspende a ação dramática. O teatro busca uma aproximação da realidade e da vida. Para se discutir esses conceitos, seria necessária toda uma fundamentação estética. De maneira geral, entretanto, poderia entender que a poesia pura, a que se refere a Paschoal, é aquela atingida, no poema, simplesmente pela palavra. Nesse sentido, a poesia pura nada tem a ver com a ação dramática. Quando creio que o teatro deve transmitir poesia, e poesia pura, a poesia é menos uma forma que um resultado. Resultado, como é no próprio poema. Em todas as artes literárias. Apenas, em cada uma delas, o processo é diferente, e no teatro não se prescinde da corporeidade do comediante. Em certo sentido, também, pode dizer-se que a poesia tende à realidade e à vida. Ou que o teatro – criação estética – não tende à coisa nenhuma. O romance, que desconhece a plateia, se compõe de narrativa, elemento muito mais prosaico e limitado que qualquer prisão teatral.

Contenta-me que, se não partilho dos princípios defendidos por Paschoal, adoto com prazer suas conclusões. Ele vê no teatro uma função

TEXTOS PUBLICADOS NO *DIÁRIO CARIOCA* (1950-1952)

didática, a qual não posso [ininteligível]. Mas, na verdade, ele deseja educar as plateias, desde o período infantil, para levá-las ao teatro. Nada mais justo e lógico. A educação, a cultura, a civilização, a serviço do teatro. A preparação dos espectadores, para participarem do fenômeno teatral. Se, reciprocamente, o teatro educa, essa é uma função subsidiária de toda obra de arte. Sem assemelhar o conceito de Paschoal as doutrinas totalitárias, lembro que elas usam o teatro como meio de propaganda para as suas ideias.

Na tarefa de servir ao teatro com amplos movimentos é que se tem distinguido Paschoal. Ele confessou: "Talvez não seja o dramaturgo, o poeta ou o romancista que sonhei aos vinte anos". Mas dedicou-se, generosamente, à ideia de divulgar o teatro, criar uma mentalidade teatral entre nós. A ideia de dignificar a profissão do teatro, através de suas prestigiosas iniciativas. E essa é a grande dívida do Brasil com Paschoal Carlos Magno.

"Acontecimento Teatral"
(29. 9. 51, p. 6)

Não assisti ao nascimento de Os Comediantes. Creio, porém, que terá sido assim, como o da Companhia Graça Melo, que anteontem estreou no Regina. O sentimento de roubo, de privação por não ter conhecido o trabalho mais sério que se processou no palco carioca foi compensado. Com o extraordinário e surpreendente espetáculo, cuja carreira se inicia, traços idênticos os assemelham: uma grande, uma violenta paixão pelo teatro. Sem fanfarras. Graça Melo preparou anos seguidos, o lançamento do seu elenco. Esclareceu, com cuidado, todos os problemas para fixação de uma companhia permanente. Procurou, um a um, os intérpretes que pudessem constituir uma equipe homogênea. Escolhida a peça – *Massacre*, de Emmanuel Robles – um texto belíssimo, cheio de comovente poesia e denso de dramaticidade, distribuiu os papéis segundo as melhores aptidões reveladas pelos comediantes. E resultou então uma estreia de alto nível, uma segurança no conjunto de que apenas de profissionais capazes se podia esperar.

O segundo contato com Os Comediantes: a reunião de amadores, origens dos conhecidos vícios do nosso profissionalismo. Mesmo Graça

Melo, Mario Brasini, Carlos Couto e Labanca, os quatro profissionais do elenco, surgiram das fontes costumeiras que têm contribuído para renovar a nossa cena. O conjunto de onze elementos veio ou do próprio grupo, Os Comediantes, ou do Teatro do Estudante, ou do Teatro Universitário ou do mais recente Teatro da Caixa Econômica.

A luta de Graça Melo foi árdua. Antes de entregar o espetáculo ao público (ele) disse, algumas vezes, palavras explicativas e repetindo uma expressão da entrevista que nos concedera, afirmou: "Ou venço ou morro". Não se tratava, evidentemente, de uma exclamação demagógica para alcançar a solidariedade antecipada do espectador. Foi sem dúvida, a confissão de que tinha feito tudo ao seu alcance, e que o resultado do seu esforço máximo estava ali. O julgamento da plateia viria depois, para aclamá-la ou para sentenciar que não valera a pena. Valeu. O aplauso unânime do público significou uma consagração. Só resta agora que a cidade saiba prestigiar o espetáculo, zelar por um presente admirável que lhe foi oferecido e cuja recusa marcaria um atraso de consequências inestimáveis.

Contra as cláusulas exorbitantes do aluguel imposto pelos proprietários do teatro, colegas de profissão. Contra a descrença no desempenho de sete estreantes, vivendo na maioria personagens que reclamam técnica e experiência. Contra, enfim, a enorme indiferença e distância para com um teatro de pretensões sérias, a Companhia Graça Melo venceu. *Massacre* trouxe novo sopro ao nosso teatro.

Em momentos de desânimo e ceticismo, costumamos duvidar da realidade do palco brasileiro. Se refletirmos, contudo, que há atualmente no Rio quatro espetáculos de indiscutível mérito, concluiremos que o destino da cena é o mais promissor. Em gêneros e atributos diversos – *A Morte do Caixeiro-Viajante*, no Glória, com a Companhia Jayme Costa; *Valsa n. 6*, no Serrador, com Dulce Rodrigues; *Flagrantes do Rio*, de Silveira Sampaio, no Alvorada e agora *Massacre*, pela Companhia Graça Melo – são testemunhos de uma vitalidade espantosa que só um inequívoco valor permite sustentar.

Os três espetáculos continuam se firmando. Comparecer, também, ao Regina, é contribuir para que sobreviva o teatro brasileiro.

TEXTOS PUBLICADOS NO *DIÁRIO CARIOCA* (1950-1952)

"Ziembinski"
(13. 10. 51, p. 6)

Neste mês, Ziembinski comemora o jubileu de prata de atividades teatrais, e, em novembro, dez anos de palco brasileiro. Justificar a comemoração de ambas as datas será tarefa ridícula, pois ninguém, ligado ao teatro, desconhece a grande importância de sua presença entre nós. Depois de quinze anos de trabalhos na Polônia, onde nasceu, e algumas realizações na França durante a guerra, Ziembinski chegou ao Rio, participando logo dos movimentos mais sérios lançados na cena brasileira. Dizer que participou é, de certa maneira, desmerecer a atuação excepcional que desenvolveu em todas as iniciativas. Porque Ziembinski, na verdade, nunca foi mero participante, um auxiliar eficiente mas situado na categoria de simples colaborador. Sua personalidade foi decisiva, marcou as encenações mais valiosas, criou, para o meio que usava processos antiquados de representar, uma nova concepção do espetáculo – texto e intérpretes identificados na visão unitária do diretor.

No movimento de Os Comediantes, encenou *Vestido de Noiva*, de Nelson Rodrigues, iniciando nova fase na história do teatro nacional, quer quanto ao texto como à direção. Montou *Pelléas et Mélisande*, *Desejo*, e tantas outras peças, obtendo sucessos incomparáveis no nosso palco. E seu trabalho não se limitou ao Rio. Em Pernambuco, entre outros espetáculos, realizou *Nossa Cidade*, e *Além do Horizonte*, para voltar de novo a esta capital e desenvolver intensa atividade como ator e diretor. Lembramo-nos da simpática e deliciosa temporada do Teatrinho de Bolso e das direções da Companhia Fernando de Barros, no Copacabana, com *Amanhã se não Chover*, e *Helena Fechou a Porta*. Depois do inestimável concurso prestado ao teatro carioca, Ziembinski transferiu--se para São Paulo, onde se ligou ao Teatro Brasileiro de Comédia, a maior organização teatral existente no momento no país.

Não foi nosso propósito, aqui, rememorar a vida artística de Ziembinski. Lembramos, apenas, alguns espetáculos que deixaram patentes as qualidades do admirável encenador polonês. Em São Paulo, tornando mais fácil o seu trabalho, não diminuiu a excepcional atividade criadora. Além de vários êxitos como diretor, montando, por exemplo, *Pega-fogo* e *Paiol Velho*, Ziembinski apurou seu domínio do nosso idioma, e pode ser um intérprete magistral em *Convite ao Baile*. Seu trabalho estende-se ao cinema, e na Vera Cruz surgiu como ator, para breve inicia-se na direção. Ao citarmos essas realizações, desejamos associar-nos às merecidas homenagens que lhe serão prestadas em São Paulo.

A Associação Brasileira de Críticos Teatrais, por um ou outro motivo, não teve ainda oportunidade de premiá-lo. Neste ano não veremos nenhum trabalho seu. Mas agora que se cogita de pleitear para ele a Ordem do Cruzeiro do Sul, queremos exprimir a justiça e a oportunidade da aquiescência governamental. Ziembinski influiu poderosamente no teatro brasileiro, sendo o primeiro grande diretor a incentivar o nosso movimento artístico. Reconhecer essa dívida para com ele nada mais é que um dever primário.

TEXTOS PUBLICADOS NO *DIÁRIO CARIOCA* (1950-1952)

4. O Gosto do Crítico

Jayme Costa

"Introdução a *Rainha Carlota*" (25. 8. 50, p. 6)

Os temas incorporados ao patrimônio da história exigem, ao serem tratados, uma aproximação, o quanto possível, fiel da notoriedade que os fixou. A simples crítica de fatos relegados ao escárnio público, se não se alçar à categoria do objeto, parecerá ridícula e, nem de longe, atingirá o fim proposto. O próprio louvor de acontecimentos firmados na consagração, quando expresso em palavras desmedidas e, apenas sonoras, serve menos à causa abraçada que um comentário feito com equilíbrio e imparcialidade. Esses truísmos, no caso especial do teatro, revestem-se de força mais verdadeira porque as situações são vividas, são representações no palco. O espetáculo que não transpuser para a plateia o mundo real em que se movem os personagens será justamente acusado de frustração.

Rainha Carlota – peça da Companhia de Jayme Costa em cartaz no Teatro Glória – sugere em diversos aspectos essas ponderações. Limitando-nos, hoje, a iniciar o exame da apresentação cênica, diremos que os intérpretes e os acessórios da montagem ficaram, na maioria, como sombras pálidas e desfiguradas dos episódios históricos. Com exceção de Jayme Costa, que revelou segurança, justeza e conhecimento da personalidade a viver, os inúmeros atores não se compenetraram do papel que lhes foi distribuído. A não ser no elogiável esforço dos cenários, as outras características do espetáculo estiveram, também, quase sempre, muito inferiores ao plano real que encarnaram.

Jayme Costa – o ator que merece o maior respeito pela continuada dedicação ao teatro, a longa atividade cumprida no serviço da sua carreira; poucos homens do palco são tão zelosos na defesa do seu trabalho – realizou um D. João VI convincente, que mantém da discutida figura histórica, os atributos da realeza, as peculiaridades sabidas, motivo de simpatia ou ridículo. Não obstante deficiências da dicção foi um intérprete que compreendeu os traços do personagem.

O mesmo não posso dizer de Heloísa Helena no desempenho da Rainha Carlota. Nas muitas peças em que a vi representar, pude ver as inegáveis qualidades dessa comediante. Mas na atual Carlota Joaquina, embora em diversas cenas revelasse o seu valor, a interpretação de Heloísa Helena foi absolutamente falha. Parece um pouco ousado o adjetivo diante dos elogios que Heloísa Helena tem recebido. Justificarei, porém, minha opinião: a Rainha Carlota – em sua natureza contraditória, voluntariosa e hispânica – nunca deixou de ser, na acepção ampla do vocábulo, uma rainha. E a realeza tem certas imposições: mesmo xingando, injuriando ou presa do desespero, ainda conserva a majestade, a dignidade da investidura. É isso o que ensina a cartilha das boas maneiras. A má educação de um nobre ainda tem a elegância próxima da boa educação. Mas Heloísa Helena confundiu os caracteres violentos da personagem com uma natureza em que domina a vulgaridade. Suas atitudes, seus gestos, sua fala, eram mais particularmente admissíveis numa plebeia que numa rainha. Heloísa Helena viveu uma Castelã espanhola com rasgos de grandeza – nunca a primeira dama de um reino.

Sobre os demais intérpretes – criticáveis pelo mesmo erro – pretendo deter-me na próxima crônica. Cuidarei, então, da síntese de representação, para tratar posteriormente dos problemas do texto.

"Intérpretes e Encenação da *Rainha Carlota*" (26. 8. 50, p. 6)

Destacamos do elenco de *Rainha Carlota*, na crônica anterior, Jayme Costa e Heloísa Helena. Trataremos, agora, dos outros intérpretes por desempenhos menos importantes.

A característica geral de atuação foi a vulgaridade. Estavam numa corte sem cortesãos. Apreenderam dos personagens os traços grosseiros a fim de realçar-lhes apenas o pitoresco, o quase anedótico. Almerinda Silva, entre eles, pareceu mais razoável porque conseguiu ser discreta. Elisa Matos, na mãe de D. João VI, não fez a conhecida loucura da personagem, mas a culpa, no caso, cabe sobretudo, ao texto. Dos filhos de Carlota Joaquina, Maria Teresa, vivida por Margarida Lea, teve apresentação menos infeliz. D. Pedro e D. Miguel, representados respectivamente por Carlos Torrar e Milton Carneiro, inexpressivos de todo. Adolar e Walter Moreno, em Lobato e Chalaça, desempenharam mal o papel de porteiro que o texto fez das duas figuras. Lord

TEXTOS PUBLICADOS NO *DIÁRIO CARIOCA* (1950-1952)

Strangford e Mme. Josefine, na interpretação de Pranas Tchepokaítis e Ângela Maria, tinham o sotaque completo das caricaturas de piadas. Francisco Santos e Maria Luíza, como Carneiro Leão e Leopoldina, mantiveram-se sóbrios, tendo o primeiro realizado mesmo um desempenho seguro.

Com um elenco tão distante dos personagens da história, de que outros elementos Jayme Costa disporia para o trabalho da encenação? Ela foi sem dúvida deficiente, já que se compõe dos diversos fatores coordenados. Mas nesse aspecto reside a face elogiável do espetáculo. Tudo demonstrou um grande esforço de Jayme Costa no sentido de oferecer uma adequada apresentação de *Rainha Carlota*. Não obstante terem sido primárias as marcações, com alguns erros notórios, ela foi simples, e fiel ao espírito da peça. Quanto aos cenários, houve preocupação de torná-los semelhantes aos aposentos da realeza. O recurso de um palco dentro de outro, porém, ao contrário de ressaltar a magnificência do ambiente, deixou um pouco acanhada a verdadeira cena em que transcorreram os episódios. O jogo das cortinas, para mudança de ambiente, inspirou-se no recurso utilizado por Barrault em *Hamlet*.

A maquiagem dos atores nem sempre alcançou o objetivo. As próprias linhas fisionômicas de Jayme Costa foram diversas vezes carregadas com prejuízo da aparência humana. A cabeleira de D. Maria não precisava ser tão malfeita para parecer desgrenhada. Outras caracterizações ficaram como reflexo distante do modelo procurado.

No tocante ao vestuário, o mau gosto e a impropriedade estiveram sempre presentes. As roupas de D. João foram as mais bem-sucedidas. Transmitiram os caracteres dos hábitos reais. Até o vestido de gala de Carlota Joaquina, cuja prova procurou cercar-se da maior pompa, não revelou o menor gosto e longe esteve de representar um traje solene. O vestuário restante era inexpressivo, salvando-se às vezes pela sobriedade das cores.

Há de se concluir daí que a apresentação de *Rainha Carlota* não foi muito feliz. Os múltiplos erros citados a prejudicaram grandemente. Mas o espetáculo, de maneira geral, pode mostrar que houve esforço e certo cuidado. As deficiências com o elemento de que dispôs, talvez não se removessem com facilidade. Apesar disso, alguma coisa aproveitável ainda há a ajustar.

"O Texto de *Rainha Carlota*" (30. 8. 50, p. 6-7)

Os personagens nascidos da livre criação artística refletem apenas a unidade íntima do autor. Quando se trata de recriar personagens históricos, o problema da realização literária é diverso porque existe aí uma unidade de vida, que deve ser transposta com a possível fidelidade. Se normalmente o dramaturgo seleciona as características de um tipo, para atingir a síntese do personagem, no teatro histórico ele parte da premissa da vida encerrada (uma unidade), que se pretende reconstruir com a escolha de episódios marcantes. Sem concluir, por isso, que é menos legítimo o processo literário da reconstituição biográfica – por certo as dificuldades a enfrentar para obtenção do resultado artístico são muito maiores.

Acresce, a esse problema, o da necessidade de apresentar os personagens circunstanciais que participaram do mundo retratado. E na síntese exigida pelo teatro, a descoberta das cenas que possam defini-los torna--se mais problemática, a fim de que não se perca a medida do conjunto.

Com esses dados tão desfavoráveis, Leda Maria de Albuquerque, Leonor Porto e Elza Pinho Osborne lançaram-se à tarefa de fazer uma nova Carlota Joaquina. Ativeram-se, enquanto lhes foi possível, à realidade histórica. Mas não realizaram o objetivo principal: a realização de uma peça de teatro. Os fatos históricos foram mais narrados do que vividos. O texto parecia um comentário à vida que se desenrolava nos bastidores. Poucas vezes *Rainha Carlota* refletiu ação teatral. A vida no palco era um eco dos acontecimentos que se passavam lá fora.

Nas poucas cenas em que os personagens foram caracterizados pela ação e não por palavras de outros figurantes, a dramaticidade não se fez sentir, perdeu-se numa forma diluída e inconsciente. O monólogo da rainha, dirigindo-se à boneca, poderia ter alcançado sugestão poética, apesar de muito explorado o tema. A cena de amor com Carneiro Leão vestiu-se de vulgaridade e terminou com um episódio grosseiro que pretendeu ser briga conjugal. Para que D. Pedro tivesse pintado a personalidade, arranjou-se uma tentativa de conquista ridícula e primária com uma costureira francesa, que ficou inteiramente desajustada no conjunto da cena. Enquanto D. Pedro e a costureira falavam no proscênio, os demais personagens, inclusive a mãe, permaneceram parados e alheios à espera do desfecho no palco real.

TEXTOS PUBLICADOS NO *DIÁRIO CARIOCA* (1950-1952)

A evolução histórica exprimiu-se, na maioria das vezes, pelo reflexo a *posteriori* que teve nos personagens. D. Pedro desaparece de cena e sabemos então do que se passa com ele pelas reações provocadas em outros membros da família. Sei que seria impossível transpor todos os fatos para a ação dramática presente. Mas a supressão de certas passagens, inclusive, evitaria o acúmulo das referências retrospectivas.

A plateia toma conhecimento de que Lobato e Chalaça são personagens porque estão incluídos no programa e seus nomes se ligam a figurantes dos diálogos. Na verdade, porém, representam os introdutores subalternos dos aposentos. A psicologia de D. Maria – mãe de D. João VI – era a de uma mulher cheia de bom senso. Os laivos de simpatia pelo Brasil, no monarca português, transformaram-se em verdadeira apoteose nativista. E, para concluir o sopro de patriotismo auriverde, definitivamente abraçado no final, nada seria mais recomendável, ao cair o pano, que a edificação de um hino de exaltação cívica.

"Jayme Costa, Hoje, no Glória" (6. 4. 51, p. 6)

Iniciando a sua temporada em 1951, Jayme Costa estreia hoje, às 21h00, com a estreia, no Glória, de *A Sorte Vem de Cima*, de Eduardo De Filippo. Depois de longa e exaustiva viagem pelo interior, o aplaudido intérprete dedicou-se ao trabalho de organizar novo repertório, reunir o elenco que se ajustasse aos papéis desse original e ensaiar, ativamente, para pleno êxito do espetáculo. Ao fim de um ensaio, procurei Jayme Costa:

– Por que escolheu esta peça para inaugurar a temporada?

– Pelo sabor popular do texto e pela credencial do autor, cuja obra *Filomena, Qual é o Meu?*, por mim apresentada, constitui grande sucesso.

Jayme Costa, referiu-se ao gênero da peça:

– O público vai conhecer outra faceta do autor, a cômica, diferente assim do trabalho anterior.

– Quanto ao elenco?

– Procurei organizá-lo de sorte que as personagens encontrassem nos atores verdadeiras *carapuças*, como se fala na gíria teatral. Tenho absoluta confiança no êxito do espetáculo, pelo critério na distribuição dos papéis.

– De quem é o cenário?

– Realizou-o Sandro Polônio. De férias no Rio antes de ir para a França, ele prontificou-se a colaborar comigo e tornou-se o seu autor.

Jayme Costa falou do personagem que vai encarnar:

– Meu papel é de atuação destacada na peça, no gênero que o público gosta de me ver. Sou um chefe de família com todos os problemas dos chefes de família. Há momentos sérios e outros tragicômicos.

– Houve problemas na adaptação?

– Paulo Manhães (sabe-se que é o pseudônimo de Jayme Costa) adaptou o original de acordo com [Alfredo] Viviani que conhece bem o dialeto italiano. Sem traição ao autor, a adaptação tornou o texto uma genuína peça brasileira, em que o problema da loto transformou-se na trama em torno de um bilhete de loteria, muito atual para nós.

Jayme Costa falou, a seguir, da temporada que pretende fazer este ano.

– Tinha resolvido estrear com *A Morte do Caixeiro-Viajante*, a grande peça americana de Arthur Miller. Mas Luís Jardim não entregou, a tempo, a tradução. Esse será meu segundo espetáculo.

– E depois?

– Conto levar uma peça portuguesa, *Cama, Mesa e Roupa Lavada*, que será, certamente, um grande êxito cômico. Tenho os originais brasileiros dos autores novos: *Doutor Judas*, de Aldo Calvet; *Luz e Sombra*, de Maria Wanderley Menezes e *A Ilha de Brucutu*, de Lúcio Fiuza". Antes de nos despedirmos, Jayme Costa não deixaria de trazer uma nota pitoresca. Falando sobre a proteção ao teatro, concluiu:

– O teatro continua sendo um infeliz. Foram eleitos dois vereadores que são homens de teatro – Raymundo Magalhães Jr. e Paschoal Carlos Magno, e sabe qual o primeiro projeto que apresentaram? – Um de isenção de impostos para vendedores de rua, esquecendo-se de que o teatro é onerado com impostos altíssimos, que precisam ser excluídos. Tratando-se de intelectuais, certamente desconhecidos dos verdureiros, seu primeiro pensamento (sem depois omitir o do projeto apresentado) deveria voltar-se para a classe que os elegeu.

"*A Sorte Vem de Cima* I" (10. 4. 51, p. 6)

Eduardo De Filippo pertence à escola de teatro dialetal italiano, cuja importância, com certo exagero, se costuma equiparar a do teatro da língua.

TEXTOS PUBLICADOS NO *DIÁRIO CARIOCA* (1950-1952)

O gênero goza, sobretudo, no país de origem, de grande popularidade e as versões sucessivas em todo mundo têm alcançado êxito de bilheteria.

Do autor, Jayme Costa montou há algum tempo, *Filomena, Qual é o Meu?* (*Filomena Marturano*), que constituiu sucesso na longa permanência em cartaz. Inaugurando a temporada deste ano, o conhecido intérprete apresenta, no Glória, novo original de Filippo, *A Sorte Vem de Cima* (*Non ti pago*) adaptado por Viviani e Paulo Manhães. Embora levantado sobre o prisma cômico, o texto revela características semelhantes ao da peça anterior, aliás, a mais divulgada do dramaturgo napolitano.

E essas características são o feitio popular, a trama de conflitos domésticos envolvendo sempre situações estranhas ou mesmo absurdas, e o fim moralizante que apazigua os personagens numa solução conciliatória do interesse de todos. Evidentemente, não é grande o voo do autor, suas ambições não vão além do desejo de agrado pela humanidade simples e despretensiosa, mas em que a média dos indivíduos se reconhece nas próprias aflições e alegrias do cotidiano.

A adaptação brasileira transportou inteiramente para o caráter nacional o problema da peça. Vimos a trama girar em torno de um bilhete de loteria, e o jogo do bicho participa da vida das personagens. Enxertaram-se, também, no texto, inúmeras alusões de atualidade, visando ao objetivo cômico imediato.

O primeiro ato é o mais benfeito e configura com justeza o conflito que se desencadeará. Já o segundo se arrasta um pouco, salvando-se pelas passagens cômicas e pelo achado do final, que conclui de maneira pitoresca o ato. O terceiro ato faz a acomodação das personagens com intensidade menor e o habitual *happy end*, preparado mas que não deixa de sugerir abdicação e vontade preconcebida de terminar tudo bem.

O ingrediente não foge ao espetáculo do gênero. Reações esquematizadas na pintura comum do padre compreensivo e conciliador, do advogado esperto e trapalhão, da filha apaixonada que se revolta contra o pai, do chefe de família autoritário e supersticioso, mas no fundo sentimental – enfim, a substância rotineira dessas personagens. A curiosidade da peça reside na engraçada discussão sobre o direito ao bilhete de loteria, em virtude da forma como se inspirou o comprador. Um bom achado para trazer momentos cômicos, apesar dos evidentes recursos absurdos, e que só valem pelo resultado do riso. A soma de coincidências nos desastres sofridos pelo galã resvalam na chanchada, e o aproveitamento dos dois vizinhos efeminados cai, por certo, na comicidade fácil e já muito explorada.

No conjunto, *A Sorte Vem de Cima* diverte e, ao que tudo indica, terá destino semelhante ao de *Filomena Marturano*.

"A Sorte Vem de Cima II" (11. 4. 51, p. 6)

A apresentação do Teatro Glória, de maneira geral, atingiu o seu objetivo: a peça é leve e cômica e o desempenho transmitiu leveza e comicidade. Bom ritmo de interpretação que mantém sempre vivo o espetáculo, a não ser quando o texto insiste em explicações e conversas dispensáveis. Certas incongruências na montagem se devem à utilização, às vezes, arbitrária do andar superior da casa, mas a direção, em síntese, soube obter os resultados cômicos.

Jayme Costa, numa das melhores interpretações que lhe conhecemos, fez com muita propriedade o chefe de família. Justo na expressão dos diferentes efeitos aproveitou bem os recursos da máscara e os gestos ora violentos, ora insinuantes. Seu desempenho foi uma garantia do êxito da estreia.

Segue-se-lhe, no elenco, Roberto Duval, muito à vontade também e cumprindo fielmente as indicações do texto. Uma das boas atuações desse galã cômico.

Norma de Andrade, como a mãe que se rebela contra as violências do esposo, esteve muito aquém do que pedia o papel. Falando com lentidão, e sem dar a emotividade requerida pelas cenas, deixava frias e inconvincentes as suas incursões.

O advogado chicanista, já caricaturado no texto, o foi ainda mais por Aristóteles Pena. É esse o reparo que se faz ao seu desempenho, pois a longa experiência do palco se traduz na segurança que demonstra. Felix Bandeira revelou, também, muita naturalidade como vigário, compondo o tipo segundo sugeria a peça. Há que se lhe debitar, como ao próprio Jayme Costa, o desconhecimento notório do texto, que tornou ambos extremamente agarrados ao ponto.

Tereza Lane, discreta, um pouco acanhada, não comprometeu o papel. Joyce Oliveira e Suely May, adequadas em personagens que interferem numa única cena. José Silva, num papel convencional, foi mais trêfego que a dose exigida. A preparação para o flagrante pareceu brincadeira de colegiais. Silvio Soldi e Walter Moreno, fazendo os vizinhos efeminados, não esqueceram as características do tipo. Houve, apenas, exagero nas expressões muito exploradas. Estreando no palco, Araçary de Oliveira revelou qualidades como graça e desembaraço. Incorreu, também, no erro de acentuar os traços com que se pintam as criadas desenvoltas. Esse exagero, como o de outros desempenhos, podia ser evitado pela direção.

O cenário, projetado por Sandro Polônio, criou um ambiente agradável e de gosto. Fugiram a essa última característica os vasos nas paredes e as poltronas, de feio tecido, mas não se comprometeu o conjunto.

Justifica-se, no final das contas, o sucesso que porventura tenha *A Sorte Vem de Cima* na apresentação do Glória.

"Falta Um Zero Nesta História" (17. 5. 51, p. 6)

Enquanto prepara *A Morte do Caixeiro-Viajante*, grande peça de Arthur Miller, Jayme Costa apresenta no Teatro Glória, *Falta Um Zero Nesta História*, que já constitui sucesso popular na encenação feita pela companhia há alguns anos. O original de Armont e Nancey, adaptado por Correia Varela, não ambiciona senão fazer rir, de maneira mais simples e menos intelectualizada. Não se trata de comédia sutil, ou representação de costumes e caracteres, mas de uma legítima chanchada, no sentido pejorativo e melhor da palavra.

Como comédia vulgar, lança mão de todos os recursos peculiares ao gênero: entrecho fundado numa tela de pequenos absurdos, conflitos domésticos solucionados com passes primários, liberdade excessiva na concatenação de cenas que demonstram o propósito único de fazer rir. Em compensação, há realmente uma série continuada de situações cômicas, que mantém o espectador em constante sobressalto, sucedendo-se surpresas por golpes teatrais que tornam permanentemente viva a ação. O riso aproxima-se, na maioria das vezes, do aplauso circense, o que não equivale a demérito, mas a simples classificação em tipo de espetáculo.

Dos atos, o segundo é o mais movimentado, o que permite maior soma de gargalhadas. O primeiro apresenta, curiosamente, o problema e o último decresce o interesse, não obstante os autores se tenham esforçado por trazer imprevistos até nas cenas finais. A personagem cômica mais bem achada é a do ancião que persiste em aprender fenômenos psíquicos, numa sátira, perceptível para a plateia, dos processos de invocar o sobrenatural. Os outros personagens se movem no território convencional das peças ligeiras; o marido que parece um modelo de virtudes conjugais e que utiliza pretensos trabalhos para iludir a esposa; outro marido francamente inclinado a ampliar as *filiais*, um secretário aproveitador, uma criadinha trêfega, uma mulher que aproveita as aventuras extramatrimoniais do esposo e outra que perdoa a infidelidade, mas exige também pesado tributo em recompensa.

A direção carregou o caráter de chanchada. Todos os intérpretes se excedem em tiques cômicos para obterem o riso alvar do público. Não havia necessidade da arbitrária composição dos tipos para alcançar-se o objetivo. Várias marcações foram convencionais, como a despedida dos maridos para suposta viagem, feita friamente, à distância. É elogiável, porém, o ritmo ágil imprimido ao espetáculo, mantendo a cena em permanente movimento.

Jayme Costa, embora exagerado nos recursos cômicos, e usando uma maquilagem absolutamente imprópria, provocou o riso franco peculiar ao seu talento. Aristóteles Pena, numa deliciosa criação, soube transmitir a ingenuidade angelical do obcecado pelo além. Em Norma de Andrade, ainda não conseguimos descobrir qualidades de intérprete. Roberto Duval muito à vontade contracenando com Jayme Costa. Sem suscitar confronto pejorativo [ele] precisa apenas evitar contrações desagradáveis na boca e atitudes deselegantes nos gestos e na pose. Quanto aos outros intérpretes perdem-se no convencionalismo com que costumam ser criados os papéis secundários. Júlio Moreno, discreto. Walter Moreno e Selmo Sadi, ainda não libertos do papel efeminado que desempenharam no espetáculo anterior. José Silva, inexpressivo. Joyce Oliveira, Tereza Lane e Araçary de Oliveira, em graus diferentes, sem valorizarem como deviam as respectivas interpretações.

A vestimenta do espetáculo foi pessimamente cuidada com guarda-roupa sem gosto e um cenário, de autoria de Jayme Costa, que não recomenda a experiência do intérprete na especialidade.

TEXTOS PUBLICADOS NO *DIÁRIO CARIOCA* (1950-1952)

Sobressai, no indizível mau gosto geral, um quadro, na entrada à direita, que desatende a qualquer juízo crítico.

Falta Um Zero Nesta História, pelo apelo contínuo ao riso, pode fazer boa carreira na reprise.

"Tenório" (28. 6. 51, p. 6)

A Companhia Jayme Costa iniciou, anteontem, a reprise de O *Homem Que Chutou a Consciência*, agora com o nome de *Tenório*. Na encenação anterior, feita há alguns anos no Rival, a comédia de J. Rui alcançou sucesso popular.

Não vi o primeiro espetáculo para dar ao leitor uma visão comparativa. Penso apenas que a peça tem elementos cômicos para agradar ao grande público, desde que bem representada. Chamá-la uma sátira aos costumes de nossa época seria exigir demais de seu entrecho despretensioso, que só procurou divertir e provocar alguns risos. Mas a abdicação de um *intelectual* de suas prerrogativas, em troca de um êxito no esporte, é uma brincadeira capaz de trazer hilaridade. O autor utilizou os tabus de hoje: a falta de lugar para o letrado, a deformação do espírito na absurda hierarquia de valores que fornece a um craque de futebol maior espaço no jornal que a um artigo literário, esses assuntos, enfim, que têm sido muito tratados em considerações sérias e que numa versão cômica, podem constituir uma brincadeira agradável. É pena que J. Rui tenha usado muitos chavões teatrais, recursos próprios da chanchada, quando um texto mais bem urdido poderia emprestar à comédia um verdadeiro interesse.

A interpretação poderia fazer da peça um espetáculo curioso se Jayme Costa dispusesse de um elenco melhor. Porém, como se sabe, não é esse o forte da sua companhia. Em dois papéis importantes Norma de Andrade e Sílvio Soldi, que comprometem desastrosamente a representação. A primeira fala numa voz arrastada, sem inflexão e sublinhando com primariedade as palavras de maneira a dar nos nervos da plateia. Ademais, nas sucessivas vezes em que se apresentou não teve a equilibrá-la um só mérito de atriz. Da mesma forma Sílvio Soldi começou a não convencer pelo físico incompatível, numa mal dissimulada insegurança, com a personagem de um jogador de futebol. Não representa: declama o texto. E mal.

Com as qualidades e os vícios habituais, Jayme Costa e Aristóteles Pena conseguem provocar o riso, mas repetem velhos recursos e olham, insistentemente, o ponto quando não, a plateia.

Roberto Duval entre os moços foi o mais seguro. Apresenta-se com firmeza costumeira, precisando fazer melhor as contrações da boca para não sugerir uma impressão desagradável. Joyce Oliveira apesar dos tiques acadêmicos na caracterização desempenha-se razoavelmente. Os outros, Tereza Lane, Suely May, Walter Moreno, Araçary de Oliveira e José Silva, sem comprometer ou valorizar a contento os respectivos papéis. Entre eles Walter Moreno, embora não precisasse aparecer sempre com o paletó caído nas costas, se destaca numa *ponta*.

O cenário, cujo autor desconheço pela ausência de programas, está discreto e aceitável, não obstante o feio tecido das poltronas. Como não há palcos laterais, à semelhança do antigo Rival, a cena foi dividida em duas partes para dar espaço à sala do jornalista.

Jayme Costa anuncia, definitivamente, como próximo cartaz, a grande peça *A Morte do Caixeiro-Viajante*, de Arthur Miller. Nada mais elogiável e digno de aplausos do que sair da rotina de comédias dispensáveis. Mas com quem? Lhe perguntamos.

"*Morte do Caixeiro-Viajante*, Hoje, no Glória" (1. 8. 51, p. 6)

Fugindo à rotina de comédias ligeiras, que não lhe têm permitido, ultimamente, pelas deficiências da montagem, da interpretação e do texto, sucesso artístico e popular, a Companhia Jayme Costa estreia, hoje, no Glória, às 21 horas, uma peça de extraordinário valor: *A Morte do Caixeiro--Viajante*, de Arthur Miller. Quando me pronunciar sobre o espetáculo, pretendo discorrer sobre os valores que fazem dela, a meu ver, uma das obras-primas do teatro contemporâneo, e uma das peças destinadas a permanecer como um dos testemunhos mais sérios e pungentes da vida atual. Não se trata apenas, como querem muitos, de obra típica do feitio americano e capaz, por isso, de interessar como um depoimento regional. A tragédia do homem comum, expressa em dois atos é um réquiem poderoso, apresenta elementos universais indiscutíveis e que falam, assim, às plateias mais diversas do mundo, como tem falado às de Londres, Nova York, Roma e Buenos Aires, onde foi encenada com amplo êxito. Agora,

TEXTOS PUBLICADOS NO *DIÁRIO CARIOCA* (1950-1952)

em versão brasileira de Luís Jardim, é entregue ao público carioca. Se a representação estiver à altura do texto, não tenho dúvida em augurar-lhe uma carreira auspiciosa, pois a admirável solução dos diálogos lhe confere a possibilidade de atender às maiores exigências intelectuais, bem como a de ser accessível ao espectador médio.

Em três anos consecutivos de representação em Nova York, o papel do caixeiro-viajante que será vivido por Jayme Costa, foi representado por Lee Cobb. Em Londres por Paul Muni. Em Roma por Paolo Stoppa. Em Buenos Aires, por Narciso Ibanez Menta. As outras personagens estão confiadas aos seguintes intérpretes: Linda, Norma de Andrade; Bill, Roberto Duval; Happy, Paulo Monte; Bernardo, Sílvio Soldi; Mulher, Joyce de Oliveira; Charley, Carlos Cotrim; Benjamin, Aristóteles Pena; Howard, José Silva; Jenny, Suely May; Stanley, Walter Moreno; Senhorita Forsythe, Tereza Lane e Letta, Araçary de Oliveira. A direção coube a Esther Leão, e os cenários, concebidos com extremo cuidado, são de autoria de Santa Rosa.

Uma nota simpática para o público é que o preço dos balcões se conservará a dez cruzeiros, incluídos os impostos. Por esse aspecto, o espetáculo poderá ser visto, sem sacrifícios.

Antes da abertura do pano, só poderia saudar, dessa forma a iniciativa de Jayme Costa. Auguro que a encenação corresponda à expectativa daqueles que se preparam para ver um grande espetáculo. A peça o permite, como muito poucas – repito, neste meio século.

A Jayme Costa meus votos de feliz estreia, num papel, como assinala a publicidade, que se destina a ser, se bem desempenhado, o maior de sua carreira.

"A *Morte do Caixeiro-Viajante* I" (3. 8. 51, p. 6)

Embora me desagrade a crítica apriorista, confesso que desconfiava da possibilidade de sucesso na apresentação de A *Morte do Caixeiro-Viajante*. Se Jayme Costa, liberto dos processos fáceis da comédia ligeira, estava credenciado a fazer um bom desempenho, certos atores da companhia – pelo que se pode deduzir dos trabalhos anteriores – não indicavam mérito pessoal para atingir a altura exigida pelo original de Arthur Miller. Eis que, porém, o espetáculo do Glória valeu uma extraordinária surpresa. A estreia de anteontem superou a expectativa mais favorável e o público pôde ver um conjunto limpo, em nível interpretativo plenamente satisfatório, e que só pode merecer as referências mais entusiásticas dos que gostam de bom teatro.

Na verdade, distinguiu-se especialmente a interpretação de Jayme Costa. Roberto Duval sobressaiu-se entre os demais e, mesmo os elementos menos favorecidos, não comprometeram o espetáculo. O vigor da peça impôs-se às deficiências, e se há reparos a fazer, eles não têm importância diante da significação do acontecimento. A d. Esther Leão cabe, sem dúvida, o mérito de haver conseguido uma performance inesperada do elenco. Santa Rosa, com um belíssimo cenário, criou o admirável ambiente em que decorreria a ação. Sem que o espetáculo esteja completo, sabendo-se que o próprio rendimento dos intérpretes pode aperfeiçoar-se com a experiência, os efeitos de luz estarão mais ajustados – ainda assim o resultado foi extraordinário, capaz de admirar os espectadores mais céticos e desalentados.

A encenação deu a linha dos papéis. Não houve dramaticidade superficial, apelo aos efeitos exteriores. O elenco achava-se perfeitamente compenetrado da responsabilidade, mostrando-se sóbrio, sério, emocionado e autêntico. Intérpretes que, no cartaz precedente, incorreriam em erros graves, falando com absoluto desconhecimento dos valores vocais, aprenderam a dicção e fizeram a inflexão corretamente, sem doer os ouvidos. Acredito que, na estreia, não se poderia desejar mais. A companhia fez o que estava ao seu alcance.

A *Morte do Caixeiro-Viajante* pode ser o início de uma nova fase em nosso teatro. O simples esforço de Jayme Costa em sair da rotina de chanchadas, só por si justificaria expressões de incentivo. Mas o espetáculo convenceu. Tivemos bom teatro, teatro do melhor. Depois desse êxito, dificilmente a companhia se permitirá ingressar de novo na comédia fácil. E isso é uma lição para os elencos entregues à rotina, distanciados há muito da verdadeira ambição. Até agora, o teatro sério era uma tentativa excepcional confiada a grupos amadores ou a esforços isolados. Jayme Costa levou para o profissionalismo um extraordinário empreendimento, revolucionou as clássicas companhias de chanchada com alguma coisa de notável. O público deverá por isso, prestigiá-lo com todo o calor, a fim de que não se perca a moralização empreendida. Se se tratasse de um elenco sem características permanentes, talvez eu não usasse de semelhantes exclamações. Mas em uma companhia que

TEXTOS PUBLICADOS NO *DIÁRIO CARIOCA* (1950-1952)

está presa ao cotidiano teatral, seria injustiça não reconhecer o altíssimo sentido da experiência. *A Morte do Caixeiro-Viajante* pode ser o ponto de partida para uma modificação categórica do panorama dos cartazes. Com o espetáculo, Jayme Costa conquistou uma posição privilegiada de intérprete em que os desempenhos contínuos da longa carreira já não faziam mais crer. Foi comovente, patético – um ator raro. A encenação do Glória marca um dos momentos decisivos e importantes da cena brasileira, que a história há de registrar com calor e entusiasmo.

"A *Morte do Caixeiro-Viajante* II" (4. 8. 51, p. 6)

O espetáculo, até o momento, é o melhor apresentado no Rio este ano. Se outro não lhe superar as qualidades, dois prêmios da Associação de Críticos talvez lhe estejam assegurados: o da direção pelo trabalho de Esther Leão e o de intérprete masculino pelo desempenho de Jayme Costa.

As dificuldades vencidas para a montagem da peça, em palco tão pobre de recursos, tornam quase milagroso o resultado. Para não dizer da pequena área, veja-se apenas a deficiência dos meios de iluminação. A luz, entretanto, se não esteve perfeita, soube distinguir a ação presente do delírio da memória, sugerindo a extrema complexidade do texto. É de se desejar que o palco, ao fundo, se mantenha em escuridão quando os dois rapazes deixam o leito, no plano superior para participarem dos diálogos da sala. Um ajuste mínimo impedirá, também, que os atores sejam vistos atrás do cenário, ao passarem fora de cena. Com a utilização dos refletores laterais, deve ser evitado que se forme uma linha reta com os atores, para que uns não projetem sombra sobre os outros. Esse pormenor chega a prejudicar o diálogo entre Jayme Costa e Sílvio Soldi no recanto formado à direita. Afirmo, contudo, que lembro essas imprecisões desejando o aperfeiçoamento total do espetáculo. O que se vê é plenamente satisfatório. As marcações além de apreenderem o efeito desejado pela peça, enriqueceram-se de plasticidade que dá ao conjunto inegável beleza visual.

No maior desempenho em que me foi dado vê-lo, Jayme Costa viveu todas as sutilezas do personagem. Máscara impressionante, andar curvado ao peso dos anos e da derrota inconfessada, gestos nervosos e expressivos, fez uma encarnação física perfeita, auxiliada pela emoção da voz e a tragicidade interior. A cena em que pediu ao patrão dispensa das viagens e foi despedido, e o final do segundo ato, quando pergunta onde poderá comprar sementes, são obras-primas de interpretação, momentos a que raramente assistimos no teatro nacional ou em companhias estrangeiras que aqui trabalharam.

Roberto Duval deu um sopro vigoroso ao desempenho. Muita emotividade, muita força interior numa fronteira de quase histeria que carregou o personagem de extrema exasperação. Foi a entrega demasiada ao papel, talvez, que lhe carretou um pequeno defeito: não teve a nota de transição. Ia da ternura comovida ao ódio exaltado sem a passagem do meio-termo necessário à justificação dos contrastes. Esse aspecto restritivo não o impede de figurar entre os atores mais sérios do nosso teatro, que a experiência aperfeiçoará cada dia mais. A descoberta da amante do pai foi o instante mais alto – excelente do seu trabalho.

Surpresa especialmente agradável foi a interpretação de Norma de Andrade. Havia lucidez, amor, ternura, compreensão e grandeza na figura que nos deu. Desapareceu a voz mole e arrastada, dando lugar a um tom de confidência comovida. Apenas nas perguntas predominou o antigo timbre defeituoso, embora suavizado por admirável esforço de controle.

Na veste do outro jovem, Paulo Monte mostrou grande progresso em face do desempenho de *Helena Fechou a Porta*, no Copacabana. Discreto, precisa dominar o movimento excessivo das pálpebras que dão a impressão, às vezes, de ausência do personagem. Tem registro ainda fraco para a envergadura do papel.

Os outros elementos, em geral, se não valorizam suficientemente o desempenho, não comprometeram a harmonia desejada. Aristóteles Pena, a meu ver, foi o menos feliz. Embora sério, sem exageros, a máscara acostumada à comédia fazia parecer, a todo momento, que estava prestes a dizer uma frase engraçada. Joyce Oliveira, eficaz, sem necessidade de levantar frequentemente o pé, numa pose feia. José Silva, com naturalidade e segurança eficientes, colocando-se entre os melhores. Carlos Cotrin precisa de maior energia interpretativa. Walter Moreno e Sílvio Soldi, esforçados, sem os maneirismos que lhes prejudicam habitualmente a figura. Suely May, Tereza Lane e Araçary de Oliveira, intervindo com justeza, colaboram para o trabalho homogêneo da equipe.

Na linha pura, despida extraordinariamente simples e funcional do cenário, realizado por Santa Rosa, a peça tomou forma, corporeidade.

TEXTOS PUBLICADOS NO *DIÁRIO CARIOCA* (1950-1952)

Em artigo mais pormenorizado, pretendo escrever sobre o original de Arthur Miller, de que Luís Jardim deu uma fiel e bela tradução. Quero augurar, ainda uma vez, que o público compareça em massa ao Glória. Estará prestigiando uma grande iniciativa – motivo de confiança no destino do espetáculo nacional.

"Papá Lebonard I" (20. 10. 51, p. 6)

No dia em que Jayme Costa iniciou a representação de *Papá Lebonard*, Mme. Morineau estreava no Copacabana, *A Poltrona 47*. Por isso não compareci ao Glória, adiando a vez de assistir à peça de Jean Aicard.

Embora com informações favoráveis ao espetáculo, oferecido pela companhia há cinco anos, receava uma queda de rendimento do conjunto, em face *A Morte do Caixeiro-Viajante*, anterior cartaz e que, de maneira tão surpreendente, modificou para um alto nível o panorama da atual temporada.

Se o texto não tem grandes voos, é curioso e reflete um movimento característico do fim do século passado, na literatura teatral. E o desempenho se distingue pela seriedade, pela intervenção sóbria e comedida dos intérpretes, colaborando numa encenação elogiável e que merece o apoio do público.

Como diretor, Jayme Costa marcou as cenas com senso plástico, equilibrado, distribuindo os atores proporcionalmente, pelas diversas zonas do palco. Não há o aproveitamento de efeitos luminosos e o cenário não prima pelo gosto, além da impropriedade de uma poltrona, por exemplo. O vestuário é mais aceitável, produzindo uma montagem que, sem estar em plano satisfatório, se recomenda, se tomarmos como referência certos trabalhos precedentes da equipe.

Jayme Costa, no Papá Lebonard, tem outra criação de grande mérito, em sua carreira. Muitas vezes, sem repetir-se, nos lembrou o Willy Loman, do *Caixeiro*. Movendo-se com plena segurança do personagem, utilizou o aspecto abatido, dominado, paternal que lhe convinha, para afirmar-se progressivamente em suas convicções e concluir na expressão generosa, fim lógico do caráter retratado. A cena que termina o segundo ato adquire uma força dramática excepcional, no admirável crescendo de Jayme Costa.

Os outros intérpretes desempenham a contento. Tereza Lane, num papel sentimental, agiu com discrição digna de aplauso. Nos momentos perigosos em que teve de levantar a voz, não decaiu, mantendo-se com justo vigor. Suely May, menos favorecida pelo papel, compôs sobriamente um tipo, colaborando para a homogeneidade. Norma Andrade, que deu um passo extraordinário em *A Morte do Caixeiro-Viajante* conserva as conquistas dessa apresentação e se prejudica, ainda, pela falta de controle de voz e pelos esgares fisionômicos impróprios. Aristóteles Pena participa com mérito. Roberto Duval soube definir muito bem as duas fases do personagem, altivo e esbanjador, a princípio, concentrado e de sentimentos melhores depois. Um bom desempenho de Joyce de Oliveira, em convincente composição física, destaca-se entre os colegas. Paulo Monte, que progride de trabalho para trabalho, mostra-se mais seguro no palco, ajustado ao personagem.

Não tem sido numeroso o público que comparece ao Glória. Uma injustiça com a Companhia Jayme Costa.

"Papá Lebonard II*"* (21. 10. 51, p. 6)

Papá Lebonard é uma das apresentações mais bem-sucedidas da Companhia Jayme Costa. Sustenta-a um texto que, se sofre as limitações da escola a que se filia, guarda ainda interesse para o espectador atual e se coloca muito acima das produções médias dos nossos palcos.

Define bem a peça de Jean Aicard a circunstância de ter sido encenada pelo Théâtre Libre de Antoine. No fim do século passado as ideias discutidas nos três atos constituíam um pretexto revolucionário, um avanço na concepção social, capaz de sacudir os preconceitos combatidos pelo naturalismo. Era um velho arcabouço que ruía, substituindo por disposições mais humanas.

Forma-se o conflito pelo prometido casamento de uma filha de família burguesa com um bastardo. As pretensões aristocráticas da mãe opõem-se ao matrimônio, reservado para um nobre. O filho já é noivo de uma aristocrata. Quando a intransigência materna pode tornar-se fatal para a moça, o velho relojoeiro diz o segredo longamente silenciado: sua esposa também tivera um filho bastardo.

A armação parece-nos hoje um pouco ingênua. Quase uma prova aritmética para atingir um certo fim. O apodrecimento da antiga sociedade,

TEXTOS PUBLICADOS NO *DIÁRIO CARIOCA* (1950-1952)

que destruiu em si mesma os princípios que professava. O problema moral, na verdade, podia ser menos esquemático. Está clara a subordinação da peça a uma tese. Mas as sugestões que se levantam dos personagens permitem outros caminhos, e essa possibilidade enriquece o aspecto humano.

A mãe simboliza o desejo de ascensão do burguês abastado à aristocracia. Por esse sentimento, fez-se amante de um nobre e, nessa classe procura casar os filhos. Não obstante, pareceria contraditória a oposição ao matrimônio da filha com um bastardo, já que seu filho o era também. Se o problema se explica, em parte, pela cegueira a que se conduz o objetivo principal, cabe lembrar que o autor não impede a hipótese de que se castigasse o próprio adultério: querendo afastar da família outro bastardo, a mãe tenta apagar o seu erro, que acreditava pertencer somente a ela. Do contrário, a razão seria a hipocrisia, dentro da justificativa simplista das contradições dialéticas da moral burguesa.

A solução, ainda assim, não aboliu o convencionalismo. Condena-se o procedimento do parlamentar, pai do pretendente bastardo, porque deseja beneficiar-se da lei do divórcio, pela qual se bateu. O escândalo da família não atravessará as portas da casa e tudo se resolve com o casamento geral. Talvez Jean Aicard não tivesse muita força para enfrentar as consequências finais de sua tese. Ou quisesse, apenas, uma chamada lição de humanidade. O amor verdadeiro contra os tolos preconceitos. O homem paternal, que se sacrifica completamente pela existência da filha e, não permite o afastamento do filho bastardo, que já considerava seu. Admitimos, porém, que a tese avançada de Aicard resulta para nós de um sentimentalismo piegas.

Da ação um pouco lenta, *Papá Lebonard* revela, entretanto, boa carpintaria teatral e uma cena de elogiável intensidade, no momento em que o pai confessa para a esposa que lhe surpreendera o segredo. Faculta um espetáculo sério e digno que recomenda ao público o cartaz do Glória.

"O Chifre de Ouro I" (11. 5. 52, p. 6)

Com a estreia de O *Chifre de Ouro*, no Glória, Jayme Costa ingressa definitivamente no bom teatro. A *Morte do Caixeiro-Viajante*, que lhe valeu o prêmio de melhor ator de 1951, criou para ele uma alternativa: ou ficaria como fenômeno isolado em sua vida, a mostra das imensas possibilidades de um talento disperso nas contingências do profissionalismo, ou marcaria o começo de nova fase, a adesão aos propósitos de renovar a rotina do nosso palco. Felizmente, Jayme Costa compreendeu que o segundo caminho lhe asseguraria o apoio do público e da crítica, concordantes que o estágio atual do teatro não admite mais encenações sem requisitos mínimos de gosto e seriedade. *O Chifre de Ouro*, pela natureza do texto, certamente não pode aspirar ao mesmo significado que teve o lançamento da peça de Arthur Miller. É representativa, porém, no panorama dos espetáculos ligeiros, e se recomenda como digno entretenimento para a plateia.

A comédia de Marcel Achard tem muitas qualidades. Característica do estilo do autor, se coloca numa confluência em que a sutileza, o inegável valor do tema se diluem num tratamento pouco rigoroso, que lhes diminui o alcance. Em várias obras de Achard se encontra esse problema: o processo teatral e o conjunto dos personagens não correspondem à grandeza da ideia de origem. Concessão? Incapacidade de realizar um trabalho criador completo? Mesmo *Jean de la lune*, uma peça que tem resistido desde 1929, padece dessa restrição. Achard está possivelmente fadado a permanecer como definidor de uma época e de uma sensibilidade especial no período de entre as duas guerras, sem tornar-se nunca um clássico.

Noix de coco, datada de seis anos após *Jean de la lune*, guarda reminiscências dessa obra-prima. Em *Jean de la lune* sente-se o intocado e a pureza de, por exemplo, *O Idiota*, de Dostoievski. A peça se inscreve na mesma linha psicológica do romance genial. Lulu, primeiro personagem de *O Chifre de Ouro* é feito de matéria semelhante, dotado da delicadeza de alma que o faz reagir contra a família e a sociedade, quando identifica na esposa a antiga bailarina, amante eventual de uma noite. Os caracteres são um pouco primários e esquemáticos, como o da filha que repudia a madrasta mas cultiva também o seu caso; o filho apaixonado por ela, como o pai, repetindo a velha história do cansativo complexo; o genro aparvalhado e dando o toque cômico fácil. Esse é o lado frágil da peça que a condena à pretensão ligeira. Por outro lado, o Achard sutil cria para Lulu uma situação pirandelliana, em que ele, por se conhecer, tem ciúme do amante que foi da própria mulher.

A apresentação, se não extrai todas as possibilidades do texto e lhe rouba, de certa maneira, o imponderável poético do conflito, consegue

TEXTOS PUBLICADOS NO *DIÁRIO CARIOCA* (1950-1952)

um nível perfeitamente satisfatório, capaz de garantir justo e merecido êxito ao retorno de Jayme Costa.

"*O Chifre de Ouro* II" (13. 5. 52, p. 6)

D. Esther Leão mostrou de O *Chifre de Ouro* apenas o lado comum, aquele que se comunica facilmente com o espectador e não requer apuro de sensibilidade. Usando a expressão no amplo sentido que adquiriu hoje, e como o posto de meio-tom poético ao contorno suavizado da beleza interior: fez um espetáculo realista. A peça de Marcel Achard, sem dúvida, está acima dessa visão externa dos conflitos. Num critério absoluto, portanto, julgaríamos que a apresentação do Glória quebrou a plenitude do texto, caricaturou-o no sentido de atingir os efeitos menos profundos. Na relatividade do nosso palco, elogiamos o espetáculo pela limpeza, pelo comportamento dos atores, pela dignidade do conjunto. Daí asseverarmos que Jayme Costa confirmou a expectativa favorável em torno desse início de temporada.

O ator premiado de 1951, tem em Lulu um de seus belos desempenhos. Se em certos momentos, resvala para a intenção fácil que marca todo o espetáculo, se resguarda nas cenas mais exigentes pela poderosa força interior, que irrompe em autêntica demonstração do patético. Nesse traço, aliás, vemos a singular grandeza do talento de Jayme Costa, única no gênero, talvez entre nós. Mistura o dramático e o grotesco, o comovente e o ridículo, o desejo enorme de comunicar-se e a solidão, encarna os momentos em que a razão se dissolve ao contato do sentimento incontrolável. Seria o intérprete brasileiro natural para as peças menos discursivas e intelectuais de Pirandello, o transmissor da patética mensagem de alguns dramas de Kaiser, o corno dramático do repertório francês, o solitário oprimido de certas criações americanas. Essa é a característica superior e dominante do talento de Jayme Costa – nunca a faceta puramente cômica, em que se entrega aos recursos mais grosseiros.

Os outros, pela ordem de entrada em cena: Tereza Lane aceitável, embora convencional. Arlindo Costa um pouco duro e sem convincente expressividade. Joyce de Oliveira, no principal papel feminino, disciplinada e correta. José Silva, numa ponta, não compromete. Suely May, temperamento diverso do papel, não chega a transmitir-lhe presença.

Aristóteles Pena, sem preencher a condição do *phisique de rôle*, não dá autenticidade à figura do conquistador. Para considerar à parte, Roberto Duval – Rubens Moreira está muito apagado.

Quanto ao intérprete de Josserand, concordamos em que seja o que mais provoca o riso da plateia. Realizou, de fato, uma criação divertida. A linha dada ao personagem parece-nos, porém, completamente discutível. Popularizou para o deleite despretensioso o genro retardado. Tornou-se o exemplo típico do exagero exterior, prejudicando a sutileza que deveria coexistir no espetáculo. Orientação que não satisfaz ao trabalho diretor, como já assinalamos. Roberto Duval não conseguiu também, em várias cenas, perfeito equilíbrio entre o tom das palavras e o riso do fim das frases, como se esse fosse um apêndice proposital.

O guarda-roupa não se distingue pelo gosto. O cenário de Pernambuco de Oliveira padece de excessivo esquematismo, tanto na combinação de cores como na linha dos móveis. Reconhecemos nestes o mesmo talhe de outros trabalhos seus, enquanto, na decoração, as cortinas ao fundo não se ajustam aos demais. Cenário limpo, de qualquer maneira – muito superior à media das nossas apresentações, embora menos feliz em face de outras mostras de Pernambuco.

O espetáculo, no total dos elementos que o compõem, se coloca entre as manifestações positivas do nosso teatro.

"Comentários Avulsos" (21. 5. 52, p. 6)

Quando escrevi que Jayme Costa ao apresentar *O Chifre de Ouro* ingressava definitivamente no bom teatro, um amigo objetivou: "Você desconhece que ele já representou grandes peças?" Todo mundo sabe que o criador de A *Morte do Caixeiro-Viajante* viveu, antes da peça de Arthur Miller, Pirandello e O'Neill. Mas grande repertório não basta. Embora não tenha visto essas montagens, informa-se que não foram passíveis de críticas. Agora, nesta nova fase, Jayme Costa cuida do conjunto, aplica-se em todos os aspectos do espetáculo. Se a peça de Marcel Achard merece restrições severas e a encenação não convence totalmente, é inegável a dignidade do trabalho. O desejo de acertar. Estou entre os que acreditam que mais vale uma peça fraca bem representada do que um grande texto assassinado.

Bibi Ferreira

"A *Herdeira* I" (10. 11. 50, p. 6)

Ainda sob a impressão viva causada pelo espetáculo, contenta-me elogiar sem reservas a realização de Bibi Ferreira no Fênix. A *Herdeira*, estreada anteontem, numa produção de Hélio Ribeiro da Silva, encerrando a temporada de Sarah e Jose César Borba, é o melhor cartaz teatral que me foi dado ver neste ano. Ressalvo, para a exatidão da afirmativa, que não assisti, antes de assinar esta coluna, três ou quatro representações, entre as quais *Doroteia*, de Nelson Rodrigues. De qualquer maneira, deixando de lado o critério comparativo, pouco recomendável, aliás, para a crítica, não me furto a dizer que a apresentação de Bibi Ferreira honra o nosso teatro, significa a certeza de que ele pode existir, como nesse espetáculo, dentro de alto nível.

A dignidade da montagem, a seriedade com que foram cuidados os pormenores – fazem de A *Herdeira* uma realização completa. Eu poderia, certamente, lembrar vários senões, um deslise que aqui e ali se observa no conjunto. Era nítido, por exemplo, o auxílio do "ponto". Os interpretes, todavia, não se escravizaram a ele, não perderam a naturalidade em face do elemento perturbador. Todos os fatores estavam, na peça, muito bem conjugados. A coordenação do espetáculo deve, sem dúvida, a um pulso diretor firme, que marcou de um caráter sóbrio e legítimo o sentido de A *Herdeira*.

O principal motivo do sucesso do empreendimento parece-me que foi o espírito da encenação. A montagem retrata com absoluta fidelidade as intenções do texto. Quer no comportamento dos intérpretes, psicologicamente exato, quanto à verdade de cada personagem; quer na marcação, transportando os espectador para o ambiente do século passado, com elogiável poder sugestivo; quer nos cenários e nos figurinos de Pernambuco de Oliveira, expressivos e de evidente bom gosto – a encenação revelou segurança extraordinária, objetivo inteligente e certo, cumprido em toda a linha do espetáculo.

O mérito maior da iniciativa cabe a Bibi Ferreira. Só não nos surpreendemos com o valor de seu trabalho porque já conhecíamos, de longa data, a capacidade de seu talento. Merece louvor especial, contudo, deixando de parte o desempenho excelente de Isabela Sloper, o equilíbrio da direção, o ritmo grave e austero que deu ao espetáculo. Em meio às deformações costumeiras que vemos do espírito das obras, a fim de atingir a percepção imediata e fácil do público, uma encenação tão digna se destaca imediatamente, se inscreve ao lado dos melhores trabalhos de nosso teatro. Bibi Ferreira não parece estreante como diretora. O pleno domínio dos segredos do palco denotaria, no caso, experiência de muitos empreendimentos, suprida por incontestável intuição e proveito, além da exigência normal, do aprendizado da carreira de comediante. Certa lentidão, em que por vezes transcorrem as cenas, se explica mais pelo desajuste, admissível na estreia e superável com facilidade nas apresentações sucessivas, que por um propósito consciente de retardar o ritmo interpretativo, o que tornaria levemente monótono o transcurso dos três atos.

Ante realização tão elogiável, o cronista não sente o menor constrangimento em recomendar ao público o cartaz do Fênix.

"A Interpretação de A *Herdeira*" (11. 11. 50, p. 6)

Dirigido com muita precisão, o elenco de A *Herdeira* teve uma bela oportunidade de realizar seguro desempenho. A característica, assimilável de princípio – o que valorizou sobremaneira o resultado do espetáculo – foi o trabalho homogêneo de todos os interpretes, sem que um só desequilíbrio comprometesse a unidade a alcançar. Causas diversas contribuíram para tão expressivo acontecimento. Uma delas, sem dúvida, devido à marcação, externou-se no igual plano de que participaram os figurantes, evitados os recursos de realce cênico com prejuízo dos papéis menores. Atendendo ao significado de cada situação exposta, encontraram os atores ensejo de se afirmar, para vantagem nítida do esforço conjunto. Outra causa, ligada evidentemente à tarefa individual do intérprete, foi a qualidade do elenco do Fênix. Bibi Ferreira não pediu a colaboração de elementos de valor discutível. Reuniu expressões comprovadas do palco. O sucesso compensou a seriedade do trabalho.

Isabela Sloper teve uma encarnação feliz. Foi admirável, na evolução dos três atos, o desempenho de Bibi Ferreira. Tão próxima a extraordinária criação cinematográfica de Olívia de Havilland, no momento do papel – a interpretação de Bibi Ferreira não se ofuscou, mas se distin-

Bibi Ferreira em *A Herdeira*.
(Funarte/Centro de Documentoação, foto Carlos.)

guiu por uma conduta em toda a linha semelhante a da atriz americana. Poder-se-ia argumentar que Bibi Ferreira acompanhou passo a passo os caracteres do tipo vivido no filme de William Wyller. Creio, antes que a exata compreensão do personagem determinou a semelhança de atitudes, que só pode enaltecer, já que plenamente realizado, o desempenho de nossa interprete. É de se aplaudir a sutileza com que Bibi Ferreira fez, a meu ver, a melhor interpretação feminina da temporada.

Nelson Vaz teve, também, excelente atuação. Viveu com firmeza e sobriedade o dr. Sloper, pai que aniquilara a vida de Isabela, preso à memória da esposa. Com uma voz de bela ressonância no teatro, soube portar-se dentro do desenvolvimento da história de acordo com a atitude decidida que requer o personagem. Igual mérito se pode atribuir a David Conde, no difícil desempenho de Steven Gilbert. O pretendente de Isabela se interpretado pelo aspecto exterior da personalidade, permaneceria na caricatura simples do conquistador vulgar. Muito à vontade, porém na elegância exigida pelo tipo, David Conde realizou com finura a criação da peça.

Outro personagem que interfere com frequência na condução da trama é a sra. Penniman. Belmira de Almeida deu-lhe a jovialidade, o sopro generoso que devia zelar com interesse por Isabela. Fez uma tia convincente, que transfere para a sobrinha um mundo para ela já concluído, em papéis de menor destaque – mas cumpridos da mesma forma, com muita precisão – estiveram Aurora Aboim, Nely Rodrigues, Cirano Tostes, Geni França e Jaci Campos. Nas poucas incursões a que foram chamados, valorizaram como convinha o respectivo desempenho, comprovando que o ator de talento confere a uma "ponta" o significado dos mais extensos papéis.

A homogeneidade do conjunto mantém a apresentação de A Herdeira em nível poucas vezes atingido nos nossos palcos. Trata-se de espetáculo inteligentemente cuidado, apesar do número insignificante de ensaios e dos poucos deslises daí oriundos.

"O Texto de A Herdeira" (12. 11. 50, p. 6)

Ruth e Augustus Goetz dramatizaram com muito senso teatral a novela Washington Square, de Henry James. A Herdeira, como obra cênica,

TEXTOS PUBLICADOS NO *DIÁRIO CARIOCA* (1950-1952)

apresenta incontestáveis qualidades, e desenvolve a trama na linguagem própria do palco. A estrutura da peça, porém, denuncia tratar-se de trabalho de adaptação, pois a gênese direta na expressão dramática imporia, certamente, outra conduta dos autores. A procura de fidelidade ao texto original determinou a conservação de alguns personagens, que a síntese teatral dispensaria sem prejuízo.

A preparação do encontro decisivo do dr. Sloper e Steven Gilbert foi pormenorizada em demasia com insistência desnecessária de diálogos, cuja formulação inicial já continha todos os dados do desfecho. Assim, depois de conversa esclarecedora com a filha, o dr. Sloper discute o problema com a sra. Penniman, a sra. Almond e finalmente a sra. Montgomery, irmã viúva de Steven, para um juízo seguro que uma simples referência não prejudicaria. É verdade que o processo é adotado para aprofundamento gradativo dos personagens, que se vão delineando em traços seguros e sempre mais interiores. O efeito, contudo, poderia exprimir-se em técnica mais sintética, com vantagem do ritmo dramático, levemente empobrecido pela repetição dos mesmos caracteres. Pouco útil me parece, pois, a presença da sra. Montgomery, respondendo a um inquérito apenas confirmador e não revelador de novas perspectivas. Desnecessários, também, julgo três outros tipos de composição – Henry Gilbert, que nada influi na ação; Myriam Almond, estabelecendo um contraste até certo ponto supérfluo; e a sra. Almond, de interferência pouco marcante na trama. O fator que justificou a inclusão de tantos personagens foi, sem dúvida, a necessidade de sugerir convincentemente a atmosfera do solar do século dezenove, além da facilidade aí fundamentada em estabelecer as ligações das cenas. Exceto os três personagens que fazem o entrecho principal – a sra. Penniman, como elemento catalizador e a criada, para composição doméstica, são as figuras rigorosamente indispensáveis à trama. Não estaria mutilado o sentido autêntico da peça sem o concurso das outras criações.

O grande mérito de A *Herdeira* reside na caracterização dos personagens principais. A linha psicológica de Isabela Sloper é marcada com extrema facilidade. De início, alinham-se as cenas que mostram o temperamento tímido e irrealizado da jovem. Surge o amor de Steven, e com ele o princípio de libertação. Fere-a a revelação cruel do pai e obstina-se a crença na fuga pelo sortilégio do amor. Este a decepciona, fortalecendo a consciência amarga, a solidão desamparada e enérgica do despojamento lúcido.

Encerra-se um destino criado por vigoroso ficcionista em forma impecável de realização. Muito bem delineados se apresentam, também, o pai e Steven Gilbert, duas naturezas poderosas, levadas por duros caminhos.

O tema vive de um conflito psicanalítico, no que toca ao problema do dr. Sloper, e de um drama social, quanto à aproximação de Steven e Isabela. No primeiro caso, o ressentimento do pai contra a filha, culpada, segundo ele, pela morte da esposa. Daí a natureza incontida, velada em muitos anos por um cuidado asfixiante mais que amoroso. Drama social, no interesse do conquistador pobre e elegante pela fortuna da herdeira. No significado total, obra que retrata a decadência de um mundo romântico, quer na crueza dos sentimentos expostos, quer na decomposição de um regime insustentável. Peça de indiscutível grandeza, adaptada que foi de um excelente romancista.

A Herdeira, no nosso teatro, teve o mérito particular de permitir uma apresentação sob todos os aspectos elogiável de Bibi Ferreira – a mais expressiva da temporada que se finda.

"Ninon é um Amor I*"* (27.12.50, p. 6)

A comédia frívola francesa pouco interesse pode despertar hoje, sobretudo às nossas plateias. Representativa de um mundo extinto, de um espírito que não se comunica mais com a sensibilidade atual, guarda o aspecto irreceptível da superfetação, teatro que se não fosse escrito teria a vantagem de economizar papel e tempo das empresas e dos espectadores. Se constituísse divertimento leve, ainda poderia ser aceita como recreação descomprometida. Mas o fato de cuidar sempre de casos semelhantes, de uma trama que se repete, apesar de pormenores diferenciados, traz para o público enorme cansaço, pois nenhum sabor novo se depreende dessas historietas desenxabidas. Para salvar o espetáculo do total malogro, a representação descamba para a chanchada, procurando no grotesco o riso que a comédia não consegue despertar. Infelizmente, esse é o caso de *Ninon é um Amor*, peça de Etienne Rey, que a Companhia Bibi Ferreira estreou sexta-feira no Fênix, numa queda injustificável após a montagem séria de *A Herdeira*, que foi o melhor espetáculo da atual temporada.

Ninon é um Amor apresenta o caso sentimental de uma jovem com um pintor mundano. O recheio dos três atos é feito de pequenos conflitos

TEXTOS PUBLICADOS NO *DIÁRIO CARIOCA* (1950-1952)

laterais, que sustentam a parte cômica e tornam possível o desfecho do motivo central. Surgem, no hotel Cote D`Azur, a jovem Ninon e sua tia, a sra. Sorbier, para a estação de repouso. Lá encontram a senhora Carpezeau, um desses tipos comuns nos locais de veraneio, sempre à procura de novos conhecimentos e intrigas, desempenhando na peça o papel de ligação entre fatos e pessoas. No mesmo hotel está Jacques Perryeres, o pintor que há algum tempo partira de outro local sem uma palavra a Ninon, agora acompanhado da Condessa Kassera. Forma-se a intriga que levará Ninon e o pintor à reconciliação e definitiva descoberta de seu amor, com o auxílio, na trama, do notório Rafael Damaze, que realiza a comicidade com a série de equívocos trazidos pelo suposto matrimônio com a jovem e a proclamada condição de músico célebre. Etienne Rey pinta uma sociedade frívola, que não pode deixar de conhecer um músico inexistente apenas porque é apresentado como figura de vanguarda. Coloca todas as situações sob o prisma cômico, sem alcançar profundidade e sem ter efeitos originais. Brincadeira como tantas outras, mal desenvolvida na sua trama de lugares comuns e recursos em que o teatro não oferece mais surpresas. Uma escolha pouco feliz de Bibi Ferreira.

Se a peça não tem interesse, salvo para o público que aprecia a hilariedade fácil da chanchada, a interpretação cheia de deficiências completou a consumação de um mau espetáculo.

"Ninon é um Amor II" (28. 12. 50, p. 6)

A apresentação do Fenix, na estreia, refletiu todos os erros decorrentes do pequeno número de ensaios. O espetáculo estava mal articulado, os atores pouco seguros de seus papéis, um jeito bisonho denunciava a orientação ainda não assimilada quanto à linha psicológica do texto. Se, apesar do diminuto preparo, *Ninon é um Amor* tivesse boa interpretação, elogiaríamos o extraordinário esforço que superou toda sorte de contingências para lograr êxito. Tal se deu com *A Herdeira*, lançada com cerca de dez dias de ensaio, mas uma firmeza reveladora de incontestável domínio dos personagens. O resultado significou motivo maior de admiração para com a inteligência e a capacidade coordenadora de Bibi Ferreira. No caso de *Ninon é um Amor*, porém, a falta de preparo não pode justificar o insucesso. Ao público não cabe indagar as razões por que a peça foi estreada sem completo estudo. Como o espetáculo não satisfez, a montagem à pressa é mais um argumento em desfavor do novo cartaz do Fenix.

Até Bibi, a talentosa atriz que tantos desempenhos de valor nos tem dado e realizou, a meu ver, em *A Herdeira*, a melhor interpretação feminina da temporada – mostrou-se tolhida, incapaz de sentir completamente e transmitir à plateia a personalidade de Ninon. Somente em algumas cenas vimos a marca da grande atriz, apagada quase sempre pelas limitadas sugestões do papel, e inevitável constrangimento em contracenar com outros intérpretes aquém de uma satisfatória atuação. Quanto a David Conde, o "galã" de *Ninon é um Amor*, a absoluta insegurança do texto o levou a frequentes tropeços, com lapsos de memória que roubavam a convicção a qualquer mostra de sentimentos. O nervosismo, talvez, prejudicou-lhe a articulação das palavras, dificultando a espontânea trajetória das frases. Belmira de Almeida e Geni França atuaram com sobriedade, discretas em meio a outros erros. Cirene Tostes, pouco indicada para viver a Condessa Kassera, não se mostrou à vontade no papel, Jacy Campos, com dicção pouco clara e certa dureza, que não era o formalismo do "maltre", não teve também um desempenho feliz. Já Luiz Cataldo, no papel cômico, despertou o riso da plateia. Mas deu ao personagem uma linha de chanchada, com exageros grotescos e fora da exata intenção do texto. Uma interpretação, no conjunto, inferior às possibilidades de cada figurante.

A sala de estar do hotel, primeiro cenário de Pernambuco de Oliveira, está adequada e revela gosto. As duas entradas dos apartamentos, com a divisão ao meio de uma parede têm menor efeito plástico. O guarda--roupa, de maneira geral, foi bem escolhido, destacando-se o vestuário de Bibi.

Ninon é um Amor nem no pesado verão, que exige peças leves, constitui passatempo agradável para o espectador. Uma aventura infeliz, que lamentamos tenha sucedido à consciente Bibi Ferreira.

"Diabinho de Saias" (9. 10. 51, p. 6)

Enquanto permanecer no Follies, Bibi Ferreira reviverá criações anteriores de sucesso, como *Diabinho de Saias*, estreada sexta-feira última.

TEXTOS PUBLICADOS NO *DIÁRIO CARIOCA* (1950-1952)

Os três atos de Norman Krasna, na tradução de R. Magalhães Junior, divertem e agradam na simplicidade de valores cômicos. Se se espremer a peça, evidentemente não resultará nada, acrescendo ainda que foram repisados velhos truques da composição de comédias. Para o público que se disponha apenas a rir, contudo, sobram elementos para deixar satisfeito o espetáculo, como a trama jogada com saber, algumas situações muito engraçadas, e certos desempenhos que dão vida ao teatro.

A história satiriza processos da educação moderna, que levam uma garota a discorrer sobre as relações amorosas no regime soviético, a situar no óvulo a origem do homem, bem como a adquirir pose de sabedoria e eficiência técnica profundamente deformadoras da mentalidade moça. Ao mesmo tempo, incentiva esse ardor quando bem aplicado, levando a família a contribuir com alguma porção de sangue para as vítimas da guerra. No caso da menina, ademais, como se fosse sempre bem intencionada, e mantivesse incorruptível a ingenuidade da infância, os problemas acabam por solucionar-se da melhor maneira, com o *happy end* geral que prepara apaziguadoramente o sono do espectador.

A encenação trouxe uma curiosidade, aproveitando com inteligência os dois palcos laterais do Follies para maior movimento dos interpretes. O espetáculo na estreia achava-se ainda desarticulado, talvez em virtude da substituição repentina de Orlando Vilar por Pereira Dias, que teve dois dias de ensaio. Este, no entanto, apesar da natural falta de domínio do texto, mostrou-se um ator de possibilidades, capaz do difícil encargo de galã.

Bibi Ferreira, como sempre, quer no drama, na revista, quer na comédia, fez uma criação de valor, muito conveniente nas diabruras de garota. Samarilana Santos, na irmã de feitio diverso, mostrou-se de novo a comediante de muito talento, com bonita voz e sabendo sublinhar as intenções do diálogo. Luiz Cataldo movimenta e agita o palco com a sua presença, cômico de recursos que é. Gostaríamos apenas, não exagerasse tanto os efeitos, resvalando para a caricatura e o histriônico em excesso. Rodolfo Arena não se compenetrou do papel, não conseguindo impor a autoridade do juiz, mesmo com vícios secretos e as brincadeiras da filha. Hortência Santos, mais comedida, não prejudicou o conjunto. Vitória de Almeida compôs o tipo da criada costumeira, a contento.

Vivo, o cenário de Bibi Ferreira, podia somente dispensar a decoração discutível das paredes. A apresentação de Hélio Ribeiro, no final de contas, constitui uma diversão interessante para a plateia de Copacabana, que certamente a prestigiará por longo tempo.

"A *Pequena Catarina*" (17. 11. 51, p. 6)

Bibi Ferreira iniciou, no Follies, a representação de novo sucesso de seu repertório: A *Pequena Catarina*. Comédia despretensiosa, feita para dar oportunidade ao virtuosismo de uma primeira atriz.

A tessitura cômica é simples aproveitando os velhos recursos do gênero. Uma mulher, sem compromisso, tenta chamar a atenção de um lorde inglês, que acaba por propor-lhe casamento. Surgem as peripécias para esconder uma filha moça, a fim de que não denuncie a sua idade. E faz-se uma brincadeira de costumes – a decadência da aristocracia sem perspectivas, a mulher moderna sem escrúpulos, a educação livre das jovens, mas, afinal, a pureza dos sentimentos verdadeiros que leva ao matrimônio. O que a peça visa, sobretudo, é interessar a plateia por um desempenho da atriz que ora se mostra moça, ora vive a menina encomendada [sic].

Bibi Ferreira, nesse papel, revela mais uma vez de quanto é capaz seu talento. Mudando-se em menina, não apenas consegue convencer fisicamente, mas dá à voz um acento ingênuo, entremeado de intenções maliciosas muito oportunas. Ao declamar a fábula, diverte imensamente, e transmite a todo o espetáculo uma vivacidade que é seu mérito. Às vezes decalca os jogos fisionômicos do pai, Procópio Ferreira, e representa com uma displicência simpática, mas indicadora da desambição do resultado a atingir.

Essa característica se aplica a todo o conjunto. A direção de Bibi não se preocupou com a seriedade da montagem, mas quis os efeitos cômicos pelo processo mais simples, sem esforço. A intervenção insistente do "ponto" reflete o espírito. A linha dada aos personagens, se não os leva à chanchada, acomoda-os num desempenho pouco exigente. Se não temos um espetáculo de má categoria, longe estamos também da preocupação artística.

E é uma pena, porque o elenco permite uma pretensão maior. Lá se acha Cataldo, um cômico de valor que se limita a repetir seus cacoetes, distantes da composição do tipo aristocrata inglês, Samaritana Santos,

TEXTOS PUBLICADOS NO *DIÁRIO CARIOCA* (1950-1952)

num pequeno papel, com a discrição correta de sempre. Rodolfo Arena, num vago personagem, ágil e fazendo com eficiência o simulacro de reação. Hortência Santos, com patente exagero, mas sem destoar do conjunto. Vitória de Almeida, embora um pouco afetada, porta-se com segurança. Pereira Dias progride como galã, devendo articular melhor as palavras e adotar atitudes menos convencionais. Laís Dias, numa "ponta", não se distingue.

Cenários e guarda-roupa razoavelmente cuidados. A *Pequena Catarina*, apesar das deficiências é um passatempo agradável. Aguardamos, porém, que Bibi faça novo espetáculo semelhante a A *Herdeira*, capaz de dar medida do seu grande valor.

"*Madame Bovary*, no Regina I" (23. 5. 52, p. 6)

Para quem esperava uma encenação séria de Bibi Ferreira, uma tentativa de reencontrar êxitos anteriores, *Madame Bovary* significou uma tremenda decepção. Decepção em todos os sentidos: não tem qualificativos a "síntese dramática" que Constance Cox fez do romance de Flaubert. A direção exagerando mais os erros da adaptadora, deu linha inteiramente falsa aos personagens. O desempenho de maneira geral esteve aquém da grandeza dos tipos originais. E a montagem falha não conduz ao ambiente que decorre a ação do importante livro.

Deveria começar pelo estudo de Constance Cox. Como quis fazer algumas considerações além do espaço desta coluna, publicarei sobre ele um artigo no suplemento literário dominical. Por ora, uma visão sumária do espetáculo.

Bibi Ferreira enganou-se a respeito das características de *Madame Bovary*. Em primeiro lugar, não poderia em hipótese alguma, servir-se da adaptação de Constance Cox. Depois, ela não compreendeu nem a heroína, nem a psicologia das outras criações. Muito menos o sentido da obra-prima de Flaubert.

O nome realismo foi confundido com caricatura, a pacata vida da província francesa tornou-se local de episódios barulhentos, como no teatro do princípio deste século. A histeria tomou os atores, que procuraram comover a plateia através de uma representação exterior, onde não faltaram passes acrobáticos.

Os cenários não tem beleza de linhas e desagrada a combinação de cores. Quanto aos figurinos, Bibi Ferreira traz diversos bonitos modelos, embora sem exata correspondência com o ambiente e com a Ema Bovary do romance.

Era muito ambiciosa a pretensão do espetáculo, mas talvez não houve tempo para o amadurecimento da encenação. Com uma outra peça, mesmo fraca, poderia ser relevado o esforço de Bibi. Tratando-se de desrespeito desastroso a uma obra definitiva na literatura, não há lugar para cumplicidade por benevolência.

"Madame Bovary II" (24. 5. 52, p. 6)

Bibi Ferreira tem, incontestavelmente, um extraordinário talento. Distingue-se pela força interpretativa, pela grande versatilidade, que lhe permite viver papéis dos mais variados gêneros. Ela e Cacilda Becker são nossas mais modernas comediantes. O temperamento afeito à sensibilidade atual, Bibi mostra a conformação nervosa própria do teatro contemporâneo, onde não pode faltar um pouco de cerebralismo. O valor de Bibi certamente lhe permite experimentar com êxito o desempenho de *Madame Bovary*. Seu valor está mais uma vez patenteado com essa criação. Creio, porém, que ela deu uma linha diferente à personagem, com crispações na voz, uma dureza excessiva, que não corresponde à heroína de Flaubert. Ema transfigurou-se psicologicamente para este século. A cena da morte possibilitou a Bibi mostrar seu virtuosismo. Se chega a comunicar-se com vigor à plateia, usou a técnica do velho teatro, espetacular e gritante.

Nenhum dos outros atores transmitiu o verdadeiro significado dos personagens. Cataldo vive um Homais grotesco, caricato da figura original. David Conde prejudica-se ainda pela deficiente articulação e um timbre de voz que ressalva para tons estridentes. Consegue, contudo, a sobriedade de suas melhores interpretações, não obstante use um guarda-roupa inaceitável. Narto Lanza repete características de trabalhos anteriores, mas é inegável sua presença de ator. Jorge Nepomuceno, que Bibi trouxe de Campinas, está muito aquém da personalidade de Carlos Bovary. Teria muito a desenvolver para realizar a contento esse papel. Considerando que é estreiante, revela um desembaraço promissor. Dino Florêncio, também na primeira experiência, fez um Hipólito que o qualifica

TEXTOS PUBLICADOS NO *DIÁRIO CARIOCA* (1950-1952)

como intérprete de muitas possibilidades. Espontâneo, emotivo, tem uma carreira pela frente. Roberto Duval, orientado por subentendidos grosseiros, não se ajusta ao personagem e ao estilo geral da representação. Em papéis menores, os outros atores não comprometeram.

Ao fim destas considerações sobre o desempenho, cabe-me ressalvar que não é ele o responsável pelos erros de *Madame Bovary*. A adaptação de Constance Cox é que tornou impossível um trabalho de categoria. Quando os personagens são frágeis, só com um longo preparo os atores suprem-lhe as falhas. Ademais, uma companhia está sujeita a uma crise. Gostaria que essa, que ameaça vários dos nossos elencos e a temporada do Regina, fosse plenamente superada. Bibi Ferreira, pelo mérito artístico, pela dignidade profissional, por tudo quanto fez, merece o apelo e o incentivo da crítica e do público.

"No Carlos Gomes" (12. 4. 51, p. 6)

Um equívoco (facilmente solucionável por um telefonista de melhor educação que o do Carlos Gomes) não me fez assistir à estreia de *Escândalos 1951*. Sempre um motivo impedindo ver o espetáculo em outro dia, e finalmente agora, desfeito o mal-entedido por gentileza de meu colega Henrique Campos, eis-me presente ao novo trabalho de Bibi ferreira na revista.

A acolhida do público, firmada no correr das semanas, atesta que o programa de Geysa Bôscoli e Hélio Ribeiro tem atrativos. Realmente, vários números se destacam, e têm o poder de compensar quadros frágeis ou inexpressivos que a revista apresenta. Em primeiro lugar, distingue-se a própria Bibi Ferreira, atriz talentosíssima da comédia, cuja versatilidade se aplica excelentemente também ao musicado. Bibi representa com muito sabor popular, canta o ritmo de diversos povos em pleno resultado, e até nos números coreográficos é capaz de convencer. Está bem como Cinderela e na "Menina da Bolsinha" tem o seu melhor desempenho.

O texto não se acha sempre num bom nível. Apesar de explorada a ideia de um 2º prólogo, ele é interessante: "A Bebidolândia" foi um pretexto curioso para apresentar o elenco. Muitas ideias repisadas e expressas anteriormente com mais interesse, como em "Ao Bacalhau em Flor" e "O Filho do Coronel", por exemplo, e bons achados, como

"A Pequena das Gravatas" (embora desenvolvido deficientemente), e o número de Silva Filho "Desculpe, é Engano", apesar de certos excessos que prejudicam a limpeza. A apoteose final, reconstituindo a vida de Noel Rosa, foi bem concebida, mas a execução está aquém do que sugeria tema tão fascinante.

No elenco, Mara Rubia, sem muita oportunidade, não pode repetir as ótimas atuações que a tornaram uma das maiores vedetes do gênero. Saiu-se bem, no que lhe foi dado fazer. Silva Filho, um cômico de talento, encabeçou convincentemente o elenco masculino. Luiz Cataldo mostra, também na revista, suas qualidades histriônicas. Carlos Tovar, coadjuvando bem como galã, e mais Lita Romani, Valéria Amar e David Conde contribuem para o interesse do espetáculo. Amparito Reyes e Martim Vargas, num único número, agradam. Ao lado de Bibi, como grande descoberta de *Escândalos de 1951*, encontra-se um cantor e bailarino da música popular americana, saudado por toda a crítica é de fato um valor incontestável.

A parte coreográfica é irregular, salvando-se algumas apresentações do Victory Ballet. Olga Salas e as Cubanelas, assim como o ballet japonês, apresentados como atrações, não convenceram.

Os cenários, de autoria, alguns de nomes de mérito, como Pernambuco de Oliveira e João Maria dos Santos, apresentam boas criações e outras de evidente mau gosto. Belíssima é a cortina que ilustra a morte de Noel Rosa, com as quatro figuras transportando o violão em funeral. O guarda-roupa possui, também, bonitos figurinos, ao lado de outros mal cuidados.

Com altos e baixos, não dispondo da unidade que a faria um espetáculo completo, *Escândalos de 1951*, ainda assim, tem elementos para atrair grande público.

Silveira Sampaio

"*O Impacto* I" (4. 7. 50, p. 6)

A última criação de Silveira Sampaio constitui nova experiência na temática do seu teatro. A leve comédia de costumes, que é, aliada à

TEXTOS PUBLICADOS NO *DIÁRIO CARIOCA* (1950-1952)

inteligente observação da psicologia matrimonial, a característica de *A Trilogia do Herói Grotesco*, se transforma, em *O Impacto*, num mergulho introspectivo mais ambicioso: a peça tenta uma fundamentação do amor. Amor como fonte única da existência.

O Impacto é o toque mágico da natureza humana que se reencontra. A revisão dos valores pessoais, na conjuntura em que a alma dividida busca sua reintegração. A luta entre o objeto ideado e o real, no momento em que o cotidiano disperso seca a poesia e faz desconhecer a face das coisas. *O Impacto* é o homem diante de si mesmo. A aceitação do destino integral, quando a consciência diz que a vida se recupera ou se dissolve para sempre.

O primeiro ato da peça – um monólogo escrito em versos – é a conceituação do impacto. Florácio, que recebe a estranha presença, define-a em seus atributos e nos efeitos que traz. *O Impacto* é a própria humanidade. Para tudo se encontra antídoto. Tudo é suscetível de defesa e de salvação. Só o impacto é irremediável. Apenas o vence "a saturação, a destruição".

E o herói se satura, se trucida, mas não se liberta do impacto. Não adianta a fuga da poesia: "obras de arte – espúrios do impacto que não saturou". Só a humanidade silenciosa que não faz poesia é que ama até o fim". E Florácio ama. Quer as últimas consequências do seu amor. Por isso trilha o itinerário doloroso da procura e do desencontro.

O movimento inicial do impacto do Florácio o leva a distinguir um mito e uma realidade. Confessa à esposa que ama outra mulher. E mergulha na busca do mito que criou.

O que representa esse mito? – A expressão abstrata da esposa, que ele tenta salvar do cotidiano aniquilador. A própria imagem da mulher, na forma pura e intocada, defendida do fracasso da vida conjugal. O objeto perfeito do amor, que não se reconhece na face real da amada.

Sob esse prisma, o primeiro estágio do herói é o amor irrealizado. O sentimento platônico, em contato com o mundo, se recolhe e projeta a ideia sublimada. Mas o impacto provoca a reação. Se revolta contra a integridade traída. Não aceita a figura incompleta do ideal imaginário. Restabelece o fio da realidade partida, identificando a mulher abstrata com a esposa presente.

A conclusão de Silveira Sampaio é a identidade entre o objeto ideal e o real. Salva-se, portanto, da frustração. O personagem, que parecia destinado ao fracasso, pela ideia do amor, que faz perder de vista o objeto amado, termina por encontrar a unidade de ambos. E realiza seu destino total.

Na peça, a trajetória do problema obedece a dois impulsos: um, íntimo, desconhecido e gratuito: outro, despertado pela realidade, pelas reações propriamente humanas que não morreram. O primeiro leva o herói a endereçar para a esposa o cesto de orquídeas, símbolo do seu amor ideal. O segundo, consequência do ciúme, conduz o esposo a reconhecer na mulher o objeto amado. Ao cair do pano, fundem-se as duas ideias, unidas à descoberta física e à mensagem das flores.

"*O Impacto* ii" (5. 7. 50, p. 6)

O Impacto define a personalidade de Florácio. Todo o seu drama se passa no íntimo: por isso toma a forma de monólogo o primeiro ato. A segunda pessoa, a quem se dirige parte do solilóquio, é um desdobramento das indagações do herói. E só no terceiro ato, quando a realidade descobre a fisionomia da esposa, Florácio passa a dirigir-se a um interlocutor, se liberta da elucubração solitária.

Está muito justa, assim, a simbologia da sala prisioneira. O cenário com as grades oblíquas e intransponíveis, limita o personagem ao círculo fechado do seu drama. E, na verdade, Florácio se encontra encerrado no mundo que criou.

As fugas, o mar, Iemanjá, são um desdobramento literário da solidão que se consome entre paredes nunca atravessadas. Porque Florácio realmente, nunca transpôs o limite da sala. O mundo exterior figura como uma projeção das imagens ideadas.

Para compensar as dificuldades da forma teatral de uma ação introspectiva, Silveira Sampaio realizou no segundo ato um movimento inverso: a personalidade de Helvétia, esposa do herói, se forma da seleção e sucessão de incidentes exteriores.

Os quadros, que constituem o segundo ato, tem intenções literárias diversas: a primeira, para unidade da trama, a configuração do tipo de Helvétia: a segunda – oportunidade para desabafar o clima interior do impacto – a pintura dos personagens acessórios. Indispensáveis ao metabolismo literário: finalmente, a sátira aos costumes sociais, a ridicularizarão de três tipos em voga – o psicanalista, a cartomante e o

TEXTOS PUBLICADOS NO *DIÁRIO CARIOCA* (1950-1952)

detetive particular. Além de uma "Pausa para lamentação", transposta de um programa radiofônico popular.

O pitoresco, o humorístico, o satírico, misturam-se nas cenas do segundo ato de *O Impacto*. Está nessa característica a maior virtude do talento de Silveira Sampaio. O médico psiquiatra é uma caricatura deliciosa da fauna que roubou a paz, os sonhos dos mortais. Houve apenas excesso na questão do dinheiro, em que o autor deixou a observação fina para o anedotário vulgar. A cidade infestada pela cartomante foi outro episódio da peça. Muito bem apreendida a indústria de inventar os destinos alheios. A natureza igual, feminina, da cartomante, é uma revelação sem originalidade mas muito bem apresentada. Por fim, o retrato do detetive, com os cacoetes e gíria próprios, é de uma fidelidade completa ao cafajestismo policial.

No desenrolar dessas cenas, afirma-se a personalidade de Helvétia, tipo bastante representativo da vida social carioca, inteligente e leviana, inconsciente e disposta a tentar todos os ardis, mulher que é ferida na dignidade e no amor pela confissão imprevista do esposo: ela não é o objeto de sua imaginação insatisfeita.

Helvétia se delineia como personagem numa sequência lógica e exata. O ciúme, nascido da certeza ferida, se transforma em verdadeira fascinação pela figura perfeita do pensamento de Florácio. É o caminho natural e consequente para sua fusão com a ideia, já que a sua realidade cresce para atingir o mito do esposo.

O exercício introspectivo de Silveira Sampaio apresenta em *O Impacto* uma tentativa mais audaz. Projeta-se na peça um drama subjetivo. Conclui-se, contudo, que o autor está mais à vontade nas trampolinagens da sátira e do pitoresco. Sua linguagem é aí mais objetiva, mais teatral. Não há nenhum menosprezo em afirmar que *O Impacto* é uma nova experiência do delicioso cronista Silveira Sampaio.

"A Forma Literária de Silveira Sampaio" (6. 7. 50, p. 6-7)

Os atos de Silveira Sampaio não obedecem ao desenvolvimento adotado na técnica tradicional do teatro: o primeiro como apresentação dos personagens e do entrecho, o segundo como realização da intriga propriamente dita e o terceiro como desfecho da trama. A divisão da peça em três partes subentende, antes – sem qualquer viseira para enquadrá-lo em um sistema – a consequência de um raciocínio e de um processo técnico caracteristicamente dialético. O primeiro ato é a tese. O segundo é a antítese e o terceiro é a síntese.

A maneira por que se exprime esse processo sofre variações em cada peça e, às vezes, toma uma forma sutil. Em A *Inconveniência de Ser Esposa* e *Da Necessidade de Ser Polígamo*, a função de diversas partes está nitidamente caracterizada. O ato inicial representa uma face do problema. O segundo ato, a face contrária do mesmo problema. O terceiro ato, a conclusão, a síntese decorrente do atrito das forças antagônicas. Não tenho bem presentes os episódios de A *Garçonnière de Meu Marido* mas, sem dificuldade, posso assemelhar esse critério à tese "mulher livre de preconceitos", à antítese "esposa guardada no lar" para a síntese "esposa amada na garçonnière".

Perdoem-me essa análise simplificadora de uma técnica literária de criação. Tento reduzir a um esquema o método de Silveira Sampaio para ressaltar-lhe as características da concepção inventiva.

O Impacto também se filia à mesma origem concepcional. Por vários caminhos chegamos às conclusões desse pensamento: o primeiro ato é o esboço da mulher ideal da criação de Florácio, o segundo ato a mulher real vivida por Helvétia, o terceiro o encontro , a fusão das duas faces. Seguindo a mesma lógica: no primeiro ato desenha-se a personalidade íntima de Florácio. No segundo, sua imagem através do reflexo exterior. O final da peça identifica os dois indivíduos. Ainda por idêntico raciocínio: forma introspectiva no primeiro ato. Forma extrospectiva no segundo. Reunião de ambas no final.

O tratamento literário porém, é a grande deficiência da obra de Silveira Sampaio. Propusemo-nos estudar, na série de crônicas sobre *O Impacto*, as diretrizes psicológicas sugeridas pela peça em virtude do real apreço em que temos o autor. É inegável o talento de Silveira Sampaio. Patente sua grande inteligência. Mas as peças que até agora realizou não estão destinadas à duração.

Sente-se um valor desperdiçado através da obra de Silveira Sampaio. Seu texto não tem estrutura. Falta espinha dorsal à construção literária das peças. A matéria está desordenada, diluída, sem o acabamento artístico indispensável à criação estética. As linhas gerais, que encontramos

TEXTOS PUBLICADOS NO *DIÁRIO CARIOCA* (1950-1952)

em sua obra decorrem, sobretudo, de um esforço de sistematização. Porque o texto se limita a sugestões. Permanece na esfera do improvisado. É mais uma indicação, um suporte para a representação. Se Silveira Sampaio não cuidar da feitura literária, seu teatro estará condenado a não sobreviver. Ou durará enquanto ele pessoalmente o animar com o seu talento de ator e diretor. Ou reviverá quando um ator do futuro quiser uma experiência misto de teatro e de pantomima.

Existem, no entanto, qualidades no estilo de Silveira Sampaio cujo aproveitamento significa uma garantia de bom teatro. O poder da síntese um pouco prejudicado pela simplificação demasiada. Critério acertado na escolha de episódios e de elementos para caracterização dos personagens. Ação teatral no presente sem referências ao passado, o que acarreta uma sucessão dinâmica na trama. Muitas qualidades são certas que lastimaríamos ver relegadas ao esquecimento.

"Os Cineastas" (7. 7. 50, p. 6)

O grupo do Teatro de Bolso apresenta duas características que são fundamentais para o êxito de um elenco: a homogeneidade e a coordenação. O espetáculo se organiza desde os dados iniciais segundo uma orientação única. Há unidade, há singularidade no trabalho de Os Cineastas.

Deve-se a Silveira Sampaio a formação do grupo. Sob sua ação diretora, tornaram-se intérpretes conhecidos Laura Suarez e Luiz Delfino. Um estilo próprio, inconfundível, marca as representações do elenco. E sem que se prejudique a espontaneidade de cada ator, faz-se notar a influência de Silveira Sampaio.

Tivemos ocasião de examinar, através da crítica de *O Impacto*, alguns problemas de sua obra como autor. Mas a atividade múltipla de Silveira Sampaio leva-o a participar de dois outros setores essenciais do fenômeno teatral: a direção e a representação. E não tenho dúvidas em afirmar que é aí que Silveira Sampaio atinge sua plenitude.

Como diretor, ele sabe animar suas apresentações de uma graça e de um ritmo peculiares. Consciente dos recursos de que pode dispor no pequeno palco do Teatro de Bolso, não se aventura em tentativas absurdas. Utiliza um cenário simples, modesto. Suas peças têm poucos personagens, perfeitamente à vontade no diminuto espaço da sala. Em compensação, exige tudo do gesto. Extrai dos comediantes os maiores efeitos, na expressão corporal. O texto literário é grandemente valorizado, explorado nos meandros pela capacidade sugestiva dos intérpretes. Em torno de uma indicação vaga, os atores tecem uma verdadeira figura de pantomima.

O ator Silveira Sampaio acompanha os propósitos do diretor. Não faltam a ele inteligência e graça para viver as situações que traçou. Dotado de boa voz, muito apropriada aos seus personagens, as palavras que diz são carregadas de intenções. A agilidade e correspondência psicológica dos gestos respondem de imediato às variações bruscas do pensamento. Completam-se numa unidade elogiável. Ficam gravados a gesticulação e, sobretudo os passos que exteriorizam certos estados e disposições do personagem. Embora seja prejudicial a repetição dos recursos e abusiva a insistência em determinados caracteres.

Laura Suarez interpreta sempre os papéis femininos de Silveira Sampaio. Boa plástica de atriz tem desenvolvido continuamente seus dons de intérprete. Ainda um pouco brusca, formal, necessitaria imprimir mais espontaneidade aos tipos que compõe. O quase delírio de Helvétia, no terceiro ato de *O Impacto*, foi uma bela realização dramática.

Outro elemento de Os Cineastas de valor admirável é Luiz Delfino. Desde a revelação de Dallakokpoulus, em *Da Necessidade de Ser Polígamo*, afirmam-se suas qualidades de comediante original. Em *Garçonnière*, deu estupenda vibratilidade ao doméstico garçom. E agora, em *O Impacto*, fez três primorosas criações.

Não houve um desfile no psicanalista cheio de sestros e manias. Apesar da transposição feminina, estava convincente o tipo da cartomante. Foram muito bem apreendidas as falas do detetive. E é de se admirar que, dando à três interpretações uma unidade condizente com a idêntica significação psicológica, Luiz Delfino soube, em tempo tão curto, particularizar convincentemente os característicos próprios dos personagens.

Mary Soares, numa ponta de *O Impacto*, colaborou para a homogeneidade do espetáculo. Conta o nosso teatro, no grupo de Os cineastas, com um elenco só capaz de enaltecê-lo.

TEXTOS PUBLICADOS NO *DIÁRIO CARIOCA* (1950-1952)

"*Só o Faraó Tem Alma* I" (28. 9. 50, p. 6)

Numa tentativa em campos diversos da *Trilogia do Herói Grotesco*, Silveira Sampaio lança agora, no Teatro de Bolso, *Só o Faraó Tem Alma*, farsa política que tem como cenário o Egito de três mil anos antes de Cristo. A fim de examinar o espetáculo sob os aspectos do texto, problemas tratados e apresentação cênica, desdobrarei meu comentário em três crônicas, cuidando hoje apenas da forma teatral.

Quanto ao texto das peças de Silveira Sampaio, já tive ocasião de afirmar que não me parece ter estrutura literária sólida, perdendo-se num jogo que possivelmente não lhe garantirá vida duradoura. Em muitos casos, os diálogos permanecem um simples apoio para as improvisações do intérprete, e o conteúdo dramático se dispersa, não chega a constituir a unidade que forçosamente deve conter a obra acabada. *Só o Faraó Tem Alma*, em síntese, não foge a essa característica das sátiras de Silveira Sampaio. O desenvolvimento da trama obedeceu a um critério teatral muito adequado, os três atos revelam uma composição que tirou inegável partido das várias faces dos problemas, mas o resultado literário do conjunto é ainda pobre, a peça se enxerta dos recursos da pantomima para completar o efeito, quando o texto praticamente se interrompe. Sei que essa situação é consciente em Silveira Sampaio, ele a aceita, a realiza em virtude de um modo particular de encarar o teatro, onde os elementos do texto e da interpretação se conjugam, formam um todo único, sem o que não existe o espetáculo. Embora eu acredite que uma peça só tem vida integral no palco, e o diálogo de teatro apresenta uma forma específica, que encontra plenitude apenas quando é falado, penso, sem contradição, que um texto deve possuir categoria literária, um valor comum a todos os gêneros de literatura, que subsiste e tem perenidade artística mesmo no volume impresso. Infelizmente, não senti isso a respeito de *Só o Faraó Tem Alma*, apesar de oferecer mais consistência a própria multiplicidade de personagens.

Se a peça, como unidade, me deixou essa impressão, devo ressaltar que o encadeamento da história me pareceu benfeito, a sucessão dos fatos foi urdida com inteligência e elogiável senso de ritmo teatral.

É verdade que, no primeiro ato, a apresentação dos personagens se fez mediante um processo primário. Quando um cumpre o que lhe compete, é chamado outro para desempenhar sua missão. A técnica sugere serem os personagens peças de um mecanismo, em que os diferentes tipos ilustram o significado do conjunto, ao contrário de exprimirem conflitos de temperamento. A evolução posterior, contudo, lhes define a personalidade própria, e o recurso cênico se explica pelo caráter de farsa.

A feição diferente que dá ao problema o diálogo do segundo ato desperta novo interesse na história. E o equilíbrio alcançado com o acréscimo constante de uma perspectiva inédita valoriza muito a comicidade e o sabor de *Só o Faraó Tem Alma*.

Silveira Sampaio, ainda aqui, adotou o processo dialético de tratamento do tema. Vemos, de início, a reafirmação da tese: *Só o Faraó Tem Alma*. Mas o refrão está sendo posto à prova, não vive inteiramente tranquilo. O elemento povo toma vulto, força a situação, e o estribilho simbólico se torna: "O faraó tem alma, o maestro também, e mais ninguém". Mas a peça, pelo conteúdo de farsa e pela intenção de considerar apenas uma face do problema, afasta subrepticiamente o lado antitético – o povo – , aniquila o seu representante (o maestro), e faz de novo vitorioso, ao menos por algum tempo, o antigo refrão: *Só o Faraó Tem Alma*. Essa a síntese final da peça.

O texto está cheio de pequenas intenções, de efeitos cômicos de muito resultado pela atualidade do assunto. O Teatro de Bolso apresenta um espetáculo delicioso, que me agrada, sobretudo, como uma exceção, em meio aos dramalhões de sucesso em nossos cartazes.

"A Apresentação de *Só o Faraó Tem Alma* ii" (29. 9. 50, p. 6)

Antes de tratar dos problemas lançados em *Só o Faraó Tem Alma*, examinarei os aspectos de sua apresentação cênica. Não escondo, desde já, que o espetáculo me pareceu pouco ajustado, contrariando uma das características fundamentais do diretor Silveira Sampaio.

Por injunção que não vem ao caso citar, a peça foi montada sem muitos ensaios, sem absoluto domínio do texto por parte dos intérpretes. Ainda que essa falha prejudicasse o rendimento total da representação pode-se dizer que Os Cineastas tiveram ensejo de dar mais um espetáculo cheio de talento. Um maior apuro dos atores fará de *Só o Faraó*

TEXTOS PUBLICADOS NO *DIÁRIO CARIOCA* (1950-1952)

Tem Alma uma ótima apresentação, marcada por processos originais e efeitos cênicos.

A encenação procurou ser integralmente fiel ao texto. Dir-se-ia que, sem ela, o texto ficaria apagado, pois nasceu para ter com exatidão a forma que lhe deu Silveira Sampaio no palco. Veja-se, por exemplo, o general: personagem de poucas falas, sua presença se impõe, entretanto pela mímica adequada e pela ousadia de enfrentar o ridículo, entrando em cena com um cavalo de pau, os gestos, o grotesco proposital de passos e de vozes, tudo está calculado com intenção para o equilíbrio do conjunto.

Pena é que os atores não estivessem totalmente inteirados do seu papel. A peça obtém valorização máxima com um ritmo veloz, um andamento de surpresas e de contrastes. Como, porém, alguns intérpretes não tiveram suficiente desembaraço, notou-se, por vezes, descaídas e tropeços, onde a continuidade estava a exigir fôlego acelerado. Certas inflexões inexpressivas deixaram, também, passar em branca nuvem cenas que o correto aproveitamento tornaria de maior efeito. Será que o diretor Silveira Sampaio, com um elenco mais numeroso, não consegue o mesmo controle? Ou apenas viu prejudicadas suas intenções pela deficiência de certos figurantes? Penso que pelo resultado conseguido em diversas cenas, só se pode atribuir o incompleto rendimento à escassez de ensaios. O trabalho cotidiano vencerá os desajustes.

Na interpretação, destacam-se o autor e Luiz Delfino. À entrada de Silveira Sampaio, no terceiro ato, cresce muito a intensidade das cenas. Sua presença dá vida indiscutível à representação. Luiz Delfino, no rico "Jatas", está excelente. Faz muito bem os sestros, não omite um efeito do diálogo, tem força e pulso em todo o espetáculo. A indignação, no segundo quadro do terceiro ato, ele a representa com grande vigor. Os sucessivos êxitos de Luiz Delfino o colocam entre os melhores comediantes de nosso teatro.

Laura Soares, como esposa do Faraó, teve um bom desempenho. Apesar de não se sentir inteiramente segura no papel, vê-se que está integrada no estilo de Silveira Sampaio e é possuidora de talento. Os cineastas são bem encabeçados no elenco feminino.

Dos outros figurantes, não tive a mesma impressão. Renato Machado, no Faraó, esteve indeciso, não transmitiu do personagem a compostura faraônica, não obstante lhe conhecêssemos a pouca afirmação. Fez uma interpretação apagada que, entretanto, não comprometeu a homogeneidade. O "Conselheiro" feito por Raimundo Furtado, esteve um pouco insípido, sem voo em qualquer fala. O desconhecimento do texto levou o intérprete a retardar o ritmo da representação. O sacerdote, vivido por um ator cujo nome não consta do programa, não teve a voz convincentemente dublada, e não demonstrou muita presença. Sendo, ao que parece, criação de estreante, não está mal. Edgar Vasconcelos, no General, cumpriu a contento seu papel. A "ponta" do escravo foi desempenhada por Gilberto Silva com correção.

Apresentando, também, um interessante cenário, de autoria do Ernani Vasconcelos (não achei de muito gosto os figurinos), afirma-se no atual espetáculo o grupo Os Cineastas. A equipe do Teatro de Bolso é das melhores com que contamos.

"Problemas de *Só o Faraó Tem Alma*" (1. 10. 50, p. 6-7)

Em *Só o Faraó Tem Alma*, Silveira Sampaio transpôs para o Egito antigo uma situação política de nossos dias. Usando uma simbologia muito própria, e personagens que sintetizam perfeitamente o círculo normal de certos governos, fez uma sátira que se coloca, na intenção, entre as inteligentes e oportunas definições dos regimes maquiavélicos. Uso esse adjetivo no conceito genérico, sem esquecer que a liberalidade aparente decorria da insuficiência de recursos para dominar o coro dos habitantes: "nós queremos... alma".

Os personagens foram selecionados com exato critério crítico. O Conselheiro representa o tipo conhecido dos assessores governamentais, inoperantes em face do problema grave. Como chefe do serviço secreto, descobriria qualquer conspiração no reino. Mas não percebe o clamor franco, a reivindicação pacífica, e que é de fato eficiente... Só acorda quando o coro pedindo almas, no país em que *Só o Faraó Tem Alma*, não deixa ninguém dormir.

Personifica o militarismo estéril o General sem armas. Na hora em que se fazia necessária a intervenção do exército, ainda estava por inventar o processo de morticínio. O sacerdote simboliza a religião estatal, que não se poupa novos preceitos para santificar as conveniências do poder. O rico Jaftás, como personagem, é possivelmente, o mais completo:

TEXTOS PUBLICADOS NO *DIÁRIO CARIOCA* (1950-1952)

além de estar expresso nele o binômio estado-capitalismo, sua psicologia revela um curioso estudo do financista e do avarento, com os cálculos de anos-alma e grãos-alma, dispensando entretanto para si a alma que seria vendida ao povo em prestações módicas e proporcionais.

O Faraó é o dirigente fraco (embora autocrata), pouco perspicaz e irresoluto, dominado, na verdade, pela mulher hábil e voluntariosa. A ideia que solucionou o impasse nasceu dela e o subterfúgio empregado foi uma inspiração feliz. O maestro, organizador do coro, líder do povo, não passava de um demagogo, inflou-se com o novo estribilho, agora entoado pela corte: "o faraó tem alma – o maestro também – e mais ninguém". Depois de trair a massa que representava, foi sacrificado porque ela já não ouvia mais seus protestos. Silveira Sampaio concluiu que o homem, se lhe oferecem vantagens, esquece os compromissos e faz concessões? O líder, ao trair o povo, perde o apoio e, portanto é vencido facilmente?

Qualquer que seja a intenção do autor – e, num demagogo, aqueles caracteres coexistem – o personagem reflete o lado superiormente satírico de "*Só o Faraó Tem Alma*". Foi ele, sem dúvida, a personalidade que a peça tentou fixar, no cenário da corte que teve também uma pintura exata. Porque o texto, na síntese final, não aborda integralmente o problema político: diria melhor, ele narra um episódio transitório, uma solução momentânea, arquitetada apenas para configurar o caso de um demagogo.

O "maestro" é quem marca a harmonia do coro. Sem ele, o refrão parece partido. A massa perdeu o seu condutor. Pela exortação do maestro, recolheu-se a grita do povo. A corte, sacrificando o maestro, volta assim ao velho estribilho: só o faraó tem alma. Reina aparentemente a ordem. Mas será o maestro insubstituível? Ou, em algum tempo, surgirá outro líder, capaz de imprimir ritmo autêntico a "nós queremos alma"? A peça desconhece essa questão, e por isso afirmei que era mais o estudo de um demagogo e das personagens de uma corte em crise passageira, despida da necessidade de uma revisão total. O caráter de transitoriedade da crise sugeriu, aliás, a impressão de ser a estrutura da peça um artifício, desenhando os tipos sem desenvolver na trama conflitos verdadeiramente dramáticos. Daí, também, a classificação de farsa, que se pode atribuir a *Só o Faraó Tem Alma*.

"Flagrantes do Rio, Hoje, no Alvorada" (6. 9. 51, p. 6)

Silveira Sampaio retorna ao cartaz. Tendo tentado, inutilmente, ocupar o auditório do grupo que funciona na praça Cardeal Arcoverde, permaneceu em inatividade, no setor de teatro, após a excursão a São Paulo, durante meses seguidos, só agora conseguindo o palco do Alvorada. Hoje, às 21h00, será a pré-estreia de *Flagrantes do Rio*. A partir de amanhã o espetáculo seguirá o curso normal, às 20h00 e às 22h00 com vesperais aos sábados e domingos, às 16h00.

Como já foi dito, *Flagrantes do Rio* é a reunião de três peças de um ato de autoria do aplaudido comediógrafo. Ele nos fala:

"A primeira – *Treco nos Cabos* – focaliza o que se passa dentro de um elevador enguiçado entre o 13 e o 14 andares de um edifício do centro da cidade. Dentro do elevador ficaram o cabineiro, um aviador comercial, sócio do *Club dos Cafajestes*, e uma senhora burguesa desquitada.

Luiz Delfino fará o cabineiro, um tipo popular que eu espero possa ingressar na galeria dos tipos populares que eu, como autor e diretor e Delfino como ator estamos organizando: nessa galeria já figuram o garçom, da *Garçonnière de Meu Marido* e o detetive particular 'olho vivo' de *O Impacto*. Flávio Cordeiro fará o aviador e Nancy Wanderley a senhora desquitada.

Triângulo Escaleno é uma aventura amorosa de grã-finos. Flávio, o marido, Delfino, o amante, Nancy a esposa.

A Vigarista é outro flagrante carioca. Faço voltar ao palco os tipos populares do garçom e do detetive da *Garçonnière* e um novo personagem que é *A Vigarista*."

Que diz da estreante? – "Não gosto de antecipar coisa alguma, mas creio que Nancy Wanderley entrará para o *team* das nossas melhores comediantes, depois de sua interpretação em *A Vigarista*".

Por que você não representa? "Tenho que terminar o filme *As Sete Viúvas de Barba Azul* e o tempo preso no palco me impediria de fazê-lo. Confio cem por cento nos artistas que integram minha companhia. Delfino está comigo há dois anos, tomou parte em toda a trilogia, é um dos nossos melhores comediantes. Flávio Cordeiro estreou comigo naquele inesquecível Januário, de *A Inconveniência de Ser Esposa*, trabalhando também em toda a trilogia. Volta agora em três papéis completamente

TEXTOS PUBLICADOS NO *DIÁRIO CARIOCA* (1950-1952)

diferentes: um aviador, um marido grã-fino e um senador dado a conquistas. Nancy Wanderley, gentilmente cedida pela Rádio Tupi, é uma rádio-atriz de grande valor. Trabalhou comigo em um grande programa de televisão, e a tal ponto me agradou sua interpretação que convidei-a para ser a única figura feminina de meu elenco na presente temporada. Acredito que será um elemento de grande valor que trago para o teatro, do quilate de um Teófilo Vasconcelos ou Flávio Cordeiro".

Silveira Sampaio termina: *"Flagrantes do Rio* tem três cenários diferentes, todos da autoria de Henry Cole, o cenarista de *O Impacto* e *Professor de Astúcia*, executados pelo autor e pelo cenotécnico *Pilade Romano*.

"Flagrantes do Rio I" (20. 9. 51, p. 6-7)

Um espetáculo de Silveira Sampaio é, quando menos, para qualquer espectador, um passatempo muito agradável. Embora faça restrições fundamentais à fatura de sua obra, a meu ver sob o perigo de não subsistir, pelo depauperado texto – não poderia nunca limitá-la àquela finalidade, já que suscita inúmeros problemas, guarda riquezas temáticas e inventivas de marcado cunho pessoal, ambiciona, na aparência da sátira leve e da definição de caracteres, um mergulho em mistérios insondáveis. Talvez, quanto ao prisma da realização literária, Silveira Sampaio seja o mais rudimentar e intuitivo dos nossos comediógrafos de talento. Mas é, sem dúvida, o de maior talento, aquele que traz uma contribuição original, percorre caminhos novos. Apesar do possível perecimento de suas peças, que vivem com ele, dentro de sua escola, não será precipitado ou contraditório afirmar que, depois de Martins Pena, Silveira Sampaio é o nome ímpar da comédia brasileira.

Flagrantes do Rio, três peças de 1 ato, em cartaz no Alvorada, segundo a indicação do título não pretendem muito: como intenção, como conteúdo, se colocam abaixo da "Trilogia" e do "Faraó". De certa maneira, representa mesmo um aproveitamento, um desdobramento do que sobrou das outras, e que não foi antes suficientemente explorado. As figuras do senador, do garçom e do detetive surgem aqui, em novos episódios. Seria repetição ou empobrecimento. Silveira Sampaio quis configurar plenamente a galeria de seus tipos, dar-lhes em definitivo o caráter de heróis, seja o ridículo senador, sejam as outras duas criações populares.

Uma das críticas mais divulgadas e temerosas do destino de Silveira Sampaio é a que restringe seu público a Copacabana e Ipanema. Isso diria tudo, mas desejo ser explícito: ele ficaria preso ao mundo da "grã--finagem", da sociedade ou de quem pode entendê-lo em virtude da sátira aos seus costumes. Na verdade, os inúmeros personagens que encarnam uma burguesia sem preocupações financeiras, envolta em conflitos matrimentais, talvez não faltem a todas as plateias. Conter, porém, Silveira Sampaio nesse círculo, me parece uma injustiça grave, uma cegueira em face de sua multiplicidade. Sendo, como é, um cronista de costumes, e com a utilização de recursos mímicos, essa característica o levou às fontes populares, concitou-o a procurar personagens síntese que simbolizassem emanações do desencontrado meio social. Surgiram, então, o garçom, o detetive e o ascensorista, com a cartomante de O *Impacto*, figuras que se transmitem aos espectadores menos avisados, heróis banhados de selva popular, trazendo, na linguagem de gíria e na maneira cafajeste, uma deliciosa humanidade.

Considerado no padrão sério, não me furto a dizer que o espírito de Silveira Sampaio o distingue como o mais popular autor brasileiro.

"Flagrantes do Rio II" (21. 9. 51, p. 6-7)

Parecerá temerário buscar, através de três peças de um ato, inteiramente soltas, flagrantes isolados, uma unidade temática. *Treco nos Cabos* reúne entre o décimo terceiro e décimo quarto andares de um edifício, num elevador enguiçado, o ascensorista, um aviador e uma mulher. A *Vigarista*, num compartimento suspeito, um senador, a vigarista, o garçom e o tira. *Triângulo Escaleno*, o famoso trio: o marido, a mulher e o amante. Que contato haverá entre tantas situações díspares.

Em primeiro lugar, creio que Silveira Sampaio, atualizado no tempo, quis dar um testemunho da subversão de valores, do buleversamento em todas as atividades, que tanto se aplica ao problema social quanto à ética e ao conceito de amor. Em *Treco nos Cabos*, o ascensorista e o aviador, representantes de classes diversas, se confraternizam ao se descobrirem torcedores de um mesmo time de futebol. O aviador é casado: só no Paraná. A mulher, apesar da elegância, pede licença para tirar os sapatos. Há uma farsa em torno do amor: em face do perigo da

TEXTOS PUBLICADOS NO *DIÁRIO CARIOCA* (1950-1952)

morte, o capitão, ao declarar-se, apela para o instinto de maternidade. Como se vê, quebram-se as hierarquias, quebra-se tudo: "É um sinal dos tempos. É o populismo".

Idênticos aspectos surgem em A *Vigarista*. A intimidade do garçom com o senador, que passa a protegido. Tranquilizando o senador, o garçom afirma, a propósito do *rendez-vous*: "A casa sofre de imunidade parlamentar". O representante da dignidade republicana é escarnecido até na recomendação de tomar chazinho. Escreve a carta que a vigarista lhe dita, pedindo um emprego para o primo. "O lugar é de advogado. Ele é?" "Não é advogado, mas você não conseguia?" – O provecto senador é satirizado, os recursos para obtenção de favores são postos à [sic]. Ainda o populismo? Um sintoma dele, da maneira com que assaltou o país: a corrupção dos costumes políticos.

Triângulo Escaleno, aparentemente mais afastado, não foge ao esquema. A situação, que em outros tempos seria resolvida com processos românticos, obedece ao signo moderno: como a aproximação do aviador e do ascensorista, do garçom, do tira e do senador, aqui, o marido e o amante da mulher se confraternizam, antes do epílogo. Há todo um diálogo de gentilezas, de compreensões, de mútuo entendimento. Diz o marido: "Até certo ponto, respeito o seu sentimento". "É o mal de todos os amantes de minha mulher: complexo de inferioridade". O marido afirma que as paixões da esposa duram cinco meses: "É seu hábito. Não tenho culpa". A uma réplica do amante, contesta: "Assim você não consegue situação no Itamarati". Também popularismo por certo, embora de forma diversa. Desculpando-me do mau gosto da imagem, lembraria: há uma necessidade de compartilhar com outro o objeto amado, por impotência. Os casos amorosos da mulher são um excitante para o marido. Depois dos cinco meses, eles fazem nova lua de mel.

Já no terreno psicanalítico, a característica adquire feição particular. O "populismo" seria, aí, sinônimo de ausência de verdadeira virilidade, o sucumbimento do homem íntegro, que tanto perde a firmeza irrepreensível, como é incapaz de amar realmente.

Ficcionista sempre, Silveira Sampaio não julga, não condena, não tira conclusões. Apenas apresenta, através de um olho agudo e evidente perspicácia. Para o público, sucedem-se personagens variados, de grande sabor cômico, e que vão desde o senador, à mulher de aparência vulgar e à de vida social. Os tipos populares são apreendidos nos pormenores, enriquecendo a galeria do chamado herói nacional, sem nenhum caráter.

Por tudo isso, o resultado é um espetáculo divertido, que mantém a plateia em permanente riso. No gênero cômico, o cartaz do Alvorada está à frente dos teatros da cidade.

"*Flagrantes do Rio* III" (23. 9. 51, p. 6)

Chegamos ao momento de discutir-se, com tanta riqueza de sugestões, um caminho inédito e fecundo para o teatro brasileiro, Silveira Sampaio consegue entregar para o espectador uma obra artística. O cartaz do Alvorada, nas duas primeiras peças, mais que os originais anteriores, me deixa insatisfeito. Pelo pequeno fio de história que os anima, *Treco nos Cabos*, e *A Vigarista* classificam-se como *sketches*. Não uso aí uma denominação pejorativa. Já *Triângulo Escaleno*, me parece não só um ato admirável, como estrutura teatral, porém, o texto mais perfeito até agora realizado pelo autor da *Trilogia*.

Treco nos Cabos, como situação, inspirou-se em *Huis-clos*. O aviador, mesmo, pergunta se a mulher conhecia a peça de Sartre. Só que, no original de Sampaio, a intenção é cômica, não apresenta o irremediável do inferno, e o círculo vicioso se estabelece por uma espécie de encabulamento, pois há dois homens e uma mulher. Faltou um bom achado técnico para conclusão do ato.

Pecou por motivos idênticos *A Vigarista*. A "explicação" final da peça evidentemente só se explica por questões alheias ao teatro. A moral da história, que não vou transmitir ao leitor, aparece como obrigação decepcionante.

Em *Triângulo Escaleno*, antes que o público pense num *vaudeville*, estrangeiro, a personagem exclama: "Está parecendo enredo de peça francesa traduzida. Mas eu não sou plagiário". O velho trio amoroso, tão ao gosto da comédia francesa, ainda mais porque tocado de indisfarçável cinismo, sugeriria, a princípio, uma influência marcada. Mas é patente o sabor brasileiro, a maneira autenticamente nossa, a linguagem e os diálogo nacionais.

Silveira Sampaio aperfeiçoa dia a dia, aliás, o seu diálogo. A evolução do entrecho escorre com naturalidade, sem pausas ou muletas subsidiárias. "Batavo ou batavo?" "Sou América". E, com isso, nova perspectiva

TEXTOS PUBLICADOS NO *DIÁRIO CARIOCA* (1950-1952)

de conversa se abre. A situação para conhecimento do nome da mulher, no elevador, é muito bem armada. Não se forçou, não se perguntou, ela foi levada a dizê-lo, naturalmente. Da mesma forma, numa sugestão bem medida, em pleno calor: "A senhora não quer tirar... o chapéu?" Diálogo ágil, inteligente, de grande objetividade teatral, que por si confere ao desenvolvimento da trama deliciosas passagens.

A linguagem, também, merece louvores. Cada personagem fala o que devia falar, com inegável autenticidade psicológica. Cito a gíria exatíssima do ascensorista, do garçom e do tira, o bom gosto do senador que não aceita escrever "capricho da sorte", a exuberância oratória da vigarista pernambucana, o amante, pródigo em imagens de mau gosto, com florestas e seringais, e de súbito interrompido: "Deixa de amazonismo". Como adequação, não poderia passar despercebida a conversa no elevador, em que o aviador e o ascensorista fazem toda uma simbologia da conquista feminina, através do hangar e dos movimentos aviatórios.

Embora sem a fluidez das peças em três atos, a composição de *Flagrantes do Rio* obedece ao esquema dialético. A tese, em *Treco nos Cabos*, é a conquista da mulher pelos dois homens, cada um a seu turno. A antítese, a defesa dela, alterando-se no apoio de um contra o outro. A síntese não poderia deixar de ser a volta à situação primitiva, evidentemente consertado o elevador.

Em *A Vigarista*, o senador procura a consumação da aventura com a mulher. Está sob chantagem, almeja o emprego para o primo. O "falso" tira, como solução, põe termo ao embaraço e indica ao senador um endereço sem surpresas.

O marido, em *Triângulo Escaleno*, derrota, na discussão, o amante da mulher. O jovem apaixonado tenta salvar-se nela, mas é de novo vencido. "Casamento, pororoca, isso liquida o meu amor por você". Síntese: a reconciliação dos esposos.

Esses traços não surgem despidos, num processo de criação mecânica. Silveira Sampaio os reveste de uma fabulação adequada, dá-lhes corpo de estrutura artística. Se o texto permanece às vezes primário, e irrealizada completamente a obra, acredito que seja ainda o itinerário de um autor que não atingiu a maturidade. E o acabamento integral das peças fará de Silveira Sampaio um comediógrafo sem precedentes em nossa literatura cênica. *Triângulo Escaleno*, como forma, já é um caminho. Num despretensioso ato, representa o que de melhor temos no gênero. A obra de fôlego está para vir.

"Os Cineastas" (24. 9. 51, p. 6)

Flagrantes no Rio, no palco do Alvorada, reúne apenas quatro atores. Um elenco muito bom, dos melhores que possuímos, e cuja unidade nenhuma outra companhia entre nós supera.

Não poderia começar sem uma saudação especial a Nancy Wanderley. Que Silveira Sampaio lança no teatro, não como uma estranha, mas uma atriz de primeira linha. Poucas vezes alguém se terá [ilegível] no desempenho com tanta segurança, um domínio e uma personalidade tão inconfundíveis. Em três papéis absolutamente diversos – uma [ilegível] normal, uma vigarista vulgar, e uma mulher da sociedade – Nancy Wanderley adotou a medida justa, o tom apropriado, a característica requerida. Foi a sabida discreta de *Treco nos Cabos*. Na mulher fácil pernambucana, fez uma composição tão perfeita que ao abrir a boca já provocava o riso. Por fim, como [ilegível], no *Triângulo*, manteve uma linha [ilegível], de bom gosto, que não guardava [ilegível] da criação anterior. Versatilidade tão grande, tão extraordinária, dentro da firmeza de uma atriz feita, só pode pronunciar um [ilegível] destino no palco. E é isso que lhe seguramos. O imperfeito movimento dos lábios, para conseguir a pronúncia nordestina, o pequeno convencionalismo da atitude, para dar o traço vulgar, em nada prejudicam o admirável trabalho realizado.

E veja-se que trabalhou ao lado de um Delfino e de um Sampaio, sem lhes dever. Luiz Delfino, aliás, depois de criar a galeria de sua especialidade, passou por dura prova. Fez o amante apaixonado, falando frases ridículas, e que só não o comprometeram no grotesco pela dignidade dramática conferida ao personagem. Outro ator menos dotado poderia naufragar no papel, incidindo na caricatura. Antes, Delfino desempenhara o ascensorista, o garçom e o tira, sem sestros inúteis, muito corretos, mas apenas reprováveis, por certa semelhança, em parte cabível a uniformidade do texto.

Flávio Cordeiro, discreto, inflexonando com acerto, não atinge rendimento integral porque se despersonaliza um pouco, em favor do estilo de Sampaio. Resulta uma interpretação sem espontaneidade convincente.

TEXTOS PUBLICADOS NO *DIÁRIO CARIOCA* (1950-1952)

Quanto a Silveira Sampaio, presente apenas na ultima peça, agrada como sempre, na sua maneira pessoal de completar com a mímica a palavra e a expressão rotineira. Repete, às vezes, os achados interpretativos de *O Professor de Astúcia*. Visto em São Paulo, indicando que se acha em situação um pouco embaraçosa, pois ou se renova continuamente, ou fatiga e se perpetua num mesmo personagem, representado toda a vida. Essa observação procura um critério absoluto. Já que o dr. Carneiro, por si, é uma delícia de desempenho. O exagero de saltos e passos, no papel, além de inútil, dispersa a densidade que deveriam ter algumas situações.

Na direção, Sampaio imprimiu o cunho de sua personalidade e o ritmo dinâmico, que tornam o espetáculo de imenso agrado.

Harry Cole, que se afirma entre os bons cenaristas da nova geração, não foi totalmente feliz em *Flagrantes do Rio*. Talvez pelas deficiências do palco, não conseguiu dar expressividade aos dois primeiros cenários. O de *Triângulo Escaleno* é melhor, é mesmo bom, apesar de um abajur chocante.

Será ocioso repetir que o espetáculo do Alvorada é, na cidade, o mais convincente no gênero cômico.

"Revendo *Flagrantes do Rio*, Silveira Sampaio Instalará um Circo"
(9. 9. 51, p. 6)

Silveira Sampaio anuncia a última semana de *Flagrantes do Rio*. Como Luiz Delfino não pertence mais ao elenco de Os Cineastas, quatro papéis passaram a ser representados pelo talentoso autor-diretor-intérprete. Antes de encerrar-se a carreira do espetáculo, que obteve merecido aplauso da crítica e do público, quis voltar ao Alvorada, para ver Sampaio como cabineiro, como o garçom português e como o detetive "olho vivo", além do "Carneirinho", que ele já fazia.

Por se achar adoentado, na quarta-feira, evitando, assim, cansar-se demais, Sampaio confiou o papel do cabineiro a Wady Bechara, do Teatro Universitário. Esse jovem ator, que tanto se distinguiu em *Quebranto*, de Coelho Neto, lamentavelmente, e por motivo que desconheço, não tem pisado o palco. Sem muito ensaio em *Treco nos Cabos*, sua interpretação, por certo, não tem o mesmo dinamismo de quando o vi pela primeira vez, mas é convincente e sóbria. Falta-lhe algum desembaraço, transparecendo, porém, o seu talento, que deverá ser aproveitado.

No amante de *Triângulo Escaleno*, está outro ator, vindo do Teatro Universitário: Nelson Camargo. Várias qualidades apresenta, como a de ter figura para galã e a de compenetrar-se do personagem. A dicção ainda é defeituosa, perdendo a plateia algumas frases, e os gestos precisam adquirir naturalidade, sem o aspecto declamatório que não se aplica às cenas. Outro valor cujo lançamento no teatro profissional se deve a Silveira Sampaio.

Quanto a este, apesar do cansaço, estava muito bom no dr. Carneiro. Criando o garçom português, conseguiu também provocar o riso, só não mostrando o mesmo à vontade como "tira", embora fosse boa a caracterização física.

Nancy Wanderley confirma a excelente impressão da estreia. Domina muito bem os três papéis. Só me parece ter perdido um pouco o equilíbrio, exagerando as atitudes, na vigarista.

Em síntese, voltei a ver três peças de um ato com grande prazer.

Depois do espetáculo, em conversa, pude saber os projetos de Silveira Sampaio, para quando deixar o Alvorada.

Inicialmente, perguntei-lhe sobre outros trabalhos seus. A respeito de *O Cavalheiro sem Camélias*, eu já havia dado uma nota, em primeira mão, nesta coluna, divulgando o anúncio do *Jornal do Comércio*, de 1938, em que se baseava a peça.

– Tenho também *Um Homem Magro Entra em Cena*, escrita em 1947. É um policial sofisticado, que trata de um roubo de joias. A peça tem quatro personagens principais e vinte extras.

– Por que não a representa?

– Exatamente por causa dos vinte extras.

Silveira Sampaio passa a falar de seu programa:

– Estou tratando da instalação de um circo de bolso, de quinhentos a setecentos lugares. Encenarei nele uma revista em colaboração com José Condé e Gustavo Dória. Pretendo levar, depois *O Professor de Astúcia*, farsa expressionista de Vicente Catalano, que já representei em São Paulo.

A Livraria Martins Editora, de São Paulo, vai editar a *Trilogia do Herói Grotesco*. E Sampaio deseja terminar agora a fita "interminável" *As Sete Viúvas de Barba Azul*, com Flávio Cordeiro.

TEXTOS PUBLICADOS NO *DIÁRIO CARIOCA* (1950-1952)

Continuará a colaborar em programas de rádio e televisão. Concluindo, informa-nos: "Na TV levarei peças em um ato, ao lado de Flávio Cordeiro e Nancy Wanderley".

"O Professor de Astúcia" (19. 3. 52, p. 6)

Um espetáculo como o de Silveira Sampaio, no Municipal, foge à rotina de nossas estreias e deveria por isso merecer estudo mais longo. O grande número de novas peças, nesta semana e na passada, vai obrigar-nos ao simples desdobramento de crítica ao texto e à apresentação de *O Professor de Astúcia*.

Na afirmativa de que o espetáculo não se inclui na rotina do palco está o primeiro elogio à encenação de Sampaio, que o público carioca teve oportunidade de conhecer graças à iniciativa da Comissão Artística do Municipal, que em boa hora se lembrou de trazer a comédia para a Temporada Nacional de Arte. E esse elogio cabe ao diretor Silveira Sampaio, pelo estilo e pela harmonia que conseguiu imprimir ao desempenho.

A peça *O Professor de Astúcia* deve ser considerada por dois aspectos: como caminho, como pretexto para a representação, e como texto em si. O estreante Vicente Catalano, no primeiro caso, faz jus a alguns aplausos. Como peça, porém, no sentido de estrutura teatral, de concepção artística, quase nenhuma qualidade lhe pode ser atribuída.

Ninguém negará a inteligência de Vicente Catalano. Várias cenas, vários achados, várias soluções são de um autor muito bem-dotado. De repente o público explode em riso por uma brincadeira de inegável comicidade. O que comprometeu o trabalho do dramaturgo paulista, ao lado da precária composição teatral, foi o mau gosto de inúmeros diálogos, o lugar comum que os inspirou. Pode-se perceber facilmente que Vicente Catalano não tem boa formação literária. Com frequência, a peça se deixa interromper por um conceito duvidoso, uma frase de subfilosofia que engana os ouvidos incautos, mas não ludibria os mais avisados. Frases de intenção conclusiva e teorizante dão aulas de bem viver à plateia, exigindo um sistema que seria o método de alcançar o êxito nos empreendimentos.

Se a peça ambicionasse apenas a comicidade, e fosse bem realizada, com certeza teríamos um dos bons originais brasileiros. Mas as invocações filosofantes do autor, e a débil e desordenada fatura prejudicam um feliz resultado.

Resta o aspecto do roteiro para o desempenho. O peso das intenções e da fraseologia o sacrificou bastante, pois o espectador é forçado a um exercício mental que lhe dificulta o puro acompanhamento dos atores, que perdem também a completa espontaneidade. Mas é por esse lado que se vai chegar ao conteúdo positivo do espetáculo. A brincadeira das vogais, uma série de sugestões para a mímica, que tanto divertem a plateia.

Algumas cenas tomadas isoladamente, como variações de excepcional valor cômico. E, sobretudo, a realização de Silveira Sampaio, a melhor que até hoje nos proporcionou.

"O Estilo Silveira Sampaio: O *Professor de Astúcia* II" (20. 3. 52, p. 6)

A peça de Vicente Catalano foi anunciada como farsa expressionista e depois como farsa mímica. Há razão para que tenham sido usados esses dois qualificativos. O estilo expressionista e o estilo mímico se entrosam no espetáculo. É essa, aliás, a característica fundamental das realizações de Silveira Sampaio.

Transfiro os adjetivos da peça para o espetáculo porque, na verdade, é este e não aquela mímico-expressionista. O texto apresenta indicações para a mímica, não há dúvida. Daí, a pergunta: o que seria da peça sem o trabalho de Silveira Sampaio?

Podemos chegar a duas conclusões: o texto pouco tem a ver com a encenação. E, se não fosse o tratamento do diretor, resultaria prosaico, inconsistente, sem forma para se sustentar.

Silveira Sampaio, talvez pela dimensão do palco e pelo homogêneo elenco, realizou em O *Professor de Astúcia* seu espetáculo mais harmonioso. Embora possa ser discutido o seu estilo, desde *Massacre* não vimos marcações tão bonitas, um ritmo excepcional, um conjunto atuando como engrenagem tão perfeita, numa composição plástica, em algumas cenas, de puro ballet.

Vamos tocar uma questão delicada: a da validade do processo de Silveira Sampaio. Inegavelmente, um espetáculo do autor da *Trilogia do Herói Grotesco* é interessantíssimo. Reunindo a mímica e o expressionismo, consegue valorizar muito a palavra e a atitude, que vêm do íntimo para

TEXTOS PUBLICADOS NO *DIÁRIO CARIOCA* (1950-1952)

explodir numa exteriorização de ressonâncias, que tanto enriquecem o desempenho. Outra qualidade lhe deve ser atribuída: a da harmonia do conjunto, onde todos os atores funcionam como peças bem ajustadas.

Aí o início de nossas restrições ao estilo de Silveira Sampaio. Em seu teatro, o diretor supera o interprete, a encenação sacrifica a liberdade individual do ator. Se o expressionismo o leva a trazer à tona a força do intérprete, explorando-lhe as possibilidades, a coordenação da equipe faz com que certas regras se imponham determinados passos ou gestos tenham tal significação, o que acarreta a mecanicidade, o esquema, a gramática. O ator deixa de criar para se fazer marionete, fantoche nas mãos do diretor. Eis a sobrevivência de uma fase superada do teatro, embora os descobridores retardatários agora estejam a promulgar a ditadura da direção.

Se Silveira Sampaio não renovar infatigavelmente seus processos, dando ao estilo mímico-expressionista uma amplitude sem precedência, ao ponto de que a harmonia se obtenha pela inteira criação dos intérpretes, apenas coordenados, seu teatro ficará como manifestação especial, uma exceção curiosa nunca um renovador absoluto.

Dentro dessa perspectiva caberá julgar o desempenho de O *Professor de Astúcia*. Observamos homogeneidade, um trabalho excelente de Magalhães Graça, uma atuação correta de Teófilo Vasconcelos e Fregolente. Sônia Correia aparece muito bem, com leveza e graciosidade. Beatriz Consuelo, além de utilizar seus recursos de bailarina, inflexiona bem a voz ainda presa, revelando-se uma promessa. Quanto a Silveira Sampaio, queixaram-se vários espectadores das últimas poltronas que não o ouviam bem. Possivelmente o falsete da voz impedisse a correta articulação, com prejuízo da clareza. De qualquer forma, deve ser elogiada a segurança e a inteligência do ator Silveira Sampaio. O cenário de Harry Cole muito contribuiu para a beleza da apresentação, com linhas puras e funcionais para a atmosfera criada.

É preciso repetir que O *Professor de Astúcia* foi dos espetáculo mais interessantes ultimamente apresentados à nossa plateia.

Nelson Rodrigues

"A Mulher sem Pecado" (23. 7. 50, p. 8 e 10)

Causou-me viva impressão a releitura de A *Mulher sem Pecado*, peça com que Nelson Rodrigues iniciou sua criticada carreira de autor teatral. Digo releitura porque, infelizmente, vindo há dois anos da província, não tive ocasião de assistir às diferentes apresentações com que foi levada nos palcos da cidade.

Sinto-me no agradável dever de uma confissão: a nova leitura da peça deu-me uma beleza que eu não havia experimentado antes integralmente. Os possíveis defeitos que eu lhe imputava encontraram a explicação que os desvaneceu. A *Mulher sem Pecado* não é apenas estreia, a primeira experiência de um dramaturgo que mais tarde se afirmou. Já é uma obra de importância incontestável – excelente pelo vigor, acabada pela exata compreensão do diálogo na estrutura do teatro.

Alimentada por um tema que se recebesse diverso tratamento redundaria em certo malogro subliterário – em A *Mulher sem Pecado* viu-se, no entanto, admirável estudo de caracteres, realizado numa forma reveladora de completa adequação teatral.

Os três intensos atos da peça não permitem nem a natural recomposição de atmosfera, feita lentamente, após o descanso dos intervalos. A separação em atos só se explica como oportunidade dada aos atores e ao público para recuperarem as energias despendidas. Porque a última palavra de um ato encontra continuação na primeira palavra do ato seguinte, sem que tenha havido solução no tempo. E nessa técnica não subtrai aos atos, isoladamente, a sua força, porque tem em si unidade própria, destacada e completada na fusão final.

Olegário, o falso paralítico que simulava para experimentar a fidelidade e o amor da mulher, constitui o personagem mais importante da criação de Nelson Rodrigues, o problema sobre o qual gira toda a ação da peça. Admira que um indivíduo representando permanentemente numa cadeira de rodas, seja capaz de imprimir movimento às cenas sucessivas, com o poder, o vigor único da palavra e do diálogo. Mas está nesse fato a maior virtude teatral do autor: sem contar o assunto, sem contar o interesse psicológico do drama, a peça vale,

TEXTOS PUBLICADOS NO *DIÁRIO CARIOCA* (1950-1952)

primordialmente, essencialmente, pela perfeita solução cênica dos problemas.

Nelson Rodrigues não se utilizou de temas muito originais. Ao contrário, não fora o imponderável literário que os suporta, resvalariam no mau gosto ou no folhetim. Um homem se atormenta e atormenta a mulher pela doentia imaginação de suspeitas. A mulher, sofrendo a tortura da acusação sem motivo, deixa-se aos poucos dominar pelo desejo de fuga. No momento em que o marido resolve terminar a farsa, recebe o anunciador [sic] de que a fatalidade se deu: a mulher acaba de abandoná-lo – uma fuga irremediável.

A história como se vê, poderia resultar numa novela de rádio. A peça desenvolvida com síntese, descrição e propriedade dos elementos, conseguiu um elevado teor dramático que só se beneficiou com o ritmo intensivo das falas.

A natureza obscura de Olegário, feita de sentimentos masoquistas, levados até a fronteira da loucura e da própria sedimentação de um destino; de como é traçada com as menores sutilezas de um temperamento pormenorista. Qualquer objeto alimenta a procura insaciável de Olegário. A cinta dispensada aquele dia, o ciúme do passado, o desconhecimento das imagens fixadas no cérebro de Lídia, a impossibilidade de penetrar-lhe os pensamentos, o simples anunciado do calção de banhista – tudo se alterna e se superpõe para revelar uma alma alucinada, cuja loucura talvez não se aplacasse com a confirmação de fidelidade da esposa, mas perseguiria o caminho da dúvida até o aniquilamento final.

Na cama em que Olegário desvenda o seu segredo reside um aspecto frágil da psicologia do personagem. Para contratar o momento com a revelação imediata da fuga de Lídia, que mergulhará Olegário, definitivamente, no escuro desespero, o autor sugeriu a cura completa do personagem. Penso, entretanto, que este já estava demasiado comprometido – um indivíduo que, com tanto requinte, se fingira paralítico durante sete meses, possui evidentemente uma tara que nenhuma prova conseguiria apagar. Apesar de que restabelecesse a continuidade psicológica com a revelação mortal, permanece o hiato quase contraditório que antecede o desfecho.

Os outros personagens são consequência do problema criado por Olegário. É de se ressaltar que Nelson Rodrigues tenha feito em tempo tão pequeno Lídia evoluir da fidelidade à traição final. Essa passagem foi absolutamente autêntica, guardada por um desenvolvimento literário exato, que garantiu a coerência lógica. A personalidade cínica de Humberto desenhou-se também, com muito acerto, completando o triângulo amoroso necessário ao espírito da história.

Pode-se perceber, em diversos episódios, a felicidade da peça na construção do entrecho. Aparentemente suscita discussão a entrada irreal da antiga mulher de Olegário para reforçar o combate à Lídia. Ela obedece, contudo, a um reflexo psicologicamente certo da defesa e da vontade de segurança do personagem no passado, em contraposição à angustiante luta presente.

Outra cena muito bem achada é a confissão de Lídia com o padre que nunca fala, preparando com absoluta convicção a fuga com Humberto. Teatralmente, a solução não poderia ser melhor: num palco ao lado, em ambiente irreal, passa-se a cena que significa de fato a exteriorização do pensamento de Lídia.

Em *A Mulher sem Pecado* já se esboça a concepção audaciosa que levaria Nelson Rodrigues a realizar *Vestido de Noiva*. O microfone como um coro moderno traz para a cena desencontradas sugestões. Não cabe aqui examinar os problemas teatrais suscitados pela utilização desse recurso extrateatral. Tenho para mim que essa liberdade não acrescenta nova perspectiva à expressão cênica, mas a desloca de sua genuína linguagem. A solução dos problemas teatrais está na própria solução do diálogo. Fugir à especificidade do gênero no palco pode exprimir, ao contrário de nova riqueza incorporada ao teatro, uma deficiência de expressão que se compensa pela utilização de outros meios. Não obstante faça essa restrição substancial ao uso do microfone, não nego que na estrutura dada por Nelson Rodrigues à peça, ele desincumbe um papel importante e bem lançado.

A confissão no palco lateral, a simultaneidade do real com o irreal são o princípio que estabelecerá os diferentes planos na montagem de *Vestido de Noiva*. Demonstra o autor, também, o apurado sentido plástico, o conhecimento da função da luz para melhor proveito dos valores cênicos: *A Mulher sem Pecado*, por todos os seus característicos, é uma obra de grande importância no nosso teatro. E apresenta a virtude maior de anunciar o indiscutível talento de Nelson Rodrigues.

TEXTOS PUBLICADOS NO *DIÁRIO CARIOCA* (1950-1952)

"Liberada *Senhoras dos Afogados*" (20. 12. 50, p. 6)

Escrita há três anos, *Senhora dos Afogados* foi interditada pela censura quando Nelson Rodrigues tentou representá-la seis meses depois. Constituíram-se várias comissões para exame do assunto, e finalmente agora, num gesto elogiável de compreensão da obra artística, o titular da Justiça, o ministro Bias Fortes, libera com fundamento em diversos pareceres.

Manifestaram-se pela liberação da obra o professor Thiers Martins Moreira, diretor do Serviço Nacional de Teatro e o sociólogo Gilberto Freire. Por último, assinaram o parecer coletivo Herbert Moss, Manuel Bandeira, Danton Jobim, Prudente de Morais Neto e José Lins do Rego. Iniciou o processo da redenção uma opinião de Jean Louis Barrault que situa *Senhora dos Afogados* na vanguarda do teatro mundial.

A título de curiosidade reproduzo algumas frases que se disseram a respeito da peça do discutido dramaturgo. Gilberto Freire declarou: "seria uma diminuição para a cultura brasileira que uma peça de valor dramático com *Senhora dos Afogados* tenha sido considerada obscena". Tristão de Athayde nega a existência de obscenidade na criação de Nelson Rodrigues e afirma que ela "pertence a uma indiscutível categoria de arte". No parecer encaminhado ao ex-ministro da justiça dr. Adroaldo Mesquita da Costa, o prof. Thiers Martins Moreira assim se expressou: "*Senhoras dos Afogados*, no tema central que é o amor de Moema por seu pai, mesmo secundários, é um drama de amor incestuoso. Exatamente nisso está a sua realidade dramática, me parece que o autor não se detém a defender o incesto, torná-lo aceitável na nossa sociedade ou glorificá-lo artisticamente. Ao contrário, caem sempre todos sobre os membros daquela família os mais tremendos castigos. São seres mórbidos, vizinhos da loucura que se defrontam numa atmosfera de conflitos profundos e de situações impossíveis, atormentados pela lembrança dos crimes ou agitados pelo desejo. É o incesto imoral, mas não a fábula, que transforma em tragédia o amor incestuoso. Em *Senhora dos Afogados* uma família se destrói porque seus membros pecaram ou, simplesmente, desejaram pecar. O castigo que se desenvolve é inexorável e tremendo. Expia em vida ou na morte o erro e o mal. Vejo na peça, portanto, a escolha de um dos aspectos hediondos da natureza humana, como motivo estratégico, mas resguardado o princípio moral pela tragédia que se desenvolve". Ziembinski excelente encenador ora contratado em São Paulo, considera *Senhora dos Afogados* a maior peça Nelson Rodrigues.

Não me cabe até a estreia, que está programada para março vindouro, discutir os problemas da tragédia. O valor artístico de *Senhora dos Afogados* é matéria à parte, que não pretendo trazer agora ao âmbito dessa crônica, importa simplesmente que Nelson Rodrigues tenha dado tratamento artístico à sua obra. E o tratamento artístico inocenta qualquer tema, liberando-o de valores éticos para inscrevê-lo na pura categoria estética.

Com a liberação de *Senhoras dos Afogados*, o ministro da Justiça dá uma prova de sua elevada estima pelo trabalho artístico.

"Debate com Nelson Rodrigues" (24. 9. 50, p. 6)

Promovido pelo diretório acadêmico da Escola Nacional de Química, realizou-se sexta-feira, no auditório no Serviço Nacional do Teatro, um debate sobre a obra de Nelson Rodrigues com a presença do próprio autor. Para ser mais preciso, Nelson Rodrigues respondeu a inúmeras perguntas feitas pelos assistentes, discutindo e esclarecendo certos aspectos de suas peças.

Confesso que, de início, fiquei impaciente diante do rumo tomado pelo debate, porque havia sido anunciada uma conferência sobre o teatro moderno no Brasil, e a abertura imediata do diálogo me pareceu uma dispersão prejudicial. Não desejo afirmar que a conferência seria mais interessante que o debate. Contudo, admitida a utilidade da discussão, achei-a apenas mal orientada a discussão, perdendo-se em descaminhos que empobreceram o resultado final. Um debate que poderia constituir um depoimento valioso sobre a criação de Nelson Rodrigues, consumiu-se longo tempo na esterilidade de perguntas ginasianas ou de liga da decência.

Através de vários problemas, inteligentemente lançados por alguns assistentes, fez, porém, Nelson Rodrigues curiosas afirmações cujos significados ressalta por ser uma confissão a respeito da própria obra. Em caráter de reportagem reproduzirei, sinteticamente, as declarações do questionado.

TEXTOS PUBLICADOS NO *DIÁRIO CARIOCA* (1950-1952)

Esclarecendo um assunto que se discutia, Nelson Rodrigues disse as seguintes palavras: " Meus personagens agem por conta própria. Diante deles, lavo as mãos. Têm um livre-arbítrio absoluto, cabendo a minha interferência apenas na construção da peça. Os personagens praticam o mal sem compensação, pois, conscientes da culpa, são todos infelicíssimos, fazem cotidianamente o próprio inferno. Penso, porém, que o sofrimento os purifica".

A respeito da pobreza vocabular apontada em seu teatro, assim se defendeu Nelson Rodrigues: "A meu ver, o que parece pobreza em meu texto, é economia voluntária, síntese procurada que se reveste para mim de significado em virtude da natural vocação brasileira para a eloquência. Ademais, a literatura dramática apresenta valores próprios, inconfundíveis. Um bom diálogo de romance não é um bom diálogo teatral. Sempre se confundiu entre nós a boa forma dos outros gêneros literários com boa forma de teatro. E isso é responsável por quatrocentos anos de mal teatro brasileiro".

Passou-se depois a tratar o problema do público, um dos elementos principais do fenômeno teatral. A discussão por certo exigiria uma categoria estética superior que não se ajusta a uma conversa desordenada. Mas deu oportunidade a uma deliciosa observação de Nelson Rodrigues: "Se no Brasil uma peça tem sucesso imediato, pode-se desconfiar dela. É que o nível do nosso gosto se encontra muito baixo. Para explicar o sucesso de *Vestido de Noiva* fui obrigado a fazer uma teoria que não concluísse em prejuízo meu". Nelson Rodrigues pensa que a mediocridade das nossas produções reside no fato de poucos se preocuparem em criar alguma coisa nova. "Não tem razão de ser a obra que não acrescenta um elemento inédito, desconhecido até que ela o trouxe".

Entre outros assuntos que seriam impossíveis reproduzir nesse resumo, finalizou-se o debate com Nelson Rodrigues. Além de possibilitar, a uma variada assistência, um contado direto com o nosso discutido dramaturgo, a reunião teve a virtude de agitar um pouco temas de teatro.

"*Vestido de Noiva* I" (9. 1. 51, p. 6)

A encenação de *Vestido de Noiva*, em 1943, significou um marco na dramaturgia brasileira. Nosso panorama teatral dominado quase que, exclusivamente, pela comédia ligeira, pelo drama doméstico de aventuras tímidas e que concluía na intenção de entreter o público pelo riso, ganhou de súbito altitude trágica, incorporou-se à revolução universal processada na literatura, colocando-se em termos semelhantes às das experiências de vanguarda tentadas em todo o mundo. Agora que se passaram sete anos desde a sua estreia pelos Os Comediantes no Municipal, e analisado o trabalho de Nelson Rodrigues sem o calor da descoberta que havia, justamente, de entusiasmar os críticos e os espectadores esclarecidos – pode-se afirmar, dentro de frio e desapaixonado critério, enriquecido pela perspectiva histórica, que *Vestido de Noiva* não é apenas acontecimento no teatro brasileiro, mas obra que se destaca pelos valores revolucionários e de admirável destinação cênica entre as mais ousadas tentativas da dramaturgia moderna. O problema da linguagem teatral, solucionado com precisão absoluta; a concepção espacial e temporal do drama, que abole as convenções até então normais na narrativa cênica; o mundo caótico que se descortina, enfeixado em síntese que cria perfeita unidade do espetáculo – são os elementos responsáveis pela invulgar posição representada por *Vestido de Noiva*.

Trataremos no exame da peça de captar-lhe os múltiplos contornos, desmontar a complexa arquitetura cênica para intuir o rigor da composição ideada por Nelson Rodrigues. Os planos da realidade, da alucinação e da memória, alternados segundo a necessidade do desenvolvimento e do impacto obrigatório do espetáculo, decorrem da estrutura original do drama, que impõe a adoção de processo descritivo diverso da antiga linha narrativa do teatro. Não se trata aqui de apresentar uma situação desenvolvida nas indicações da trama e dar-lhe lógico epílogo. *Vestido de Noiva* se apodera da técnica moderna de investigar o subconsciente, e projeta-se numa representação que é a imagem viva do teatro como natural veículo. Um resumo da peça dirá que a realidade participa em dose mínima do espetáculo, relacionada ao conteúdo dramático como elemento circunstancial do cotidiano, até o desfecho que passa a representar nova feição da história inscrita na ordem do tempo. Existe, sobretudo, em *Vestido de Noiva* a decomposição do subconsciente. O cenário montado em três planos é a expressão imagística e teatral do monólogo interior desenvolvido na mente se Alaíde, salvo os dados exteriores que situam a tragédia no domínio do real. E esse real se define

TEXTOS PUBLICADOS NO *DIÁRIO CARIOCA* (1950-1952)

pela operação, pelo comunicado aos jornais do desastre na Glória, pelo som duro e cortante de vidros partidos e da sirene da ambulância. No mais, é a mecânica do subconsciente que se vai inferir em episódios aparentemente desordenados e sob a projeção deformista do delírio, a personalidade liberta de Alaíde – natureza de exceção de que se subtraiu à autocrítica, entregue aos próprios instintos elementares e à realização fictícia dos desejos insatisfeitos. Nelson Rodrigues trouxe para o teatro a grande conquista da ficção moderna: o mergulho na zona indeterminada e livre das ações subconscientes. A corporeidade cênica, escravizada ao mundo dos gestos e das atitudes consequentes (que limitam o trabalho criador do dramaturgo), subverteu-se em favor da dissociação íntima da personagem, rica de imponderáveis fatores na sondagem profunda da alma humana. A subversão revelou o caso dos destinos inconfessados, para depois ordená-los numa mecânica superior de que decorre a unidade da vida. A forma teatral obedecendo à apurada justeza na composição e a escolha das situações faz de *Vestido de Noiva* a obra-prima.

"*Vestido de Noiva* II" (10. 1. 51, p. 6)

Nelson Rodrigues não caracterizou os personagens de *Vestido de Noiva* segundo requintes de natureza psicológica, ética ou metafísica. A vertigem da lucidez, que é talvez a que permita as indagações mais profundas da natureza humana, não constitui a matéria do autor. A peça reduzida a simples soma dos problemas de cada personagem perderia a grandeza da composição trágica se resumida a história folhetinesca de alguns tipos tratados em comum. À parte, porém, a majestade formal que lhe dá ampla estrutura de obra absolutamente acabada – trabalho primoroso como realização artística – *Vestido de Noiva* revela excepcionais reservas poéticas e visão profunda do destino humano através das sugestões recolhidas do todo. Há que se louvar inicialmente na peça a pureza dos elementos de ficção. Nenhuma interferência estranha ao exclusivo domínio literário se observa na evolução da trama. As personagens não se definem por conceitos, como fatores da ordem moral ou símbolos de sistemas. Agem, simplesmente, possuídos de paixões violentas e incontroláveis. A ordenação de um testemunho humano do autor é tarefa do público, premido pela força do espetáculo. Ademais, desmontando o subconsciente, havia a peça de exprimir os impulsos primários, não trabalhados pelo poder seletivo e coordenador da consciência lúcida. A forma por que se passa os acontecimentos, as ligações involuntárias realizadas pelos diferentes temas, induzem a se concluir a profundidade e a mensagem superior da criação de Nelson Rodrigues.

O acidente de automóvel leva Alaíde a uma mesa de operação. Aí tem lugar o afloramento de fatos e coisas dominantes em sua vida. O início da peça representa a procura de Madame Clessi pela Alaíde, como procura da própria realização imaginada naquele destino. Madame Clessi é a grande mundana, a noiva falecida cujo diário exerceu grande fascínio na mente da personagem. A curiosidade que a encaminha conhecer a biografia da mulher assassinada pelo amante adolescente simboliza a luta íntima contra ao próprio sentimento que poderia torná-la prostituta. Essa luta no território da alucinação não se separa do impulso que a fez primeiro omitir o casamento, depois de assassinar no subconsciente o marido e, finalmente, não admitir a sua morte e a intervenção da censura. Idêntico impulso cria um lapso na memória sobre a presença de uma mulher irreconhecível, que depois surge coberta de véu, para no final ser identificada como a própria irmã Lúcia. Defesas do subconsciente que Nelson Rodrigues, sem utilizar a dialética motivada da psicanálise, aproximou e tratou com grande rigor e pureza de ficção. Assim, num torvelinho único, a presença de Madame Clessi é a libertação do recalque longamente sedimentado. Lúcia, móvel do ciúme de Alaíde, ao mesmo tempo que remorso e dor de sua consciência intranquila. Pelo impacto do ciúme, Alaíde cria as cenas de amor entre Pedro e Lúcia, que são também um desejo de justificativa do remorso doendo, da luta simples da consciência o delírio de Alaíde faz a irmã exigir dela a confissão: "Roubei o namorado de Lúcia!" Quanto a Pedro, seu o imaginário assassino não representa apenas um movimento de ciúme e vingança de Alaíde, mas uma etapa na busca inconsciente da própria personalidade como Madame Clessi. Forças diversas, entrevadas e interdependentes,se chocam, se completam, se explicam, se unem em *Vestido de Noiva*, em poderosa massa de ficção, a que o autor deu sopro poético que mantém os três atos em atmosfera de encantamento e insuportável vigor sugestivo.

TEXTOS PUBLICADOS NO *DIÁRIO CARIOCA* (1950-1952)

"*Vestido de Noiva* III" (11. 1. 51, p. 6)

O mundo de Nelson Rodrigues é o do alogismo, do caos, da falta de sentido da vida humana. Seu depoimento é niilista, suavizado e reafirmado pelo "humor", que cerca todos os fatos e integra os destinos no cotidiano implacável. O primeiro sintoma dessa visão está no motivo da peça: um acidente. O acidente é alógico, imprevisível, independente da vontade humana, símbolo da fatalidade que pesa sob os seres. Os elementos circunstanciais do drama vem jogar essa tragédia no inapelável cotidiano, composto por um sistema que se renova, se nutre de novas substâncias e se perde no esquecimento. O homem não é presa dos deuses ou de forças sobrenaturais, mas da própria condição humana, que ao firmar-se, pisa as suas próprias raízes. Enquanto se dá o acidente, os repórteres noticiam a tragédia na voz fria, impassível e indiferente dos registros diários. O cotidiano absorve tudo, aniquila a seiva humana, transforma sentimentos e paixões na sucessão sem sentido do tempo. Por essa fase, *Vestido de Noiva* pode ser considerada tragédia do cotidiano. O tom irônico, humorístico e irremediável é dado pelos pregões jornalísticos, pela afirmativa do médico ao diagnosticar o estado de choque: "Isso para o acidentado é uma grande felicidade, uma grande coisa. A pessoa não sente nada, nada". Por fim, a simultaneidade cênica de Alaíde morta e Lúcia esposando o viúvo. A marcha fúnebre e a nupcial são ouvidas ao mesmo tempo. Alaíde morta entrega o buquê à noiva, imagem satírica, revolta do autor ante a presença da amada. *Vestido de Noiva* situa com extrema agudeza o desespero, a mecânica desgovernada que molda qualquer sentido – senão o da sucessão implacável – ao destino humano.

O diálogo teatral tem a popularidade de dispersar inúmeras referências completadas pela representação. O inútil, o verboso, o supérfluo prejudicam o desenvolvimento objetivo da peça, acarretando a perda da própria teatralidade. *Vestido de Noiva*, entre as virtudes mais significativas que apresenta (talvez até distingue, realmente, na cena brasileira e na dos outros países), se caracteriza pela sobriedade da linguagem, pela economia vocabular, pela perfeita destinação do palco favorecida pelo valor sugestivo das situações. Não há palavras cujo aproveitamento não se justifique. Os diálogos são incisivos, diretos, cortantes, definindo com a menor soma de dados o episódio a expor. A detecção exata de que a linguagem do texto só poderia ser transmitida pelo teatro, imperdoável que se mostra a outro gênero literário: a admirável realização dessa teatralidade inata impõe a *Vestido de Noiva* o privilégio de obra rara no panorama cênico universal. Hoje, que pouquíssimos dramaturgos de reais méritos existem em qualquer parte do mundo, para não dizer simplesmente da escassez da autêntica vocação teatral – a obra de Nelson Rodrigues se destaca pelos elementos próprios do palco, responsáveis pela consumação plena do espetáculo. *Vestido de Noiva* realiza uma compacta exibição cênica. Nelson Rodrigues se individualiza como autor de pura forma teatral.

A técnica narrativa é precisa em todos os pormenores. O ponto interior da peça, que sugere a quase simultaneidade das ações, decorre em lapso mínimo, registrado com vigor no desenvolvimento da trama. Vejam-se o exemplo na passagem do plano da memória para o da alucinação. Surgem aparentemente fragmentárias, como fragmentárias parecem as superposições do inconsciente. Além de interferir no resultado final, contudo, ajustam-se a sutilezas que marcam o caminho da morte. A memória se desintegra paulatinamente, para mostrar sua face de acentuada vertigem nos últimos momentos de vida. A representação cênica desse estado se encontra no exaspero do delírio, ligada a mudanças bruscas e mais caóticas do plano da memória ao da alucinação. Cenas idênticas, ou quase idênticas, se repetem, reforçando aqui, o clima do delírio, completando ali, uma feição que se mostrara inacabada. Assim, o final do primeiro ato, o episódio da preparação do casamento, se desenrola com a presença de uma pessoa invisível, com quem uma personagem dialoga sem que se ouça a resposta. Essa personagem apanha, também, a imaginária cauda do vestido da noiva. Já no segundo ato, reproduz-se a cena preparatória do matrimônio, situados os personagens, como indica a marcação de maneira semelhante a do primeiro. Mas os objetos fictícios são agora reais, a presença invisível preenchida pela mulher de véu num processo lento que penetra no destino, correspondente à catarse que faz transparecer a memória livre das obstruções da censura. Em admirável resultado literário o caminho da morte (que determina o roteiro da peça) vem desvendar o destino de Alaíde. Muito bem jogada a antítese morte – que é o encerramento, segredo – e descoberta do mistério, sinônimo de utilização das faculdades lúcidas. A esse bloco

TEXTOS PUBLICADOS NO *DIÁRIO CARIOCA* (1950-1952)

cerrado une-se, sem quebra de unidade, o final da peça episodicamente solto da trama até então urdida.

Sendo em conjunto uma representação do subconsciente, pode ser discutido o prolongamento que lhe deu Nelson Rodrigues com as narrativas de fatos após a morte de Alaíde. Lúcia viaja, volta e se casa com Pedro. O recurso da realidade sugere concessão. Não que a peça terminasse em *happy end*, propondo um novo casamento passada a tragédia. É discutível, apenas, o caráter conclusivo do final, as sugestões alinhadas até o momento da morte seriam suficientes para indicar o itinerário da realidade. *Vestido de Noiva* não se limita, porém, a prenunciar o desfecho real. Situa, coloca-o diante do espectador que se vê desfilar os mesmos preparativos do matrimônio. A intenção do autor foi, certamente, ressaltar o implacável transmitido até na reposição de idênticos pormenores. A cena no quarto (a entrada de todos nos aposentos de Alaíde) é símbolo de sutileza bem achada de que o noivo não deveria vê-la antes do casamento; a entrada de Pedro no aposento de Alaíde é símbolo de fatalidade na superstição popular. O humorismo amargo está aí presente. Na construção do episódio a técnica empregada salva o final de parecer apêndice, pois o mesmo processo de montagem enquadra a narrativa. Em ritmo sincopado, toda a luta de Lúcia é exposta ao público em extraordinária síntese de situações. O resultado cênico, é como se o dom da realidade representasse nova forma do delírio de Alaíde continuado depois da morte. A estrutura se mantém sólida e a unidade não se rompe.

Outro problema discutível em *Vestido de Noiva* é o da utilização do microfone. Nelson Rodrigues a ele recorre quando a presença do personagem seria supérflua, mas se mostra necessária na indicação do texto. Ele estabelece ligações, resolve com economia equações cênicas que sobrecarregariam, inutilmente, o espetáculo. Ademais, representa, na maioria das vezes, um coro feito pelo próprio [ilegível] da memória que se esmiúça. Não me parece exata entretanto, a função esporadicamente desempenhada de apoio da narrativa, como elemento auxiliar para trazer à tona imagens do passado.

Vestido de Noiva no conjunto do espetáculo, tem o vigor de um grande teatro. Nelson Rodrigues a concebeu fora dos limites de nossa tradição, pois não temos segmentada uma linguagem do palco. A felicidade da tentativa só se explica por extraordinária intuição criadora que reservará ao autor o lugar de primeiro dramaturgo universal em nosso teatro. *Vestido de Noiva* é um marco definitivo de uma mensagem artística que se complementará nas experiências sucessivas da vida do autor.

"Nova Peça de Nelson Rodrigues" (4. 5. 1951)

Não cabe discussão, sob perspectiva séria, quanto à importância fundamental de Nelson Rodrigues no teatro brasileiro. Depois de uma peça admiravelmente construída – *A Mulher sem Pecado* – *Vestido de Noiva* surgiu como um marco em nossa dramaturgia. Abandonou-se o tradicional teatro de costumes, a comédia ligeira, para incorporar a arte cênica ao movimento renovador que se processava em todos os meios de expressão. A partir de Nelson Rodrigues, nosso teatro se colocou ao lado das manifestações estéticas mais arrojadas que tiveram lugar com o movimento modernista, situando-se no caminho vanguardeiro entre as pesquisas novas dos diversos países. Acompanhamos, por isso, com o maior interesse, os trabalhos contínuos do grande dramaturgo. Em cada experiência que traz a público, perguntamos em que nova tentativa se lançou seu espírito criador. E esperamos sempre que, na próxima realização, outra descoberta enriqueça o patrimônio já grandioso de sua obra.

Traz-me Nelson Rodrigues *Valsa nº 6*, monólogo em dois atos que acaba de compor. Segundo me informa, realizou a peça para sua irmã – Dulce Rodrigues – em quem muito confia, e que terá na personagem uma rara oportunidade de revelar-se. Não é ainda o momento de pronunciar-me sobre o monólogo, mas não me furto a dizer que é o mais expressivo, no gênero, realizado entre nós, como acrescenta valores inéditos ao conjunto da obra. Talvez, para o dramaturgo Nelson Rodrigues, seja um exercício em que extravase o vigor poético e a pesquisa pura da palavra. Não poderia ter a mesma ambição de uma tragédia nos moldes em que explorou. Mas se reveste de valor especial, pelos resultados obtidos na expressão dramática. *Valsa nº 6* realiza, no sentido autêntico, a poesia no teatro. Não é o que se chama comumente teatro poético, em que a intenção de poesia sobreleva o conteúdo de dramaticidade. Natureza dramática e inspiração poética se confundem, materializando-se num monólogo que é um poema feito teatro. Foi

TEXTOS PUBLICADOS NO *DIÁRIO CARIOCA* (1950-1952)

desejo de Nelson Rodrigues abolir a narrativa, a contingência temporal e a representação prosaica dos acontecimentos. Como no poema, procurou atingir beleza emocional pela associação das palavras, num esforço – consoante expõe – de levar ao espectador um sentimento, uma presença que supere ou dispense a necessidade de compreender e de explicar – e permaneça como um instante de poesia de que se goste sem mesmo saber por quê.

Auguramos que Nelson Rodrigues decida depressa os problemas para a representação. E que o público corresponda ao trabalho tão sério, tão honesto, do dramaturgo. *Valsa nº 6* merece amplo êxito popular.

"Valsa nº 6 Estreou Ontem: Diálogo com Nelson Rodrigues"
(7. 8. 1951, p. 6)

No ambiente de curiosa espectativa que cerca sempre as estreias de Nelson Rodrigues, iniciou-se, ontem, para uma temporada às segundas-feiras, a apresentação de *Valsa nº 6*, última produção do discutido autor. Em conversa, antecipou-nos ele propósitos e intenções na realização da obra, que transmitimos ao leitor na véspera de nos pronunciarmos sobre o espetáculo.

Inicialmente, falou Nelson Rodrigues como lhe nasceu a ideia de fazer um monólogo: "Achei, sempre, que um dos problemas práticos do teatro é o do excesso de personagens. Entendo, no caso, por excesso, mais de uma. Pensei, por isso, há muito tempo, na possibilidade de tal simplificação e despojamento que o espetáculo se concentrasse num único intérprete. Um intérprete múltiplo, síntese não só da parte humana como do próprio depor e dos outros valores da encenação. Uma pessoa individuada, substancialmente ela própria – e ao mesmo tempo uma cidade inteira, nos seus ambientes, sua feição psicológica e humana".

Partiu, assim, de uma pesquisa estética? "A concepção, inicialmente, é estética. Um ideal de pureza e teatralidade absolutas".

E o que o inspirou, se podemos chamar inspiração ao impulso criador? "Tive, em toda a vida, uma grande simpatia pelo adolescente, como elemento e valor teatral. A juventude, sobretudo na fronteira entre a meninice e a adolescência, é de integral tragicidade. Nunca uma criatura é tão trágica como nessa fase de transição. Quanto à figura física da peça, nasceu da adolescente abstrata, do tipo genérico. Acontece que minha irmã tem uma compleição ideal de adolescente, um temperamento dramático que eu reputo da mais alta qualidade, e assim julgo que posso crer num êxito".

Nelson Rodrigues prossegue falando sobre trabalho criador: "Durante a execução da peça, eliminei tudo que fosse capaz de perturbar o plano original, isto é, a tentativa de situá-la em qualquer cenário, em qualquer tempo. A *Valsa nº 6* prescinde de iluminação como de ambiente".

Qual a participação da música? "Diariamente eu lanchava na Alvadia. A partir de certo momento, e durante cerca de uma semana, passei a sentir uma euforia completa, um inexplicável bem-estar físico. Surpreso, procurei explicar-me o fenômeno, até que seis ou sete dias depois descobri que a satisfação, a felicidade, cuja origem desconhecia, eram provocadas pela música de Chopin, fundo sonoro do filme À *Noite Sonhamos*, na ocasião exibido no Império. Creio ter nascido aí o desejo de transpor a experiência pessoal para o palco, atingir no teatro resultado semelhante: o espectador, sem saber como e por que, sentiria profunda tensão e prazer estéticos, mesmo sem compreender a peça, nos elementos de lucidez e consciência".

Como coloca a *Valsa nº 6* no conjunto de sua obra? "No primeiríssimo plano. Entre as minhas peças, foi talvez a de mais difícil execução e possivelmente a mais bem realizada. Sua simplicidade é despistadora, pois na verdade resultou de uma conquista dificílima. Como tema, é absolutamente nova em minha obra. Não o procurei preconcebidamente para fugir no que chamam constante em minhas personagens. Veio de um impulso criador que continha já o seu caminho".

Acredita numa aceitação da plateia? "Assisti a um ensaio corrido da peça. Fui meu próprio público, fiz meu autojulgamento, o que me interessa sobremaneira. Afirmo que estou satisfeito. Na direção, achei Mme. Morineau de uma inteligência, de uma categoria, de uma sensibilidade excepcional. Talvez ninguém melhor do que ela captasse a essência do monólogo. De minha irmã, Dulce Rodrigues, única interprete e a quem dediquei o trabalho, penso que já falei bastante. "será uma adolescente inesquecível".

Finalizando. Nelson Rodrigues ainda esclarece: "*Valsa nº 6* é menos parecida com outro monólogo do que uma máquina de escrever com

TEXTOS PUBLICADOS NO *DIÁRIO CARIOCA* (1950-1952)

uma de costura. Coloquei uma morta em cena porque não vejo obrigação para que uma personagem seja viva. Para o efeito dramático, essa premissa não quer dizer nada".

"Valsa nº 6" (19. 8. 1951, p. 6)

Entregar um monólogo dificílimo a uma quase estreante é empresa arrojada. O êxito do espetáculo, em compensação, marca uma vitória significativa, uma prova de grande talento, uma descoberta para o teatro.

O desempenho de Dulce Rodrigues em *Valsa nº 6*, monólogo de seu irmão Nelson Rodrigues, que o Serrador apresenta às segundas-feiras, acha-se naquele caso: encontramo-nos não diante de uma esperança, como tantas outras, mas de uma atriz que revela presença, admirável poder dramático, uma personalidade forte e comunicativa. Não são muitas as atrizes que, em prova semelhante, se sairiam tão bem.

Dulce Rodrigues mostra desenvoltura, inflexão rica, que foca os extremos na gama vocal, capacidade de passar de um sentimento a outro, com verdadeira convicção e segurança. As cenas quando menina tiveram uma beleza integral, vividas em clima de poesia e encantamento.

Mme. Morineau, na direção, compreendeu os problemas a enfrentar e orientou-se pelo que pareceu oferecer maiores resultados. Tratando-se de monólogo bastante hermético, ela procurou torná-lo mais compreensível para a plateia, próximo do espectador. Como a integração absoluta de uma atriz inexperiente é quase impossível de obter, a grande criadora de *Medeia* fez uma marcação movimentada, enchendo o palco com um deslocamento rápido e contínuo. Não fora já essa justificativa, os passos incessantes explicar-se-iam como projeção do subconsciente irrompido, que se agita em múltiplas e desencontradas procuras.

Discordo, porém, e de maneira fundamental, da intervenção da intérprete com a plateia. No monólogo interior, essa distorção quebra o necessário isolamento, passando a um plano de realismo que deturpa o sentido profundo da peça. Mme. Morineau deveria ter modificado a antiga rubrica do texto. Assim, também, seria mais ajuntado o ritmo, e mais certo o efeito encantatório, se a interprete já estivesse junto ao piano, no momento de usá-lo, ao contrário de correr em direção a ele, criando um hiato que interrompe a exigida continuidade.

Nelson Rodrigues, Dulce Rodrigues e Henriette Morineau, na estreia de *Valsa nº 6*.
(Funarte/Centro de Documentoação, fotógrafo não identificado.)

TEXTOS PUBLICADOS NO *DIÁRIO CARIOCA* (1950-1952)

O tom do monólogo me parece menos cantado, menos chorado, como foi feito, em troca de maior crispação, uma voz mais seca vinda do íntimo. Algumas vezes as falas soam um pouco falsas.

Quanto à apresentação, embora a peça dispense cenário, luz, e outros acessórios, seria desejável que o teatro dispusesse de maiores recursos, para dar ao ambiente a desejada poesia. A cortina preta e o piano marrom não combinam. Este é muito pesado. A iluminação imutável não valoriza convenientemente as variações psicológicas. No conjunto, o espetáculo parece-me inferior à peça. *Valsa nº 6*, entretanto, pelos valores apontados e extraordinário mérito da realização de Nelson Rodrigues, faz jus à franca acolhida do público.

Heresias do Teatro

"*Miss França*" (23. 9. 1950, p. 6)

Com uma nova decoração, que melhorou muito o aspecto da plateia, reabriu-se, anteontem, o Teatro Jardel, apresentando *Miss França*, de Geysa Bôscoli e Guilherme Figueiredo. No tocante às revistas de bolso, Miss França é o espetáculo mais agradável e divertido que me foi dado assistir, e julgo mesmo que poucos musicados revelaram o gosto geral de seus números.

Desde o texto, até o conjunto dos figurantes, houve cuidado no lançamento da revista. Os autores elevaram o padrão do gênero, não insistindo nas grosserias habituais. Não faltou graça, uma malícia às vezes bem urdida, e a impressão dos *sketchs* foi de uma inteligência superior a dos tradicionais *revistógrafos*. Essencialmente, porém, Geysa Bôscoli e Guilherme Figueiredo não superaram o conteúdo normal desses espetáculos. A matéria de que se utilizaram não tem originalidade, limitando-se a tratar com mais gosto os temas já tão conhecidos da plateia. Não afastaram o sentimentalismo subliterário de certos quadros, os recursos fáceis que tocam o espectador menos exigente, e não inovaram, assim, a substância antiga de nossas revistas. Mas a melhor qualidade de algumas piadas, o interesse e a descrição da maioria dos quadros, representam um progresso que se pode aplaudir sem maior constrangimento.

O agrado de *Miss França* se deve, em grande parte, à homogeneidade do elenco. Nenhum número chega a comprometer a harmonia do espetáculo, e cada figurante está adequado à sua função. Com um elenco pequeno, porém seguro e eficiente, o resultado obtido foi muito superior ao de grandes montagens menos ordenadas. Nesse particular, contudo, impõe-se uma observação: O "Ballet Pigalle", conjunto de *girls* incomparavelmente melhor selecionado que os conjuntos que estamos habituados, atuam inúmeras vezes com prejuízo da variedade, que é um dos fatores ponderáveis do interesse da revista. A supressão de alguns bailados, inúteis tanto para a composição, como para a complementação do tempo normal do espetáculo, contribuirá para maior ajuste do conjunto. Noto, ainda, que o nível da coreografia e do preparo individual das bailarinas continua precário, não obstante seja superior ao da média das nossas *girls*.

Mara Rubia, como *estrela* do elenco, esteve muito bem. Representou com *charme* inegável, dando vida e interesse aos quadros de que participou. Walter D´Avila defendeu com muito talento a parte cômica. O jogo fisionômico desse intérprete concita [sic] extraordinariamente o riso da plateia. Sua irmã, Ema D´Avila, agora de volta ao teatro, desincumbiu-se a contento do papel que lhe deram. Como galã-cantor, Jardel Jercolis Filho teve uma boa atuação. Fez com agrado "João Valentão também Sonha com o Amor", interpretando bem Dorival Caymmi. No momento, é o nosso único galã de revista. Martim Vargas, nos números característicos espanhóis, mostrou-se um bom elemento, valorizando sem dúvida o conjunto. Como se vê, o desempenho de *Miss França* foi confiado a um bom elenco.

Vencida a hesitação da estreia, em que o ponto antecipou muitas falas; feitos alguns cortes, sobretudo nos números de dança, para maior unidade do programa: melhorado, se possível, o conteúdo de alguns quadros (a própria abertura e o final do espetáculo são um pouco inexpressivos) – a revista terá inúmeros motivos para um grande sucesso. De qualquer maneira, *Miss França* é um divertimento de muito agrado, capaz de satisfazer plenamente uma noite descomprometida. Por isso não duvidamos de que ela atravesse longos meses de representação.

TEXTOS PUBLICADOS NO *DIÁRIO CARIOCA* (1950-1952)

"Café Concerto n. 2" (17. 1. 51, p. 6)

A nova revista apresentada por Renata Fronzi e Cesar Ladeira, na Boate Casablanca, não só confirma o gosto e a graça do primeiro *Café Concerto* como lhe acrescenta valores inéditos. É certo que o simpático casal de produtores e autores conhece os segredos do pequeno palco adaptado, e os utiliza com grande felicidade, conseguindo sucesso pleno. O *Café Concerto n. 2* reúne as diversas qualidades necessárias ao agrado do público, com um texto adequado à circunstância e apresentação defendida por intérpretes de talento. A revista atende perfeitamente às possibilidades da boate e constitui um passatempo que satisfaz na diversão noturna.

Há muito não vejo, no gênero musicado, texto que em vários quadros revele tanta propriedade e leveza. Sem recorrer a processos dúbios e ideias por demais exploradas, os *sketchs* enfrentam com inteligência problemas atuais, tirando partido dos fatos que mais de perto caracterizam a vida carioca. Tivemos, assim, "Ano Novo, Vida Nova", que faz um balanço curioso dos acontecimentos que marcaram o ano santo e ordenou as esperanças para o ano que se inicia. O monólogo do português, desdobrado em excesso, não mantém o tempo todo um nível que salve da monotonia. Foi prejudicado por certa falta de comunicação do intérprete. "A Bonequinha de Holanda" proporciona vivo diálogo entre Mara Rúbia e Colé, e realiza interessante pretexto para um número musical. Quanto a "Alguém Dormiu lá em Casa..." julgo dispensável seu aproveitamento no novo programa, pois tem esse concepções novas suficientes para torná-lo completo. Os pedidos para que permanecesse, porém, pois foi grande seu sucesso na apresentação anterior, trouxeram-no ainda a público. Não há dúvida de que a paródia tem sabor, com alguns achados realmente cômicos.

Percebia-se, no elenco, ignorância quase completa do texto. Salvou, contudo, a interpretação, o valor pessoal dos figurantes, já que todos revelam admiráveis dons para improvisar. Mara Rubia, uma vedete cheia de graça e encanto, anima extraordinariamente a comicidade do texto. Colé, ator dos mais bem dotados na revista, mostra senso de oportunidade e grande presença de espírito. Evilázio Marçal, menos à vontade no desempenho, compõe a homogeneidade do conjunto. Celeste é ainda justa como intérprete, sem voz para os números musicais. Marion, fazendo com pleno agrado a Cançonetista do Passado, se credencia cada vez mais para o canto e ainda para as improvisações foliônicas. Fernando Barreto pouco pôde exprimir, e Norbert se apresenta com as Garotas Glamurosas em composições coreográficas bem concebidas.

Os cenários, discretos e simples, ajustam-se aos recursos do palco. O guarda-roupa, feito com capricho, veste com acerto os figurantes. Uma música bem selecionada, que revive os sucessos do passado e apresenta as melhores produções de agora.

Café Concerto n. 2 marca novo êxito de Renata Fronzi e Cesar Ladeira, responsáveis por uma noite divertida e agradável.

"A Estreia do Jardel" (20. 2. 51, p. 6)

Desde sexta-feira a Companhia Dercy Gonçalves diverte o público de Copacabana com *Zum! Zum!*, revista de Renata Fronzi e Cesar Ladeira. O simples verbo empregado indica que o espetáculo atingiu sua finalidade. E, realmente, o Jardel oferece uma de suas melhores programações, culminadas no sucesso de *Miss França*.

O desempenho de Dercy Gonçalves eleva, nas cenas de que participa, o nível da representação. Com a mesma liberdade de movimentos no reduzido palco de Teatrinho, a grande atriz do musicado anima os papéis, dá aos episódios caricaturais exata expressão, revela uma versatilidade, um vigor interpretativo que enchem o espetáculo. Dercy é responsável, no elenco, pela comunicabilidade permanente com a plateia.

O texto mantém diversos *sketchs* bem realizados. Embora, na maioria, se circunscrevam aos motivos cômicos que pertencem ao repertório anônimo do musicado, cuja paternidade não é mais possível assinalar – apresentam um feitio próprio revelador da inteligência e do gosto dos autores. "Paris 1951", entre os quadros, é o que mais se distingue. Não só faz curiosa caricatura dos bares existencialistas, como possibilita a Dercy uma deliciosa criação na veste de Juliete Greco. O prólogo "Vamos Falar de Comidas..." foi desenvolvido com interesse, concluindo com vigor na cena destinada a Dercy. "Carmen Operária", além de possuir texto frágil, não foi interpretado a contento por Amadeu Celestino. O longo monólogo de "Dez Anos de Casados", apesar de repisado

TEXTOS PUBLICADOS NO *DIÁRIO CARIOCA* (1950-1952)

o tema, atingiu bons momentos cômicos, não mantendo o mesmo nível o desfecho do quadro. Os trocadilhos de "Uma Lição de 'Peixe'cologia" foram selecionados com inegável espírito, mas o monólogo diluiu-se na deficiente interpretação de Ankito. "E a Cigana não Se Enganou", glosando velha anetoda, tem um imprevisto sinal bem achado. "Salomé", não obstante a curiosidade da ideia, ficou descozido, perdendo-se numa cena amorfa e pouco adequada ao ritmo de *sketch*. Bem lançada a homenagem a Edu, que encaminha a revista para o final com o número carnavalesco *Zum! Zum!* Texto limpo, com altos e baixos, merecendo cortes e modificações, mas cheio de um espírito que afirma dia a dia, no gênero, o talento de Renata Fronzi e Cesar Ladeira.

De maneira geral, o elenco, salvo Dercy Gonçalves e Antônio Mestre, não teve atuação destacada. Antônio Mestre mostrou mais uma vez suas excepcionais qualidades de acordeonista, fazendo várias composições de pleno agrado. Sarita Antunez, a vedete paraguaia ora contratada na Argentina, apesar de possuir um simpático timbre de voz, que é bem educada, não convence totalmente como cantora. Ademais, os números que apresentou não são os mais indicados para uma revista no Brasil. Amadeu Celestino e Ankito deixam muito a desejar, incapazes de transmitir comicidade autêntica. Norbert e as Garotas Glamurosas não tiveram ensejo de apresentar bons arranjos coreográficos. Ofélia, a solista, revela poucas qualidades de bailarina.

Os cenários, de Armando Iglesias, não foram executados com gosto. O guarda-roupa, mais cuidado, apesar do abuso de lantejoulas, apresentou algumas criações de real mérito, como as de Sarita Antunez. Um espetáculo que agrada, em síntese, sobretudo pela excelente atuação de Dercy Gonçalves.

"*Ó de Penacho*" (15. 3. 1951, p. 6)

A nova revista do Jardel, estreada na sexta-feira, substitui com vantagem *Zum!Zum!* Embora não haja, em *Ó de Penacho*, um quadro como o da imitação de Julliete Grecco, o texto se compõe, no conjunto, de *sketches* melhor sucedidos, permitindo à Dercy Gonçalves desempenho excelente. A parte coreográfica enriqueceu-se com a aquisição de Bilinha, uma bailarina de mérito, no gênero. Finalmente, Iolanda Varga cumpre com talento os números de canto, e a revista ganha pela variedade e pela expressão dos valores individuais.

O monólogo que abre o programa foi bem realizado, mas passou quase despercebido pela deficiente interpretação de Nélia. "Na Tábua dos Xavantes", charge curiosa que aproveita assunto tão atual, deixa a desejar porque não houve vigor bastante ao ser concluída. *Sketch* interessante é a "Agência Teatral", caricaturando as criações shakespereanas e com uma ótima oportunidade para Ankito, que se reabilita numa atuação convincente e esforçada. O monólogo político nacionalista de "Maridos de Hoje", não obstante a ausência de originalidade do tema são dois momentos felizes do texto, valorizados excepcionalmente por Dercy Gonçalves. "Pedido de Casamento" (quadro antigo), "A Medicina não Falha" (cortina benfeita) e "Arte de Emagrecer" (com um achado final), estão a testemunhar o talento de Renata Fronzi e César Ladeira como autores do musicado. Há comicidade, há gosto, há preocupação de trazer ideias novas, embora seja nítido o aproveitamento de êxitos já firmados na revista.

Dercy Gonçalves, nossa primeira atriz do gênero, continua, sem dúvida, o motivo principal do sucesso do programa. Com o dom extraordinário da improvisação, da comunicabilidade com a plateia, servida por invulgar talento artístico, Dercy Gonçalves enche o palco, tanto nos quadros interpretativos como nos números de canto cômico. Pode-se ver a imensa contribuição pessoal que oferece na recriação de um *sketch*, quando atende a um pedido de bis. Coadjuvando a parte cômica, Ankito mostra sensível progresso, e a caricatura acrobática das personagens shakespeareanas só poderia ter obtido êxito com um ator de recursos. Com o seu arcordeão, Antônio Mestre faz novas composições de pleno agrado. Iolanda Varga revela boa voz, e elogiável aprendizado do canto. O galã Valdemar, muito bisonho, não mostra qualidades. As "Glamurosas", muito inexpressivas quando colaboram na representação, são *girls* selecionadas e podem satisfazer, se melhor ensaiadas, nos quadros coreográficos. Ao lado de Bilinha, prestam eficiente concurso para o brilho da apoteose final em torno do tema Al Jolson.

Cenários sintéticos, sem mérito, cortinas de mau gosto irritante, e guarda-roupa com belos figurinos, atestando o cuidado da apresentação. *Ó de Penacho* é agradável e se distingue sobremaneira como revista de bolso.

TEXTOS PUBLICADOS NO *DIÁRIO CARIOCA* (1950-1952)

Estreia de uma peça de Dercy Gonçalves.
(Funarte/Centro de Documentoação, fotógrafo não identificado, Doação Dercy Gonçalves.)

"Chiruca" (22. 3. 51, p. 6)

A peça estreada por Alda Garrido, no Rival, pertence ao gênero que lhe garantiu grande popularidade. O entrecho é mais que corriqueiro, as situações absolutamente exploradas e banais, a técnica teatral pobre e inexpressiva, mas há uma personagem que permite criação simpática a uma atriz de talento verdadeiro. Assim é *Chiruca*, comédia sem nenhum mérito, senão o de proporcionar a Alda Garrido momentos de extrema felicidade. A crítica, diante de um cartaz como esse, se vê impossibilitada de adotar o critério habitual de julgamento. O que, normalmente, é motivo de restrição, aqui se torna a única qualidade do espetáculo. O "caco" é um vício antigo de nossos intérpretes, habituados a cortejar o público com as improvisações sugeridas pelos fatos do momento, derivando o texto para a chanchada, para o riso fácil. Numa peça sem valor, porém, salva-se o que o ator oferece de si, o que revela suas qualidades histriônicas naturais. O texto cede lugar aos achados cômicos, e a plateia aplaude, incentiva fortemente o espetáculo. Pode-se dizer assim que *Chiruca* vale por Alda Garrido. A bisonha trama doméstica de A. Torrado, na adaptação de José Wanderley e Roberto Ruiz, não tem elementos para se manter. Trata-se da história de uma criada, ligada por laços sentimentais a uma família decadente, em cuja casa trabalha, e que acaba por se casar com o jovem atraente e digno, superior no transe que lhe impuseram os parentes ao dilapidarem sua futura herança. "Chiruca" recebe uma fortuna imprevista pela morte do pai, repugna ao rapaz parecer que se casa por dinheiro, mas finalmente dominam os sentimentos, e o pano fecha sobre a felicidade geral. Uma peça fraquíssima, calcada nos mais primários truques de teatro, incapaz de êxito nas mãos de uma atriz sem recursos.

Alda Garrido, contudo, enriquece as cenas, valoriza cada palavra, cada gesto, cada expressão, fazendo pelo seu talento, o espetáculo. Delorges Caminha se apresenta bem, com segurança e domínio do palco. A experiência dá convicção ao papel que vive. Cora Costa, muito precisa, também, faz com acerto a tia rica. Francisco Dantas, Cirene Tostes, e Nelson França, acadêmicos, mas corretos. Ilídio Costa, prejudicado pelo exagero na configuração do tipo. Anita Carvalho e Zilka Silbá fracas, sem convencer na personagem interpretada. Milton Morais, irregular, demonstrando, porém, qualidades, que uma boa direção poderá aproveitar.

O cenário de mau gosto completo, mostra que a apresentação não foi cuidada. Alda Garrido tem, entretanto, o seu público, e o espetáculo prenuncia duração semelhante à de *Se Guilherme Fosse Vivo*. Muitos se divertirão, as receitas serão certamente (assim sejam) polpudas. E é uma pena que tão boa atriz assim se desperdice em tão fraco espetáculo.

"Toma Que o Filho é Teu" (10. 8. 1951, p. 6)

Alda Garrido, depois de mais um sucesso de público com *Chiruca*, muda o cartaz do Rival para *Toma que o Filho é Teu*. Embora a comédia francesa não coloque tanto tempo no palco a querida e talentosa atriz, e creio mesmo que este espetáculo significa para ela um descanso – a plateia encontra, agora, maiores razões para rir, mal-entendidos que se sucedem ininterruptamente e absurdos de grande efeito. Por certo o resultado final não resistiria a uma crítica exigente. Trata-se de uma

TEXTOS PUBLICADOS NO *DIÁRIO CARIOCA* (1950-1952)

chanchada, e uma chanchada sem apuro de forma e desempenho correto. Os autores apelam para recursos elementares. A representação repete os mesmos cacoetes, a maneira tradicional do gênero entre nós. Porém, dependendo da disponibilidade pessoal do espectador, de sua sensibilidade para as anedotas de equívocos e situações dúbias – o conjunto agradará por completo, provocará as mais francas gargalhadas.

Não se pense em teatro com exigências mínimas de seriedade. A certa altura, acredita-se estar diante de uma brincadeira inconsequente, improvisada na hora segundo o talento de cada intérprete. Quando Alda Garrido intromete um "caco", o público ri, os atores riem, cria-se verdadeira balbúrdia, e não estranharíamos se a ação se interrompesse para dar lugar a um tríduo carnavalesco, todo mundo cantando *Toma Que o Filho é Teu*.

É inegável que a trama foi urdida com o senso dos valores cômicos. As complicações são tantas e inesperadas que só um autor hábil, que sabe aproveitar o gosto fácil do público, poderia tecer sem cair em monotonia e total ausência de verossimilhança. A história se desenvolve trazendo a cada momento surpresas novas, e se o pano cai sobre o *happy end*, ele não é forçado e convencional em excesso.

Alda Garrido, num pequeno papel, ainda assim mostra a sua graça e o poder de fazer rir. Delorges Caminha trabalha com inteiro à vontade, talvez ironizando um pouco a própria personagem. Francisco Dantas, muito engraçado, Milton Morais, razoável, com exageros fisionômicos inúteis; Cora Costa, com a serenidade e segurança de sempre; Cirene Tostes colaborando, e Zilka Salaberry, acostumando-se à comédia.

A rigor, diríamos que *Toma Que o Filho é Teu* não é teatro nem está fora dele. É uma coisa diferente – o que se poderia chamar de gênero Alda Garrido. Quem gostar de especialidade, vá que não ficará decepcionado. Confesso que achei graça no espetáculo, e para mim vale como umas férias no meio das cogitações cansativas e exigentes de um bom teatro.

"Nota Inicial de *Madame Sans Gene*" (30. 3. 52, p. 6)

Quando o cronista não assiste a uma estreia, outros deveres profissionais e a possibilidade da livre escolha de uma data retardam indefinidamente o dia de comparecer ao espetáculo. Duas semanas se passaram desde o lançamento de *Madame Sans Gene*, para que eu fosse ver a companhia de Alda Garrido no Rival.

Se a crítica imediata à estreia pode ter algum significado para orientação do público, no caso desse espetáculo, creio que a palavra do comentarista nenhum valor possui. Grande expectativa cercava o aparecimento de Alda Garrido em montagem preparada com seriedade, fora da rotina da improvisação, e esse diferente atrativo bastaria para esgotar casas durante muito tempo. Que influência exerce aí o crítico?

A plateia se acostumou a aplaudir Alda Garrido pelo seu talento e não pelos originais que escolhe. O texto é para ela mero veículo onde aplicar os naturais dotes histriônicos, intrometendo nas falas do autor comicidade improvisada, que é, justiça seja feita, o melhor dos espetáculos. Discutir a contribuição do intérprete à peça é assunto longo, impossível de tratar-se aqui. Afirmarei, simplesmente, que se a popular atriz não vinha tentando um grande teatro, conseguiu criar (é bem esse verbo) um gênero próprio, em que o público nunca deixou de prestigiá-la.

Madame Sans Gene seria o salto. A tentativa além da rotina. A experiência para marcar-lhe o caminho célebre. Tantas atrizes se imortalizaram na lavadeira-duquesa ou tiveram no papel seu maior sucesso.

Alda Garrido, pelo temperamento artístico, se presta admiravelmente a viver Madame Sans Gene. Será, porém, seu desempenho mais destacado? Penso que, se a liberdade que se concedeu a Alda Garrido, anteriormente, roubou certa categoria nos espetáculos, em compensação, ela pode manifestar-se com plenitude. Com o tolhimento que se impôs agora, nem realizou sua propensão inata ou venceu completamente num outro estilo, superando as deficiências do gênero que pratica.

Não se confunda essa restrição com uma apologia da indisciplina de Alda Garrido. A culpa, na verdade, cabe à peça de Sardou e Moreau, de pouco mérito. O espetáculo fica num meio-termo, incapaz de satisfazer ao gosto exigente e, talvez, sem facultar a Alda Garrido as mesmas características interpretativas que são a delícia do grande público. Ela não vive a rigor a personagem, nem se desmanda no enriquecimento dos diálogos. Pessoalmente, para Alda Garrido, julgo que a experiência não é a mais valiosa.

Sob outro aspecto, contudo – e a meu ver mais importante – o espetáculo tem inestimável significado. A montagem ganhou muito. O elenco

TEXTOS PUBLICADOS NO *DIÁRIO CARIOCA* (1950-1952)

está fazendo teatro. O esforço foi plenamente compensado. O desempenho, em geral, adquiriu nível. Há direção. Há trabalho de equipe, colaborando para fazer da apresentação um conjunto unitário. A companhia endereçou-se para o verdadeiro teatro.

Essas qualidades colocam *Madame Sans Gene*, em posição privilegiada no panorama cênico atual.

"*Madame Sans Gene*, no Rival" (1. 4. 52, p. 6)

Creio que para muitos espectadores *Madame Sans Gene* lembre *A Dama das Camélias*. Não que haja qualquer aproximação da escola de estilo ou de sentimento entre a peça de Sardou e a de Dumas Filho. O que as liga, tanto para a plateia como para as atrizes que vão tentar a criação famosa, é a possibilidade do grande desempenho, facultado pela personagem popular, simpática e humana que domina toda a peça.

Se o drama romântico da prostituta redimida, a par da linguagem ultrapassada, possui outros valores de permanência, *Madame Sans Gene* não consegue dar validade literária ao quadro histórico que encarna. O texto ainda existe pelo papel de Catarina Hubscher. O mais, é muito pesado, cansativo, sem qualidade.

Madame Sans Gene simbolizaria a ascensão das camadas populares ao poder. A lavadeira sadia e franca se torna duquesa de Dantzig. Menos que um estudo interpretativo do fenômeno, a peça significa um pretexto para dar lições de moral, exaltar o patriotismo, enaltecer a sinceridade e castigar a inveja e a mentira, democratizar o conceito de homem para concluir que valem os bons e não os socialmente superiores – e, por fim, como não podia deixar de ser, conferir o prêmio da vitória a quem teve sentimento nobre, quase diria: o mocinho.

Com esse pressuposto, pode-se imaginar que o espírito da peça seja a oratória, os discursos edificantes, as intriguinhas convencionais, as mentalidades primárias a que se subtraiu qualquer preocupação mais profunda. Nesse ambiente, movem-se figuras históricas.

E não é difícil imaginar como se tornam caricaturadas, simplificadas, decaídas da grandeza complexa que lhes marcou, na realidade, itinerário tão heroico. Napoleão, Fouché, Lefevre, *riderdigestizados* para o público, tornam-se humanidades simplórias. O primeiro grita, faz-se nojento, inapelável, mas suscetível ao coração e justiceiro. O admirável Fouché faz habilidadezinhas domésticas, como passes de mágica. O marechal vitorioso, não obstante seja pintado inflexível em face do imperador, mais parece um soldado de bom senso, de exemplar comportamento.

A peça de Sardou e Moreau, portanto, seria uma edição popularizada da época napoleônica. Inegavelmente, os autores compõem a trama, sobretudo no terceiro ato, com segura carpintaria teatral. Daí o relativo interesse da obra, além das oportunidades oferecidas ao desempenho pela personagem-título.

Valorizada pela montagem, pode-se aplaudir assim a apresentação de Alda Garrido no Rival.

"A Apresentação de *Madame Sans Gene*" (2. 4. 52, p. 6)

Na montagem está o mérito maior de *Madame Sans Gene*. Aí, o esforço da Companhia Alda Garrido foi realmente extraordinário. Quem se lembra dos espetáculos anteriores, sem direção, onde a uma anedota improvisada da grande atriz, os próprios intérpretes interrompiam o desempenho para rir à vontade – há de levar um susto com o capricho e a seriedade da apresentação do Rival.

O trabalho inicial de d. Esther Leão deve ter sido o de homogeneizar o elenco, apagar quanto possível a diferente formação dos atores em benefício de um denominador que os abrangesse a todos. Esse objetivo foi alcançado. A representação tem unidade, livre que está dos vícios de muitos, e reduzida a um nível comum, onde o menor valor de um intérprete não desfigura o bom andamento do conjunto.

Possivelmente pelas dificuldades do palco, deficiências existem nas marcações, sobretudo nas cenas em grupo. As posições são rígidas, esquemáticas, perdendo-se a naturalidade dos movimentos. Acreditamos que a pequena área disponível tenha levado conscientemente a essa simplificação.

Do desempenho de Alda Garrido já nos ocupamos na nota inicial. Cabe-nos tratar dos outros intérpretes. E, de início, é preciso distinguir a criação de Ribeiro Fontes. Seguro, consciente, com assimilação perfeita da psicologia de Fouché, deu-nos um de seus melhores trabalhos.

TEXTOS PUBLICADOS NO *DIÁRIO CARIOCA* (1950-1952)

Luís Pinho, estreante no profissionalismo, fez também um desempenho elogiável. Talvez imaturo para o papel, supriu a deficiência impondo-se pelo vigor. Milton Moraes viveu um Lefevre muito afável e bonacheirão, que mais parece um bom moço. Mas nessa linha a interpretação está convincente. Zilka Salaberry faz grande progresso, diminuindo a falha de articulação. Wanda Kosmo cria com firmeza seu papel. Os demais intérpretes, e os figurantes, desincumbem-se corretamente.

Quanto ao desempenho, cabem ainda dois reparos, reputáveis à direção: ao contrário de nuançar o nenhum relevo dos personagens, os atores acentuaram-lhes o primarismo, observando indicações muito convencionais. Atitudes marcadas com excesso acompanham ou completam as palavras. Em segundo lugar, todos os atores jovens mostram defeitos de dicção, com uma fala pretensamente carregada e artificial, que rouba a espontaneidade da conversa.

Cenários de Valentim e Gilberto Trompovski, concebidos a rigor e com pormenores cuidados. Apenas um quadro e a lareira fogem ao mérito geral.

O guarda-roupa masculino está excelente, não tendo Motta sido tão feliz no feminino.

Madame Sans Gene, em síntese, é um espetáculo capaz de agradar plenamente. Muito aplaudiríamos se Alda Garrido, incentivada pelo êxito que vem obtendo, nunca regredisse no propósito de fazer um bom teatro, procurando sempre aperfeiçoar o que começou agora tão bem.

P. S. Na crônica de ontem, Napoleão recebeu o adjetivo de nojento e não violento. Evidentemente...

outros textos

anexo 2

Texto de Brício de Abreu
(*Diário da Noite*, Rio de Janeiro, Cedoc-Funarte)

Depois do êxito obtido com *A Morte do Caixeiro-Viajante* no ano passado, querem alguns ver no atual espetáculo do ator um sentido evolutivo, isto é, um desejo seu de *melhorar* o seu repertório dando-nos comédias mais elevadas no seu conteúdo. Isto depreendi eu, ao ler as críticas dos colegas publicadas até ontem. Puro engano. Primeiramente não acho que o repertório antigo do Sr. Jayme Costa represente um teatro menor no seu conteúdo. O teatro para rir é tão grande, tão teatro, quanto qualquer outro, à condição de ser bem montado e representado, o que nem sempre sucedeu ao sr. Jayme Costa que, não poucas vezes, descambou-o para a chanchada, na premência de tempo em que vivem as nossas companhias em montar devidamente um original e, sobretudo, nas concessões que são obrigadas a fazer ao público. Aí pode residir a censura ao ilustre ator. Assim mesmo temos que considerar fatores que *desculpam*, em parte, o fato. Jayme Costa ganhou público e renome com o teatro chamado para rir e, graças a ele, tem podido nos dar, de vez em quando, uma amostra das suas possibilidades artísticas com um O'Neill, Pirandello, Raymundo Magalhães Jr., Miller e outros. Resta-nos perguntar quais foram os resultados financeiros dessas tentativas. Se tivesse ele persistido em só nos dar esse repertório, teria resistido vinte, trinta anos, que são os de sua existência? Não sejamos intransigentes e procuremos, dentro da verdade, explicar o fenômeno que obriga aos nossos elencos a darem o chamado teatro ligeiro para rir. Estou certo de que encontraríamos somente uma resposta: subsistir. O que não é admissível e o que torna os nossos espetáculos desse gênero *inferiores* é, exclusivamente, a falta de cuidado na montagem e na interpretação, onde a inevitável colaboração do ator projeta-os na chanchada. Em todas as grandes cidades do mundo 90% dos espetáculos são de teatro ligeiro para rir. A diferença que existe para o mesmo gênero, entre nós, é que lá fora eles são montados com grande cuidado e os elencos são sempre de primeira ordem. Assim, não cremos que *O Chifre de Ouro (Noix de Coco)* de agora representa um desejo qualquer do sr. Jayme Costa em nos dar peças que alguns querem chamar de alto teatro. Aliás, a comédia de Marcel Archard pertence ao gênero *boulevardier,* e a própria crítica francesa e inglesa (quando foi representada em Londres em 1939) não soube como classificá-la. Chamaram-na de *vaudeville* psicológico, tragi-comédia, *comedie* [ilegível], drama cômico, *psicologie boulevardier* etc, sem que nenhum negasse a sua principal qualidade: peça para rir, feita por um autor que sabe tirar partido dos maiores conflitos psicológicos em proveito de um diálogo vivo e alegre, conseguindo que façam eles rir.

Despacho do Processo de Nelson Rodrigues, Peça *Senhora dos Afogados*[1]

A peça em questão, pela delicadeza de seu exame, foi objeto do pronunciamento de todos os censores do SCDP e, de onze técnicos, somente três opinaram pela representação, oferecendo todavia, restrições acentuáveis. No sentido inverso de veto, também se mostrou o sr. diretor daquele órgão.

Além dos pareceres acima referidos, está este processo enriquecido de outros não menos respeitáveis, inclusive do Serviço Nacional de Teatro e da Consultoria do Ministério da Justiça.

Não obstante a farta instrução que vem anteceder meu presente pronunciamento, detive-me, outra vez, na leitura de toda a peça teatral e não posso senão decidir-me pela sua impugnação.

---

1 Despacho proferido pelo chefe de polícia do Serviço de Censura de Diversões Públicas – texto publicado em 1949 em resposta ao processo aberto pelo autor Nelson Rodrigues, por causa da interdição da sua peça *Senhora dos Afogados.* (Recorte de jornal Cedoc-Funarte.)

OUTROS TEXTOS

Constitui obra reveladora do forte poder imaginativo do autor, apresentado em golpes acentuadamente trágicos. Passagens há capazes de causar emoção, repulsa e horror em qualquer plateia. Mas não é o caráter trágico que me impele a reprová-lo. Reconheço que o teatro altamente dramático se encontra, hoje, em fase de verdadeiro renascimento, como reflexo, talvez do nervosismo dos nossos dias. Mas é incontestável que o sentimento coletivo, a moral, diferem segundo o tempo e latitude. A atual em nossa terra não há de ser a mesma dos tempos em que fortaleceu a tragédia grega. Como repete Nelson Hungria, adotando a observação de M. E. Meyer, "o que em certos povos é uma exibição impudica, já entre outros, é um fato normal. Assim, nos templos do Sul da Índia, é exposta em tamanho gigantesco a imagem de *Phalus* como objeto de adoração"[2].

Entretanto, mesmo olhando o assunto de posição moderada, não será possível que a arte possa confundir-se com a obscenidade, buscando, sistematicamente, o que de mais horrível, imoral, antiestético apresentem os instintos baixos e as perversões humanas.

Na peça em tela, além de passagens, infelizmente, não rara do mais chocante realismo em que se apresentam, como requinte, práticas lascivas e pervertidas, nenhum vislumbre se nota de desaprovação por personagens tão hediondos. Se em macabra sequência todos se eliminam no decorrer das cenas, com isso nada lucra o aspecto moral da peça. Nenhum sentido de justiça divina ou dos homens se pressente.

Se ainda, como querem, os defensores da licença na arte, examinássemos as diversas produções de Nelson Rodrigues, encontraríamos sempre exploração dos mesmos motivos: incestos, perversões sexuais, homicídios e suicídios. Sempre o mesmo tema, trazendo à cena, incondicionalmente, personalidades psicopáticas, eróticas e perversas. Cumprindo a lei desse departamento, pelo Serviço de Censura de Diversões Públicas, negar autorização às peças que ofendem o decoro público, divulguem ou induzam aos maus costumes, não posso senão confirmar o ato daquele órgão. E mais, julgo até que a peça em exame, representada que fosse, viria infringir o que dispõe o artigo 234 do Código Penal vigente,

2 Nelson Hungria (1891-1969), penalista brasileiro, autor do anteprojeto do Código Penal de 1940 – Decreto-lei n.·2. 848, de 7 de dezembro de 1940. Disponível em: <http://www. planalto. gov. br/ccivil/decreto-lei/del2848. htm>. Acesso em 12/09/2008.

pois, segundo a lição de Nelson Hungria, "a licença de censura não tem a virtude de isentar de caráter criminoso a obscenidade grosseira".

O sr. Nelson Rodrigues, falando à imprensa a propósito do despacho acima do chefe de Polícia, declarou que condenar o seu teatro é o mesmo que condenar, indiscriminadamente, o teatro universal de qualquer época. É chamar de obscenos Shakespeare, Sófocles, O'Neill etc.

Acha o sr. Nelson Rodrigues que está sendo até de uma moralidade inatacável pois apresenta o mal como mal, infâmia como infâmia etc. Não diz que o mal, a infâmia etc. sejam normal. Declara que esteve com o chefe de Polícia e lhe propôs a criação de uma comissão de cinco membros para julgar a peça, indicando sr. Nelson Rodrigues dez nomes de intelectuais, escolhendo então o chefe de Polícia cinco dentre eles. E os nomes são estes: Gilberto Freyre, Manuel Bandeira, Prudente de Moraes Neto, Roberto Marinho, Otávio de Faria, Ciro dos Anjos, Dulcina de Moraes, Olegário Martins, Augusto Frederico Schmidt e Genolino Amado. No capítulo II, artigo 141, parágrafo 5º da Constituição dos Estados Unidos do Brasil de 1946, consta que é livre a manifestação do pensamento, sem que dependa de censura, salvo quanto a espetáculos e diversões públicas, respondendo cada um, nos casos e na forma que a lei preceituar pelos abusos que cometer. Num decreto, criado no mesmo ano de 1946, é criado o Serviço de Censura de Diversões Públicas que determina no artigo 4 que compete ao SCDP censurar previamente e autorizar as projeções cinematográficas; as representações de peças teatrais; as representações de variedades de qualquer espécie; as execuções de pantomimas bailados; as execuções de peças declamatórias; as execuções de discos cantados e falados, em qualquer casa de diversão pública, ou em local frequentado pelo público, gratuitamente ou mediante pagamento; as exibições de espécimes teratológicos; as apresentações de préstitos, grupos, cordões, ranchos etc. e estandartes carnavalescos; as propagandas e anúncios de qualquer natureza quando feitos em carros alegóricos ou de feição carnavalesca, ou ainda, quando realizados por propagandistas em trajes característicos ou fora do comum; a publicação de anúncios na imprensa ou em programas e a exibição de cartazes e fotografias, quando se referirem tais anúncios, cartazes e fotografias aos assuntos consignados nos números anteriores desse artigo; as peças teatrais, novelas e congêneres emitidas por meio de rádio; as exibições de televisão.

OUTROS TEXTOS

A Última Publicação da Sbat
(S. Magaldi, *Diário Carioca*, 27. 7. 50, p. 6)

O boletim da Sociedade Brasileira de Autores Teatrais, correspondente aos meses de maio e julho último, posto à venda reedita a peça *Saudade*, de Paulo de Magalhães. Representada, pela primeira vez, em 1932, a comédia já havia sido publicada no vigésimo terceiro fascículo da Coleção do Teatro Brasileiro, que agora lhe dá a segunda edição.

Embora com a melhor das intenções procurássemos uma justificativa para a nova publicação da peça, só podemos explicar pela função do programa, sempre cumprido pela Sbat, de divulgar as obras características de nossa subliteratura teatral. Poucos trabalhos de real valor mereceram a consideração daquela entidade de classe que publica o que temos de mais pernicioso na matéria cênica.

Deixando esgotada a peça *Saudade*, a Sbat teria prestado ótimo serviço a Paulo de Magalhães e ao público. Quem não conhecia essa comédia do popular profissional da chanchada ainda poderia dedicar-lhe alguma esperança. Enfim, obra esgotada, a aura de sucessos passados pode comportar equívocos, mas o contato presente com o leitor afasta qualquer dúvida de que *Saudade* não possui nenhum mérito teatral.

A tentativa de situar a peça pela primeira vez que foi levada [sic] não desculpa a literatice e o mau gosto do seu texto. Mesmo considerando a paupérrima tradição do nosso teatro, há que convir que em 1932 já não eram admissíveis os academicismos das frases feitas, as tiradas grandiloquentes herdadas de uma falsa concepção do brilhantismo literário. A peça não teria salvação em tempo algum, pertence à categoria ruindades, comum a toda a história da palavra escrita. Nos personagens os sentimentos são vulgares, expressos na mais vulgar das formas artísticas. Paulo de Magalhães esmerou-se na fanfarronice adocicada. Apresenta um tio velho e boêmio a quem compete fabricar as graças sem espírito, uma confidente conselheira inexpressiva para escutar e dizer os problemas da casa, um pretendente idiota e ridículo, que como tal deve ser expulso depois da esgotada paciência dos outros personagens e dos espectadores. O tríplice par composto por uma quarentona romântica, seu pretendente de 27 anos e a filha de 18 anos que acaba por se casar com o noivo da mãe. Moral da história: cada um deve ficar no lugar que merece. O imprudente é castigado, o tio continua a fazer piadas e o mocinho tem o amor da mocidade e a velhice aplica o seu sentimentalismo no objeto devido. A viúva tocada por nova paixão extratemporânea dedica o seu amor ao netinho. A intriga, como se pode ver, dispensa comentário.

Do estilo de Paulo de Magalhães podemos citar as frases seguintes: "Os amorosos são como os enfermos"; "Sempre disse que não existem doenças, existem doentes"; "Eu penso também que não existe propriamente amor, existem amorosos"; "Oto é o meu sonho mais lindo do outono da minha vida, eu árvore que começa a fenecer, ele o arbusto dos sonhos que transforma-se em árvore"; "Quero ver se posso tirar a minha carteira eleitoral do amor para eleger o meu candidato". Os exemplos dão a medida da literatice do autor.

Ao concluir esta crônica tem-se de súbito o tédio. Para que comentar um trabalho de Paulo de Magalhães? Ele não tem mais remédio encanecido que está na quase [ilegível] prática da subliteratura. O lamentável é que a Coleção Teatro Brasileiro, ao contrário de procurar renovar-se, se presta à edição de obra tão prejudicial ao bom conceito da arte cênica. A Sbat, ao que parece tão zelosa na defesa de autores, na porcentagem que lhe cabe nesse trabalho, poderia se preocupar um pouco também com o teatro.

Resposta de Jota Efegê
(Jota Efegê, *Jornal dos Sports*, 29. 7. 50)

O confrade Sábato Magaldi, do *Diário Carioca*, recém-chegado da província, segundo informou há dias aos seus leitores, não está inteirado das finalidades da Sociedade Brasileira de Autores Teatrais. Daí escrever longo comentário quinta-feira última, de censura àquela agremiação por haver a mesma reproduzido no seu boletim a comédia *Saudade*, de Paulo Magalhães. Este, certamente folgou bastante com a publicidade do mesmo [sic] combate a sua obra teatral e terá lamentado, apenas, que ela não fosse ilustrada como seu clichê. A Sbat, entretanto, foi vítima de um ataque improcedente dirigido por quem, como deixou patente, não está a par dos seus estatutos, de sua função no meio teatral.

Fundada por um grupo de escritores de teatro para controlar e zelar pela arrecadação do direito autoral de seus filiados, a Sbat não é, como

OUTROS TEXTOS

pensa o cronista do referido matutino, uma agremiação cultural, uma academia. Será quando muito, uma bolsa, um escritório comercial ou similar, onde se negocia a produção teatral de acordo com a legislação existente no país e no estrangeiro. A qualidade literária, o valor artístico do produto não é de sua atribuição aquilatar. Interessa-lhe apenas o rendimento comercial da obra de quem se tornou o procurador, digamos assim, para realizar a sua finalidade. O trabalho para a elevação artística, educativa e cultural do teatro brasileiro, será cremos, função do SNT.

Saudade, do populríssimo Paulo de Magalhães, esgotou a sua primeira edição dando, um rendimento "*x*", logo, a Sbat, na sua função precípua, promoveu uma nova tiragem da comediazinha tola, "subliteratura", como afirmou o colega. Não importa à Sociedade o mérito artístico de uma peça se este não canalizar o "quantum" necessário que pague a sua edição. Foi, portanto, erro ingênuo do sr. Magaldi condenar a publicação de "Saudade" por uma entidade arrecadadora de direito autoral. Se amanhã, a Academia Brasileira de Letras, O Serviço Nacional de Teatro ou um Cenáculo Teatral que venha a existir, editar a subliteratura de Magalhães, então, sim, será o momento azado para o protesto agora precipitado, inoportuno, do confrade Sábato.

Relato, Certo e Preciso, de um Crítico
que Foi Ver e Estudar o Teatro na França
(Jota Efegê, Jornal dos Sports, 14. 10. 53)

Regressou de Paris, onde esteve durante um ano e observando não só o teatro francês, mas também o italiano e o inglês, Sábato Magaldi, o acatado crítico teatral do *Diário Carioca*. E terça-feira, 29 do mês findo, no auditório do Serviço Nacional de Teatro fez um interessante relato de tudo quanto lhe foi dado assistir durante o tempo de sua estada na Europa. Tivemos assim oportunidade de ouvir uma palestra agradabilíssima e deveras interessante. Palestra da qual, pela linguagem simples, mas, sempre objetiva, se pode recolher informes detalhados sobre o que se faz presentemente, nos teatros do Velho Mundo. Não houve a preocupação precípua de analítica, de discussão das obras e dos métodos, coisa que seria impossível numa única exposição, mas, precisamente, uma narrativa pontilhada de impressões onde, subjetivamente, apareceu a crítica, o exame crítico.

O ponto principal da palestra de Magaldi foi, inegavelmente, o sentido justo, sincero dos seus conceitos não se perdendo em elogios desmedidos, mas, procurando situar sempre suas observações num perfeito equilíbrio da qualidade. Sobre esse louvável propósito pôde exaltar as qualidades do Teatro Popular, que Jean Vilar realiza com grande devotamento, e condenar várias realizações de pouco mérito. Estudioso apaixonado, pesquisando e averiguando com denodado sentimento de arte, o confrade não se limitou a observar os grandes empreendimentos. Buscou também as representações despretensiosas. Viu também os espetáculos que são condicionados ao interesse comercial e constatou que os empresários teatrais de Paris não visam, em tais casos, apenas fazer dinheiro. Eles prestam sempre, numa conjugação louvável, um pouco de dignidade artística ao repertório.

Ao findar a sua ampla narrativa o jornalista pôs-se à disposição dos ouvintes que pretendessem esclarecimentos de alguns dos pontos ou detalhes focalizados durante a palestra. E, constatando-se então o interesse do auditório, várias perguntas foram formuladas tendo todas as respostas claras, precisas. Não estivesse o confrade de viagem marcada para São Paulo, onde vai ministrar um curso de teatro e atuar na imprensa local, e sugeriríamos uma nova palestra. Seria que como uma "suíte" desta que ora estamos nos reportando. Exposições no gênero da que Sábato Magaldi realizou tem o mérito de informar de maneira correta, honesta, a situação do teatro nos países de tradição artística. Poderá também animar gente de nosso teatro a empreendimentos de maior alcance. Magaldi fez, portanto, da sua palestra um noticioso merecedor de encômios que aqui lhe consignamos.

N. R. – Retardado por falta de espaço.

Listagem Completa das Críticas de Sábato Magaldi Publicadas no Diário Carioca

Acervo de periódicos da Biblioteca Nacional/RJ.

[A coluna diária ocupava a página 6]

ANO	MÊS	DIA	TÍTULO
1950	Junho		
		22	*Inicial*
		23	Os Filhos de Eduardo
		24	*Os Filhos de Eduardo* - O Texto
		25	*Os Filhos de Eduardo* - Conclusão
		27	*Quebranto* I
		28	*Quebranto* II
		29	Primeiro Programa de *Os Aprendizes*
		30	A Apresentação de *Os Aprendizes*
1950	Julho		
		01	Comédia
		02	*Ligados*, de O'Neil
		04	*Impacto* I
		05	*Impacto* II
		06	A Forma Literária de Silveira Sampaio
		07	Os Cineastas
		08	Decoração Teatral
		09	*O Escravo*
		10	*Olhos de Veludo*
		12	*Helena Fechou a Porta*
		13	*As Mãos de Eurídice* I
		14	*As Mãos de Eurídice* II
		15	Grupo Do Teatro Copacabana
		16	*Entre Quatro Paredes*
		18	*Me leva que eu Vou*

anexo

3

ANO	MÊS	DIA	TÍTULO
		19	*Teatro de D. Marcos Barbosa*
		20	*Ai, Teresa* I
		21	*Ai, Teresa* II
		22	*Aruanda*
		23	A Mulher sem Pecado
		25	A Margem de uma Conversa
		26	*Uma Conquista no Rádio-Teatro*
		27	A Última Publicação da Sbat
		28	Almanaque do Teatro de 1950
		29	Lúcio Cardoso Fala-nos de Teatro
		30	*As Bocas Inúteis*
1950	Agosto		
		01	*Se Guilherme Fosse Vivo*
		02	Guerra aos Preconceitos
		03	Os Amigos da Comédia
		04	Resposta a um Colega Apressado
		05	Silveira Sampaio Fala-nos de Teatro
		06	*Bobosse* I
		08	*Bobosse* II
		09	*Folias de Bagdá*
		10	*Bobosse* III
		11	A Construção de *Bobosse* IV
		12	Guilherme Figueiredo Fala-nos de Teatro
		13	*História de Uma Casa* (A Peça)
		14	*História de Uma Casa* (Adaptação)
		16	*O Tio Boêmio*
		17	*Cutuca por Baixo*
		18	A Apresentação de *Colinette*
		19	Em Conversa com Jean Hebey
		20	*Colinette*
		22	Nota à Margem de *"Clavigo"*
		24	Sobre *Estela*

LISTAGEM COMPLETA DAS CRÍTICAS PUBLICADAS NO *DIÁRIO CARIOCA*

ANO	MÊS	DIA	TÍTULO
		25	Introdução a *Rainha Carlota*
		26	Intérpretes e Encenação da *Rainha Carlota*
		28	*"Rainha Carlota*: Introdução a *Rainha Carlota"*
		29	*Botas e Bombachas*
		30	O Texto de *Rainha Carlota*
		31	Pedro Bloch Fala-nos de Teatro
1950	Setembro		
		01	*AM-STRAM-GRAM*
		02	*AM-STRAM-GRAM* II
		03	Balanço da temporada Périer
		05	*Mão Boba*
		06	*Patativa*
		08	Percorrendo Cartazes
		09	Palavras de Ortega
		12	*Caminhantes sem Lua* I
		13	*Caminhantes sem Lua* II
		14	*Caminhantes sem Lua* III
		15	*Caminhantes sem Lua* IV
		16	Depoimentos de Thiers Marins Moreira
		17	*Caminhantes sem Lua* V
		19	*Caminhantes sem Lua* VI
		20	Em Conversa com Sarah César Borba (*Caminhantes sem Lua*)
		21	*O Tio Rico*
		22	*Cabeça Inchada*
		23	*Miss França*
		24	Debate com Nelson Rodrigues
		26	*Catarina da Rússia*
		27	*Catarina da Rússia* II
		28	*Só o Faraó Tem Alma* I
		29	A Apresentação de *Só o Faraó Tem Alma* II *Só o Faraó Tem Alma* II
		30	A Propósito do Teatro de Câmara

ANO	MÊS	DIA	TÍTULO
1950	Outubro		
		01	Problemas de *Só o Faraó Tem Alma*.
		03	*Revista de Mágica*
		05	Crepúsculo do Teatro
		06	Apontamentos Banais
		07	*A Camisola do Anjo*
		08	*A Camisola do Anjo II*
		11	*Mais n'te promène donc pas toute nue*
		12	Geysa Bôscoli Fala-nos sobre o Teatro de Revista
		13	*Quebra Cabeça*
		14	Novo Cartaz no Follies
		15	*Os Piccoli Di Podrecca*
		18	José César Borba Filho Fala-nos do Teatro
		20	*Os Justos* I
		21	*Os Justos* II
		22	*Os Justos* III
		24	*As Águas* I
		25	*As Águas* II
		26	Novo Programa dos Piccoli
		27	Henrique Pongetti Fala-nos de Teatro
		28	*Muié Macho Sim Sinhô*
		29	*Le Don D'Adèle*
		31	*Mulheres de Fogo*
1950	Novembro		
		02	Considerações Melancólicas
			Loucuras de Madame Vidal
		04	Rosário Fusco Fala-nos de Teatro
		05	*Loucuras de Madame Vidal* II
		07	*Eva no Paraíso*
		08	*A Caridosa*
		09	*A Caridosa* II
		10	*A Herdeira* I

LISTAGEM COMPLETA DAS CRÍTICAS PUBLICADAS NO *DIÁRIO CARIOCA*

ANO	MÊS	DIA	TÍTULO
		11	A Interpretação de A *Herdeira*
		12	O Texto de A *Herdeira*
		14	Reabre o Teatro de Bolso
		17	*Angélica*
		18	*Angélica* II
		19	*Le Belle indifferent*
		21	Conferência sobre Cocteau
		22	Congresso sobre Teatro
		22	Explicação
		24	*L'Ecole des Dupes*
		25	Conversa com Juan Daniel e Paulo Orlando
		26	Terceiro Programa dos Piccoli
		28	Procópio, Hoje, no Serrador
		29	*A noiva deita-se às 11*
		30	*Essa Mulher é Minha*
1950	Dezembro		
		01	Estreia, Hoje, *As Meninas do Barranco*
		02	*A Noiva Deita-se às 11*
		03	*Essa Mulher é Minha*
		05	*As Meninas Barranco*
		06	*As Meninas Barranco* II
		08	*Alegres Canções na Montanha*, Hoje, no Copacabana
		09	Conversa com Fernando Barros
		10	*Muié Macho Sim Sinhô*
		13	*Café Concerto n. 1*
		15	*As Alegres Canções na Montanha*
		16	*As Alegres Canções na Montanha* II
		17	Pelo Teatro Nacional
		19	Estrelas da Semana
		20	Liberada *Senhora dos Afogados*
		21	*Cuba Libre*, Hoje, no Jardel
		22	*Valete de Ouro*

ANO	MÊS	DIA	TÍTULO
		23	*Cuba Libre*
		27	*Ninon é um Amor* I
		28	*Ninon é um Amor* II
		29	*Rabo de Peixe*
		30	Roulien Estreará em São Paulo
		31	Uma Revista na Glória
1951	Janeiro		
		03	Perspectivas
		04	Jorge de Lima, Dramaturgo
		05	Cartazes
		06	Conversa com Lopes Gonçalves
		07	Carnaval na Rua
		09	*Vestido de Noiva* I
		10	*Vestido de Noiva* II
		11	*Vestido de Noiva* III
		12	Com Nídia Lícia e Sérgio Cardoso
		13	Cartazes
		14	A Proteção ao Autor Nacional
		17	*Café Concerto n. 2*
		18	*A Fada e o Saci*
		19	*Numa Rápida Visita*
		20	O Critério para a Escolha dos "Melhores"
		21	Melhores de 1950
		24	Espetáculos em Cartaz
		25	Acerca dos Melhores de 1950
		26	Conversa com Graça Mello que Organiza uma Grande Cia
		27	A Naúsea do Sr. Lavenerè
		30	Abdias Nascimento, Autor
1951	Fevereiro*		
		01	Pelos Palcos

*Os exemplares dos dias 6 e 7 não forma encontrados na BN.

LISTAGEM COMPLETA DAS CRÍTICAS PUBLICADAS NO *DIÁRIO CARIOCA*

ANO	MÊS	DIA	TÍTULO
		02	De Volta Jayme Costa
		03	*Os Subterrâneos do Vaticano*
		04	*O Público de Teatro*
		08	Reabrem-se os Teatros
		09	Calendário Italiano de 1950
		10	O Teatro Fênix
		13	Luíza Barreto Leite Fala-nos de Teatro
		14	Antônio Olinto Apresentará *Senhora dos Afogados*
		15	O Homem da Flor na Boca
		16	*Zum! Zum!*, Hoje no Jardel
		17	Censuras *a Sortlilégio*
		20	A Estreia de Jardel
		21	*Café Concerto nº 3*
		22	Anima-se a Temporada
		24	Método de Ensino
1951	Março		
		01	Empossou-se o Novo Diretor do SNT
		02	*Felisberto do Café*
		03	Espetáculos
		06	*Moulin Rouge*
		07	Problemas de Silveira Sampaio
		08	*Seis Personagens à Procura de Um Autor* I
		09	*Seis Personagens à Procura de Um Autor* II
		10	*Seis Personagens à Procura de Um Autor* III
		13	*Seis Personagens à Procura de Um Autor* IV
		14	*A Doce Inimiga* I
		15	*Ó de Penacho*
		15	*A Doce Inimiga* II
		16	Conversa com Cacilda Becker
		20	*Parada no Gelo*
		21	*Café Concerto nº 4*
		22	*Chiruca*

ANO	MÊS	DIA	TÍTULO
		23	*Os Inimigos não Mandam Flores* I
		25	*Os Inimigos não Mandam Flores* II
		27	*Os Inimigos não Mandam Flores* III
		28	A *Endemoniada* I
		29	A *Endemoniada* II
		30	Nos Palcos
		31	Palavras de Luciano Salce
1951	Abril		
		03	*A Inimiga dos Homens*
		04	Teatro e Cinema
		05	Teatro Brasileiro de Comédia
		06	Jayme Costa, Hoje, no Glória
		07	Pierre Bertin Lembra-se do Rio
		10	*A Sorte Vem de Cima* I
		11	*A Sorte Vem de Cima* II
		12	No Carlos Gomes
		13	Projeto em Favor do Teatro
		14	Nos Palcos
		15	*Ó De Penacho*
		17	José Ferrer e *Cyrano*
		18	Projeto e a Sbat
		19	Projeto e a Sbat II
		20	*Sr. Também é?* I
		21	*"Flagrantes do Rio* III*"* *Sr. Também é?* II
		22	Tópicos
		23	Berta Singerman
		25	*Moulin Rouge*
		26	*Café Concerto nº 5*
		27	Recital de Berta Singerman
		28	Notas

LISTAGEM COMPLETA DAS CRÍTICAS PUBLICADAS NO *DIÁRIO CARIOCA*

ANO	MÊS	DIA	TÍTULO
1951	Maio*		
		01	Itália Fausta (Morte da Atriz)
		04	Nova Peça de Nelson Rodrigues
		05	Programa de Dante Viggiani
		06	*Buenos Aires à Vista*
		09	*Zé Praxedi*
		10	Itália Fausta
		11	Notas Diversas
		12	Museu do Teatro
		13	Contribuição da Cenografia ao Teatro Moderno
		14	Estréias e Programas
		16	Brasileiros Fora do País
		17	Falta *Um Zero Nesta História*
		18	Regresso
		19	*Manequim*, na palavra de Henrique Pongetti
		20	Festival do Teatro Grego
		22	Uma Semana de Estreia: *Ninotchka*, Hoje, no Regina
		23	Notícias da Itália
		24	*Ninotchka* I
		26	*Ninotchka* II
		29	*Boca de Siri*
1951	Junho		
		01	*Bagaço* I
		02	*Bagaço* II
		05	*Pudim de Ouro*
		06	Nos Palcos
		07	*Café Concerto n. 6*
		08	Nota para Turista
		09	Pacificação na Escola do SNT
		10	*Manequim* I

*   O exemplar do dia 4 não se encontra na BN.

ANO	MÊS	DIA	TÍTULO
		12	Notícias de São Paulo
		13	*Manequim* II
		14	*Manequim* III
		15	*Manequim* IV
		16	*Convite ao Baile* I
		19	*Marido de Nina*
		20	*Irene* I
		21	*Irene* II
		22	*Dote*
		23	Programa Teatral da Prefeitura (Conversa com Celso Kelly)
		24	*Dote* II
		26	Teatro Francês entre as Duas Guerras
		27	Nos Palcos, Cia do Teatro Italiano com Vittorio Gassman
		28	*Tenório*
		29	Teatro Italiano
		30	Impressões sobre o Teatro nos Estados Unidos
1951	Julho		
		03	*La Vedova Scaltra*
		04	*Oreste, de Alfieri*
		05	*Oreste, de Alfieri* II
		06	*Lulu*
		07	Nicette Bruno Terá um Teatro Portátil
		08	Instala-se, Amanhã, o Congresso de Teatro
		10	Instalou-se, Ontem, o Primeiro Congresso Brasileiro de Teatro
		11	Prosseguem os Trabalhos do Congresso de Teatro
		12	Debates, Hoje, no Congresso de Teatro
		13	Encerra-se, Hoje, o Congresso de Teatro
		14	Encerram-se os Trabalhos do Congresso de Teatro
		17	Ainda sobre o Congresso
		18	Willy Keller Fala-nos de Teatro
		19	Teatro Folclórico Brasileiro
		20	*Hoje não, Meu bem…*

LISTAGEM COMPLETA DAS CRÍTICAS PUBLICADAS NO *DIÁRIO CARIOCA*

ANO	MÊS	DIA	TÍTULO
		21	Noticiário
		22	*Um Milhão de Mulheres*
		24	Movimento Teatral Gaúcho
		25	Mme. Morineau Fala sobre *Valsa n º 6*
		26	Voltará a Companhia Italiana?
		27	Movimento Teatral Pernambucano
		30	*Don Juan e Dionisos*
1951	Agosto		
		01	*Morte do Caixeiro-Viajante*, Hoje, no Glória
		02	*Gerusa*
		03	A *Morte do Caixeiro-Viajante* I
		04	A *Morte do Caixeiro-Viajante* II
		07	*Valsa nº 6*, Estreou Ontem: Diálogo com Nelson Rodrigues
		08	Conferência sobre Tristan Bernard
		09	Noticiário: *Le Rayon des Jouests* no Copacabana
		10	*Toma que o Filho é Teu*
		11	*Le Rayon des Jouets*
		12	*Le Rayon des Jouets*
		14	*Advertência*
		15	*Une Grande fille toute simple*
		16	O Movimento Baiano
		17	Morreu Louis Jouvet
		18	*Sincerement*
		19	*Valsa nº 6*
		21	Uma Carta do Diretor do SNT
		22	Resposta ao Diretor do SNT
		23	*L'Amour vient en Jouant*
		24	Mme. Morineau Fala de Sua Estreia
		25	A Vinda dos Estudantes de Coimbra
		26	*O Complexo do Meu Marido*
		28	Saudação à Embaixada Universitária de Coimbra
		29	Decroux Lecionará no Brasil

ANO	MÊS	DIA	TÍTULO
		30	Guilherme Figueiredo e Dante Viggiani fundarão uma Cia
1951	Setembro*		
		01	Teatro, Acontecerá em Setembro
		04	*A Revista do Folies*
		05	*Mulher sem Rosto*, Hoje, no Senador
		06	*Flagrantes do Rio*, Hoje, no Alvorada
		07	*Mulher sem Rosto*
		09	Revendo *Flagrantes do Rio*, Silveira Sampaio Instalará um Circo *Surpresas de Uma Noite de Núpcias*
		11	O Teatro no Brasil: Conferência de Paschoal Carlos Magno
		11	Teatro do Amador do Pará
		12	*Os Piccoli de Podrecca*, Hoje, no República
		13	*L'Invasion (Adamov)*
		14	Palavras de Clô Prado
		15	*Próximas Estreias*
		16	A Estreia de Jardel
		18	Ludmila Pitolff, Atriz
		19	*Abertura de um Testamento*
		20	*Flagrantes do Rio* I
		21	*Flagrantes do Rio* II
		22	Teatro Infantil no Alvorada
		23	*Flagrantes do Rio* III
		24	Os Cineastas
		26	Algumas Horas com a Companhia Italiana
		27	*Massacre*, Hoje, no Regina: Palavras de Graça Melo
		28	Paula Lima Fala sobre o Teatro Inglês
		29	Acontecimento Teatral
1951	Outubro		
		02	*Massacre* I
		03	*Massacre* II (errado* 1951: Diário Íntimo do Cinema Inglês)

* O exemplar do dia 8 não se encontra na BN.

LISTAGEM COMPLETA DAS CRÍTICAS PUBLICADAS NO *DIÁRIO CARIOCA*

ANO	MÊS	DIA	TÍTULO
		04	*Massacre* III
		05	*Massacre* IV
		06	*Massacre* V, A Encenação
		07	*Massacre* VI, O Desempenho (Conclusão)
		09	Diabinho de Saias
		10	Notas Diversas
		11	Hoje, Pré-Estreia de A *Poltrona 47*
		12	A *Poltrona 47*, Hoje, no Copacabana
		13	Ziembinski
		14	Homenagem dum Simples Espectador (Claude Dauphin)
		16	Cartazes e Programas
		17	A *Poltrona 47* I
		19	Projetos de Abdias Nascimento
		20	*Papá Lebonard* I
		21	*Papá Lebonard* II
		23	Teatro Brasileiro Contemporâneo
		24	*Mulher Despida*, Hoje, no Teatro de Bolso
		25	*Sem Lar*
		26	*Eu Quero Sassaricá*, Hoje, no Recreio
		27	A *Mulher Despida*
		28	A Estreia do Recreio, *Eu Quero Sassaricá*
		30	Programa de Estrelas
		31	Algumas Notas
1951	Novembro		
		02	Explicação e Nota
		04	A Estreia do Jardel
		06	Gassmann trabalhará no Brasil
		07	Primeira Viagem do Teatro do Estudante pelo Brasil
		08	Estreias até o Fim do Ano
		09	Revendo *Flagrantes do Rio*
		10	*Claude de Dauphin* Trabalhará em SP
		13	Luís Jardim, Autor Teatral

ANO	MÊS	DIA	TÍTULO
		14	O Teatro no Brasil
		15	Conversa com Adolfo Celi
		17	A Pequena Catarina
		18	Renascerão Os Comediantes
		20	Um Grupo Amador
		21	De Volta a Londres (Ponte de Paula Lima)
		22	A Dama das Camélias
		23	A Dama das Camélias: Mito que Perdura, Diz Salce
		24	Édipo, em Prova Pública
		25	Noticiário
		27	Morre Um Gato na China I, No Serrador
		28	A Dama é a Primeira Prestação da Nossa Dívida com o Rio
		29	Morre Um Gato na China II
		30	As Desencantadas
1951	Dezembro*		
		01	Em Defesa do Teatro de Alumínio
		02	A Dama das Camélias, no Municipal I
		04	Ainda A Dama das Camélias , A Direção II
		05	A Montagem de A Dama das Camélias III
		06	Cacilda Becker, Maurício Barroso e Paulo Autran, A Dama das Camélias IV
		07	A Dama das Camélias, Conclusão V
		08	Bikini de Filó
		09	O Espetáculo de Aimée, no Brasil
		11	Notícias e Cartazes
		12	Pelos Palcos e Bastidores
		13	Estreia, Hoje, As Pernas da Herdeira
		14	Halfed Vendeu o Teatro
		15	Amanhã Será Diferente
		18	Exemplo de Humanidade e Coragem ao Mundo

* O exemplar do dia 26 não se encontra na BN.

LISTAGEM COMPLETA DAS CRÍTICAS PUBLICADAS NO *DIÁRIO CARIOCA*

ANO	MÊS	DIA	TÍTULO
		19	Pelos Bastidores
		20	Pelos Bastidores e Palcos
		21	Notícias dos Bastidores
		27	Notícias e Cartazes
		28	Dissolveu-se a Cia Mary-Lincoln
		29	*Deus lhe Pague* Continuará em Cartaz
		30	Encerramento das Temporadas
1952	Janeiro*		
		01	Virgínia Lane Doente
		03	A Estreia de Hoje
		04	Sem título
		05	A Revista do Carlos Gomes
		06	*Itinerário de Férias* i
		08	*Itinerário de Férias* ii (SP)
		09	*Itinerário de Férias* iii (BH)
		10	*Itinerário de Férias* iv
		11	*Le rire de France* i
		12	*Le rire de France* ii
		13	*Uma Noite com Ela*
		15	Trabalho de Ator para Si Próprio
		16	*Zona Sul*
		17	*Barca da Folia*, Hoje, no Alvorada
		18	Um Ensaísta
		19	Os Melhores de 1951
		20	*O Culpado Foi Você* i
		22	*O Culpado Foi Você* ii
		23	Os Melhores de 1951
		24	Os Melhores de 1951 (Autor)
		25	Os Melhores de 1951
		26	Os Melhores de 1951

*　O exemplar do dia 2 não se encontra na BN.

ANO	MÊS	DIA	TÍTULO
		27	A Viagem do Teatro do Estudante pelo Brasil I
		29	A Viagem do Teatro do Estudante pelo Brasil II
		30	A Margem da Escolha dos Melhores de 1951
		31	*A Barca da Folia*
1952	Fevereiro		
		01	*Eva me Leva*
		02	*Delicioso Veneno*
		03	*Greve Geral* I
		05	Greve Geral II
		06	Hoje, no Rival
		07	*Duas Notas*
		08	Na ABI com os Artistas Franceses que Regressaram de Punta del Este
		09	Projetos do Serviço Nacional de Teatro
		10	*Encontrei-me com a Felicidade* I
		12	*Encontrei-me com a Felicidade* II
		13	*Josefina e o Ladrão*
		14	Programa Editoral do SNT
		15	O que Virá em Março
		16	*Café Concerto nº 9*
		17	*O Currículo do Curso Prático*
		19	Esclarecimento; Resposta à Coluna do Dia 14/2 sobre o SNT
		20	Quatro Espetáculos Estão em Cartaz
		21	*Opereta no Gelo*, em Março
		22	Várias da França
		23	Programa de *Os Quixotes*
		24	*Os Quixotes*
		28	Perspectivas
		29	Mais uma Etapa na Viagem do Teatro do Estudante
1952	Março		
		01	Uma Necessidade
		02	Mitos Modernos

LISTAGEM COMPLETA DAS CRÍTICAS PUBLICADAS NO *DIÁRIO CARIOCA*

ANO	MÊS	DIA	TÍTULO
		04	O Teatro do Estudante em João Pessoa
		05	Obrigatoriedade de Peças Nacionais
		06	Beatriz de Toledo no Elenco de os Artistas Unidos
		07	*Febre de Saias*, Hoje, no Glória
		08	*Para Servi-la, Madame* I
		09	*Para Servi-la, Madame* II
		11	*Febre de Saias*, I
		12	*Febre de Saias*, II
		13	*Madame Sans Gene*, no Rival
		14	A *Amiga da Onça* I, no Serrador
		15	A *Amiga da Onça* II
		16	A Revista de Jardel
		17	*Café concerto n^a 10*
		19	*O Professor de Astúcia*
		20	O Estilo Silveira Sampaio: *O Professor de Astúcia* II
		21	*Mulher é o Diabo*
		22	*Os Ovos de Avestruz* (Artistas Unidos)
		25	A Apresentação de *O Noviço*
		26	*Os Ovos de Avestruz* II
		27	A Revista do Follies
		28	*O Noviço*, de Martins Pena
		29	Sérgio Cardoso Fala-nos sobre o Movimento Teatral em SP
		30	Nota Inicial Sobre *Madame Sans Gene*
1952	Abril		
		01	*Madame Sans Gene*, no Rival
		02	A Apresentação de *Madame Sans Gene*
		03	Teatro de Marionetes
		04	Significado de *Um Concurso*
		05	Pelos Cartazes
		06	*Pinocchio*, às 16hs no João Caetano
		08	*Salce* e a Crítica Carioca

ANO	MÊS	DIA	TÍTULO
		09	Abdias do Nascimento Encenará *Laio se Matou*
		10	Vilar e Calder Cenógrafo
		11	A Estreia de Amanhã
		13	*Quatro Paredes e Universo*
		15	*Ponto e Banca*, no Carlos Gomes
		16	Carlos Couto em Niterói
		17	Estreia, Hoje, no Follies
		18	Estreia, Hoje, no Jardel
		19	A Revista do Follies
		20	Autores e Influências
		23	Teatro Grego de Hoje
		24	Demora Prejudicial
		25	*Sinfonia da Favela*
		26	*Júpiter*, Segunda-feira, no Copacabana
		27	Conferência de Paschoal Carlos Magno
		29	Luciano Salce
		30	Estreia de *Trem de Luxo*, em Madureira
1952	Maio		
		01	*Você é Que é Feliz, Primo!*, No Jardel
		03	*La Conchita*, no Regina
		04	Uma Bonita Peça
		06	Jacobbi *versus* Graça Melo
		07	*Júpiter* I
		08	*Júpiter* II
		09	*Buraco*, no Alvorada
		10	Estreia, Hoje, *Os Quixotes*
		11	*O Chifre de Ouro* I
		13	*O Chifre de Ouro* II
		14	Antes do Grande Momento
		15	*A Mancha*, no Serrador I
		16	*A Mancha* II
		17	Acaba de Ser Fundado um Clube de Teatro

LISTAGEM COMPLETA DAS CRÍTICAS PUBLICADAS NO *DIÁRIO CARIOCA*

ANO	MÊS	DIA	TÍTULO
		18	Perspectivas da Semana
		20	Um *Don Pasquale* Diferente, Amanhã, no Teatro Municipal
		21	Comentários Avulsos
		22	A Estreia do Follies
		23	*Madame Bovary*, no Regina I
		24	*Madame Bovary* II
		25	*Jezabel* I
		27	*Jezabel*, no Copacabana II
		28	*Jezabel*, no Copacabana III
		29	*Jezabel*, no Copacabana IV
		30	A Apresentação de *Jezabel* V (Conclusão).
		31	Guilherme Figueiredo em Paris
1952	Junho		
		01	Cogita-se de Trazer ao Rio o *Piccolo Di Milano*
		03	Notícia sobre a Comédie Française
		04	O TEN não Encontra Local de Trabalho
		05	Notícias de Belo Horizonte
		06	Com a Comédie Française
		07	Revistas dos Palcos
		08	Graça Melo Dissolverá a Equipe se não Receber Subvenção do SNT
		10	*Aplausos de Buenos Aires*, no Carlos Gomes
		11	Atividade de Jovens
		12	A Revista de Jardel
		14	Sampaio, Aniversário, Roussin e Comédie
		15	Indicações sobre a Temporada da Comédie Française
		17	Pelo SNT
		18	A Estreia da Coméide Française: *Le Bourgeois Gentilhomme*
		19	Jean Meyer Fala sobre *Le Bourgeois Gentilhomme*
		20	*Les Temps Difficiles*, Hoje, no Municipal
		21	A Estreia da "*Comédie*"
		22	*Les Temps Difficiles* I

ANO	MÊS	DIA	TÍTULO
		24	*Les Temps Difficiles* II
		25	*La Reine Morte*
		26	Notícias Diversas
		27	*Les Frances du Havré* I
		28	*Les Frances du Havré* II
		29	*Le Mariage de Figaro*
1952	Julho		
		01	Mário Nunes Completa 40 anos de Crítica Teatral
		02	*Le Mariage de Figaro* II
		03	*Poesia e Musset*
		04	Estreia, Conferência e Outras Notas
		05	As Estreias de Hoje
		08	Vida e Morte da Encenação, Conferência na ABI de um dos Diretores da Comedie Française
		09	Festival do Autor Novo
		10	Estreia de Les Theophiliens, Dia 9 de Agosto, no Municipal
		11	*Freguês da Madrugada*
		12	*As Conquistas de Napoleão*
		13	Nota sobre Les Theophiliens
		15	Sedutor Concurso de Peças
		16	Prêmios para Ensaios Teatrais
		17	Moulin Bleu
		18	Depoimento sobre Les Theophiliens
		19	No Follies
		20	Governo Quer Readquirir Prestígio Junto ao Teatro da Praça Tiradentes e Continhos Brasileiros (Cadernos de Letras e Artes, p. 2 e 8).
		22	A *Túnica de Vênus*
		23	Na Boite, *Night and Day*
		24	*Rapsódia Negra*, Programa de Amanhã na Boite Acapulco
		25	Minas Perdeu uma Atriz
		26	Um Inimigo do Povo

LISTAGEM COMPLETA DAS CRÍTICAS PUBLICADAS NO *DIÁRIO CARIOCA*

ANO	MÊS	DIA	TÍTULO
		29	Teatro Profissional e Amador do Recife Analisado pelo Autor Hermilo Borba Filho
		30	Les Theophiliens Chegam no Dia 1
		31	Les Theophiliens Chegam Hoje, pelo "Augustus"
1952	Agosto		
		01	Nosso Teatro Se Destina a Comungar com a Multidão
		02	Com *João Sem Terra* Inauguram-se, Hoje, Duse e o Festival do Autor Novo
		03	Significado de um Festival
		05	*Le Mystere de la Passion*
		06	*Josephine Baker* no Recreio
		07	A Diretora d. Esther Leão Comenta o Teatro Que Viu em Portugal e França
		08	A Revista do Jardel
		09	Les Theophiliens Estreiam, Hoje, no Municipal, *Le Mystere de la Passion*
		10	*As Suecas Chegaram*
		12	*João Sem Terra* III
		13	*João Sem Terra* IV (Conclusão)
		14	Bibi Voltou para Sempre, Foi Morar num Sítio em Jacarepaguá
		15	*Le Mysterè de la Passion* I
		16	*Le Mysterè de la Passion* II
		17	*Le Mirache de Theophile*
		19	*Aucassin et Nicolette*
		20	*Dominó*, no Glória
		21	Les Theophiliens, no Copacabana
		22	*Le Jeu d'adam et ève*
		23	A Revista que Irá a Portugal
		24	*Vestido de Noiva*, de Nelson Rodrigues, é o Próximo Cartaz em Paris
		26	*Uma Visita*
		28	*Noviço*, no Duse
		29	Homenagem e Sugestão

ANO	MÊS	DIA	TÍTULO
		30	*Sete Dias Sem Pecar*
1952	Setembro		
		02	*Estreias e Programas*
		03	A *Escola das Viúvas*, pelo Tablado
		04	Tablado II
		05	Expressivo Programa Cumprirá o Teatro do Estudante
		06	O Teatro do SESI Mineiro
		07	Estreia Amanhã o Teatro da Semana com *Romeu e Janete*, de Jean Anouilh
		09	A *Cegonha se Diverte* I
		13	Notícias
		14	Amanhã o Adeus de Les Theophiliens
		16	A *Cegonha se Diverte* II
		17	Nasce um Novo Grupo de Teatro Amador, Chama-se Teatro Sem Nome
		18	*Paris de 1900*, Hoje, no Regina
		19	Na Boite, *Monte Carlo*
		20	Pelos Palcos
		21	O Lançamento do Teatro da Semana
		23	Estreias Programadas
		24	*Deu Freud Contra*, Sexta-feira, com Silveira Sampaio, no Teatro de Bolso
		25	Notícias
		26	Silveira Sampaio Estreia Hoje
		27	O Teatro Popular Brasileiro em Riachuelo
		30	Chegará Sexta-feira o Autor de Terra Queimada

Este livro foi impresso em março de 2012
nas oficinas da Prol Gráfica e Editora, em São Paulo,
para a Editora Perspectiva.